第 57 批中國博士後科學基金面上一等資助項目（2015M570583）

第 10 批中國博士後科學基金特別資助項目（2017T100486）

杜立晖 ○ 編著

哈佛藏《韻學集成》《直音篇》紙背明代文獻釋錄

卷一

Transcription of Documents on The Backside of The Paper in Ming Dynasty, "Yun Xue Ji Cheng" and "Zhi Yin Pian", Collected in Harvard Library Volume I

中國社會科學出版社

圖書在版編目(CIP)數據

哈佛藏《韻學集成》《直音篇》紙背明代文獻釋錄：全二卷/杜立暉編著. —北京：中國社會科學出版社，2021.12
ISBN 978-7-5203-8838-2

Ⅰ.①哈… Ⅱ.①杜… Ⅲ.①古籍—匯編—中國—明代 Ⅳ.①Z424.8

中國版本圖書館 CIP 數據核字(2021)第 168923 號

出 版 人	趙劍英
責任編輯	宋燕鵬
責任校對	李 碩
責任印製	李寡寡

出　　版	中國社會科學出版社
社　　址	北京鼓樓西大街甲 158 號
郵　　編	100720
網　　址	http://www.csspw.cn
發 行 部	010-84083685
門 市 部	010-84029450
經　　銷	新華書店及其他書店
印刷裝訂	北京君昇印刷有限公司
版　　次	2021 年 12 月第 1 版
印　　次	2021 年 12 月第 1 次印刷
開　　本	880×1230　1/16
印　　張	70.25
字　　數	1471 千字
定　　價	698.00 元(全二卷)

凡購買中國社會科學出版社圖書，如有質量問題請與本社營銷中心聯繫調換
電話:010-84083683
版權所有　侵權必究

哈佛藏《韻學集成》第二冊卷二第1葉背B面圖版

哈佛藏《韻學集成》第二冊卷二第2葉背A面圖版

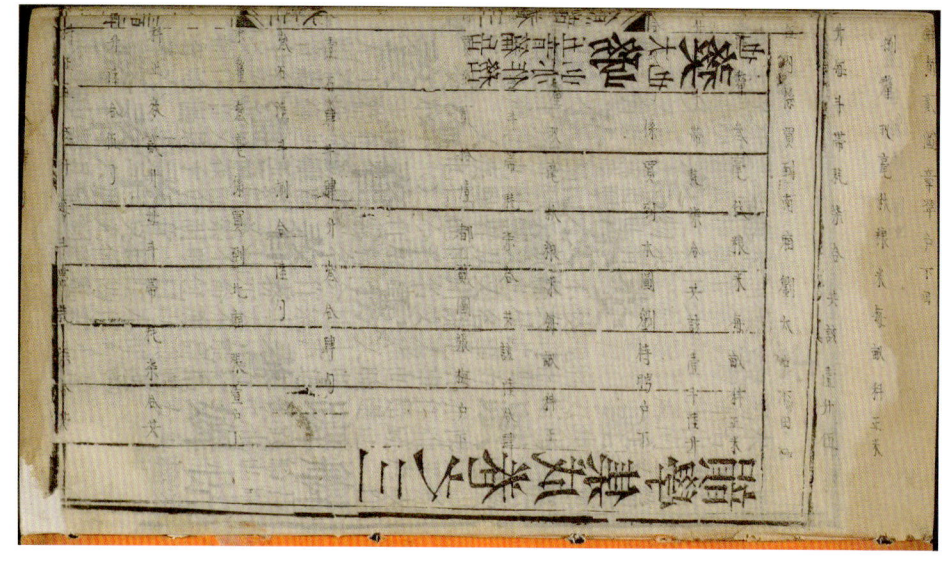

哈佛藏《韻學集成》第三冊卷三第93葉背B面圖版

哈佛藏《韻學集成》第五冊卷五第1葉背A面圖版

前　言

公文紙本文獻是我國近代以來新發現的一種文獻類型，其或被稱爲「公牘紙本」「文牘紙本」「官冊子紙本」文獻等。在版本學上，因其是利用古代官府廢棄的公文檔冊、帳簿（包括私人書啓等）的紙背來刷印古籍或抄錄其他文獻而得名。該類文獻又可分爲公文紙印本和公文紙抄本兩種類型。這種文獻的正面（即刊印或抄錄古籍的一面）多爲善本古籍，背面爲原始文獻，相對於一般的古籍，其具有雙重文化價值和史料價值，因此彌足珍貴，被學界譽爲「傳世文獻最後一座待開發的富礦」。①這一待開發的富礦，有一部分即深藏於我國流失海外的大量漢籍之中。

如所周知，美國哈佛大學燕京圖書館是聞名於世的收藏我國域外漢籍的重要機構，曾長期工作於此的沈津先生最先在該館中發現了多種公文紙本漢籍，其通過《明代公文紙抄本二種》《公文紙印本〈重刊併音連聲韻學集成〉》兩文，介紹了該館收藏的公文紙印本《重刊併音連聲韻學集成》（以下簡稱《韻學集成》）《直音篇》以及公文紙抄本《明文記類》《觀象玩占》②等文獻。從此，哈佛大學所藏的公文紙本文獻開始走進了人們的視野。

據沈先生介紹，《韻學集成》《直音篇》爲明萬曆六年揚州知府虞德燁維陽資政左室刻印，有康有爲題記，二書所用公文紙有「嘉靖四十三年」「隆慶四年」以及揚州等字樣。③由此可以確認，上述二書的紙背文獻屬於明代文獻。然除此之外，這批紙背文獻的數量、性質、內容等情況，沈先生並未談及。又，因沈先生一書所提供的該批文獻的圖版有限，故關於該批紙背文獻的有關問題，據之尚難判定。恰逢近年來中國國家圖書館等機構與美國哈佛大學圖書館開展了相關古籍數字化合作項目，《韻學集成》《直音篇》等古籍名列其中。因此，筆者有幸通過哈佛大學燕京圖書館網站得見此二書的全部圖版。據哈佛大學燕京圖書館網站介紹，《韻學集成》《直音篇》爲揚州知府虞德燁維揚資政左室明萬曆戊寅（1578）刻本，四周雙邊，白口，雙魚尾，書口下有刻工及字數，框高 23.6×14.1 釐米。然而，該網站所刊布的圖版僅爲古籍的正面部分，其紙背文獻並不在刊布之列，爲查看相關紙背文獻，筆者只能透過正面的圖版，在正面文獻

---

① 孫繼民、魏琳：《公文紙本：傳世文獻最後一座待開發的富礦》，《光明日報》2012 年 4 月 12 日。
② 沈津：《書林物語》，上海辭書出版社 2011 年版，第 53—56 頁。
③ 沈津：《書林物語》，上海辭書出版社 2011 年版，第 56 頁。

的縫隙和背影之間，隱約看到其紙背文獻的內容。此後，經過數年之傾力整理，該批紙背文獻的真容方逐漸浮出水面。

經過整理發現，《韻學集成》《直音篇》係用同一類公文紙印製，其中《韻學集成》共十三卷、十三冊，《直音篇》七卷、七冊，除《韻學集成》第一卷、第一冊外，其他十九卷、十九冊絕大多數均爲公文紙本文獻，而該類後補紙張並非公文紙。《韻學集成》《直音篇》的紙背文獻（少數係與古籍同面的正面文獻），絕大多數係明代直隸揚州府的賦役黃冊，且主要涉及揚州府泰州如皋縣縣市西廂第壹里（圖）、泰興縣順得鄉貳拾壹都第拾伍里（圖）、江都縣青草沙第肆圖等地。該批紙背文獻對於明代賦役黃冊制度研究、明代經濟問題、軍政問題、歷史地理問題研究，以及軍、匠、灶戶等戶籍的管理問題研究，均具有重要價值和意義。

此次整理釋錄，充分借鑒了比較成熟的中國古文書『敦煌吐魯番文書』整理研究規範和方法，在忠實於文獻原貌的基礎上，按照文獻的原始順序，對所有紙背文獻進行了編號、定名、題解、錄文、校注以及綴合等工作，最終擬形成《哈佛藏〈韻學集成〉〈直音篇〉紙背明代文獻釋錄》多卷，其中每一卷包括三至四冊紙背文獻的釋錄文本。

另外，還需要說明的是，因《韻學集成》《直音篇》等文獻係在未拆綫狀態下進行的掃描，故裝訂綫以內的文字，目前還不能得見。此外，由於正面刊刻的文字與紙背文字時有重疊，或因紙張較厚，而相關紙背文字的墨色又較淺等原因，故在整理之時，部分紙背文獻因受正面文字影響，辨識難度甚大，這就造成了釋錄文本中存在部分殘缺或不能確定之文字的現象。因此，錄文中有些所謂的『殘缺』，並不代表其屬於真正的『殘缺』。當前，除裝訂綫以內的部分文字及少量極度模糊、極難辨識者外，經過努力，已經將絕大部分文字識讀出來。儘管已盡力做到釋錄、擬題等的準確性，但受筆者能力所限，文中的錯訛之處卻著實難免，因此，敬請學界同仁多多批評教正。

目前，雖然《韻學集成》《直音篇》的軀殼仍皮藏於异域，但通過此次整理釋錄，該批文獻的紙背內容終得重見於天日，該文獻之菁华和魂魄因之得以回歸故國，此亦可謂吾國文化之幸事也！

凡 例

一、本書係美國哈佛大學燕京圖書館所藏公文紙本漢籍《韻學集成》《直音篇》紙背文獻（含少數與古籍同面的正面文獻）的釋錄文本。收錄範圍，包括相關漢籍紙背的所有文獻。

二、釋錄按照古籍的原冊、葉順序依次進行，凡紙背無文字及其他內容者，不釋。

三、對所有文獻進行編號，編號原則為哈佛大學的英文首字母「HV」加書名漢語拼音縮寫「YXJC」「ZYP」及卷數「J」加數字、葉數「Y」加數字構成。

三、整理內容，包括：定名、題解、錄文、校注等。定名，主要根據文獻內容，並借鑒敦煌吐魯番文書等的整理規範進行；題解，主要對該葉文獻所處位置（即某書某卷某葉）、編號、現存文字狀況（文字行數等）、與正面古籍內容相關係（與正面文字同一方向、方向相反或成經緯狀）、文獻主要內容（包括文書性質判定、內容、時間的說明等）、與其他葉文獻是否可以綴合，說明可與哪葉文字綴合，並說明兩者位置關係）等內容進行說明；錄文，主要以反映文書原始信息為首要原則，並用阿拉伯數字標注行號，同時對錄文進行句讀標點；校注，主要是對文獻中原書寫錯誤之處以及文獻中的缺字、誤字、別字、符號等，進行說明。

四、原件殘缺，於校注中說明，原文殘損，但據殘筆畫及上下文可推知為某字者，釋錄其字，並加『□』，字跡模糊且無法辨識者，用『□』表示。不能確知缺幾個字的，上缺用『▢』、中缺用『▢』、下缺用『▢』表示，缺行者，則注明中缺幾行。依殘缺位置用『（前缺）』『（中缺）』『（後缺）』等表示。缺字不補，用『□』表示，但能根據上下文推知為某字者，於校注中說明。

五、為保存文字的原有特性，有關文字字形的繁簡、筆誤及畫劃增減等，均按原文釋錄。

六、除每葉定名外，其他文字均用五號字體。錄文中除特殊文字外，其他均用通行繁體字。

七、在每冊釋錄之前，對本冊公文紙本文獻數量的總體情況等予以簡單介紹。

目錄

卷一

第二冊

一 明隆慶陸年（1572）直隸揚州府泰州如皋縣縣市西廂第壹里（圖）賦役黃冊……2

二 明隆慶陸年（1572）直隸揚州府泰州如皋縣縣市西廂第壹里（圖）賦役黃冊之一……3

三 明隆慶陸年（1572）直隸揚州府泰州如皋縣縣市西廂第壹里（圖）賦役黃冊之一……5

四 明嘉靖叁拾壹年（1552）直隸揚州府江都縣青草沙第肆圖賦役黃冊……6

五 明隆慶陸年（1572）直隸揚州府泰興縣順得鄉貳拾壹都第拾伍里賦役黃冊（民籍某等）……8

六 明隆慶陸年（1572）直隸揚州府泰州如皋縣縣市西廂第壹里（圖）賦役黃冊……9

七 明隆慶陸年（1572）直隸揚州府泰州如皋縣縣市西廂第壹里（圖）賦役黃冊……11

八 明隆慶陸年（1572）直隸揚州府泰州如皋縣縣市西廂第壹里（圖）賦役黃冊之二（吳某）……12

九 明隆慶陸年（1572）直隸揚州府泰州如皋縣縣市西廂第壹里（圖）賦役黃冊之一（吳某）……14

一〇 明隆慶陸年（1572）直隸揚州府泰州如皋縣縣市西廂第壹里（圖）賦役黃冊……15

一一 明隆慶陸年（1572）直隸揚州府泰州如皋縣縣市西廂第壹里（圖）賦役黃冊……17

一二 明隆慶陸年（1572）直隸揚州府泰州如皋縣縣市西廂第壹里（圖）賦役黃冊……18

一三 明隆慶陸年（1572）直隸揚州府泰州如皋縣縣市西廂第壹里（圖）賦役黃冊……19

一四 明隆慶陸年（1572）直隸揚州府泰州如皋縣縣市西廂第壹里（圖）賦役黃冊之一……21

一五 明隆慶陸年（1572）直隸揚州府泰州如皋縣縣市西廂第壹里（圖）賦役黃冊之一……22

一六 明隆慶陸年（1572）直隸揚州府泰州如皋縣市西廂第壹里（圖）賦役黃冊 ……24
一七 明隆慶陸年（1572）直隸揚州府泰州如皋縣市西廂第壹里（圖）賦役黃冊 ……25
一八 明隆慶陸年（1572）直隸揚州府泰州如皋縣市西廂第壹里（圖）賦役黃冊 ……27
一九 明隆慶陸年（1572）直隸揚州府泰州如皋縣市西廂第壹里（圖）賦役黃冊 ……28
二〇 明隆慶陸年（1572）直隸揚州府泰州如皋縣市西廂第壹里（圖）賦役黃冊 ……30
二一 明隆慶陸年（1572）直隸揚州府泰州如皋縣市西廂第壹里（圖）賦役黃冊之一 ……31
二二 明隆慶陸年（1572）直隸揚州府泰州如皋縣市西廂第壹里（圖）賦役黃冊之一（民戶紀沐等） ……33
二三 明隆慶陸年（1572）直隸揚州府泰州如皋縣市西廂第壹里賦役黃冊（軍戶徐喜兒 軍匠戶楊某） ……34
二四 明隆慶陸年（1572）直隸揚州府泰州如皋縣市西廂第壹里（圖）賦役黃冊之一 ……36
二五 明隆慶陸年（1572）直隸揚州府泰州如皋縣市西廂第壹里（圖）賦役黃冊之一 ……37
二六 明隆慶陸年（1572）直隸揚州府泰州如皋縣市西廂第壹里（圖）賦役黃冊之一 ……39
二七 明隆慶陸年（1572）直隸揚州府泰州如皋縣市西廂第壹里（圖）賦役黃冊之一 ……40
二八 明隆慶陸年（1572）直隸揚州府泰州如皋縣市西廂第壹里（圖）賦役黃冊之一 ……42
二九 明隆慶陸年（1572）直隸揚州府泰州如皋縣市西廂第壹里（圖）賦役黃冊之一 ……43
三〇 明隆慶陸年（1572）直隸揚州府泰州如皋縣市西廂第壹里（圖）賦役黃冊 ……45
三一 明隆慶陸年（1572）直隸揚州府泰州如皋縣市西廂第壹里（圖）賦役黃冊（許某） ……46
三二 明隆慶陸年（1572）直隸揚州府泰州如皋縣市西廂第壹里賦役黃冊 ……48
三三 明隆慶陸年（1572）直隸揚州府泰州如皋縣市西廂第壹里賦役黃冊 ……49
三四 明隆慶陸年（1572）直隸揚州府泰州如皋縣市西廂第壹里賦役黃冊 ……51
三五 明隆慶陸年（1572）直隸揚州府泰州如皋縣市西廂第壹里賦役黃冊之一（軍戶吳洋） ……52
三六 明隆慶陸年（1572）直隸揚州府泰州如皋縣市西廂第壹里賦役黃冊之一（軍戶吳洋） ……54
三七 明隆慶陸年（1572）直隸揚州府泰州如皋縣市西廂第壹里賦役黃冊之二（軍戶吳洋） ……55

三八 明隆慶陸年（1572）直隸揚州府泰州如皋縣市西廂第壹里（圖）賦役黃冊之二……57
三九 明隆慶陸年（1572）直隸揚州府泰州如皋縣市西廂第壹里賦役黃冊（民戶某等）……58
四〇 明隆慶陸年（1572）直隸揚州府泰州如皋縣市西廂第壹里（圖）賦役黃冊……60
四一 明隆慶陸年（1572）直隸揚州府泰州如皋縣市西廂第壹里（圖）賦役黃冊……61
四二 明隆慶陸年（1572）直隸揚州府泰州如皋縣市西廂第壹里（圖）賦役黃冊之一……63
四三 明隆慶陸年（1572）直隸揚州府泰州如皋縣市西廂第壹里（圖）賦役黃冊之一……64
四四 明隆慶陸年（1572）直隸揚州府泰州如皋縣市西廂第壹里（圖）賦役黃冊……66
四五 明隆慶陸年（1572）直隸揚州府泰州如皋縣市西廂第壹里（圖）賦役黃冊……67
四六 明隆慶陸年（1572）直隸揚州府泰州如皋縣市西廂第壹里（圖）賦役黃冊……69
四七 明隆慶陸年（1572）直隸揚州府泰州如皋縣市西廂第壹里（圖）賦役黃冊……70
四八 明隆慶陸年（1572）直隸揚州府泰州如皋縣市西廂第壹里（圖）賦役黃冊之一……71
四九 明隆慶陸年（1572）直隸揚州府泰州如皋縣市西廂第壹里（圖）賦役黃冊……73
五〇 明隆慶陸年（1572）直隸揚州府泰州如皋縣市西廂第壹里（圖）賦役黃冊……74
五一 明隆慶陸年（1572）直隸揚州府泰州如皋縣市西廂第壹里（圖）賦役黃冊……76
五二 明隆慶陸年（1572）直隸揚州府泰州如皋縣市西廂第壹里（圖）賦役黃冊之一……77
五三 明隆慶陸年（1572）直隸揚州府泰州如皋縣市西廂第壹里（圖）賦役黃冊之一……79
五四 明隆慶陸年（1572）直隸揚州府泰州如皋縣市西廂第壹里（圖）賦役黃冊之一……80
五五 明隆慶陸年（1572）直隸揚州府泰興縣順得鄉貳拾壹都第拾伍里（圖）賦役黃冊……82
五六 明隆慶陸年（1572）直隸揚州府泰興縣順得鄉貳拾壹都第拾伍里賦役黃冊……83
五七 明隆慶陸年（1572）直隸揚州府泰興縣順得鄉貳拾壹都第拾伍里賦役黃冊（民籍某等）……85
五八 明隆慶陸年（1572）直隸揚州府泰興縣順得鄉貳拾壹都第拾伍里賦役黃冊（民籍某全等）……86
五九 明隆慶陸年（1572）直隸揚州府泰興縣順得鄉貳拾壹都第拾伍里賦役黃冊之二（民籍某全等）……88

六〇	明隆慶陸年（1572）直隸揚州府泰州如皋縣市西廂第壹里（圖）賦役黃冊 …… 90
六一	明隆慶陸年（1572）直隸揚州府泰州如皋縣市西廂第壹里（圖）賦役黃冊 …… 91
六二	明隆慶陸年（1572）直隸揚州府泰州如皋縣市西廂第壹里（圖）賦役黃冊 …… 93
六三	明隆慶陸年（1572）直隸揚州府泰州如皋縣市西廂第壹里（圖）賦役黃冊 …… 94
六四	明隆慶陸年（1572）直隸揚州府泰州如皋縣市西廂第壹里（圖）賦役黃冊（軍戶蔣壘等） …… 96
六五	明隆慶陸年（1572）直隸揚州府泰州如皋縣市西廂第壹里（圖）賦役黃冊 …… 97
六六	明隆慶陸年（1572）直隸揚州府泰州如皋縣市西廂第壹里（圖）賦役黃冊 …… 99
六七	明隆慶陸年（1572）直隸揚州府泰興縣順得鄉貳拾壹都第拾伍里賦役黃冊（民籍某子等） …… 100
六八	明隆慶陸年（1572）直隸揚州府泰州如皋縣市西廂第壹里（圖）賦役黃冊 …… 102
六九	明隆慶陸年（1572）直隸揚州府泰州如皋縣市西廂第壹里（圖）賦役黃冊 …… 103
七〇	明隆慶陸年（1572）直隸揚州府泰州如皋縣市西廂第壹里（圖）賦役黃冊 …… 105
七一	明隆慶陸年（1572）直隸揚州府泰州如皋縣市西廂第壹里（圖）賦役黃冊 …… 106
七二	明隆慶陸年（1572）直隸揚州府泰州如皋縣市西廂第壹里（圖）賦役黃冊 …… 108
七三	明隆慶陸年（1572）直隸揚州府泰州如皋縣市西廂第壹里（圖）賦役黃冊 …… 109
七四	明隆慶陸年（1572）直隸揚州府泰州如皋縣市西廂第壹里（圖）賦役黃冊 …… 111
七五	明隆慶陸年（1572）直隸揚州府泰州如皋縣市西廂第壹里（圖）賦役黃冊 …… 112
七六	明隆慶陸年（1572）直隸揚州府泰州如皋縣市西廂第壹里（圖）賦役黃冊 …… 114
七七	明隆慶陸年（1572）直隸揚州府泰州如皋縣市西廂第壹里（圖）賦役黃冊 …… 115
七八	明隆慶陸年（1572）直隸揚州府泰州如皋縣市西廂第壹里（圖）賦役黃冊 …… 117
七九	明隆慶陸年（1572）直隸揚州府泰州如皋縣市西廂第壹圖賦役黃冊（軍戶陳某） …… 118
八〇	明隆慶陸年（1572）直隸揚州府泰州如皋縣市西廂第壹圖賦役黃冊之一（軍戶陳某） …… 120
八一	明隆慶陸年（1572）直隸揚州府泰州如皋縣市西廂第壹圖賦役黃冊之三（軍戶陳某） …… 121

八二 明隆慶陸年（1572）直隸揚州府泰州如皋縣縣市西廂第壹里（圖）賦役黃冊（楊某）……123
八三 明隆慶陸年（1572）直隸揚州府泰州如皋縣縣市西廂第壹圖賦役黃冊之二（軍戶陳某）……124
八四 明隆慶陸年（1572）直隸揚州府泰州如皋縣縣市西廂第壹里（圖）賦役黃冊……126
八五 明隆慶陸年（1572）直隸揚州府泰州如皋縣縣市西廂第壹里（圖）賦役黃冊……127
八六 明隆慶陸年（1572）直隸揚州府泰州如皋縣縣市西廂第壹里（圖）賦役黃冊……129
八七 明隆慶陸年（1572）直隸揚州府泰州興縣順得鄉貳拾壹都第拾伍里賦役黃冊（民籍某狗兒等）……130
八八 明嘉靖叁拾壹年（1552）直隸揚州府江都縣青草沙第肆圖賦役黃冊（劉某）……132
八九 明嘉靖叁拾壹年（1552）直隸揚州府江都縣青草沙第肆圖賦役黃冊（軍戶楊秀）……133
九〇 明隆慶陸年（1572）直隸揚州府泰州如皋縣縣市西廂第壹里（圖）賦役黃冊……135
九一 明隆慶陸年（1572）直隸揚州府泰州如皋縣縣市西廂第壹里（圖）賦役黃冊……136
九二 明隆慶陸年（1572）直隸揚州府泰州如皋縣縣市西廂第壹里（圖）賦役黃冊（張某）……137
九三 明隆慶陸年（1572）直隸揚州府泰州如皋縣縣市西廂第壹里（圖）賦役黃冊（軍籍紀槃）……139
九四 明隆慶陸年（1572）直隸揚州府泰州如皋縣縣市西廂第壹里（圖）賦役黃冊……140
九五 明隆慶陸年（1572）直隸揚州府泰州興縣順得鄉貳拾壹都第拾伍里（圖）賦役黃冊……142
九六 明隆慶陸年（1572）直隸揚州府泰州興縣順得鄉貳拾壹都第拾伍里賦役黃冊……144
九七 明隆慶陸年（1572）直隸揚州府泰州如皋縣縣市西廂第壹里賦役黃冊之二（民戶紀沐等）……145
九八 明隆慶陸年（1572）直隸揚州府泰州如皋縣縣市西廂第壹里（圖）賦役黃冊……147
九九 明隆慶陸年（1572）直隸揚州府泰州如皋縣縣市西廂第壹里（圖）賦役黃冊之一……148
一〇〇 明隆慶陸年（1572）直隸揚州府泰州如皋縣縣市西廂第壹里（圖）賦役黃冊……150
一〇一 明隆慶陸年（1572）直隸揚州府泰州如皋縣縣市西廂第壹里（圖）賦役黃冊……151
一〇二 明隆慶陸年（1572）直隸揚州府泰州如皋縣縣市西廂第壹里（圖）賦役黃冊……153
一〇三 明隆慶陸年（1572）直隸揚州府泰州如皋縣縣市西廂第壹里賦役黃冊……154

一〇四 明隆慶陸年（1572）直隸揚州府泰州縣市西廂第壹里（圖）賦役黃冊 ……… 156
一〇五 明隆慶陸年（1572）直隸揚州府泰興縣貳拾伍里（圖）賦役黃冊 ……… 157
一〇六 明隆慶陸年（1572）直隸揚州府泰興縣順得鄉貳拾伍里（圖）賦役黃冊 ……… 159
一〇七 明隆慶陸年（1572）直隸揚州府泰州如皋縣縣市西廂第壹里（圖）賦役黃冊 ……… 160
一〇八 明隆慶陸年（1572）直隸揚州府泰州如皋縣縣市西廂第壹里（圖）賦役黃冊（吳某）……… 162
一〇九 明隆慶陸年（1572）直隸揚州府泰州如皋縣縣市西廂第壹里（圖）賦役黃冊 ……… 163
一一〇 明隆慶陸年（1572）直隸揚州府泰州如皋縣縣市西廂第壹里（圖）賦役黃冊 ……… 165
一一一 明隆慶陸年（1572）直隸揚州府泰州如皋縣縣市西廂第壹里（圖）賦役黃冊 ……… 166
一一二 明隆慶陸年（1572）直隸揚州府泰州如皋縣縣市西廂第壹里（圖）賦役黃冊 ……… 167
一一三 明隆慶陸年（1572）直隸揚州府泰州如皋縣縣市西廂第壹里（圖）賦役黃冊 ……… 169
一一四 明隆慶陸年（1572）直隸揚州府泰州如皋縣縣市西廂第壹里（圖）賦役黃冊 ……… 170
一一五 明嘉靖叁拾壹年（1552）直隸揚州府江都縣青草沙第肆圖賦役黃冊 ……… 172

第三冊

一 明隆慶陸年（1572）直隸揚州府泰州如皋縣市西廂第壹里（圖）賦役黃冊 ……… 174
二 明隆慶陸年（1572）直隸揚州府泰興縣貳拾伍里（圖）賦役黃冊 ……… 176
三 明隆慶陸年（1572）直隸揚州府泰州如皋縣市西廂第壹里（圖）賦役黃冊 ……… 177
四 明隆慶陸年（1572）直隸揚州府泰州如皋縣市西廂第壹里（圖）賦役黃冊（吳某）……… 179
五 明隆慶陸年（1572）直隸揚州府泰州如皋縣市西廂第壹里（圖）賦役黃冊 ……… 180
六 明隆慶陸年（1572）直隸揚州府泰州如皋縣市西廂第壹里（圖）賦役黃冊（張繼祖）……… 181
七 明隆慶陸年（1572）直隸揚州府泰州如皋縣市西廂第壹里（圖）賦役黃冊 ……… 183
八 明隆慶陸年（1572）直隸揚州府泰興縣順得鄉貳拾伍里（圖）賦役黃冊 ……… 184
九 明隆慶陸年（1572）直隸揚州府泰興縣順得鄉貳拾壹都第拾伍里賦役黃冊（民籍某香兒等）……… 186

一〇	明隆慶陸年（1572）直隸揚州府泰興縣順得鄉貳拾壹都第拾伍里（圖）賦役黄冊	188
一一	明隆慶陸年（1572）直隸揚州府泰興縣順得鄉貳拾壹都第拾伍里賦役黄冊（民籍某勝等）	189
一二	明隆慶陸年（1572）直隸揚州府泰興縣順得鄉貳拾壹都第拾伍里賦役黄冊	191
一三	明隆慶陸年（1572）直隸揚州府泰興縣順得鄉貳拾壹都第拾伍里賦役黄冊	192
一四	明隆慶陸年（1572）直隸揚州府泰興縣順得鄉貳拾壹都第拾伍里（圖）賦役黄冊	194
一五	明隆慶陸年（1572）直隸揚州府泰興縣順得鄉貳拾壹都第拾伍里賦役黄冊之一	195
一六	明隆慶陸年（1572）直隸揚州府泰興縣順得鄉貳拾壹都第拾伍里賦役黄冊之二	197
一七	明隆慶陸年（1572）直隸揚州府泰興縣順得鄉貳拾壹都第拾伍里（圖）賦役黄冊	198
一八	明隆慶陸年（1572）直隸揚州府泰興縣順得鄉貳拾壹都第拾伍里（圖）賦役黄冊	200
一九	明隆慶陸年（1572）直隸揚州府泰興縣順得鄉貳拾壹都第拾伍里賦役黄冊	201
二〇	明隆慶陸年（1572）直隸揚州府泰州如皋縣市西廂第壹里（圖）賦役黄冊	203
二一	明隆慶陸年（1572）直隸揚州府泰州如皋縣市西廂第壹里賦役黄冊之一（蔣某）	204
二二	明隆慶陸年（1572）直隸揚州府泰州如皋縣市西廂第壹里（圖）賦役黄冊	206
二三	明隆慶陸年（1572）直隸揚州府泰州如皋縣市西廂第壹里（圖）賦役黄冊	207
二四	明隆慶陸年（1572）直隸揚州府泰州如皋縣市西廂第壹里（張某）賦役黄冊	209
二五	明隆慶陸年（1572）直隸揚州府泰州如皋縣市西廂第壹里賦役黄冊	210
二六	明隆慶陸年（1572）直隸揚州府泰州如皋縣市西廂第壹里（圖）賦役黄冊	212
二七	明隆慶陸年（1572）直隸揚州府泰興縣順得鄉貳拾壹都第拾伍里（圖）賦役黄冊之一	213
二八	明隆慶陸年（1572）直隸揚州府泰興縣順得鄉貳拾壹都第拾伍里（圖）賦役黄冊之二	215
二九	明隆慶陸年（1572）直隸揚州府泰興縣順得鄉貳拾壹都第拾伍里（圖）賦役黄冊	216
三〇	明隆慶陸年（1572）直隸揚州府泰興縣順得鄉貳拾壹都第拾伍里賦役黄冊	218
三一	明隆慶陸年（1572）直隸揚州府泰州如皋縣市西廂第壹里賦役黄冊之二（蔣某）	219

三三	明隆慶陸年（1572）直隸揚州府泰州如皋縣市西廂第壹里（圖）賦役黃冊	221
三四	明隆慶陸年（1572）直隸揚州府泰州如皋縣市西廂第壹里（圖）賦役黃冊	222
三五	明隆慶陸年（1572）直隸揚州府泰州如皋縣市西廂第壹里（圖）賦役黃冊（錢某）	224
三六	明隆慶陸年（1572）直隸揚州府泰州如皋縣市西廂第壹里（圖）賦役黃冊	225
三七	明隆慶陸年（1572）直隸揚州府泰州如皋縣市西廂第壹里（圖）賦役黃冊	227
三八	明隆慶陸年（1572）直隸揚州府泰州如皋縣市西廂第壹里（圖）賦役黃冊	228
三九	明隆慶陸年（1572）直隸揚州府泰興縣順得鄉貳拾壹都第拾伍里（圖）賦役黃冊	230
四〇	明隆慶陸年（1572）直隸揚州府泰興縣順得鄉貳拾壹都第拾伍里（圖）賦役黃冊	231
四一	明隆慶陸年（1572）直隸揚州府泰興縣順得鄉貳拾壹都第拾伍里賦役黃冊（民籍某兒等）	233
四二	明隆慶陸年（1572）直隸揚州府泰興縣順得鄉貳拾壹都第拾伍里（圖）賦役黃冊（軍戶吳鳶）	235
四三	明隆慶陸年（1572）直隸揚州府泰興縣順得鄉貳拾壹都第拾伍里（圖）賦役黃冊	236
四四	明隆慶陸年（1572）直隸揚州府泰州如皋縣市西廂第壹里（圖）賦役黃冊	238
四五	明隆慶陸年（1572）直隸揚州府泰州如皋縣市西廂第壹里（圖）賦役黃冊	239
四六	明隆慶陸年（1572）直隸揚州府泰州如皋縣市西廂第壹里（圖）賦役黃冊	240
四七	明隆慶陸年（1572）直隸揚州府泰州如皋縣市西廂第壹里（圖）賦役黃冊	242
四八	明隆慶陸年（1572）直隸揚州府泰州如皋縣市西廂第壹里（圖）賦役黃冊	243
四九	明隆慶陸年（1572）直隸揚州府泰州如皋縣市西廂第壹里（圖）賦役黃冊	245
五〇	明隆慶陸年（1572）直隸揚州府泰興縣貳拾壹都第拾伍里（圖）賦役黃冊	246
五一	明隆慶陸年（1572）直隸揚州府泰州如皋縣市西廂第壹里（圖）賦役黃冊	248
五二	明隆慶陸年（1572）直隸揚州府泰州如皋縣市西廂第壹里賦役黃冊	249
五三	明隆慶陸年（1572）直隸揚州府泰州如皋縣縣市西廂第壹里賦役黃冊	251

五四 明隆慶陸年（1572）直隸揚州府泰州縣市西廂第壹里（圖）賦役黃冊	254
五五 明隆慶陸年（1572）直隸揚州府泰州縣市西廂第壹里（圖）賦役黃冊	255
五六 明隆慶陸年（1572）直隸揚州府泰州縣市西廂第壹里（圖）賦役黃冊	257
五七 明隆慶陸年（1572）直隸揚州府泰州縣市西廂第壹里（圖）賦役黃冊	258
五八 明隆慶陸年（1572）直隸揚州府泰州縣市西廂第壹里（圖）賦役黃冊之一	260
五九 明隆慶陸年（1572）直隸揚州府泰州縣市西廂第壹里（圖）賦役黃冊之一	261
六〇 明隆慶陸年（1572）直隸揚州府泰興縣順得鄉貳拾壹都第拾伍里 賦役黃冊	263
六一 明隆慶陸年（1572）直隸揚州府泰興縣順得鄉貳拾壹都第拾伍里 賦役黃冊之一（民籍某如兒等）	265
六二 明隆慶陸年（1572）直隸揚州府泰興縣順得鄉貳拾壹都第拾伍里 賦役黃冊	266
六三 明隆慶陸年（1572）直隸揚州府泰興縣順得鄉貳拾壹都第拾伍里 賦役黃冊	268
六四 明隆慶陸年（1572）直隸揚州府泰興縣順得鄉貳拾壹都第拾伍里 賦役黃冊（民戶錢恕等）	269
六五 明隆慶陸年（1572）直隸揚州府泰興縣順得鄉貳拾壹都第拾伍里 賦役黃冊（吳某）	271
六六 明隆慶陸年（1572）直隸揚州府如皋縣縣市西廂第壹里（圖）賦役黃冊	272
六七 明隆慶陸年（1572）直隸揚州府如皋縣縣市西廂第壹里（圖）賦役黃冊之一	274
六八 明隆慶陸年（1572）直隸揚州府如皋縣縣市西廂第壹里（圖）賦役黃冊	275
六九 明隆慶陸年（1572）直隸揚州府如皋縣縣市西廂第壹里（圖）賦役黃冊	277
七〇 明隆慶陸年（1572）直隸揚州府如皋縣順得鄉貳拾壹都第拾伍里賦役黃冊之二（民籍楊關狗等）	278
七一 明隆慶陸年（1572）直隸揚州府如皋縣順得鄉貳拾壹都第拾伍里賦役黃冊之二（民籍楊關狗等）	280
七二 明隆慶陸年（1572）直隸揚州府如皋縣縣市西廂第壹里（圖）賦役黃冊	281
七三 明隆慶陸年（1572）直隸揚州府泰興縣順得鄉貳拾壹都第拾伍里（圖）賦役黃冊	283
七四 明隆慶陸年（1572）直隸揚州府泰興縣順得鄉貳拾壹都第拾伍里（圖）賦役黃冊	284
七五 明隆慶陸年（1572）直隸揚州府泰興縣順得鄉貳拾壹都第拾伍里 賦役黃冊	286

七六　明隆慶陸年（1572）直隸揚州府泰興縣順得鄉貳拾壹都第拾伍圖賦役黃冊（民籍某閭）......287

七七　明隆慶陸年（1572）直隸揚州府泰興縣順得鄉貳拾壹都第拾伍里（圖）賦役黃冊......289

七八　明隆慶陸年（1572）直隸揚州府泰州如皋縣縣市西廂第壹里（圖）賦役黃冊......291

七九　明隆慶陸年（1572）直隸揚州府泰州如皋縣縣市西廂第壹里（圖）賦役黃冊（軍戶陳某等）......292

八〇　明隆慶陸年（1572）直隸揚州府泰州如皋縣縣市西廂第壹圖賦役黃冊（皮匠戶韓貴等）......294

八一　明隆慶陸年（1572）直隸揚州府泰州如皋縣縣市西廂第壹里賦役黃冊......295

八二　明隆慶陸年（1572）直隸揚州府泰州如皋縣縣市西廂第壹里（圖）賦役黃冊（陳某　民戶某）......297

八三　明隆慶陸年（1572）直隸揚州府泰州如皋縣縣市西廂第壹里（圖）賦役黃冊（吳某）......298

八四　明隆慶陸年（1572）直隸揚州府泰州如皋縣縣市西廂第壹里（圖）賦役黃冊......300

八五　明隆慶陸年（1572）直隸揚州府泰州如皋縣縣市西廂第壹里（圖）賦役黃冊......301

八六　明隆慶陸年（1572）直隸揚州府泰州如皋縣縣市西廂第壹里（圖）賦役黃冊......302

八七　明隆慶陸年（1572）直隸揚州府泰興縣貳拾壹都第拾伍里（圖）賦役黃冊......304

八八　明隆慶陸年（1572）直隸揚州府泰興縣順得鄉貳拾壹都第拾伍里（圖）賦役黃冊......305

八九　明隆慶陸年（1572）直隸揚州府泰州如皋縣縣市西廂第壹里（圖）賦役黃冊......307

九〇　明隆慶陸年（1572）直隸揚州府泰州如皋縣縣市西廂第壹里（圖）賦役黃冊......309

九一　明隆慶陸年（1572）直隸揚州府泰州如皋縣縣市西廂第壹里（圖）賦役黃冊之一......310

九二　明隆慶陸年（1572）直隸揚州府泰州如皋縣縣市西廂第壹里（圖）賦役黃冊之二......312

九三　明隆慶陸年（1572）直隸揚州府泰州如皋縣縣市西廂第壹里（圖）賦役黃冊......313

第四冊

一　明嘉靖叁拾壹年（1552）直隸揚州府江都縣青草沙第肆圖賦役黃冊（李某）......315

二　明隆慶陸年（1572）直隸揚州府泰州如皋縣縣市西廂第壹里（圖）賦役黃冊......316

三　明隆慶陸年（1572）直隸揚州府泰州如皋縣縣市西廂第壹里（圖）賦役黃冊......317

四	明隆慶陸年（1572）直隸揚州府泰州如皋縣市西廂第壹里（圖）賦役黃冊	319
五	明隆慶陸年（1572）直隸揚州府泰興縣順得鄉貳拾壹都第拾伍里（圖）賦役黃冊	320
六	明隆慶陸年（1572）直隸揚州府泰興縣順得鄉貳拾壹都第拾伍里（圖）賦役黃冊	322
七	明隆慶陸年（1572）直隸揚州府泰興縣順得鄉貳拾壹都第拾伍里（圖）賦役黃冊	323
八	明隆慶陸年（1572）直隸揚州府泰興縣順得鄉貳拾壹都第拾伍里（民籍楊某玘等）	325
九	明隆慶陸年（1572）直隸揚州府泰興縣順得鄉貳拾壹都第拾伍里賦役黃冊（民籍楊某等）	326
一〇	明隆慶陸年（1572）直隸揚州府泰興縣順得鄉貳拾壹都第拾伍里（圖）賦役黃冊	328
一一	明隆慶陸年（1572）直隸揚州府泰興縣順得鄉貳拾壹都第拾伍里（圖）賦役黃冊	329
一二	明隆慶陸年（1572）直隸揚州府泰興縣順得鄉貳拾壹都第拾伍里（圖）賦役黃冊	331
一三	明隆慶陸年（1572）直隸揚州府泰州如皋縣市西廂第壹里（圖）賦役黃冊	332
一四	明隆慶陸年（1572）直隸揚州府泰興縣順得鄉貳拾壹都第拾伍里（圖）賦役黃冊（毛某）	334
一五	明隆慶陸年（1572）直隸揚州府泰興縣順得鄉貳拾壹都第拾伍里（圖）賦役黃冊	335
一六	明隆慶陸年（1572）直隸揚州府泰州如皋縣市西廂第壹里（圖）賦役黃冊之二（劉某）	337
一七	明隆慶陸年（1572）直隸揚州府泰州如皋縣市西廂第壹里（圖）賦役黃冊之一	338
一八	明隆慶陸年（1572）直隸揚州府泰興縣順得鄉貳拾壹都第拾伍里（圖）賦役黃冊	340
一九	明隆慶陸年（1572）直隸揚州府泰興縣順得鄉貳拾壹都第拾伍里（圖）賦役黃冊	341
二〇	明隆慶陸年（1572）直隸揚州府泰州如皋縣市西廂第壹里（圖）賦役黃冊	343
二一	明隆慶陸年（1572）直隸揚州府泰興縣順得鄉貳拾壹都第拾伍里（圖）賦役黃冊	344
二二	明隆慶陸年（1572）直隸揚州府泰興縣順得鄉貳拾壹都第拾伍里賦役黃冊	346
二三	明隆慶陸年（1572）直隸揚州府泰興縣順得鄉貳拾壹都第拾伍里賦役黃冊	347
二四	明隆慶陸年（1572）直隸揚州府泰興縣順得鄉貳拾壹都第拾伍里賦役黃冊	349
二五	明嘉靖叁拾壹年（1552）直隸揚州府江都縣青草沙第肆圖賦役黃冊	350

二六 明嘉靖叁拾壹年（1552）直隸揚州府江都縣青草沙第肆圖賦役黃冊 ... 351
二七 明隆慶陸年（1572）直隸揚州府泰州如皋縣縣市西廂第壹里 ... 353
二八 明隆慶陸年（1572）直隸揚州府泰州如皋縣縣市西廂第壹里（圖）賦役黃冊 ... 354
二九 明隆慶陸年（1572）直隸揚州府泰興縣順得鄉貳拾伍都第拾伍里 ... 356
三〇 明嘉靖叁拾壹年（1552）直隸揚州府江都縣青草沙第肆圖賦役黃冊 ... 357
三一 明嘉靖叁拾壹年（1552）直隸揚州府江都縣青草沙第肆圖賦役黃冊 ... 358
三二 明隆慶陸年（1572）直隸揚州府泰州如皋縣縣市西廂第壹里（圖）賦役黃冊 ... 360
三三 明隆慶陸年（1572）直隸揚州府泰州如皋縣縣市西廂第壹里（圖）賦役黃冊之一 ... 361
三四 明隆慶陸年（1572）直隸揚州府泰州如皋縣縣市西廂第壹里 ... 363
三五 明隆慶陸年（1572）直隸揚州府泰州如皋縣縣市西廂第壹里（圖）賦役黃冊 ... 364
三六 明隆慶陸年（1572）直隸揚州府泰州如皋縣縣市西廂第壹圖賦役黃冊（軍鑄匠戶劉覽等） ... 366
三七 明隆慶陸年（1572）直隸揚州府泰州如皋縣縣市西廂第壹里（圖）賦役黃冊 ... 367
三八 明隆慶陸年（1572）直隸揚州府泰州如皋縣縣市西廂第壹里（圖）賦役黃冊 ... 369
三九 明隆慶陸年（1572）直隸揚州府泰州如皋縣縣市西廂第壹里（圖）賦役黃冊 ... 370
四〇 明隆慶陸年（1572）直隸揚州府泰州如皋縣縣市西廂第壹里賦役黃冊之一（民籍某住兒等） ... 372
四一 明隆慶陸年（1572）直隸揚州府泰興縣貳拾壹都第拾伍里賦役黃冊之二 ... 373
四二 明隆慶陸年（1572）直隸揚州府泰州如皋縣縣市西廂第壹里（圖） ... 375
四三 明隆慶陸年（1572）直隸揚州府泰州如皋縣縣市西廂第壹里 ... 376
四四 明隆慶陸年（1572）直隸揚州府泰興縣貳拾壹都第拾伍里（圖）賦役黃冊 ... 378
四五 明隆慶陸年（1572）直隸揚州府泰興縣順得鄉貳拾壹都第拾伍里（圖）賦役黃冊 ... 379
四六 明隆慶陸年（1572）直隸揚州府泰興縣順得鄉貳拾壹都第拾伍里（圖）賦役黃冊 ... 381
四七 明嘉靖叁拾壹年（1552）直隸揚州府江都縣青草沙第肆圖賦役黃冊（王某） ... 382

四八	明隆慶陸年（1572）直隸揚州府泰興縣順得鄉貳拾壹都第拾伍里（圖）賦役黃冊	383
四九	明隆慶陸年（1572）直隸揚州府泰興縣順得鄉拾壹都第拾伍里賦役黃冊（民籍某尚等）	385
五〇	明嘉靖叄拾壹年（1552）直隸揚州府江都縣青草沙第肆圖賦役黃冊	386
五一	明嘉靖叄拾壹年（1552）直隸揚州府江都縣青草沙第肆圖賦役黃冊	388
五二	明嘉靖叄拾壹年（1552）直隸揚州府江都縣青草沙第肆圖賦役黃冊	389
五三	明嘉靖叄拾壹年（1552）直隸揚州府江都縣青草沙第肆圖賦役黃冊	390
五四	明隆慶陸年（1572）直隸揚州府江都縣青草沙第肆圖賦役黃冊	392
五五	明隆慶陸年（1572）直隸揚州府江都縣青草沙第肆圖賦役黃冊	393
五六	明嘉靖叄拾壹年（1552）直隸揚州府江都縣青草沙第肆圖賦役黃冊（附籍民戶 附籍軍戶等）	395
五七	明隆慶陸年（1572）直隸揚州府江都縣青草沙第肆圖賦役黃冊（附籍朱弟兒等）	396
五八	明隆慶陸年（1572）直隸揚州府泰州如皋縣市西廂第壹里（圖）賦役黃冊	398
五九	明隆慶陸年（1572）直隸揚州府泰州如皋縣市西廂第壹里（圖）	399
六〇	明嘉靖叄拾壹年（1552）直隸揚州府泰州如皋縣市西廂第壹里賦役黃冊	401
六一	明嘉靖叄拾壹年（1552）直隸揚州府江都縣青草沙第肆圖賦役黃冊	402
六二	明嘉靖叄拾壹年（1552）直隸揚州府江都縣青草沙第肆圖賦役黃冊	403
六三	明嘉靖叄拾壹年（1552）直隸揚州府江都縣青草沙第肆圖賦役黃冊	405
六四	明嘉靖叄拾壹年（1552）直隸揚州府江都縣青草沙第肆圖賦役黃冊	406
六五	明嘉靖叄拾壹年（1552）直隸揚州府江都縣青草沙第肆圖賦役黃冊（倪某）	407
六六	明隆慶陸年（1572）直隸揚州府泰興縣順得鄉貳拾壹都第拾伍里賦役黃冊（民籍楊鎖関等）	409
六七	明嘉靖叄拾壹年（1552）直隸揚州府江都縣青草沙第肆圖賦役黃冊	410
六八	明隆慶陸年（1572）直隸揚州府泰州如皋縣市西廂第壹里（圖）賦役黃冊	412
六九	明隆慶陸年（1572）直隸揚州府泰州如皋縣市西廂第壹里（圖）賦役黃冊（紀某）	413

| 七〇 明隆慶陸年（1572）直隸揚州府泰興縣順得鄉貳拾壹都第拾伍里（民籍羅漢等） ... 415
| 七一 明隆慶陸年（1572）直隸揚州府泰興縣順得鄉貳拾壹都第拾伍里 ... 416
| 七二 明隆慶陸年（1572）直隸揚州府泰興縣順得鄉貳拾壹都第拾伍里（某移） ... 418
| 七三 明隆慶陸年（1572）直隸揚州府泰興縣順得鄉貳拾壹都第拾伍里賦役黃冊 ... 419
| 七四 明隆慶陸年（1572）直隸揚州府泰興縣順得鄉貳拾壹都第拾伍里賦役黃冊 ... 421
| 七五 明隆慶陸年（1572）直隸揚州府泰興縣順得鄉貳拾壹都第拾伍里賦役黃冊（毛某） ... 422
| 七六 明隆慶陸年（1572）直隸揚州府泰興縣順得鄉貳拾壹都第拾伍里賦役黃冊（軍籍叁等） ... 424
| 七七 明隆慶陸年（1572）直隸揚州府泰興縣順得鄉貳拾壹都第拾伍里賦役黃冊（軍籍某教化等） ... 426
| 七八 明隆慶陸年（1572）直隸揚州府泰興縣順得鄉貳拾壹都第拾伍里賦役黃冊（民籍某佛保等） ... 427
| 七九 明隆慶陸年（1572）直隸揚州府泰興縣順得鄉貳拾壹都第拾伍里賦役黃冊 ... 429
| 八〇 明隆慶陸年（1572）直隸揚州府泰州如皋縣市西廂第壹里（圖）賦役黃冊 ... 430
| 八一 明隆慶陸年（1572）直隸揚州府泰興縣順得鄉貳拾壹都第拾伍里（圖）賦役黃冊（軍戶劉某） ... 432
| 八二 明隆慶陸年（1572）直隸揚州府泰州如皋縣市西廂第壹里（圖）賦役黃冊 ... 434
| 八三 明隆慶陸年（1572）直隸揚州府泰興縣順得鄉貳拾壹都第拾伍里（圖）賦役黃冊 ... 435
| 八四 明隆慶陸年（1572）直隸揚州府泰興縣順得鄉貳拾壹都第拾伍里（圖）賦役黃冊 ... 437
| 八五 明隆慶陸年（1572）直隸揚州府泰興縣順得鄉貳拾壹都第拾伍里賦役黃冊 ... 438
| 八六 明隆慶陸年（1572）直隸揚州府泰州如皋縣市西廂第壹里（圖）賦役黃冊 ... 440
| 八七 明隆慶陸年（1572）直隸揚州府泰州如皋縣市西廂第壹里（圖）賦役黃冊 ... 441
| 八八 明隆慶陸年（1572）直隸揚州府泰州如皋縣市西廂第壹里（圖）賦役黃冊 ... 443
| 八九 明隆慶陸年（1572）直隸揚州府泰興縣順得鄉貳拾壹都第拾伍里賦役黃冊 ... 444
| 九〇 明隆慶陸年（1572）直隸揚州府泰興縣順得鄉貳拾壹都第拾伍里賦役黃冊之一（民籍某榮保等） ... 446
| 九一 明隆慶陸年（1572）直隸揚州府泰興縣順得鄉貳拾壹都第拾伍里賦役黃冊之二（民籍某榮保等） ... 447

第五册

一 明嘉靖叁拾壹年（1552）直隶扬州府江都县青草沙第肆图赋役黄册 ………… 457

二 明嘉靖叁拾壹年（1552）直隶扬州府江都县青草沙第肆图赋役黄册 ………… 458

三 明隆庆陆年（1572）直隶扬州府泰兴县顺得乡贰拾伍里赋役黄册（民籍某等） ………… 459

四 明隆庆陆年（1572）直隶扬州府泰兴县顺得乡贰拾伍里赋役黄册之一（民籍某等） ………… 461

五 明嘉靖叁拾壹年（1552）直隶扬州府江都县青草沙第肆图赋役黄册 ………… 462

六 明隆庆陆年（1572）直隶扬州府泰兴县顺得乡贰拾伍里赋役黄册之二（民籍某等） ………… 464

七 明隆庆陆年（1572）直隶扬州府泰兴县顺得乡贰拾伍里赋役黄册（民籍某等） ………… 465

八 明隆庆陆年（1572）直隶扬州府泰兴县顺得乡贰拾壹都第拾伍里赋役黄册 ………… 467

九 明隆庆陆年（1572）直隶扬州府泰兴县顺得乡贰拾壹都第拾伍里赋役黄册（民籍某贫子等） ………… 469

一〇 明隆庆陆年（1572）直隶扬州府泰兴县顺得乡贰拾壹都第拾伍里赋役黄册 ………… 470

一一 明隆庆陆年（1572）直隶扬州府泰兴县顺得乡贰拾壹都第拾伍里赋役黄册（民籍某等） ………… 472

一二 明隆庆陆年（1572）直隶扬州府泰兴县顺得乡贰拾壹都第拾伍里赋役黄册 ………… 473

一三 明隆庆陆年（1572）直隶扬州府泰兴县顺得乡贰拾壹都第拾伍里赋役黄册 ………… 475

一四 明隆庆陆年（1572）直隶扬州府泰兴县顺得乡贰拾壹都第拾伍里赋役黄册（图） ………… 476

一五 明隆庆陆年（1572）直隶扬州府泰兴县顺得乡贰拾壹都第拾伍里赋役黄册（图） ………… 478

一六 明嘉靖叁拾壹年（1552）直隶扬州府江都县青草沙第肆图赋役黄册之一（张某） ………… 479

九二 明隆庆陆年（1572）直隶扬州府泰州如皋县市西厢第壹里（图）赋役黄册 ………… 449

九三 明隆庆陆年（1572）直隶扬州府泰州如皋县市西厢第壹里（图）赋役黄册 ………… 450

九四 明隆庆陆年（1572）直隶扬州府泰州如皋县市西厢第壹里（图）赋役黄册（纪某） ………… 452

九五 明隆庆陆年（1572）直隶扬州府泰州如皋县市西厢第壹里（图）赋役黄册 ………… 453

九六 明嘉靖叁拾壹年（1552）直隶扬州府江都县青草沙第肆图赋役黄册 ………… 455

一七 明嘉靖叁拾壹年（1552）直隸揚州府江都縣青草沙第肆圖賦役黃冊之二（張某）......481
一八 明嘉靖叁拾壹年（1552）直隸揚州府江都縣青草沙第肆圖賦役黃冊之一（民籍某）......482
一九 明隆慶陸年（1572）直隸揚州府泰興縣順得鄉貳拾壹都第拾伍里賦役黃冊之二（民籍某 軍籍周某等）......483
二〇 明嘉靖叁拾壹年（1552）直隸揚州府江都縣青草沙第肆圖賦役黃冊......485
二一 明嘉靖叁拾壹年（1552）直隸揚州府江都縣青草沙第肆圖賦役黃冊（民籍某保等）......486
二二 明隆慶陸年（1572）直隸揚州府泰興縣順得鄉貳拾壹都第拾伍里（圖）賦役黃冊......488
二三 明隆慶陸年（1572）直隸揚州府泰興縣順得鄉貳拾壹都第拾伍里（圖）......489
二四 明隆慶陸年（1572）直隸揚州府泰興縣順得鄉貳拾壹都第拾伍里（圖）賦役黃冊......491
二五 明隆慶陸年（1572）直隸揚州府泰興縣順得鄉貳拾壹都第拾伍里（圖）賦役黃冊......492
二六 明嘉靖叁拾壹年（1552）直隸揚州府江都縣青草沙第肆圖賦役黃冊......494
二七 明嘉靖叁拾壹年（1552）直隸揚州府江都縣青草沙第肆圖賦役黃冊（軍戶某）......495
二八 明嘉靖叁拾壹年（1552）直隸揚州府江都縣青草沙第肆圖賦役黃冊......496
二九 明嘉靖叁拾壹年（1552）直隸揚州府江都縣青草沙第肆圖賦役黃冊......498
三〇 明隆慶陸年（1572）直隸揚州府泰興縣順得鄉貳拾壹都第拾伍里（圖）賦役黃冊......499
三一 明隆慶陸年（1572）直隸揚州府泰興縣順得鄉貳拾壹都第拾伍里（圖）賦役黃冊......501
三二 明隆慶陸年（1572）直隸揚州府泰興縣順得鄉貳拾壹都第拾伍里賦役黃冊（民籍某生保等）......502
三三 明隆慶陸年（1572）直隸揚州府泰興縣順得鄉貳拾壹都第拾伍里（圖）賦役黃冊......504
三四 明隆慶陸年（1572）直隸揚州府泰興縣順得鄉貳拾壹都第拾伍里賦役黃冊（民戶許虎兒等）......506
三五 明隆慶陸年（1572）直隸揚州府泰州如皋縣市西廂第壹里（圖）賦役黃冊......507
三六 明隆慶陸年（1572）直隸揚州府泰州如皋縣市西廂第壹里賦役黃冊（軍籍楊保等）......509
三七 明隆慶陸年（1572）直隸揚州府泰興縣順得鄉貳拾壹都第拾伍里（圖）賦役黃冊......510
三八 明隆慶陸年（1572）直隸揚州府泰興縣順得鄉貳拾壹都第拾伍里（圖）賦役黃冊......512

三九	明隆慶陸年（1572）直隸揚州府泰興縣順得鄉貳拾壹都第拾伍里賦役黃冊（民籍某玖等）	513
四〇	明嘉靖叁拾壹年（1552）直隸揚州府江都縣青草沙第肆圖賦役黃冊	515
四一	明嘉靖叁拾壹年（1552）直隸揚州府江都縣青草沙第肆圖賦役黃冊	516
四二	明隆慶陸年（1572）直隸揚州府江都縣青草沙第肆圖賦役黃冊	517
四三	明隆慶陸年（1572）直隸揚州泰州如皋縣市西廂第壹里（圖）賦役黃冊	519
四四	明嘉靖叁拾壹年（1552）直隸揚州府泰州如皋縣市西廂第壹里（圖）（軍戶某）	520
四五	明嘉靖叁拾壹年（1552）直隸揚州府江都縣青草沙第肆圖賦役黃冊（耿某）	521
四六	明隆慶陸年（1572）直隸揚州府泰興縣順得鄉貳拾壹都第拾伍里（圖）（民籍某等）	522
四七	明隆慶陸年（1572）直隸揚州府泰興縣順得鄉貳拾壹都第拾伍里賦役黃冊（民籍某等）	524
四八	明隆慶陸年（1572）直隸揚州府泰興縣順得鄉貳拾壹都第拾伍里賦役黃冊（民籍某兒等）	525
四九	明隆慶陸年（1572）直隸揚州府泰興縣順得鄉貳拾壹都第拾伍里（圖）賦役黃冊	527
五〇	明隆慶陸年（1572）直隸揚州府泰興縣順得鄉貳拾壹都第拾伍里（圖）賦役黃冊	528
五一	明隆慶陸年（1572）直隸揚州府泰興縣順得鄉貳拾壹都第拾伍里（圖）賦役黃冊	530
五二	明隆慶陸年（1572）直隸揚州府泰興縣順得鄉貳拾壹都第拾伍里（圖）賦役黃冊	531
五三	明隆慶陸年（1572）直隸揚州府泰興縣順得鄉貳拾壹都第拾伍里（圖）賦役黃冊	532
五四	明隆慶陸年（1572）直隸揚州府泰興縣順得鄉貳拾壹都第拾伍里賦役黃冊（民籍某等）	534
五五	明隆慶陸年（1572）直隸揚州府泰興縣順得鄉貳拾壹都第拾伍里（圖）賦役黃冊	535
五六	明嘉靖叁拾壹年（1552）直隸揚州府江都縣青草沙第肆圖賦役黃冊（朱某）	537
五七	明嘉靖叁拾壹年（1552）直隸揚州府江都縣青草沙第肆圖賦役黃冊	538
五八	明嘉靖叁拾壹年（1552）直隸揚州府江都縣青草沙第肆圖賦役黃冊之二（倪某）	540
五九	明嘉靖叁拾壹年（1552）直隸揚州府江都縣青草沙第肆圖賦役黃冊之一（倪某）	541
六〇	明隆慶陸年（1572）直隸揚州府泰興縣順得鄉貳拾壹都第拾伍里（圖）賦役黃冊	542

六一 明隆慶陸年（1572）直隸揚州府泰興縣順得鄉貳拾壹都第拾伍里 賦役黃冊......544

六二 明嘉靖叁拾壹年（1552）直隸揚州府泰興縣順得鄉貳拾壹都第拾伍里（圖）賦役黃冊......545

六三 明嘉靖叁拾壹年（1552）直隸揚州府江都縣青草沙第肆圖賦役黃冊......547

六四 明隆慶陸年（1572）直隸揚州府江都縣青草沙第肆圖賦役黃冊（邵某）......548

六五 明隆慶陸年（1572）直隸揚州府泰興縣順得鄉貳拾壹都第拾伍里（圖）賦役黃冊......550

六六 明隆慶陸年（1572）直隸揚州府泰興縣順得鄉貳拾壹都第拾伍里賦役黃冊（民籍口奴等）......551

六七 明隆慶陸年（1572）直隸揚州府泰興縣順得鄉貳拾壹都第拾伍圖賦役黃冊之二（民籍某相）......553

六八 明隆慶陸年（1572）直隸揚州府泰興縣順得鄉貳拾壹都第拾伍圖賦役黃冊之一（民籍某相）......554

六九 明嘉靖叁拾壹年（1552）直隸揚州府江都縣青草沙第肆圖賦役黃冊......556

七〇 明隆慶陸年（1572）直隸揚州府泰興縣順得鄉貳拾壹都第拾伍里（圖）賦役黃冊（軍戶周黑狗）......557

七一 明隆慶陸年（1572）直隸揚州府泰興縣順得鄉貳拾壹都第拾伍里（圖）賦役黃冊......559

七二 明隆慶陸年（1572）直隸揚州府泰興縣順得鄉貳拾壹都第拾伍里（圖）賦役黃冊......560

七三 明隆慶陸年（1572）直隸揚州府泰興縣順得鄉貳拾壹都第拾伍里（圖）賦役黃冊......562

七四 明隆慶陸年（1572）直隸揚州府泰興縣順得鄉貳拾壹都第拾伍里（圖）賦役黃冊......563

七五 明隆慶陸年（1572）直隸揚州府泰興縣順得鄉貳拾壹都第拾伍里賦役黃冊......565

七六 明隆慶陸年（1572）直隸揚州府泰興縣順得鄉貳拾壹都第拾伍里賦役黃冊......566

七七 明隆慶陸年（1572）直隸揚州府泰興縣順得鄉貳拾壹都第拾伍里（圖）賦役黃冊......568

七八 明隆慶陸年（1572）直隸揚州府泰興縣順得鄉貳拾壹都第拾伍里（圖）賦役黃冊......569

七九 明嘉靖叁拾壹年（1552）直隸揚州府江都縣青草沙第肆圖賦役黃冊......570

八〇 明嘉靖叁拾壹年（1552）直隸揚州府江都縣青草沙第肆圖賦役黃冊（倪某）......571

八一 明嘉靖叁拾壹年（1552）直隸揚州府江都縣青草沙第肆圖賦役黃冊......573

八二 明隆慶陸年（1572）直隸揚州府泰興縣順得鄉貳拾壹都第拾伍里（圖）賦役黃冊......574

八三　明隆慶陸年（1572）直隸揚州府泰興縣順得鄉貳拾壹都第拾伍里（圖）賦役黃冊	576
八四　明隆慶陸年（1572）直隸揚州府泰興縣順得鄉貳拾壹都第拾伍里（圖）賦役黃冊	577
八五　明隆慶陸年（1572）直隸揚州府泰興縣順得鄉貳拾壹都第拾伍里賦役黃冊	579
八六　明隆慶陸年（1572）直隸揚州府泰興縣順得鄉貳拾壹都第拾伍里賦役黃冊（民籍某□漢等）	580
八七　明隆慶陸年（1572）直隸揚州府泰興縣順得鄉貳拾壹都第拾伍里賦役黃冊（民籍某于等）	582
八八　明隆慶陸年（1572）直隸揚州府泰興縣順得鄉貳拾壹都第拾伍里賦役黃冊（軍籍周關兒等）	584
八九　明隆慶陸年（1572）直隸揚州府泰興縣順得鄉貳拾壹都第拾伍里賦役黃冊	585
九〇　明隆慶陸年（1572）直隸揚州府泰興縣順得鄉貳拾壹都第拾伍里（圖）賦役黃冊	587
九一　明隆慶陸年（1572）直隸揚州府泰興縣順得鄉貳拾壹都第拾伍里賦役黃冊之二	589
九二　明嘉靖叁拾壹年（1552）直隸揚州府江都縣青草沙第肆圖賦役黃冊之一（劉某）	590
九三　明嘉靖叁拾壹年（1552）直隸揚州府江都縣青草沙第肆圖賦役黃冊（霍某）	592
九四　明嘉靖叁拾壹年（1552）直隸揚州府江都縣青草沙第肆圖賦役黃冊（軍戶某）	593
九五　明嘉靖叁拾壹年（1552）直隸揚州府江都縣青草沙第肆圖賦役黃冊	594
九六　明隆慶陸年（1572）直隸揚州府泰興縣順得鄉貳拾壹都第拾伍里賦役黃冊	595
九七　明隆慶陸年（1572）直隸揚州府泰興縣順得鄉貳拾壹都第拾伍里賦役黃冊	597
九八　明隆慶陸年（1572）直隸揚州府泰興縣順得鄉貳拾壹都第拾伍里（圖）賦役黃冊	598
九九　明隆慶陸年（1572）直隸揚州府泰興縣順得鄉貳拾壹都第拾伍里賦役黃冊	600
一〇〇　明隆慶陸年（1572）直隸揚州府泰興縣順得鄉貳拾壹都第拾伍里賦役黃冊（民籍某等）	601
一〇一　明隆慶陸年（1572）直隸揚州府泰興縣順得鄉貳拾壹都第拾伍里賦役黃冊（民籍劉狗兒等）	603
一〇二　明隆慶陸年（1572）直隸揚州府泰興縣順得鄉貳拾壹都第拾伍里賦役黃冊（民籍某玘等）	604
一〇三　明隆慶陸年（1572）直隸揚州府泰興縣順得鄉貳拾壹都第拾伍里賦役黃冊	606

卷一

第二冊

本冊共一一六葉，其中公文紙本文獻一一五葉，第六七葉爲後補，紙張與其他諸葉不同，背面無字。

一 明隆慶陸年（1572）直隸揚州府泰州如皋縣縣市西廂第壹里（圖）賦役黃冊

【題解】

此件爲《韻學集成》第二冊卷二第一葉背，編號爲HV·YXJC[]2·Y1]，其上下完整，前後均缺，共存文字十九行，與正面古籍文字攢造的直隸揚州府泰州如皋縣縣市西廂第壹里（圖）賦役黃冊相似，故推斷，此件亦當屬於該里（圖）的黃冊。另，此件的文字字形、筆跡等與該批紙背文獻中隆慶陸年（1572）攢造的直隸揚州府泰州如皋縣縣市西廂第壹里（圖）賦役黃冊相似，故推斷，此件亦當屬於該里（圖）的黃冊。此件爲明代某戶的賦役成經緯狀。

【錄文】

（前缺）

1. 一本圖一則蕩田伍畝肆分壹釐柒毫。秋糧：米每畝
2. 科正米伍升，每斗帶耗柒合，共該貳
3. 斗捌升玖合捌勺，係買到北廂錢相
4. 户下田。
5. 一本圖一則蕩田壹畝肆分叁釐柒毫。秋糧：米每畝
6. 科正米伍升，每斗帶耗柒合，共該柒
7. 升陸合玖勺，係買到陸都壹圖沈賓

二 明隆慶陸年（1572）直隸揚州府泰州如皋縣縣市西廂第壹里（圖）賦役黃冊之一

【題解】

此件爲《韻學集成》第二冊卷二第二葉背，編號爲HV·YXJC[]2·Y2，其上下完整，前後均缺，共存文字十九行，與正面古籍文字成經緯狀。此件爲明代某戶的賦役黃冊。另，明代賦役黃冊往往會登載攢造之前十年內的田畝變化等情況，文中載有土地的『佃與』時間『嘉靖肆拾肆年』（1565）、『嘉靖肆拾伍年』（1566），而此後的隆慶陸年（1572）爲黃冊的攢造年份，據此可知，此件當係該年攢造的賦役黃冊。此件的文字字形、筆跡等與已知該批黃冊中攢造機構爲直隸揚州府泰州如皋縣縣市西廂第壹里（圖）的賦役黃冊相似，

8.
9. 地柒拾捌畝肆分玖釐叁毫。
10. 戶下田。
11. 夏稅：小麥正耗壹石陸斗柒升玖合捌勺。
12. 秋糧：黃豆正耗肆石壹斗玖升玖合肆勺。
13. 一本圖一則陸地貳畝柒分肆釐陸毫，係買到本圖
14. 吳叁有戶下地。
15. 夏稅：小麥每畝科正麥貳升，每斗帶耗柒合，共該
16. 伍升捌合捌勺。
17. 秋糧：黃豆每畝科正豆伍升，每斗帶耗柒合，共該
18. 壹斗肆升陸合玖勺。
19. 一本圖一則陸地叁分玖釐陸毫，係買到柒都肆圖蔣
    壹口戶下地。

（後缺）

故推斷，此件亦當屬於該里（圖）的黃冊。另，此件與 HV·YXJC[]2·Y3]格式相同、內容相關、攢造時間一致，應屬於同一戶的黃冊。

【錄文】

（前缺）

1. 　　種。
2. 夏稅：小麥每科正麥壹斗捌合，每斗帶耗
3. 　　柒合，共該陸升貳合柒勺。
4. 秋糧：黃豆每畝科正豆壹斗貳升，每斗帶耗
5. 　　柒合，共該陸升玖合柒勺。
6. 一本圖一則沒官陸地柒分柒釐陸毫，於嘉靖肆拾肆
7. 　　年陸月內係佃與貳拾都叁圖紀
8. 　　鎮承種。
9. 夏稅：小麥每畝科正麥壹斗捌合，每斗帶耗柒
10. 　　合，共該捌升玖合陸勺。
11. 秋糧：黃豆每畝科正豆壹斗貳升，每斗帶耗柒
12. 　　合，共該陸升玖合柒勺。
13. 一本圖一則沒官陸地玖釐陸毫，於嘉靖肆拾伍年拾
14. 　　月內係佃與貳拾壹都壹圖楊發承
15. 　　種。
16. 夏稅：小麥每畝科正麥壹斗捌合，每斗帶耗柒
17. 　　合，共該壹升壹合壹勺。
18. 秋糧：黃豆每畝科正豆壹斗貳升，每斗帶耗柒
19. 　　合，共該壹升貳合叁勺。

三 明隆慶陸年（1572）直隸揚州府泰州如皋縣縣市西廂第壹里（圖）賦役黃冊之一

【題解】

此件爲《韻學集成》第二册卷二第三葉背，編號爲'HV·YX]C[]2·Y3'，其上下完整，前後均缺，共存文字二一行，與正面古籍文字成經緯狀。此件爲明代某戶的賦役黃冊。另，明代賦役黃冊往往會登載攢造之前十年內的田畝變化等情况，文中載有土地的"兑佃"時間『嘉靖肆拾伍年』（1566）、『嘉靖肆拾肆年』（1565），而此後的隆慶陸年（1572）爲黃冊的攢造年份，據此可知，此件當係該年攢造的賦役黃冊。此件的文字字形、筆跡等與已知該批黃冊中攢造機構爲直隸揚州府泰州如皋縣縣市西廂第壹里（圖）的賦役黃冊相似，故推斷，此件亦當屬於該里（圖）的黃冊。另，此件與HV·YX]C[]2·Y2]格式相同、內容相關、攢造時間一致，應屬於同一戶的黃冊。

【錄文】

（前缺）

1. □佃與拾貳都貳圖薛俊承
2. 種。
3. 夏稅：小麥每畝科正麥壹斗捌合，每斗帶耗柒
4. 　　　　合，共該肆斗柒升陸合。
5. 秋粮：黃豆每畝科正豆壹斗貳升，每斗帶耗柒
6. 　　　　合，共該伍斗貳升玖合。
7. 一本圖一則沒官陸地壹分陸釐壹毫，於嘉靖肆拾伍
8. 　　年玖月內兑佃與貳拾都叁圖憫
9. 　　□承種。

（後缺）

四　明嘉靖叁拾壹年（1552）直隸揚州府江都縣青草沙第肆圖賦役黃冊

【題解】

此件爲《韻學集成》第二册卷二第四葉背，編號爲 HV·YX]C]2·Y4，其上下完整，前後均缺，共存文字十八行，與正面古籍文字成經緯狀。此件爲明代某户的賦役黄册。另，此件的文字字形、筆跡等與該批紙背文獻中嘉靖叁拾壹年（1552）攢造的直隸揚州府江都縣青草沙第肆圖賦役黄册相似，故推斷，此件亦當屬於該圖的黄册。

10. 夏税：小麥每畝科正麥壹斗捌合，每斗帶耗柒合，共該壹升捌合陸勺。
11. 秋糧：黄豆每畝科正豆壹斗貳升，每斗帶耗柒合，共該貳升柒勺。
12.
13. 一本圖一則沒官陸地壹畝玖分叁釐肆毫，於嘉靖肆拾肆年捌月內係兌佃與南廂范杰承種。
14.
15.
16. 夏税：小麥每畝科正麥壹斗捌合，每斗帶耗柒合，共該貳斗貳升叁合伍勺。
17. 秋糧：黄豆每畝科正豆壹斗貳升，每斗帶耗柒合，共該貳斗肆升捌合叁勺。
18.
19. 一本圖一則沒官陸地貳分肆釐肆毫，於嘉靖肆拾伍
20.
21. （後缺）

哈佛藏《韻學集成》《直音篇》紙背明代文獻釋錄　卷一

【錄文】

（前缺）

1. 米每畝科正米壹斗，每斗帶耗柒
2. 　合，共該柒斗玖升壹合
3. 　捌勺。
4. 正米柒斗肆升。
5. 耗米伍升壹合捌勺。
6. 黃荳每畝科正荳伍升，每斗帶耗柒
7. 　合，共該柒斗玖升伍合玖勺。
8. 正荳叁斗柒升。
9. 耗荳貳升伍合玖勺。
10. 一則本圖重租田陸畝貳分伍釐。
11. 夏稅：小麥每畝科正麥伍升，每斗帶耗
12. 　柒合，共該叁斗叁升肆
13. 　合肆勺。
14. 正麥叁斗壹升貳合伍勺。
15. 耗麥貳升壹合玖勺。
16. 秋粮：米每畝科正米壹斗，每斗帶耗
17. 　柒合，共該陸斗陸升捌
18. 　合柒勺。

（後缺）

五 明隆慶陸年（1572）直隸揚州府泰興縣順得鄉貳拾壹都第拾伍里賦役黃冊（民籍某等）

【題解】

此件爲《韻學集成》第二册卷二第五葉背，編號爲HV·YXJC[]2·Y5]，其上殘下完，前後均缺，共存文字二十行，與正面古籍文字成經緯狀。此件爲明代某兩户的賦役黃冊，其中第一至四行爲一户，第五至二十行爲一户。第一至四行係直隸揚州府泰興縣順得鄉貳拾壹都第拾伍里民籍某户的黃冊。另，明代賦役黃冊在攢造之時需對下一輪十年内各户充任里長、甲首情況等做出預先安排，第五行所載的某户充甲首的時間爲『萬曆玖年』（1581），而此前的隆慶陸年（1572）爲黃冊的攢造年份，據此可知，此件當係該年攢造的賦役黃冊。今據第二户黃冊擬現題。

【録文】

（前缺）

1. 正豆貳斗柒升伍合伍勺。
2. 耗豆壹升玖合叁勺。
3. 房屋：民草房叁間。
4. 頭四：民黃牛壹隻。
5. <u>係</u>直隸揚州府泰興縣順得鄉貳拾壹都第拾伍里民籍，充萬曆玖年甲首。
6. □□：
7. □^②丁：計家男、婦貳口。
8. 男子壹口。
9. 婦女壹口。

---

① 【□□】，據文義此兩字當作『舊管』。『□』據文義該字當作『人』。以下該類情況同此，不另説明。
②

六 明隆慶陸年（1572）直隸揚州府泰州如皋縣縣市西廂第壹里（圖）賦役黃冊

【題解】

此件爲《韻學集成》第二册卷二第六葉背，編號爲 HV·YX]C[]2·Y6］，其上下完整，前後均缺，共存文字十九行，文中載有土地的「出賣」時間「嘉靖肆拾伍年」（1566）、「嘉靖肆拾肆年」（1565），而此後的隆慶陸年（1572）爲黃册的攢造年份，據此可知，此件當係該年攢成經緯狀。此件爲明代某户的賦役黃册。另，明代賦役黃册往往會登載攢造之前十年内的田畝變化等情況，

10. □①產：
11. 官民田地捌畝貳分貳釐。
12. 　夏稅：小麥正耗肆斗壹升叁合肆勺。
13. 　秋粮：
14. 　　米正耗陸斗叁升柒合貳勺。
15. 　　黄豆正耗壹斗柒升陸合陸勺。
16. 官田壹畝柒分叁釐。
17. 　夏稅：小麥正耗貳斗肆合捌勺。
18. 　秋粮：米正耗肆斗陸升陸合。
19. □②田地陸畝伍分。
20. 　夏稅：小麥正耗貳斗捌合陸勺。

（後缺）

---

① 「□」，據文義該字當作「事」，以下該類情況同此，不另説明。
② 「□」，據文義該字當作「民」。

造的賦役黃冊。此件的文字字形、筆跡等與已知該批黃冊中攢造機構爲直隸揚州府泰州如皋縣市西廂第壹里（圖）的賦役黃冊相似，故推斷，此件亦當屬於該里（圖）的黃冊。

【錄文】

（前缺）

1. 升，每斗帶耗柒合，共該壹升伍勺，於
2. 嘉靖肆拾伍年出賣與貳拾壹都貳
3. 圖楊棐爲業。
4. 一本圖一則蕩田叁分叁釐。秋粮：米每畝科正米伍升，每
5. 斗帶耗柒合。秋粮：米每畝科正米伍升，每斗升柒合陸勺，於
6. 嘉靖肆拾肆年出賣與貳拾都叁圖陳銳爲業。
7. 一本圖一則蕩田叁畝玖分伍釐柒毫。秋粮：米每畝科正米伍升，每斗帶耗柒合，共該貳斗壹升壹合柒勺，於嘉靖肆拾肆年出賣與南廂范杰爲業。
8. 一本圖一則蕩田伍分。秋粮：米每畝科正米伍升，每斗帶耗柒合，共該貳升陸合捌勺，於嘉靖肆拾伍年出賣與東廂王栢爲業。
9. 一本圖一則蕩田貳畝叁分壹釐叁毫。秋粮：米每畝科正米伍升，每斗帶耗柒合，共該壹斗貳升叁合柒勺，於嘉靖肆拾伍年出賣與貳拾叁都壹圖儲約爲業。

七 明隆慶陸年（1572）直隸揚州府泰州如皋縣縣市西廂第壹里（圖）賦役黃冊

【題解】

此件爲《韻學集成》第二冊卷二第七葉背，編號爲 HY·YX[C][2·Y7]，其上下完整，前後均缺，共存文字十九行，與正面古籍文字成經緯狀。此件爲明代某户的賦役黃冊。另，明代賦役黃冊往往會登載攢造之前十年內的田畝變化等情況，文中載有土地的「出賣」時間「嘉靖肆拾叁年」（1564）、「嘉靖肆拾肆年」（1565）、「嘉靖肆拾伍年」（1566），而此後的隆慶陸年（1572）爲黃冊的攢造年份，據此可知，此件當係該年攢造的賦役黃冊。此件的文字字形、筆跡等與已知該批黃冊中攢造機構爲直隸揚州府泰州如皋縣縣市西廂第壹里（圖）的賦役黃冊相似，故推斷，此件亦當屬於該里（圖）的黃冊。

【錄文】

（前缺）

1. 黃豆正耗肆石柒斗叁升肆合肆勺。
2. 田伍拾肆畝肆分肆釐玖毫。秋粮：米正耗貳石玖斗壹升叁合。
3. 一本圖一則蕩田壹畝柒分玖釐。秋粮：米每畝科正米伍升，每斗帶耗柒合，於嘉靖肆拾叁年出賣與貳拾壹都壹圖張金爲業。
4.
5.
6. 一本圖一則蕩田壹畝壹分壹釐貳毫。秋粮：米每畝科正米伍升，每斗帶耗柒合，共該伍升玖合
7.
8.

19. 一本圖一則蕩田貳畝貳分貳釐陸毫。秋粮：米每畝科正米伍

（後缺）

八 明隆慶陸年（1572）直隸揚州府泰州如皋縣縣市西廂第壹里（圖）賦役黃冊之二（吳某）

【題解】

此件爲《韻學集成》第二冊卷二第8葉背，編號爲 HV·YXJCJ2·Y8，其上下完整，前後均缺，共存文字十九行，與正面古籍文字成經緯狀。此件爲明代某戶的賦役黃冊，據文中所載男子姓名知，此黃冊的戶頭當係吳某。另，此件之格式、內容與 HV·YXJCJ2·Y9第十至十九行相關，因此推斷，此兩件實爲同一戶黃冊，可以綴合，但中間或有缺行，綴合後此件在後。今據 HV·YXJCJ2·Y9擬擬現題。

9. 伍勺，於嘉靖拾肆年出賣與叁都叁
10. 圖 秦 鳳爲業。
11. 一本圖一則蕩田壹畝伍分捌釐捌毫。
12. 米伍升，每斗帶耗柒合，共該捌升肆
13. 合伍勺，於嘉靖拾肆年出賣與貳
14. 拾都叁圖紀鎮爲業。
15. 一本圖一則蕩田捌畝肆分貳釐捌毫。
16. 米伍升，每斗帶耗柒合，共該肆 斗 伍
17. 升玖勺，於嘉靖肆拾伍年出賣與拾貳
18. 都貳圖薛俊爲業。
19. 一本圖一則蕩田壹分玖釐陸毫。秋粮：米每畝科正米伍

（後缺）

哈佛藏《韻學集成》《直音篇》紙背明代文獻釋錄 卷一

【錄文】

（前缺）

1. 姪吳迁年叁拾歲。
2. 姪吳篆年叁拾歲。
3. 姪吳簹年叁拾歲。
4. 姪吳筐年貳拾捌歲。
5. 姪吳違年叁拾歲。
6. 姪吳述年叁拾歲。
7. 姪吳櫃年叁拾壹歲。
8. 弟吳悠年叁拾壹歲。
9. 姪吳远年叁拾歲。
10. 孫吳坦年壹拾玖歲。
11. 孫吳承祖年壹拾玖歲。
12. 孫吳遣年壹拾捌歲。
13. 孫吳沚年壹拾捌歲。
14. 孫吳涓年壹拾貳歲。
15. 姪吳達年壹拾叁歲。
16. 姪吳邦真年壹拾伍歲。
17. 姪吳杰年壹拾伍歲。
18. 姪吳長年壹拾伍歲。
19. 孫吳官年壹拾叁歲。

（後缺）

九 明隆慶陸年（1572）直隸揚州府泰州如皋縣縣市西廂第壹里（圖）賦役黃冊之一（吳某）

【題解】

此件爲《韻學集成》第二册卷二第九葉背，編號爲HV·YXJC]2·Y9］，其上下完整，前後均缺，共存文字十九行，與正面古籍文字成經緯狀。此件爲明代某户的賦役黄册，據文中所載男子姓名知，此黄册的户頭當係吴某。另，此件的文字字形、筆跡等與該批紙背文獻中隆慶陸年（1572）攢造的直隸揚州府泰州如皋縣縣市西廂第壹里（圖）賦役黄册相似，故推斷，此件亦當屬於該里（圖）的黄册。另，此件第10至19行之格式、内容與HV·YXJC]2·Y8]相關，因此推斷，此兩件實爲同一户黄册，可以綴合，但中間或有缺行，綴合後此件在前。

【錄文】

（前缺）

1. 夏税：小麥每畝科正麥貳升，每畝帶耗柒合，
2. 　　　　該伍升伍合壹勺。
3. 秋糧：黃豆每畝科正豆伍升，每畝帶耗柒合，
4. 　　　　共該壹斗叁升柒合捌勺。
5. 夏税：絲每株科絲壹兩，共該壹兩，係買到
6. 　　　　民桑本圖桑壹株。北廂王价户下桑。
7. □①在⋯⋯
8. 人口：計家男、婦柒拾陸丁。
9. 　　　　男子成丁伍拾貳丁⋯⋯

---

① 【□】，據文義該字當作【實】，以下該類情況同此，不另說明。

一○ 明隆慶陸年（1572）直隸揚州府泰州如皋縣縣市西廂第壹里（圖）賦役黃冊

【題解】

此件爲《韻學集成》第二冊卷二第十葉背，編號爲HV·YXJCJ2·Y10]，其上下完整，前後均缺，共存文字十九行，與正面古籍文字成經緯狀。此件爲明代某戶的賦役黃冊。另，此件的文字字形、筆跡等與該批紙背文獻中隆慶陸年（1572）攢造的直隸揚州府泰州如皋縣縣市西廂第壹里（圖）賦役黃冊相似，故推斷，此件亦當屬於該里（圖）的黃冊。

【錄文】

（前缺）

1. 柒合，共該肆升肆合捌勺。

（後缺）

10. 本身年柒拾伍歲。
11. 姪吳相年伍拾伍歲。
12. 弟吳灌年伍拾肆歲。
13. 姪吳橋年伍拾叁歲。
14. 姪吳邦彥年伍拾叁歲。
15. 弟吳言年伍拾貳歲。
16. 姪吳邦閏年伍拾歲。
17. 姪吳連年肆拾伍歲。
18. 姪吳休年肆拾陸歲。
19. 弟吳誦年肆拾陸歲。

2. 秋糧：黃豆每畝科正豆壹斗貳升，每斗帶耗柒合，共該肆升玖合捌勺。
3. 一本圖一則沒官陸地叁釐肆毫，係兌到東廂呂明戶下地。
4. 夏稅：小麥每畝科正麥壹斗捌合，每斗帶耗柒合，共該叁合玖勺。
5. 秋糧：黃豆每畝科正豆壹斗貳升，每斗帶耗柒合，共該肆合叁勺。
6. 民田地壹拾畝伍分柒釐。
7. 夏稅：小麥正耗壹斗肆升伍合貳勺。
8. 秋糧：
9. 黃豆正耗叁斗陸升貳合玖勺。
10. 米正耗貳斗貳合伍勺。
11. 一本圖一則蕩田貳畝捌分壹釐玖毫。秋糧：米每畝科正米伍升，每斗帶耗柒合，共該壹斗伍升捌勺，係買到壹都肆圖丁鑾戶下田。
12. 田叁畝柒分捌釐陸毫。

（後缺）

一 明隆慶陸年（1572）直隸揚州府泰州如皋縣縣市西廂第壹里（圖）賦役黃冊

【題解】

此件爲《韻學集成》第二册卷二第十一葉背，編號爲 HV·YXJC[]2·Y11]，其上下完整，前後均缺，共存文字二十行，與正面古籍文字成經緯狀。此件爲明代某户的賦役黃冊。另，此件的文字字形、筆跡等與該批紙背文獻中隆慶陸年（1572）攢造的直隸揚州府泰州如皋縣縣市西廂第壹里（圖）賦役黃冊相似，故推斷，此件亦當屬於該里（圖）的黃冊。

【録文】

（前缺）

1. 到拾肆都壹圖劉寬户下。
2. 一本圖一則蕩田柒分玖釐肆毫。秋粮：米每畝科正
3. 米伍升，每斗帶耗柒合，共該肆升
4. 貳合伍勺，係買到南廂許計秀户下
5. 田。
6. 一本圖一則蕩田柒釐。秋粮：米每畝科正米伍升，每
7. 斗帶耗柒合，共該叁合柒勺，係買到
8. 東廂吕明户下田。
9. 地陸畝肆分捌釐肆毫。
10. 夏税：小麥正耗壹斗肆升伍合貳勺。
11. 秋糧：黄豆正耗叁斗陸升貳合玖勺。
12. 一本圖一則陸地伍畝伍釐壹毫，係買到壹都肆圖丁鎣
13. 户下地。

一二 明隆慶陸年（1572）直隸揚州府泰州如皋縣縣市西廂第壹里（圖）賦役黃冊

【題解】

此件爲《韻學集成》第二冊卷二第十二葉背，編號爲HV·YXJC]]2·Y12]，其上下完整，前後均缺，共存文字十八行，與正面古籍文字成經緯狀。此件爲明代某户的賦役黄册。另，此件的文字字形、筆跡等與該批紙背文獻中隆慶陸年（1572）攢造的直隸揚州府泰州如皋縣縣市西廂第壹里（圖）賦役黄册相似，故推斷，此件亦當屬於該里（圖）的黄册。另，此件與HV·YXJC]]2·Y13]格式相同、內容相關，疑屬於同一户的黄册。

【錄文】

（前缺）

1. 一本圖一則沒官蕩田叁畝釐貳毫。秋糧：米每畝科
正米壹斗貳升，每斗帶耗柒合，共該
2. 叁斗玖升陸勺，兌佃到貳拾壹都貳
3.

14. 夏稅：小麥每畝科正麥貳升，每斗帶耗柒合，共
該壹斗捌合壹勺。
15.
16. 秋糧：黄豆每畝科正豆伍升，每斗帶耗柒合，共
該貳斗柒升貳勺。
17.
18. 一本圖一則陸地壹分捌釐捌毫，係買到拾肆都壹
圖劉寬户下地。
19.
20. 夏稅：小麥每畝科正麥貳升，每斗帶耗柒合，共

（後缺）

哈佛藏《韻學集成》《直音篇》紙背明代文獻釋錄　卷一

4.　圖章黨户下田。
5.　一本圖一則沒官蕩田捌分[肆]釐伍毫。秋粮：米每畝科
6.　正米壹斗貳升，每斗帶耗柒合，共該
7.　壹斗壹升貳合叁勺，係佃到貳拾壹
8.　都壹圖殷科户下田。
9.　一本圖一則沒官蕩田捌分貳釐玖毫。秋粮：米每畝科正
10.　米壹斗貳升，每斗帶耗柒合，共該壹
11.　斗陸合肆勺，係兑到拾貳都叁圖陳
12.　松户下田。
13.　一本圖一則沒官蕩田肆釐壹毫。秋粮：米每畝科正米
14.　壹斗貳升，每斗帶耗柒合，共該伍合
15.　叁勺，係佃到貳拾壹都壹圖楊鐸
16.　户下田。
17.　一本圖一則沒官蕩田貳畝叁分玖釐叁毫。秋粮：米每
18.　畝科正米壹斗貳升，每斗帶耗柒

（後缺）

一一三　明隆慶陸年（1572）直隸揚州府泰州如皋縣縣市西廂第壹里（圖）賦役黃冊

【題解】

此件為《韻學集成》第二册卷二第十三葉背，編號為 HV·YXJCJJ2·Y13'，其上下完整，前後均缺，共存文字十九行，與正面古籍

二〇

文字成經緯狀。此件爲明代某戶的賦役黃冊。另，此件的文字字形、筆跡等與該批紙背文獻中隆慶陸年（1572）攢造的直隸揚州府泰州如皋縣縣市西廂第壹里（圖）賦役黃冊相似，故推斷，此件亦當屬於該里（圖）的黃冊。另，此件與HV·YXJCJ2·Y12格式相同、內容相關，疑屬於同一戶的黃冊。

【錄文】

（前缺）

1. 正米壹斗貳升，每斗帶耗柒合，共該
2. 壹斗貳合貳勺，係兌到玖都壹圖
3. 李林戶下田。
4. 一本圖一則沒官蕩田貳畝玖分玖釐捌毫。秋粮：米
5. 每畝科正米壹斗貳升，每斗帶耗
6. 柒合，共該叁斗捌升肆合玖勺，係兌
7. 到陸都壹圖張棐戶下田。
8. 一本圖一則沒官蕩田陸分玖釐柒毫。秋粮：米每畝
9. 科正米壹斗貳升，每斗帶耗柒合，
10. 共該捌升玖合伍勺，係兌到玖都
11. 壹圖倪美戶下田。
12. 一本圖一則沒官蕩田叁分陸毫。秋粮：米每畝科正米
13. 壹斗貳升，每斗帶耗柒合，共該叁
14. 升玖合叁勺，係佃到拾玖都壹圖
15. 管虎戶下田。
16. 一本圖一則沒官蕩田伍分伍釐貳毫。秋粮：米每畝
17. 科正米壹斗貳升，每斗帶耗柒合，

一四 明隆慶陸年（1572）直隸揚州府泰州如皋縣縣市西廂第壹里（圖）賦役黃冊之一

【題解】

此件爲《韻學集成》第二冊卷二第十四葉背，編號爲 HV·YXJC[]2·Y14]，其上下完整，前後均缺，共存文字十九行，與正面古籍文字成經緯狀。此件爲明代某户的賦役黃冊。另，明代賦役黃冊往往會登載攢造之前十年內的田畝變化等情況，文中載有土地的『出賣』時間『嘉靖肆拾伍年』（1566）、『嘉靖肆拾肆年』（1565）、『隆慶肆年』（1570），而此後的隆慶陸年（1572）爲黃冊的攢造年份，據此可知，此件當係該年攢造的賦役黃冊。此件的文字字形、筆跡等與已知該批黃冊中攢造機構爲直隸揚州府泰州如皋縣縣市西廂第壹里（圖）的賦役黃冊相似，故推斷，此件亦當屬於該里（圖）的黃冊。另，此件與 HV·YXJC[]2·Y15]格式相同、內容相關，攢造時間一致，故推斷它們應屬於同一户的黃冊。

【錄文】

（前缺）

圖錢億爲業。

1. 夏税：小麥每畝科正麥貳升，每斗帶耗柒合，共
2. 該壹斗壹升壹合肆勺。
3. 秋糧：黃豆每畝科正豆伍升，每斗帶耗柒合，共
4. 該貳斗柒升捌合陸勺。
5.
6. 一本圖一則陸地貳分叁釐貳毫，嘉靖肆拾伍年出賣

共該柒升玖勺，係佃到貳拾都伍圖

謝湧户下田。

（後缺）

18.
19.

一五 明隆慶陸年（1572）直隸揚州府泰州如皋縣縣市西廂第壹里（圖）賦役黃冊之一

【題解】

此件爲《韻學集成》第二冊卷二第十五葉背，編號爲「HV·YX]C[]2·Y15」，其上下完整，前後均缺，共存文字十九行，文中載有土地的「出賣」文字成經緯狀。此件爲明代某戶的賦役黃冊。另，明代賦役黃冊往往會登載攢造之前十年内的田畝變化等情況，時間『隆慶陸年』（1572）、『隆慶伍年』（1571），而隆慶陸年（1572）爲黃冊的攢造年份，據此可知，此件當係該年攢造的賦役黃冊。

7. 與拾伍都貳圖朱榮爲業。
8. 夏稅：小麥每畝科正麥貳升，每斗帶耗柒合柒勺，共
9. 該柒合壹勺。
10. 秋粮：黃豆每畝科正豆伍升，每斗帶耗柒合，共
11. 該壹升柒合捌勺。
12. 一本圖一則陸地壹畝貳分捌釐柒毫，嘉靖肆拾肆年
13. 出賣與本圖陳慄爲業
14. 夏稅：小麥每畝科正麥貳升，每斗帶耗柒合，共
15. 該貳升柒合伍勺。
16. 秋粮：黃豆每畝正豆伍升，每斗帶耗柒合，共
17. 該陸升捌合肆勺。
18. 一本圖一則陸地壹畝伍分柒釐，於隆慶肆年出賣與本
19. 圖□□爲業。

（後缺）

此件的文字字形、筆跡等與已知該批黃冊中攢造機構為直隸揚州府泰州如皋縣市西廂第壹里（圖）的賦役黃冊相似，故推斷它們應屬於同一戶的黃冊，此件亦當屬於該里（圖）的黃冊。另，此件與 HV·YXJCIJ2·Y14 格式相同、內容相關、攢造時間一致，故推斷它們應屬於同一戶的黃冊。

【錄文】

1. （前缺）
2. 夏稅：小麥每畝科正麥貳升，每斗帶耗柒合，共
3. 該叁合玖勺。
4. 秋糧：黃豆每畝科正豆伍升，每斗帶耗柒合，共
5. 該玖合柒勺。
6. 一本圖一則陸地捌分壹釐柒毫，隆慶陸積夏積為業。
7. 夏稅：小麥每畝科正麥貳升，每斗帶耗柒合，共
8. 該壹升柒合伍勺。
9. 秋糧：黃豆每畝科正豆伍升，每斗帶耗柒合，共
10. 該肆升叁合柒勺。
11. 一本圖一則陸地肆畝玖分，於隆慶陸年出賣與柒都貳圖姚佈太為業。
12. 夏稅：小麥每畝科正麥貳升，每斗帶耗柒合，共該壹斗伍合壹勺。
13. 秋糧：黃豆每畝科正豆伍升，每斗帶耗柒合，共該貳斗陸升貳合貳勺。
14. 一則陸地壹分叁釐叁毫，於隆慶伍年出賣與貳拾壹都貳圖許梅為業。

一六 明隆慶陸年（1572）直隸揚州府泰州如皋縣縣市西廂第壹里（圖）賦役黃冊

【題解】

此件爲《韻學集成》第二册卷二第十六葉背，編號爲"HV·YXJC][2·Y16"，其上下完整，前後均缺，共存文字二十一行，文中載有土地的"出賣"時間『隆慶伍年』（1571）、『隆慶肆年』（1570）、『隆慶貳年』（1568），而此後的隆慶陸年（1572）爲黄册的攢造年份，據此可知，此件當係該年攢造的賦役黄册。此件的文字字形、筆跡等與已知該批黄册中攢造機構爲直隸揚州府泰州如皋縣縣市西廂第壹里（圖）的賦役黄册相似，故推斷，此件亦當屬於該里（圖）的黄册。

【錄文】

（前缺）

1. 柒都壹圖蔡鎮爲業。
2. 地壹拾叁畝玖分壹毫。
3. 夏税：小麥正耗貳斗玖升柒合伍勺。
4. 秋糧：黄豆正耗柒斗肆升叁合柒勺。
5. 一本圖一則陸地捌畝壹釐叁毫，於隆慶伍年出賣與玖都壹圖冒悌爲業。
6. 夏税：小麥每畝科正麥貳升，每斗帶耗柒合，
7. 共該壹斗柒升壹合伍勺。

19. 夏税：小麥每畝科正麥貳升，每斗帶耗柒合，共該

（後缺）

一七　明隆慶陸年（1572）直隸揚州府泰州如皋縣縣市西廂第壹里（圖）賦役黃冊

【題解】

此件爲《韻學集成》第二冊卷二第十七葉背，編號爲HV·YXJCJ2·Y17'，其上下完整，前後均缺，共存文字十九行，與正面古籍文字成經緯狀。此件爲明代某户的賦役黃冊。另，此件的文字字形、筆跡等與該批紙背文獻中隆慶陸年（1572）攢造的直隸揚州府泰州如皋縣縣市西廂第壹里（圖）賦役黃冊相似，故推斷，此件亦當屬於該里（圖）的黄冊。

9. 秋糧：黄豆每畝科正豆伍升，每斗帶耗柒合，共
10. 該肆斗貳升捌合柒勺。
11. 一本圖一則陸地壹分伍釐柒毫，於隆慶肆年出賣
12. 與玖都壹圖阮鵠爲業。
13. 夏稅：小麥每畝科正麥貳升，每斗帶耗柒合，共
14. 該叁合肆勺。
15. 秋糧：黄豆每畝科正豆伍升，每斗帶耗柒合，
16. 共該捌合肆勺。
17. 一本圖一則陸地伍分壹釐貳毫，於隆慶貳年出賣
18. 與陸都壹圖蔣鎮爲業。
19. 夏稅：小麥每畝科正麥貳升，每斗帶耗柒合，
20. 共該壹升壹合。
21. 秋糧：黄豆每畝科正豆伍升，每斗帶耗柒合，

（後缺）

【錄文】

（前缺）

1. 冒氏，娶到儀真冒子女。
2. 陳氏，娶到本縣陳美女。
3. 事產：
4. 官民田地轉收田地壹拾捌畝玖分貳釐伍毫。
5. 夏稅：小麥正耗肆斗捌合叁勺。
6. 秋糧：
7. 米正耗□斗貳升壹合捌勺。
8. 黃豆正耗陸斗柒升柒合柒勺。
9. 官田地陸畝柒分壹釐陸毫。
10. 夏稅：小麥正耗貳斗肆升柒合。
11. 秋糧：
12. 米正耗伍斗捌升柒合捌勺。
13. 黃豆正耗貳斗柒升柒合伍勺。
14. 田肆畝伍分柒釐捌毫。秋糧：米正耗伍斗捌升柒合伍勺。
15. 一本圖一則沒官蕩田肆畝壹分壹釐。秋糧：米每畝科正米壹斗貳升，每斗帶耗柒合，共該伍斗貳升柒合陸勺，係兌到柒都叄圖陳軒戶下田。
18. 陳軒戶下田。
19. 一本圖一則沒官蕩田伍毫。秋糧：米每畝科正米壹斗

（後缺）

一八 明隆慶陸年（1572）直隸揚州府泰州如皋縣縣市西廂第壹里（圖）賦役黃冊

【題解】

此件爲《韻學集成》第二冊卷二第十八葉背，編號爲 HV·YXJC|]2·Y18]，其上下完整，前後均缺，共存文字十九行，與正面古籍文字成經緯狀。此件爲明代某戶的賦役黃冊。另，此件的文字字形、筆跡等與該批紙背文獻中隆慶陸年（1572）攢造的直隸揚州府泰州如皋縣縣市西廂第壹里（圖）賦役黃冊相似，故推斷，此件亦當屬於該里（圖）的黃冊。另，此件與 HV·YXJC|]2·Y19]格式相同、內容相關，疑屬於同一戶的黃冊。

【錄文】

（前缺）

1. 夏稅：小麥每畝科正麥壹斗捌合，每斗帶耗
2. 柒合，共該壹斗陸升壹合玖勺。
3. 秋粮：黃豆每畝科正豆壹斗貳升，每斗帶耗
4. 柒合，共該壹斗柒升玖合玖勺。
5. 一本圖一則沒官陸地叁分貳釐陸毫，係兌到拾玖
6. 都壹圖倪美戶下地。
7. 夏稅：小麥每畝科正麥壹斗捌合，每斗帶耗
8. 柒合，共該叁升柒合柒勺。
9. 秋粮：黃豆每畝科正豆壹斗貳升，每斗帶耗柒
10. 合，共該肆升壹合玖勺。
11. 一本圖一則沒官陸地壹分肆釐叁毫，佃到拾玖都壹
12. 圖管虎戶下地。

一九 明隆慶陸年（1572）直隸揚州府泰州如皋縣縣市西廂第壹里（圖）賦役黃冊

【題解】

此件爲《韻學集成》第二册卷二第十九葉背，編號爲HV·YX]C]]2·Y19]，其上下完整，前後均缺，共存文字十九行，與正面古籍文字成經緯狀。此件爲明代某户的賦役黄册。另，此件的文字字形、筆跡等與該批紙背文獻中隆慶陸年（1572）攢造的直隸揚州府泰州如皋縣縣市西廂第壹里（圖）賦役黄册相似，故推斷，此件亦當屬於該里（圖）的黄册。另，此件與HV·YX]C]]2·Y18]格式相同、内容相關，疑屬於同一户的黄册。

【錄文】

（前缺）

1. 拾都叁圖裴向户下地。
2. 夏稅：小麥每畝科正麥壹斗捌合，每斗帶耗柒合，共該壹斗貳升玖合肆勺。

3.
13. 夏稅：小麥每畝科正麥壹斗捌合，每斗帶耗柒合，共該壹升陸合陸勺。
14.
15. 秋粮：黄豆每畝科正豆壹斗貳升，每斗帶耗柒合，共該壹升捌合肆勺。
16.
17. 一本圖一則沒官陸地貳分伍釐捌毫，係佃到貳拾都伍圖謝湧户下地。
18.
19. 夏稅：小麥每畝科正麥壹斗捌合，每斗帶耗柒

（後缺）

4. 秋糧：黃豆每畝科正豆壹斗貳升，每斗帶耗
5. 柒合，共該壹斗肆升叁合肆勺。
6. 一本圖一則沒官陸地叁分伍釐，係兌到東廂蘇諍
7. 戶下地。
8. 夏稅：小麥每畝科正麥壹斗捌合，每斗帶耗
9. 柒合，共該肆升肆勺。
10. 秋糧：黃豆每畝科正豆壹斗貳升，每斗帶耗柒
11. 合，共該肆升肆合玖勺。
12. 一本圖一則沒官陸地伍毫，係佃到貳拾叁都貳圖錢
13. 晏戶下地。
14. 夏稅：小麥每畝科正麥壹斗捌合，每斗帶耗柒
15. 合，共該伍勺。
16. 秋糧：黃豆每畝科正豆壹斗貳升，每斗帶耗柒
17. 合，共該陸勺。
18. 一本圖一則沒官陸地伍分伍釐玖毫，係佃到陸都壹
19. 圖盧盈戶下地。

（後缺）

二〇 明隆慶陸年（1572）直隸揚州府泰州如皋縣縣市西廂第壹里（圖）賦役黃冊之一

【題解】

此件爲《韻學集成》第二册卷二第二十葉背，編號爲HV·YXJC]2·Y20］，其上下完整，前後均缺，共存文字二十行，與正面古籍文字成經緯狀。此件爲明代某户的賦役黄册。另，明代賦役黄册往往會登載攢造之前十年内的田畝變化等情况，文中載有土地的「出賣」時間「嘉靖肆拾肆年」（1565）、「嘉靖肆拾叁年」（1564）、「嘉靖肆拾伍年」（1566），而此後的隆慶陸年（1572）爲黃册的攢造年份，據此可知，此件當係該年攢造的賦役黃册。此件的文字字形、筆跡等與已知該批黃冊中攢造年代爲直隸揚州府泰州如皋縣縣市西廂第壹里（圖）的賦役黃册相似，故推斷，此件亦當屬於該里（圖）的黃册。另，此件與HV·YXJC]2·Y21］格式相同、内容相關、攢造時間一致，故推斷它們應屬於同一户的黃册。

【録文】

（前缺）

1. 一本圖一則蕩田伍分。秋粮：米每畝科正米伍升，每斗帶耗柒合，共該貳升陸合捌勺，於嘉靖肆拾肆年出賣與拾貳都壹圖劉存爲業。
2. 一本圖一則蕩田貳畝叁分貳毫。秋粮：米每畝科正米伍升，每斗帶耗柒合，共該壹斗貳升叁合貳勺，於嘉靖肆拾叁年出賣與叁都叁圖吳春爲業。
3. 一本圖一則蕩田□畝玖分柒釐玖毫。秋粮：米每畝科正米伍升，每斗帶耗柒合，共該貳斗

11.
12.
13. 一本圖一則蕩田壹畝壹分柒釐伍毫。秋糧：米每畝科
14. 正米伍升，每斗帶耗柒合，共該陸升
15. 貳合玖勺，於嘉靖拾叁年出賣與
16. 叁都叁圖馬計祖爲業。
17. 一本圖一則蕩田壹分伍釐捌毫。秋糧：米每畝科正米伍
18. 升，每斗帶耗柒合，共該柒合玖勺，於
19. 嘉靖肆拾伍年出賣與壹都伍圖管
20. 愷爲業。

（後缺）

壹升貳合玖勺，於嘉靖肆拾叁年出
賣與拾貳都貳圖鄭祖爲業。

二一 明隆慶陸年（1572）直隸揚州府泰州如皋縣縣市西廂第壹里（圖）賦役黃冊之一

【題解】

此件爲《韻學集成》第二冊卷二第二十一葉背，編號爲 HV·YXJCII2·Y21，其上下完整，前後均缺，共存文字十八行，與正面古籍文字成經緯狀。此件爲明代某戶的賦役黃冊。另，明代賦役黃冊往往會登載攢造之前十年內的田畝變化等情況，文中載有土地的「出賣」時間「隆慶元年」（1567）、「嘉靖肆拾肆年」（1565）、「隆慶貳年」（1568），而此後的隆慶陸年（1572）爲黃冊的攢造年份，據此可知，此件當係該年攢造的賦役黃冊。此件的文字字形、筆跡等與已知該批黃冊中攢造機構爲直隸揚州府泰州如皋縣縣市西廂第壹里（圖）的賦役黃冊相似，故推斷，此件亦當屬於該里（圖）的黃冊。另，此件與 HV·YXJCII2·Y20] 格式相同、內容相關、攢造時間一致，故推斷它們應屬於同一戶的黃冊。

【錄文】

（前缺）

1. 合肆勺，隆慶元年出賣與貳拾壹都壹圖張儻爲業。
2.
3. 一本圖一則蕩田柒分貳釐。秋糧：米每畝科正米伍升，每斗帶耗柒合，共該叁升捌合伍勺，於嘉靖肆拾肆年出賣與貳拾壹都壹圖楊鎬爲業。
4.
5.
6.
7. 一本圖一則蕩田壹分叁釐伍毫。秋糧：米每畝科正米伍升，每斗帶耗柒合，共該柒合，於肆拾肆年出賣與南廂程頂爲業。
8.
9.
10. 一本圖一則蕩田捌釐柒毫。秋糧：米每畝科正米伍升，每斗帶耗柒合，共該肆合柒勺，於嘉靖肆拾肆年出賣與本圖劉橋爲業。
11.
12.
13.
14. 一本圖一則蕩田壹分叁釐壹毫。秋糧：米每畝科正米伍升，每斗帶耗柒合，共該柒合，於隆慶貳年出賣與北廂張賢爲業。
15.
16.
17. 一本圖一則蕩田伍分玖釐。秋糧：米每畝科正米伍升，

（後缺）

二三 明隆慶陸年（1572）直隸揚州府泰州如皋縣縣市西廂第壹里賦役黃冊之一（民戶紀沐等）

【題解】

此件爲《韻學集成》第二册卷二第二二葉背，編號爲 HV·YXJC]]2·Y22］，其上殘下完，前後均缺，中有缺行，共存文字十六行，與正面古籍文字成經緯狀。此件爲明代兩户的賦役黃冊，其中第一行爲一户，第二至十六行係直隸揚州府泰州如皋縣縣市西廂第壹里民户紀沐的黃册。另，明代賦役黃冊在攢造之時需對下一輪十年內各户充任里長、甲首情况等做出預先安排，第二行所載紀沐充甲首的時間爲『萬曆元年』（1573），而此前的隆慶陸年（1572）爲黃冊的攢造年份，據此可知，此件當係該年攢造的賦役黃冊。今據第二户黃冊擬現題。另，此件中『紀沐』一名又見於 HV·YXJC]]2·Y98］，且 HV·YXJC]]2·Y98］中所載紀沐1户的新收人口數正爲貳口，而此件中紀沐1户的新收人口數亦爲貳口，且兩件的房屋、頭四數量亦相同。據此推斷，此兩件黃冊實爲同一户黃冊，可以綴合，綴合後此件在前。

【錄文】

（前缺）

1. ▭▭▭▭▭▭房屋：民草房叁間。

2. ▭▭▭▭▭▭男紀沐係直隸揚州府泰州如皋縣縣市西廂第壹里民户，充萬曆元年甲

首。

（中缺1行）

3.

4. ▭▭▭▭▭丁：計家男、婦叁口。

5. 　　　　　男子貳口。

6. 　　　　　婦女壹口。

7. 事產：

8. 房屋：民草房叁間。
9. 頭匹：水牛壹隻。

（中缺1行）

10. □□：正除男、婦叁口。
11. □□①：
12. 男子貳口：
　　父紀昆，於隆慶貳年病故。
　　叔紀春，於隆慶伍年病故。
13. 婦女大壹口：
　　古氏，於嘉靖肆拾伍年病故。

（中缺1行）

14.
15.
16. □□：收男、婦貳口。

（後缺）

二三　明隆慶陸年（1572）直隸揚州府泰州如皋縣縣市西廂第壹里賦役黃冊（軍戶徐喜兒、軍匠戶楊某）

【題解】

此件爲《韻學集成》第二冊卷二第二三葉背，編號爲"HV·YX]C]]2·Y23"，其上殘下完，前後均缺，中有缺行，共存文字十九行，此件爲明代兩戶的賦役黃冊，其中第一至十二行爲一户，據第四、五行所載"又勾戶丁徐喜兒補役充萬曆元年甲首"一句可知，該戶的戶頭當爲"徐喜兒"，第十三至十九行則係直隸揚州府泰州如皋縣縣市西廂第壹里軍匠戶楊某之黃冊。據以與正面古籍文字成經緯狀。

---

① "□"，據文義該字當作"人"，以下該類情況同此，不另說明。

【錄文】

1. （前缺）
2. □□發陝西西安中衛軍，洪武貳拾
3. 肆年調蘭州衛中所百戶張玉下軍。
4. 查得太軍節勾戶丁徐滿兒補役，故。
5. 又勾戶丁徐喜兒補役，充萬曆元年甲首。
6. （中缺1行）
7. 事產：
8. 房屋：民草房貳間。
9. □口：男子成丁壹口：
   本身年壹拾柒歲。
10. （中缺1行）
11. 事產：
12. 房屋：民草房貳間。
13. 人丁：計家男子壹口。
14. ▇直隸揚州府泰州如皋縣縣市西廂第壹里軍匠戶。壹名，有祖楊安貳先
15. 於洪武貳拾貳年爲同名軍役事，發
    南京金吾前衛後所百戶王□總旗

上可知，此件所載的兩戶，均爲軍戶，其中『徐喜兒』爲普通軍戶，楊某爲軍匠戶。另，明代賦役黃冊在攢造之時需對下一輪十年內各戶充任里長、甲首情況等做出預先安排，第四、五行所載徐喜兒充甲首的時間爲『萬曆元年』（1573），而此前的隆慶陸年（1572）爲黃冊的攢造年份，據此可知，此件當係該年攢造的賦役黃冊。

二四 明隆慶陸年（1572）直隸揚州府泰州如皋縣縣市西廂第壹里（圖）賦役黃冊之一

【題解】

此件爲《韻學集成》第二册卷二第二四葉背，編號爲HV·YXJCJ2·Y24］，其上下完整，前後均缺，共存文字十八行，與正面古籍文字成經緯狀。此件爲明代某户的賦役黃冊。另，明代賦役黃冊往往會登載攢造之前十年内的田畝變化等情況，文中載有土地的「出賣」时间「嘉靖肆拾肆年」（1565）、「嘉靖肆拾叁年」（1564），而此後的隆慶陸年（1572）爲黃冊的攢造年份，據此可知，此件當係該年攢造的賦役黃冊。此件的文字字形、筆跡等與已知該批黃冊中攢造機構爲直隸揚州府泰州如皋縣縣市西廂第壹里（圖）的黃冊相似，故推斷，此件亦當屬於該里（圖）的黃冊。另，此件與HV·YXJCJ2·Y25］格式相同、内容相關、攢造時間一致，故推斷它們應屬於同一户的黃冊。

【録文】

（前缺）

1. 一本圖一則陸地捌分玖釐柒毫，嘉靖肆拾肆年出
2. 賣與拾貳都壹圖劉祥爲業。
3. 夏税：小麥每畝科正麥貳升，每斗帶耗柒合，
4. 共該壹斗玖合貳勺。

（後缺）

16.
17.
18.
19.

趙典小旗王清下軍。查得本軍於正德拾陸年鮮楊採住補役。匠壹名，有祖楊石童於洪武年間充雙線匠，後除。先蒙關領勘合繳部外，成化陸年關領工楊

5. 秋粮：黃豆每畝科正豆伍升，每斗帶耗柒合，
6. 共該肆升捌合。
7. 一本圖一則陸地肆畝壹分貳釐肆毫，嘉靖肆拾叁
8. 年出賣與叁都叁圖吳春爲業。
9. 夏税：小麥每畝科正麥貳升，每斗帶耗柒合，
10. 共該捌升捌合貳勺。
11. 秋粮：黃豆每畝科正豆伍升，每斗帶耗柒合，
12. 該貳斗貳升陸勺。
13. 一本圖一則陸地柒畝壹分貳釐玖毫，嘉靖肆拾叁
14. 年① 拾貳都貳圖郟祖爲業。
15. 夏税：小麥每畝科正麥貳升，每斗帶耗柒合，共
16. 該壹斗伍升貳合陸勺。
17. 秋粮：黃豆每畝科正豆伍升，每斗帶耗柒合，
18. 共該叁斗捌升壹合肆勺。

(後缺)

二五 明隆慶陸年（1572）直隷揚州府泰州如皋縣縣市西廂第壹里（圖）賦役黃冊之一

【題解】

此件爲《韻學集成》第二册卷二第二五葉背，編號爲 HV・YXJC[]2・Y25]，其上下完整，前後均缺，共存文字十九行，與正面古籍

---
① 「年」，據文義該字後當脱「出賣與」三字。

文字成經緯狀。此件爲明代某戶的賦役黃冊。另，明代賦役黃冊往往會登載攢造之前十年內的田畝變化等情況，文中載有土地的『出賣』時間『嘉靖肆拾叁年』（1564），而此後的隆慶陸年（1572）爲黃冊的攢造年份，據此可知，此件當係該年攢造的賦役黃冊。此件的文字字形、筆跡等與已知該批黃冊中攢造機構爲直隸揚州府泰州如皋縣市西廂第壹里（圖）的賦役黃冊相似，故推斷，此件亦當屬於該里（圖）的黃冊。另，此件與HV·YXJCJJ2·Y24]格式相同、內容相關，攢造時間一致，故推斷它們應屬於同一戶的黃冊。

【錄文】

（前缺）

1. 一本圖一則陸地貳畝壹分肆毫，嘉靖肆拾叁年出
2. 賣與叁都叁圖馬計祖爲業。
3. 夏稅：小麥每畝科正麥貳升，每斗帶耗柒合，
4. 共該肆升伍合。
5. 秋糧：黃豆每畝科正豆伍升，每斗帶耗柒合，共
6. 該壹斗壹升貳合陸勺。
7. 一本圖一則陸地貳分捌釐叁毫，於嘉靖肆拾叁年
8. 出賣與叁都伍圖管愷爲業。
9. 夏稅：小麥每畝科正麥貳升，每斗帶耗柒合，共
10. 該壹升伍合壹勺。
11. 秋糧：黃豆每畝科正豆伍升，每斗帶耗柒合，共
12. 該壹升伍合壹勺。
13. 一本圖一則陸地叁畝捌分貳釐叁毫，於嘉靖肆拾
14. 叁年出賣與貳拾壹都壹圖張儻爲
15. 業。
16. 夏稅：小麥每畝科正麥貳升，每斗帶耗柒合，共

二六 明隆慶陸年（1572）直隸揚州府泰州如皋縣縣市西廂第壹里（圖）賦役黃冊之一

【題解】

此件爲《韻學集成》第二册卷二第二六葉背，編號爲 HV·YXJC][2·Y26]，其上下完整，前後均缺，共存文字十九行，與正面古籍文字成經緯狀。此件爲明代某户的賦役黃冊。另，明代賦役黃冊往往會登載攢造之前十年内的田畝變化等情況，文中載有土地的「佃與」時間「嘉靖肆拾叁年」（1564）、「嘉靖肆拾肆年」（1565）、「嘉靖肆拾伍年」（1566），而此後的隆慶陸年（1572）爲黃冊的攢造年份，據此可知，此件當係該年攢造的賦役黃冊。此件的文字字形、筆跡等與已知該批黃冊中攢造機構爲直隸揚州府泰州如皋縣縣市西廂第壹里（圖）的賦役黃冊相似，故推斷，此件亦當屬於該里（圖）的黃冊。另，此件與 HV·YXJC][2·Y27]格式相同、内容相關，攢造時間一致，故推斷它們應屬於同一户的黃冊。

【錄文】

（前缺）

1. 一本圖一則没官陸地壹畝肆釐伍毫，於嘉靖肆拾叁年捌
2. 月係佃與貳拾貳都壹圖張儻承種。
3. 夏稅：小麥每畝科正麥壹斗捌合，每斗帶耗柒合，
4. 共該壹斗貳升捌勺。
5. 秋糧：黃豆每畝科正豆壹斗貳升，每斗帶耗柒合，

（後缺）

17. 該捌升壹合捌勺。
18. 秋粮：黃豆每畝科正豆伍升，每斗帶耗柒合，共
19. 該貳斗肆合伍勺。

二七 明隆慶陸年（1572）直隸揚州府泰州如皋縣縣市西廂第壹里（圖）賦役黃冊之一

【題解】

此件爲《韻學集成》第二冊卷二第二七葉背，編號爲 HV·YXJC]]2·Y27］，其上下完整，前後均缺，共存文字十九行，與正面古籍文字成經緯狀。此件爲明代某戶的賦役黃冊。另，明代賦役黃冊往往會登載攢造之前十年內的田畝變化等情況，文中載有土地的『兌佃』

6. 共該壹斗叁升肆合貳勺。
7. 一本圖一則沒官陸地叁分伍釐貳毫，於嘉靖肆拾肆年係
8. 佃與貳拾壹都壹圖楊鎬承種。
9. 夏稅：小麥每畝科正麥壹斗捌合，每斗帶耗柒合，
10. 共該壹升柒勺。
11. 秋糧：黃豆每畝科正豆壹斗貳升，每斗帶耗柒合，
12. 共該肆升伍合貳勺。
13. 一本圖一則沒官陸地陸釐陸毫，於嘉靖肆拾肆年係佃
14. 與南廂程頂承種。
15. 夏稅：小麥每畝科正麥壹斗捌合，每斗帶耗柒合，
16. 共該柒合柒勺。
17. 秋糧：黃豆每畝科正豆壹斗貳升，每斗帶耗柒合，
18. 共該捌合伍勺。
19. 一本圖一則沒官陸地肆釐貳毫，於嘉靖肆拾伍年係佃與

（後缺）

等时间『隆慶叄年』（1569）、『嘉靖肆拾伍年』（1566）、『嘉靖肆拾肆年』（1565），而此後的隆慶陸年（1572）爲黃冊的攢造年份，據此可知，此件當係該年攢造的賦役黃冊。此件的文字字形、筆跡等與已知該批黃冊中攢造機構爲直隸揚州府泰州如皋縣縣市西廂第壹里（圖）的賦役黃冊相似，故推斷，此件亦當屬於該里（圖）的黃冊。另，此件與 HV·YXJC[]2·Y26]格式相同、內容相關、攢造時間一致，故推斷它們應屬於同一戶的黃冊。

【錄文】

（前缺）

1. 本圖劉橋承種。
2. 夏稅：小麥每畝科正麥壹斗捌合，每斗帶耗柒合，
3. 共該肆合玖勺。
4. 秋糧：黃豆每畝科正豆壹斗貳升，每斗帶耗柒合，
5. 共該伍合肆勺。
6. 一本圖一則沒官陸地壹畝肆分貳釐壹毫，於隆慶叄年
7. 佃與東廂錢億承種。
8. 夏稅：小麥每畝科正麥壹斗捌合，每斗帶耗柒合，
9. 共該壹斗陸升肆合叄勺。
10. 秋粮：黃豆每畝科正豆壹斗貳升，每斗帶耗柒合，
11. 共該壹斗捌升貳合伍勺。
12. 一本圖一則沒官陸地玖釐壹毫，於嘉靖肆拾伍年兌佃
13. 與拾伍都貳圖朱榮承種。
14. 夏稅：小麥每畝科正麥壹斗捌合，每斗帶耗柒合，
15. 共該壹升伍勺。
16. 秋糧：黃豆每畝科正豆壹斗貳升，每斗帶耗柒合，共

二八 明隆慶陸年（1572）直隸揚州府泰州如皋縣縣市西廂第壹里（圖）賦役黃冊之一

【題解】

此件爲《韻學集成》第二冊卷二第二八葉背，編號爲 HV·YXJC[]2·Y28，其上下完整，前後均缺，共存文字十九行，與正面古籍文字成經緯狀。此件爲明代某戶的賦役黃冊。另，明代賦役黃冊往往會登載攢造之前十年內的田畝變化等情況，文中載有土地的『兌佃』等時間『嘉靖肆拾伍年』（1566）、『隆慶肆年』（1570）、『隆慶叁年』（1569），而此後的隆慶陸年（1572）爲黃冊的攢造年份，據此可知，此件當係該年攢造的賦役黃冊。此件的文字字形、筆跡等與已知該批黃冊中攢造機構爲直隸揚州府泰州如皋縣縣市西廂第壹里（圖）的黃冊相似，故推斷，此件亦當屬於該里（圖）的賦役黃冊。另，此件與 HV·YXJC[]2·Y29 格式相同、內容相關、攢造時間一致，故推斷它們應屬於同一戶的黃冊。

【錄文】

（前缺）

1. 年拾月內係兌佃與本圖陳懍承
2. 種。
3. 一本圖一則沒官蕩田壹分玖釐伍毫。秋粮：米每畝
4. 科正米壹斗貳升，每斗帶耗柒合，
5. 共該貳升伍合，於嘉靖肆拾伍年

（後缺）

與本圖陳懍承種。

17. 該壹升壹合柒勺。
18. 一本圖一則沒官陸地叁分伍釐，於嘉靖肆拾肆年拾月兌佃
19. 與本圖陳懍承種。

哈佛藏《韻學集成》《直音篇》紙背明代文獻釋錄 卷一

6. 陸月內係佃與拾伍都貳圖朱盤承
7. 種。
8. 一本圖一則沒官蕩田玖分壹釐捌毫。秋糧：米每畝
9. 科正米壹斗貳升，每斗帶耗柒合，
10. 共該壹斗壹升柒合捌勺，於隆慶
11. 肆年貳月內係兌佃與本圖紀昆承
12. 種。
13. 一本圖一則沒官蕩田壹畝捌分叁釐伍毫。秋糧：米
14. 每畝科正米壹斗貳升，每斗帶耗
15. 柒合，共該貳斗叁升伍合陸勺，於
16. 隆慶叁年正月內兌佃與叁都壹
17. 圖王[禹]承種。
18. 一本圖一則沒官蕩田肆分伍釐玖毫。秋糧：米每畝
19. 科正米壹斗貳升，每斗帶耗柒合，

（後缺）

二九 明隆慶陸年（1572）直隸揚州府泰州如皋縣縣市西廂第壹里（圖）賦役黃冊之一

【題解】

此件爲《韻學集成》第二冊卷二第二九葉背，編號爲HV·YXJCJ2·Y29，其上下完整，前後均缺，共存文字十九行，與正面古籍

四四

文字成經緯狀。此件爲明代某戶的賦役黃冊。另，明代賦役黃冊往往會登載攢造之前十年內的田畝變化等情況，文中載有土地的「兌佃」等時間『隆慶伍年』（1371）、『隆慶叁年』（1569）、『隆慶陸年』（1572），而隆慶陸年（1572）爲黃冊的攢造年份，據此可知，此件當係該年攢造的賦役黃冊。此件的文字字形、筆跡等與已知該批黃冊中攢造機構爲直隸揚州府泰州如皋縣縣市西廂第壹里（圖）的賦役黃冊相似，故推斷，此件亦當屬於該里（圖）的黃冊。另，此件與 HV·YXJC]2·Y28]格式相同、內容相關、攢造時間一致，故推斷它們應屬於同一戶的黃冊。

【錄文】

（前缺）

1. 共該伍升捌合玖勺，於隆慶伍年□
2. 月內兌佃與拾肆都壹圖居儀承種。
3. 一本圖一則沒官蕩田壹分陸毫。秋粮：米每畝科正
4. 米壹斗貳升，每斗帶耗柒合，共該
5. 壹升叁合陸勺，於隆慶肆年叁月
6. 內兌佃與北廂張革承種。
7. 一本圖一則沒官蕩田肆分柒釐柒毫。秋粮：米每畝
8. 科正米壹斗貳升，每斗帶耗柒合，
9. 共該陸升壹合貳勺，於隆慶陸年
10. 貳月內兌佃與拾肆都壹圖夏積承
11. 種。
12. 一本圖一則沒官蕩田貳畝捌分陸釐貳毫。秋粮：米
13. 每畝科正米壹斗貳升，每斗帶耗
14. 柒合，共該叁斗陸升柒合伍勺，
15. 隆慶陸年捌月內係佃與柒都貳圖

三〇 明隆慶陸年（1572）直隸揚州府泰州如皋縣縣市西廂第壹里（圖）賦役黃冊

【題解】

此件為《韻學集成》第二冊卷二第三十葉背，編號為 HV·YXJC[]2·Y30]，其上下完整，前後均缺，共存文字二十行，與正面古籍文字成經緯狀。此件為明代某戶的賦役黃冊。另，此件的文字字形、筆跡等與該批紙背文獻中隆慶陸年（1572）攢造的直隸揚州如皋縣縣市西廂第壹里（圖）賦役黃冊相似，故推斷，此件亦當屬於該里（圖）的黃冊。

【錄文】

（前缺）

1. 斗陸升伍合壹勺。
2. 正米伍斗貳升捌合壹勺。
3. 耗米叁升柒合。
4. 地本圖一則沒官陸地貳畝伍釐陸毫。
5. 夏稅：小麥每畝科正麥壹斗捌合，每斗帶耗柒合，
6. 共該貳斗叁升柒合陸勺。
7. 米壹斗貳升，每斗帶耗柒合，共該伍

一本圖一則沒官蕩田柒釐柒毫。秋糧：米每畝科正米
壹斗貳升，每斗帶耗柒合，共該玖
合玖勺，於隆慶伍年玖月內兌佃與

姚佈太承種。

（後缺）

三一 明隆慶陸年（1572）直隸揚州府泰州如皋縣縣市西廂第壹里（圖）賦役黃冊（許某）

【題解】

此件爲《韻學集成》第二冊卷二第三一葉背，編號爲HV·YXJCJ2·Y31，其上下完整，前後均缺，中有缺行，共存文字十九行，與正面古籍文字成經緯狀。此件爲明代某戶的賦役黄冊，據此件所載男子姓名，可知此黄冊的戶頭當係許某。另，此件的文字字形、筆

8. 正麥貳斗貳升壹合陸勺。
9. 耗麥壹升陸合。
10. 秋粮：黄豆每畝科正豆壹斗貳升，每斗帶耗柒合，共該貳斗貳升伍合伍勺。
11. 正豆貳斗壹升柒勺。
12. 耗豆壹升肆合捌勺。
13. 民田地拾壹畝柒分肆釐。
14. 夏税：小麥正耗壹斗壹升壹合貳勺。
15. 秋糧：
16. 米正耗貳斗貳升伍合。
17. 黄豆正耗肆斗叁合壹勺。
18. 田本圖一則蕩田肆畝貳分伍毫。秋粮：米每畝科正米伍升，每斗帶耗柒合，共該貳斗貳升伍

（後缺）

20.
19.

跡等與該批紙背文獻中隆慶陸年（1572）攢造的直隸揚州府泰州如皋縣縣市西廂第壹里（圖）賦役黃冊相似，故推斷，此件亦當屬於該里（圖）的黃冊。

【錄文】

1. （前缺）
2. 　　　　貳
3. 　　秋糧：黃豆每畝科正豆伍升，每斗帶耗柒合，共該陸合柒勺。
4. 　（中缺1行）
5. 人口：男、婦陸口。
6. 　　男子成丁肆口：
7. 　　　本身年陸拾貳歲。
8. 　　　姪許壹漢年貳拾柒歲。
9. 　　　姪許倉年叁拾陸歲。
10. 　　　姪許定年貳拾肆歲。
11. 　　婦女大貳口：
12. 　　　嫂戚氏年陸拾歲。　　妻鄧氏年伍拾捌歲。
13. 事產：
14. 　　官民田地壹拾捌畝壹分玖釐柒毫。
15. 　　夏稅：
16. 　　　小麥正耗叁斗玖升捌合捌勺。
17. 　　　絲壹兩。
18. 　　秋糧：
19. 　　　米正耗柒斗玖升壹勺。
20. 　　　黃豆正耗陸斗陸升柒合壹勺。

三三 明隆慶陸年（1572）直隸揚州府泰州如皋縣縣市西廂第壹里（圖）賦役黃冊

【題解】

此件爲《韻學集成》第二册卷二第三二葉背，編號爲HV·YXJCJ2·Y32，其上下完整，前後均缺，共存文字二十行，與正面古籍文字成經緯狀。此件爲明代某户的賦役黄册。另，此件的文字字形、筆迹等與該批紙背文獻中隆慶陸年（1572）攢造的直隸揚州府泰州如皋縣縣市西廂第壹里（圖）賦役黄册相似，故推斷，此件亦當屬於該里（圖）的黄册。另，此件與HV·YXJCJ2·Y33]格式相同、內容相關，疑屬於同一户的黄册。

【錄文】

（前缺）

1. 該貳斗壹升玖合壹勺。
2. 一本圖一則陸地壹畝貳分捌釐陸毫，買到東廂蘇諍
3. 户下地。
4. 夏税：小麥每畝科正麥貳升，每斗帶耗柒合，共
5. 該貳升柒合肆勺。
6. 秋糧：黃豆每畝科正豆伍升，每斗帶耗柒合，共
7. 該陸升捌合伍勺。
8. 一本圖一則陸地壹釐柒毫，係買到貳拾叁都貳圖

18. 官田地陸畝肆分伍釐柒毫。
19. 夏税：小麥正耗貳斗叁升柒合陸勺。

（後缺）

9. 錢晏戶下地。
10. 夏稅：小麥每畝科正麥貳升，每斗帶耗柒合，共
11. 　　該肆勺。
12. 秋糧：黃豆每畝科正豆伍升，每斗帶耗柒合，共
13. 　　該玖勺。
14. 一本圖一則陸地貳畝肆釐捌毫，係買到陸都壹圖
15. 　　盧盈戶下地。
16. 夏稅：小麥每畝科正麥貳升，每斗帶耗柒合，共
17. 　　該肆升叁合玖勺。
18. 秋糧：黃豆每畝科正豆伍升，每斗帶耗柒合，共
19. 　　該壹斗玖合伍勺。
20. 一本圖一則陸地叁分玖釐貳毫，係買到北廂魏⬜谷戶下

（後缺）

三三　明隆慶陸年（1572）直隸揚州府泰州如皋縣縣市西廂第壹里（圖）賦役黃冊

【題解】

此件為《韻學集成》第二冊卷二第三三葉背，編號為 HV·YXJCJ2·Y33］，其上下完整，前後均缺，共存文字十九行，與正面古籍文字成經緯狀。此件為明代某戶的賦役黃冊。另，此件的文字字形、筆跡等與該批紙背文獻中隆慶陸年（1572）攢造的直隸揚州府泰州如皋縣縣市西廂第壹里（圖）賦役黃冊相似，故推斷，此件亦當屬於該里（圖）的黃冊。另，此件與 HV·YXJCJ2·Y32］格式相同、內容相關，疑屬於同一戶的黃冊。

【錄文】

（前缺）

1. 該貳斗柒升肆合陸勺。
2. 一本圖一則陸地壹畝壹分玖釐叁毫，買到玖都壹
3. 圖倪美戶下地。
4. 夏稅：小麥每畝科正麥貳升，每斗帶耗柒合，共
5. 該貳升伍合伍勺。
6. 秋粮：黃豆每畝科正豆伍升，每斗帶耗柒合，共該
7. 陸升叁合捌勺。
8. 一本圖一則陸地伍分貳釐伍毫，買到拾玖都壹圖管虎
9. 戶下地。
10. 夏稅：小麥每畝科正麥貳升，每斗帶耗柒合，共
11. 該壹升壹合貳勺。
12. 秋粮：黃豆每畝科正豆伍升，每斗帶耗柒合，共
13. 貳升捌合壹勺。
14. 一本圖一則陸地玖分肆釐伍毫，係買貳拾都伍圖
15. 謝湧戶下地。
16. 夏稅：小麥每畝科正麥貳升，每斗帶耗柒合，共
17. 該貳升貳勺。
18. 秋粮：黃豆每畝科正豆伍升，每斗帶耗柒合，共
19. 該伍升陸勺。

（後缺）

三四 明隆慶陸年（1572）直隸揚州府泰州如皋縣縣市西廂第壹里（圖）賦役黃冊

【題解】

此件爲《韻學集成》第二冊卷二第三四葉背，編號爲 HV·YXJClJ2·Y34，其上下完整，前後均缺，共存文字十九行，與正面古籍文字成經緯狀。此件爲明代某户的賦役黄册。另，此件的文字字形、筆跡等與該批紙背文獻中隆慶陸年（1572）攢造的直隸揚州府泰州如皋縣縣市西廂第壹里（圖）賦役黄册相似，故推斷，此件亦當屬於該里（圖）的黄册。另，此件與 HV·YXJClJ2·Y35 格式相同、內容相關，疑屬於同一户的黄册。

【錄文】

（前缺）

1. 一本圖一則蕩田伍畝壹分捌釐捌毫。秋糧：米每畝科
2. 正米伍升，每斗帶耗柒合，共該貳斗柒
3. 升柒合陸勺。
4. 一本圖一則蕩田壹畝貳分貳釐柒毫。秋糧：米每畝科
5. 正米伍升，每斗帶耗柒合，共該陸升伍
6. 合伍勺，係買到玖都壹圖冒光明户下
7. 田。
8. 一本圖一則蕩田柒畝伍分壹釐捌毫。秋糧：米每畝科
9. 正米伍升，每斗帶耗柒合，共該肆斗貳
10. 合貳勺，係買到叁都壹圖叢远户下田。
11. 一本圖一則蕩田叁畝肆分柒釐玖毫。秋糧：米每畝科正
12. 米伍升，每斗帶耗柒合，共該壹斗捌升

三五 明隆慶陸年（1572）直隸揚州府泰州如皋縣縣市西廂第壹里（圖）賦役黃冊

【題解】

此件爲《韻學集成》第二冊卷二第三五葉背，編號爲HV·YXJC[]2·Y35，其上下完整，前後均缺，共存文字十九行，與正面古籍文字成經緯狀。此件爲明代某户的賦役黃冊。另，此件的文字字形、筆跡等與該批紙背文獻中隆慶陸年（1572）攢造的直隸揚州府泰州如皋縣縣市西廂第壹里（圖）賦役黃冊相似，故推斷，此件亦當屬於該里（圖）的黃冊。另，此件與HV·YXJC[]2·Y34格式相同、內容相關，疑屬於同一户的黃册。

【錄文】

（前缺）

1. 買到本圖張合户下田。
2. 一本圖一則蕩田壹分肆釐。秋糧：米每畝科正米伍升
3. 每斗帶耗柒合，共該柒合伍勺，係買到

———

13. 陸合肆勺，係買到柒都肆圖陳清賢户下田。
14. 一本圖一則蕩田陸分肆釐柒毫。秋糧：米每畝科正米
15. 伍升，每斗帶耗柒合，共該叁升肆合陸
16. 勺，係買到拾肆都貳圖王雲户下田。
17. 一本圖一則蕩田玖分壹釐貳毫。秋糧：米每畝科正米伍升，
18. 每斗帶耗柒合，共該肆升捌合捌勺，係
19.

（後缺）

4. 拾柒都壹圖王襄户下田。
5. 一本圖一則蕩田貳分壹釐陸毫。秋糧：米每畝科正米伍升，每斗帶耗柒合，共該壹升壹合陸勺，係買到貳拾都伍圖陳實户下田。
6. 一本圖一則蕩田伍畝伍分捌釐玖毫。秋糧：米每畝科正米伍升，每斗帶耗柒合，共該貳斗玖升玖合，係買到北厢王价户下田。
7. 一本圖一則蕩田壹畝陸分捌釐陸毫。秋糧：米每畝科正米伍升，每斗帶耗柒合，共該玖升壹勺，係買到柒都叁圖孫漢户下田。
8. 一本圖一則蕩田肆分叁釐捌毫。秋糧：米每畝科正米伍升，每斗帶耗柒合，共該叁升叁合肆勺，係買到拾柒都叁圖張彙户下田。

（後缺）

三六 明隆慶陸年（1572）直隸揚州府泰州如皋縣縣市西廂第壹里賦役黃冊之一（軍戶吳洋）

【題解】

此件爲《韻學集成》第二册卷二第三六葉背，編號爲HV·YXJC][2·Y36"，其上殘下完，前後均缺，中有缺行，共存文字十八行，與正面古籍文字成經緯狀。據一至六行推斷，此件係明直隸揚州府泰州如皋縣縣市西廂第壹里軍戶吳洋之賦役黃冊。另，明代賦役黃冊在攢造之時需對下一輪十年內各户充任里長、甲首情況等做出預先安排，第六行所載吳洋充甲首的時間爲『萬曆貳年』（1573），而此前的隆慶陸年（1572）爲黃冊的攢造年份，據此可知，此件當係該年攢造的賦役黃冊。另，因此件之官田地數等於HV·YXJC][2·Y37第一、三行所載田地數之和，據之可知此兩件可綴合爲一，綴合後此件在前。

【錄文】

（前缺）

1. ▉ 隸揚州府泰州如皋縣縣市西廂第壹里軍戶。
2. 　　　　　　　　　　　籍吳進合軍於吳元年赳取蘇州，收集
3. 　　　　　　　　　　　充軍，洪武叁年起，調虎賁左衛右所
4. 　　　　　　　　　　　百戶賈通下軍，正德貳年鮮吳洋補
5. 　　　　　　　　　　　役迯回，嘉靖元年仍鮮原迯吳洋補役，
6. 　　　　　　　　　　　充萬曆貳年甲首。

（中缺1行）

7. 　　口丁：計家男、婦壹拾玖口。
8. 　　　　　　　　　男子壹拾口。

三七 明隆慶陸年（1572）直隸揚州府泰州如皋縣縣市西廂第壹里賦役黃冊之二（軍戶吳洋）

【題解】

此件爲《韻學集成》第二冊卷二第三七葉背，編號爲 HV·YXJC]]2·Y37]，其上下完整，前後均缺，中有缺行，共存文字十九行，與正面古籍文字成經緯狀。此件爲明代某戶的賦役黃冊，因此件第一、三行所載田地數之和等於 HV·YXJC]]2·Y36]之官田地數，據之可知此兩件實爲同一戶的黃冊，可以綴合，綴合後此件在後。今據 HV·YXJC]]2·Y36]擬現題。

【錄文】

（前缺）

9. 事產：
10. 　　婦女玖口。
11. 　　官民田地貳頃叄拾貳畝叄分壹釐壹毫。
12. 　　夏稅：小麥正耗伍石玖升叄合陸勺。
13. 　　秋糧：
14. 　　　　米正耗壹拾石壹斗叄升貳合捌勺。
15. 　　　　黃豆正耗□石伍斗貳升壹勺。
16. 　　官田地捌拾貳畝捌分壹釐柒毫。
17. 　　夏稅：小麥正耗叄石肆升柒合伍勺。
18. 　　秋糧：

（後缺）

第二册

1. 田伍拾陸畝肆分伍釐叁毫。秋糧：米正耗柒石貳斗肆升柒
2. 合捌勺。
3. 地貳拾陸畝叁分陸釐肆毫。
4. 夏稅：小麥正耗叁石肆斗柒升合伍勺。
5. 秋糧：黃豆正耗叁石叁斗柒升合玖勺。
6. 民田地壹頃肆拾玖畝伍分伍釐肆毫。
7. 夏稅：小麥正耗貳石肆升陸合壹勺。
8. 秋糧：
9. 米正耗貳石捌斗捌升伍合。
10. 黃豆正耗伍石壹斗壹升柒合貳勺。
11. 田伍拾叁畝玖分貳釐肆毫。秋粮：米正耗貳石捌斗捌升伍
12. 合。

（中缺 1 行）

13. 地玖拾伍畝陸分叁釐。
14. 夏稅：小麥正耗貳石肆升陸合壹勺。
15. 秋糧：黃豆正耗伍石壹斗壹升柒合貳勺。
16. 房屋：民草房叁間。
17. 頭匹：水牛壹隻。
18. 人口：正除男、婦伍口。
19. 男子成丁壹口。

（後缺）

三八 明隆慶陸年（1572）直隸揚州府泰州如皋縣縣市西廂第壹里（圖）賦役黃冊之一

【題解】

此件爲《韻學集成》第二册卷二第三八葉背，編號爲HV·YXJCJ2·Y38，其上下完整，前後均缺，共存文字二十行，與正面古籍文字成經緯狀。此件爲明代某户的賦役黃册。另，明代賦役黃册往往會登載攢造之前十年內的田畝變化等情況，文中載有土地的『兌佃』時間『隆慶肆年』（1570）、『隆慶陸年』（1572）、『隆慶貳年』（1568），而隆慶陸年（1572）爲黃册的攢造年份，據此可知，此件當係該年攢造的賦役黃册。此件的文字字形、筆跡等與已知該批黃册中攢造機構爲直隸揚州府泰州如皋縣縣市西廂第壹里（圖）的賦役黃册相似，故推斷，此件亦當屬於該里（圖）的黃册。另，此件與HV·YXJCJ2·Y39格式相同、內容相關，攢造時間一致，故推斷它們應屬於同一户的黃册。

【錄文】

（前缺）

1. 共該壹斗玖升陸合陸勺。
2. 一本圖一則沒官陸地肆釐玖毫，於隆慶肆年叁月兌佃
3. 與張革承種。
4. 夏税：小麥每畝科正麥壹斗捌合，每斗帶耗柒合，
5. 共該伍合柒勺。
6. 秋粮：黃豆每畝科正豆壹斗貳升，每斗帶耗柒合，
7. 共該陸合。
8. 一本圖一則沒官陸地貳分貳釐貳毫，於隆慶陸年兌佃
9. 與拾肆都壹圖夏積承種。
10. 夏税：小麥每畝科正麥壹斗捌合，每斗帶耗柒合，

三九 明隆慶陸年（1572）直隸揚州府泰州如皋縣縣市西廂第壹里（圖）賦役黃冊之一

【題解】

此件爲《韻學集成》第二册卷二第三九葉背，編號爲HV·YXJC[]2·Y39］，其上下完整，前後均缺，共存文字十九行，與正面古籍文字成經緯狀。此件爲明代某户的賦役黃冊。另，明代賦役黄冊往往會登載攢造之前十年内的田畝變化等情況，文中載有土地的『兑佃』時間『隆慶貳年』（1568）、『隆慶伍年』（1571），而此後的隆慶陸年（1572）爲黄冊的攢造年份，據此可知，此件當係該年攢造的賦役黄冊。此件的文字字形、筆跡等與已知該批黃冊中攢造機構爲直隸揚州府泰州如皋縣縣市西廂第壹里（圖）的賦役黃冊相似，故推斷，此件亦當屬於該里（圖）的黄冊。另，此件與HV·YXJC[]2·Y38］格式相同、内容相關、攢造時間一致，故推斷它們應屬於同一户的黃冊。

11. 共該貳升伍合陸勺。
12. 秋糧：黃豆每畝科正豆壹斗貳升，每斗帶耗柒合，共
13. 　　　　該貳升捌合伍勺。
14. 一本圖一則沒官陸地壹畝叁分叁釐柒毫，
15. 　　　　係兑佃與柒都貳圖姚佈太承種。
16. 夏稅：小麥每畝科正麥壹斗捌合，每斗帶耗柒合，
17. 　　　　共該壹斗伍升肆合伍勺。
18. 秋糧：黃豆每畝科正豆壹斗貳升，每斗帶耗柒合，
19. 　　　　共該壹斗柒升壹合柒勺。
20. 一本圖一則沒官陸地叁釐陸毫，於隆慶貳年兑佃與貳拾

（後缺）

【錄文】

（前缺）

1. 夏稅：小麥每畝科正麥壹斗捌合，每斗帶耗柒合，共該貳升肆合柒勺。
2. 秋糧：黃豆每畝科正豆壹斗貳升，每斗帶耗柒合，共該貳升柒合伍勺。
3. 一本圖一則沒官陸地陸釐肆毫，於隆慶貳年係兌佃與北廂張賢承種。
4. 夏稅：小麥每畝科正麥壹斗捌合，每斗帶耗柒合，共該柒合肆勺。
5. 秋糧：黃豆每畝科正豆壹斗貳升，每斗帶耗柒合，共該捌合貳勺。
6. 一本圖一則沒官陸地貳分捌釐玖毫，隆慶伍年係兌佃與許弗承種。
7. 夏稅：小麥每畝科正麥壹斗捌合，每斗帶耗柒合，共該叁升叁合肆勺。
8. 秋糧：黃豆每畝科正豆壹斗貳升，每斗帶耗柒合，共該叁升柒合壹勺。
9. 一本圖一則沒官陸地壹畝伍分叁釐壹毫，於隆慶貳年係佃與拾貳都壹圖王囗承種。
10. 夏稅：小麥每畝科正麥壹斗捌合，每斗帶耗柒合，

（後缺）

四〇 明隆慶陸年（1572）直隸揚州府泰州如皋縣縣市西廂第壹里賦役黃冊（民戶某等）

【題解】

此件爲《韻學集成》第二冊卷二第四十葉背，編號爲HV·YXJC]2·Y40]，其上殘下完，前後均缺，共存文字二二行，與正面古籍文字成經緯狀。此件爲明代兩戶的賦役黃冊，其中第一至二一行係一户，第二二行係直隸揚州府泰州如皋縣縣市西廂第壹里民戶某之黃冊。另，明代賦役黃冊在攢造之時需對下一輪十年內各户充任里長、甲首情況等做出預先安排，第二二行所載某充甲首的時間爲『萬曆元年』（1573），而此前的隆慶陸年（1572）爲黃冊的攢造年份，據此可知，此件當係該年攢造的賦役黃冊。今據第二户黃冊擬現題。

【錄文】

（前缺）

1. 壹斗捌合伍勺。
2. 正豆壹斗壹合肆勺。
3. 耗豆柒合壹勺。
4. 民田地肆畝捌分叁釐玖毫。
5. 夏稅：小麥正耗陸升陸合伍勺。
6. 秋糧：米正耗玖升貳合玖勺。
7. 黃豆正耗壹斗陸升陸合壹勺。
8. 田本圖一則蕩田壹畝柒分叁釐陸毫。秋糧：米每畝科正米伍升，每斗帶耗柒合，共該玖升貳合玖勺。
9. 正米捌升陸合捌勺。
10. 耗米陸合壹勺。
11. 地本圖一則陸地叁畝壹分叁毫。

四一 明隆慶陸年（1572）直隸揚州府泰州如皋縣縣市西廂第壹里（圖）賦役黃冊

【題解】

此件爲《韻學集成》第二冊卷二第四一葉背，編號爲HV·YXJC|2·Y41｝，其上下完整，前後均缺，共存文字二十行，與正面古籍文字成經緯狀。此件爲明代某户的賦役黄冊。另，此件的文字字形、筆跡等與該批紙背文獻中隆慶陸年（1572）攢造的直隸揚州府泰州如皋縣縣市西廂第壹里（圖）賦役黄冊相似，故推斷，此件亦當屬於該里（圖）的黄冊。

【錄文】

（前缺）

1. 婦女貳口。

13. 夏稅：小麥每畝科正麥貳升，每斗帶耗柒合，共該陸升陸
14. 合伍勺。
15. 正麥陸升貳合壹勺。
16. 耗麥叁合肆勺。
17. 秋糧：黃豆每畝科正豆伍升，每斗帶耗柒合，共該壹斗陸
18. 升陸合壹勺。
19. 正豆壹斗伍升伍合貳勺。
20. 耗豆壹升玖勺。
21. 房屋：民草房叁間。
22. ＿＿＿＿直隸揚州府泰州如皋縣縣市西廂第壹里民户，充萬曆元年甲首。

（後缺）

事產：

2. 官民田地肆畝捌分肆釐壹毫。
3. 　　夏稅：小麥正耗壹斗陸合。
4. 　　秋糧：
5. 　　　米正耗貳斗壹升貳勺。
6. 　　　黃豆正耗柒升柒合肆勺。
7. 官田地壹畝柒分壹釐柒毫。
8. 　　夏稅：小麥正耗陸升叁合壹勺。
9. 　　秋糧：
10. 　　　米正耗壹斗伍升肆勺。
11. 　　　黃豆正耗柒升壹勺。
12. 田壹畝壹分柒釐壹毫。
13. 地伍分肆釐陸毫。
14. 民田地叁畝壹分貳釐肆毫。
15. 　　夏稅：小麥肆升貳合玖勺。
16. 　　秋糧：
17. 　　　米正耗伍升玖合捌勺。
18. 　　　黃豆正耗壹升柒合叁勺。
19. 田壹畝壹分壹釐捌毫。
20. 　　秋糧：米正耗伍升玖合捌勺。

（後缺）

四二 明隆慶陸年（1572）直隸揚州府泰州如皋縣縣市西廂第壹里（圖）賦役黃冊之一

【題解】

此件爲《韻學集成》第二冊卷二第四二葉背，編號爲 HV·YXJC||2·Y42］，其上下完整，前後均缺，共存文字十九行，與正面古籍文字成經緯狀。此件爲明代某戶的賦役黃冊。此件與已知該批黃冊中攢造機構爲直隸揚州府泰州如皋縣縣市西廂第壹里（圖）的賦役黃冊相似，攢造時間『嘉靖肆拾伍』（1566）、『嘉靖肆拾肆年』（1565），而此後的隆慶陸年（1572）爲黃冊的攢造年份，據此可知，此件當係該年攢造的賦役黃冊。此件的文字字形、筆跡等與已知該批黃冊中攢造之前十年內的田畝變化等情況，文中載有土地的『出賣』故推斷，此件亦當屬於該里（圖）的黃冊。另，此件與 HV·YXJC||2·Y43］格式相同、內容相關、攢造時間一致，故推斷它們應屬於同一戶的黃冊。

【錄文】

（前缺）

1. 秋粮：黃豆每畝科正豆伍升，每斗帶耗柒合，
2. 共該壹斗伍升貳合叁勺。
3. 一本圖一則陸地叁分伍釐貳毫，於嘉靖肆拾伍年出
4. 賣與貳拾壹都壹圖楊棐爲業。
5. 夏稅：小麥每畝科正麥貳升，每斗帶耗柒合，共
6. 該壹升壹合伍勺。
7. 秋粮：黃豆每畝科正豆伍升，每斗帶耗柒合，
8. 共該壹升叁合捌勺。
9. 一本圖一則陸地伍分玖釐，嘉靖肆拾肆年出賣與
10. 貳拾叁都陳銳爲業。

四三 明隆慶陸年（1572）直隸揚州府泰州如皋縣縣市西廂第壹里（圖）賦役黃冊之一

【題解】

此件爲《韻學集成》第二冊卷二第四三葉背，編號爲 HV·YXJCⅡ2·Y43]，其上下完整，前後均缺，共存文字十八行，與正面古籍文字成經緯狀。此件爲明代某户的賦役黃冊。另，明代賦役黃冊往往會登載攢造之前十年內的田畝變化等情況，文中載有土地的『出賣』時間『嘉靖肆拾伍』（1566）、『嘉靖肆拾肆年』（1565），而此後的隆慶陸年（1572）爲黃冊的攢造年份，據此可知，此件當係該年攢造的賦役黃冊。此件的文字字形、筆跡等與已知該批黃冊中攢造機構爲直隸揚州府泰州如皋縣縣市西廂第壹里（圖）的賦役黃冊相似，故推斷，此件亦當屬於該里（圖）的黃冊。另，此件與 HV·YXJCⅡ2·Y42]格式相同、內容相關、攢造時間一致，故推斷它們應屬於同一户的黃冊。

11. 夏稅：小麥每畝科正麥貳升，每斗帶耗柒合，

　　共該壹升貳合陸勺。

12. 秋糧：黃豆每畝科正豆伍升，每斗帶耗柒合，

　　共該叁升壹合陸勺。

13.

14.

15. 一本圖一則陸地柒畝捌釐玖毫，嘉靖肆拾肆年出

　　賣與南廂范杰爲業。

16. 夏稅：小麥每畝科正麥貳升，每斗帶耗柒合，共

　　該壹斗伍升壹合柒勺。

17.

18. 秋糧：黃豆每畝科正豆伍升，每斗帶耗柒合，共

19.

（後缺）

【錄文】

（前缺）

1. 該叁斗柒升玖合叁勺。
2. 一本圖一則陸地捌分玖釐伍毫，嘉靖肆拾伍年出賣
3. 與東廂王栢爲業。
4. 夏稅：小麥每畝科正麥貳升，每斗帶耗柒合，共
5. 貳升壹合貳勺。
6. 秋粮：黃豆每畝科正豆伍升，每斗帶耗柒合，
7. 共該肆升柒合玖勺。
8. 一本圖一則陸地肆畝壹分肆釐叁毫，嘉靖肆拾伍
9. 年出賣與貳拾叁都壹圖儲約爲
10. 業。
11. 夏稅：小麥每畝科正麥貳升，每斗帶耗柒合，共
12. 該捌升捌合陸勺。
13. 秋粮：黃豆每畝科正豆伍升，每斗帶耗柒合，
14. 共該貳斗貳升壹合肆勺。
15. 一本圖一則陸地叁畝玖分捌釐玖毫，嘉靖肆拾肆
16. 年出賣與陸都陸圖陳惠爲業。
17. 夏稅：小麥每畝科正麥貳升，每斗帶耗柒合，
18. 共該捌升伍合肆勺。

（後缺）

四四 明隆慶陸年（1572）直隸揚州府泰州如皋縣縣市西廂第壹里（圖）賦役黃冊

【題解】

此件爲《韻學集成》第二册卷二第四四葉背，編號爲 HV·YXJC002·Y44，其上下完整，前後均缺，共存文字二一行，與正面古籍文字成平行狀。此件爲明代某户的賦役黄册。另，此件的文字字形、筆跡等與該批紙背文獻中隆慶陸年（1572）攢造的直隸揚州府泰州如皋縣縣市西廂第壹里（圖）賦役黄册相似，故推斷，此件亦當屬於該里（圖）的黄册。

【錄文】

（前缺）

1. 婦女大肆口：
2. 姪婦戴氏年伍拾捌歲。　孫女年貳拾捌歲。
3. 姪婦冒氏年拾玖歲。　孫婦陳氏年壹拾捌歲。
4. □①民田地玖拾玖畝玖分肆釐陸毫。
5. 　　　夏稅：
6. 　　小麥正耗貳石壹斗玖升壹勺。
7. 　　　秋糧：
8. 　　米正耗肆石叁斗玖合玖勺。
9. 　　黄豆正耗叁石陸斗叁升叁合陸勺。
10. 官田地叁拾伍畝肆分陸釐捌毫。
11. 　　　夏稅：小麥正耗壹石叁斗肆合陸勺。
12. 　　　秋糧：米正耗叁石壹斗肆合叁勺。

① 「□」，據文義該字當作「官」。

四五 明隆慶陸年（1572）直隸揚州府泰州如皋縣縣市西廂第壹里（圖）賦役黃冊

【題解】

此件爲《韻學集成》第二冊卷二第四五葉背，編號爲HV·YXJC[]2·Y45]，其上下完整，前後均缺，共存文字二十行，與正面古籍文字成經緯狀。此件爲明代某戶的賦役黃冊。另，此件的文字字形、筆跡等與該批紙背文獻中隆慶陸年（1572）攢造的直隸揚州府泰州如皋縣縣市西廂第壹里（圖）賦役黃冊相似，故推斷，此件亦當屬於該里（圖）的黃冊。

【錄文】

（前缺）

1. 秋糧：黃豆正耗肆斗叁合貳勺。
2. 一本圖一則陸地柒畝叁釐陸毫，係買到柒都叁圖陳囗

13. 黃豆正耗壹石肆斗肆升玖合陸勺。
14. 田本圖一則沒官蕩田貳拾肆畝壹分柒釐柒毫。秋糧：米
15. 每畝科正米壹斗貳升，每斗帶耗柒
16. 合，共該叁石壹斗肆合叁勺。
17. 正米貳石玖斗壹合貳勺。
18. 耗米貳斗叁升壹合。
19. 地本圖一則沒官陸地壹拾壹畝貳分玖釐壹毫。
20. 夏稅：小麥每畝科正麥壹斗捌合，每斗帶耗柒合，
21. 共該壹石叁斗肆合陸勺。

（後缺）

3. 户下地。
4. 夏税：小麥每畝科正麥貳升，每斗帶耗柒合，共該
5. 壹斗捌升陸勺。
6. 秋糧：黃豆每畝科正豆伍升，每斗帶耗柒合，共該
7. 叁斗柒升陸合肆勺。
8.
9. 一本圖一則陸地柒毫，係買到本圖嚴涓戶下地。
10. 夏税：小麥每畝科正麥貳升，每斗帶耗柒合，共
11. 該貳勺。
12. 秋糧：黃豆每畝科正豆伍升，每斗帶耗柒合，共
13. 該肆勺。
14. 一本圖一則陸地陸分柒釐伍毫，係買到貳拾都叁圖
15. 付紀户下地。
16. 夏税：小麥每畝科正麥貳升，每斗帶耗柒合，共
17. 該壹升肆勺。
18. 秋糧：黃豆每畝科正豆伍升，每斗帶耗柒合，共
19. 該叁升陸合壹勺。
20. 一本圖一則陸地陸分壹釐陸毫，係買到肆都貳圖馮
    □户下地。

（後缺）

四六 明隆慶陸年（1572）直隸揚州府泰州如皋縣縣市西廂第壹里（圖）賦役黃冊

【題解】

此件爲《韻學集成》第二冊卷二第四六葉背，編號爲HV·YXJCIJ2·Y46，其上下完整，前後均缺，共存文字二十行，與正面古籍文字成經緯狀。此件爲明代某户的賦役黃册。另，此件的文字字形、筆跡等與該批紙背文獻中隆慶陸年（1572）攢造的直隸揚州府泰州如皋縣縣市西廂第壹里（圖）賦役黃册相似，故推斷，此件亦當屬於該里（圖）的黃册。

【錄文】

（前缺）

1. 民田地叁畝壹分肆釐貳毫。
2. 夏稅：
3. 小麥正耗肆升貳合玖勺。
4. 秋糧：
5. 米正耗伍升玖合捌勺。
6. 黃豆正耗壹斗柒合叁勺。
7. 田本圖一則蕩田壹畝壹分壹釐捌毫。
8. 秋糧：米每畝科正米伍升，每斗帶耗柒合，共該肆升貳合玖勺。
9. 正米肆升壹合。
10. 耗米壹合玖勺。
11. 地本圖一則陸地貳畝陸毫。
12. 夏稅：小麥每畝科正麥貳升，每斗帶耗柒合，共該肆

四七 明隆慶陸年（1572）直隸揚州府泰州如皋縣縣市西廂第壹里（圖）賦役黃冊

【題解】

此件爲《韻學集成》第二冊卷二第四七葉背，編號爲"HV·YXJCJ2·Y47"，其上下完整，前後均缺，中有缺行，共存文字十八行，與正面古籍文字成經緯狀。此件爲明代某户的賦役黃冊。另，此件的文字字形、筆跡等與該批紙背文獻中隆慶陸年（1572）攢造的直隸揚州府泰州如皋縣縣市西廂第壹里（圖）賦役黃冊相似，故推斷，此件亦當屬於該里（圖）的黃冊。

【錄文】

（前缺）

1.
2. 房屋：民草房叁間。
　　秋糧：黄豆正耗壹斗柒合叁勺。

（中缺1行）

3. 人口：男、婦叁口。

（後缺）

14. 　　　　　　　　　升貳合玖勺。
15. 　　　　　　　　正麥肆升壹合。
16. 　　　　　　　　耗麥壹合玖勺。
17. 　　　　　　秋糧：黄豆每畝科正豆伍升，每斗帶耗柒合，共該壹
18. 　　　　　　　　斗柒合叁勺。
19. 　　　　　　　　正豆壹斗壹合。
20. 　　　　　　　　耗豆陸合叁勺。

哈佛藏《韻學集成》《直音篇》紙背明代文獻釋錄　卷一

4. 男子成丁壹口：
5. 本身年肆拾陸歲。
6. 婦女大貳口：
7. 嫂繆氏年肆拾歲。　弟婦 高 氏年肆拾壹歲。
8. 事產：官民田地肆畝捌分肆釐壹毫。
9. 官田地壹畝柒分壹釐柒毫。
10. 夏稅：小麥正耗壹斗陸合。
11. 秋糧：米正耗貳斗壹升陸合。
12. 黃豆正耗柒升柒合肆勺。
13. 夏稅：小麥正耗陸升叁合壹勺。
14. 秋糧：
15. 米正耗壹斗伍升肆勺。
16. 黃豆正耗柒升壹勺。
17. 田本圖一則沒官蕩田壹畝壹分柒釐壹毫。秋糧：每畝科正米
18. 壹斗貳升，每斗帶耗柒合，共該壹斗伍

（後缺）

四八　明隆慶陸年（1572）直隸揚州府泰州如皋縣縣市西廂第壹里（圖）賦役黃冊

【題解】

此件為《韻學集成》第二冊卷二第四八葉背，編號為 HV·YXJC]]2·Y48]，其上下完整，前後均缺，共存文字十九行，與正面古籍

文字成經緯狀。此件爲明代某戶的賦役黃冊。另，此件的文字字形、筆跡等與該批紙背文獻中隆慶陸年（1572）攢造的直隸揚州府泰州如皋縣縣市西廂第壹里（圖）賦役黃冊相似，故推斷，此件亦當屬於該里（圖）的黃冊。另，此件與 HV·YXJC]2·Y49]格式相同、內容相關，疑屬於同一戶的黃冊。

【錄文】

（前缺）

1. 圖□□戶下地。
2. 夏稅：小麥每畝科正麥壹斗捌合，每斗帶耗柒
3. 合，共該貳斗捌
4. 秋糧：黃豆每畝科正豆壹斗貳升，每斗帶耗柒
5. 合，共該叁斗貳升壹合壹勺。
6. 一本圖一則沒官陸地玖分陸釐貳毫，係兌到拾貳
7. 都叁圖蔡納戶下地。
8. 夏稅：小麥每畝科正麥壹斗捌合，每斗帶耗柒
9. 合，共該壹斗壹升合貳勺。
10. 秋糧：黃豆每畝科正豆壹斗貳升，每斗帶耗柒
11. 合，共該壹斗貳升叁合伍勺。
12. 一本圖一則沒官陸地貳分叁釐貳毫，係兌到貳拾
13. 叁都壹圖翁安戶下地。
14. 夏稅：小麥每畝科正麥壹斗捌合，每斗帶耗柒
15. 合，共該貳升陸合捌勺。
16. 秋糧：黃豆每畝科正豆壹斗貳升，每斗帶耗柒
17. 合，共該貳升玖合捌勺。

18.
19. 一本圖一則沒官陸地壹分叁釐壹毫，係兌到本圖紀爽

戶下地。

（後缺）

四九 明隆慶陸年（1572）直隸揚州府泰州如皋縣縣市西廂第壹里（圖）賦役黃冊

【題解】

此件爲《韻學集成》第二冊卷二第四九葉背，編號爲 HV·YXJCJ2·Y49］，其上下完整，前後均缺，共存文字十九行，與正面古籍文字成經緯狀。此件爲明代某戶的賦役黃冊。另，此件的文字字形、筆跡等與該批紙背文獻中隆慶陸年（1572）攢造的直隸揚州府泰州如皋縣縣市西廂第壹里（圖）賦役黃冊相似，故推斷，此件亦當屬於該里（圖）的黃冊。另，此件與 HV·YXJCJ2·Y48］格式相同、內容相關，疑屬於同一戶的黃冊。

【錄文】

（前缺）

1. 夏稅：小麥每畝科正麥壹斗捌合，每斗帶耗柒合，共該壹升伍合壹勺。
2. 秋糧：黃豆每畝科正豆壹斗貳升，每斗帶耗柒合，共該壹升陸合捌勺。
3.
4. 一本圖一則沒官陸地壹分貳釐，係兌到拾柒都壹圖戴龍戶下地。
5.
6.
7. 夏稅：小麥每畝科正麥壹斗捌合，每斗帶耗柒合，共該壹升肆合。
8.

9. 秋糧：黃豆每畝科正豆壹斗貳升，每斗帶耗柒
10. 合，共該壹升伍合肆勺。
11. 一本圖一則沒官陸地貳畝陸分肆釐捌毫，係兌到北
12. 廂錢相戶下地。
13. 夏稅：小麥每畝科正麥壹斗捌合，每斗帶耗柒
14. 共該叁斗陸合。
15. 秋糧：黃豆每畝科正豆壹斗貳升，每斗帶耗柒合，
16. 共該叁斗陸合。
17. 一本圖一則沒官陸地 陸都壹圖 沈實
18. 戶下地。
19. 夏稅：小麥每畝科正麥壹斗捌合，每斗帶耗柒

（後缺）

五〇 明隆慶陸年（1572）直隸揚州府泰州如皋縣縣市西廂第壹里（圖）賦役黃冊

【題解】

此件爲《韻學集成》第二册卷二第五十葉背，編號爲HV·YXJC]]2·Y50]，其上下完整，前後均缺，共存文字十九行，與正面古籍文字成經緯狀。此件爲明代某戶的賦役黃冊。另，此件的文字字形、筆跡等與該批紙背文獻中隆慶陸年（1572）攢造的直隸揚州府泰州如皋縣縣市西廂第壹里（圖）賦役黃冊相似，故推斷，此件亦當屬於該里（圖）的黃冊。另，此件與HV·YXJC]]2·Y51]格式相同、内容相關，疑屬於同一戶的黃冊。

哈佛藏《韻學集成》《直音篇》紙背明代文獻釋錄 卷一

【錄文】

（前缺）

1. 一本圖一則蕩田伍分貳釐捌毫。秋粮：米每畝科正
2. 米伍升，每斗帶耗柒合，共該貳升
3. 捌合貳勺，買到貳拾都伍圖謝澒
4. 户下田。
5. 一本圖一則蕩田柒分玖釐壹毫。秋粮：米每畝科
6. 正米伍升，每斗帶耗柒合，共該貳斗
7. 貳合捌勺，買到本圖吳远户下田。
8. 一本圖一則蕩田貳畝叁分玖釐壹毫。秋粮：米每畝科
9. 正米伍升，每斗帶耗柒合，共該壹斗
10. 貳升柒合玖勺，係買到南廂徐鎮户下
11. 田。
12. 一本圖一則蕩田貳畝壹分壹釐玖毫。秋粮：米每畝科
13. 正米伍升，每斗帶耗柒合，共該壹斗
14. 壹升叁合肆勺，買到貳拾壹都壹圖
15. 張金户下田。
16. 一本圖一則蕩田壹畝壹分玖釐叁毫。秋粮：米每畝科
17. 正米伍升，每斗帶耗柒合，共該壹斗柒
18. 升捌勺，買到本圖王澗户下田。
19. 一本圖一則蕩田壹畝叁分柒釐貳毫。秋粮：米每畝科正

（後缺）

五一 明隆慶陸年（1572）直隸揚州府泰州如皋縣縣市西廂第壹里（圖）賦役黃冊

【題解】

此件爲《韻學集成》第二冊卷二第五一葉背，編號爲"HV·YXJCU2·Y51"，其上下完整，前後均缺，共存文字十九行，與正面古籍文字成經緯狀。此件爲明代某户的賦役黄册。另，此件的文字字形、筆跡等與該批紙背文獻中隆慶陸年（1572）攢造的直隸揚州府泰州如皋縣縣市西廂第壹里（圖）賦役黄册相似，故推斷，此件亦當屬於該里（圖）的黄册。另，此件與HV·YXJCU2·Y50]格式相同、內容相關，疑屬於同一户的黄册。

【錄文】

（前缺）

1. 伍升，每斗帶耗柒合，共該壹升柒合
2. 貳勺，係買到貳拾壹都貳圖許梅
3. 户下田。
4. 一本圖一則蕩田壹畝玖分肆釐叁毫。秋糧：米每畝
5. 科正米伍升，每斗帶耗柒合，共該
6. 壹斗叁合玖勺，買到拾玖都壹圖
7. 李積户下田。
8. 一本圖一則蕩田叁分伍釐壹毫。秋糧：米每畝科正
9. 米伍升，每斗帶耗柒合，共該壹升
10. 捌合捌勺，買到拾都叁圖花檀
11. 户下田。
12. 一本圖一則蕩田壹分壹釐壹毫。秋糧：米每畝科正

五二　明隆慶陸年（1572）直隸揚州府泰州如皋縣縣市西廂第壹里（圖）賦役黃冊之一

【題解】

此件爲《韻學集成》第二冊卷二第五二葉背，編號爲 HV·YXJCJ2·Y52，其上下完整，前後均缺，共存文字十九行，與正面古籍文字成經緯狀。此件爲明代某户的賦役黃冊。另，明代賦役黃冊往往會登載攢造之前十年內的田畝變化等情況，文中載有土地的"兑佃"等時間『嘉靖肆拾伍』（1566）、『嘉靖肆拾叁年』（1564），而此後的隆慶陸年（1572）爲黃冊的攢造年份，據此可知，此件當係該年攢造的賦役黃冊。此件的文字字形、筆跡等與已知該批黃冊中攢造機構爲直隸揚州府泰州如皋縣縣市西廂第壹里（圖）的賦役黃冊相似，故推斷，此件亦當屬於該里（圖）的黃冊。另，此件與 HV·YXJCJ2·Y53 格式相同、內容相關、攢造時間一致，故推斷它們應屬於同一户的黃冊。

【錄文】

(前缺)

1. 共該陸升柒合貳勺，於嘉靖肆拾

13. 米伍升，每斗帶耗柒合，共該伍合□
14. 勺，係買到拾柒都貳圖陳計隆户下
15. 田。
16. 一本圖一則蕩田壹分玖釐捌毫。秋糧：米每畝科正米
17. 伍升，每斗帶耗柒合，共該壹升陸勺，
18. 係買到陸都壹圖 蔡 木户下田。
19. 一本圖一則蕩田叁分壹毫。秋糧：米每畝科正米伍升，

(後缺)

2. 伍年拾月內兌佃與東廂王相承種。

3. 一本圖一則沒官蕩田貳畝肆分貳釐。科正米壹斗貳升，每斗帶耗柒合，共該叁斗壹升柒勺，於嘉靖拾伍年拾月內係兌佃與貳拾叁都壹圖儲約承種。

4. 一本圖一則沒官蕩田貳畝叁分貳釐。秋糧：米每畝科正米壹斗貳升，每斗帶耗柒合，共該貳斗玖升肆合玖勺，於嘉靖肆拾肆年貳月內係佃與陸都陸圖陳惠承種。

5. 一本圖一則沒官蕩田陸分肆釐玖毫。秋糧：米每畝科正米壹斗貳升，每斗帶耗柒合，共該捌升叁合叁勺，於嘉靖肆拾叁年柒月內係佃與本圖宗奉承種。

6. 一本圖一則沒官蕩田玖分伍釐玖毫。秋糧：米每畝

（後缺）

五三 明隆慶陸年（1572）直隸揚州府泰州如皋縣市西廂第壹里（圖）賦役黃冊之一

【題解】

此件爲《韻學集成》第二册卷二第五三葉背，編號爲 HV·YXJCJ2·Y53]，其上下完整，前後均缺，共存文字二十行，文中載有土地的『兑佃』文字成經緯狀。此件爲明代某户的賦役黄册。另，明代賦役黄册往往會登載攢造之前十年内的田畝變化等情况，與正面古籍時間『嘉靖肆拾伍』（1566）、『嘉靖肆拾肆年』（1565），而此後的隆慶陸年（1572）爲黄册的攢造年份，據此可知，此件當係該年攢造的賦役黄册。此件的文字字形、筆跡等與已知該批黄册中攢造機構爲直隸揚州府泰州如皋縣市西廂第壹里（圖）的黄册相似，故推斷，此件亦當屬於該里（圖）的黄册。另，此件與 HV·YXJCJ2·Y52] 格式相同，内容相關、攢造時間一致，故推斷它們應屬於同一户的黄册。

【録文】

（前缺）

1. 每畝科正米壹斗貳升，每斗帶耗柒
2. 合，共該壹石壹斗貳升貳合玖勺，
3. 於嘉靖肆拾伍年玖月内係兑佃與
4. 拾貳都貳圖薛俊承種。
5. 一本圖一則没官蕩田貳分陸毫。秋糧：米每畝科正
6. 米壹斗貳升，每斗帶耗柒合，共該
7. 貳升陸合肆勺，於嘉靖肆拾伍年
8. 拾月内係兑佃與貳拾壹都貳圖楊
9. 裴承種。
10. 一本圖一則没官蕩田叁分肆釐伍毫。秋糧：米每畝

11.
12.
13.
14.
15. 一本圖一則沒官蕩田肆畝壹分肆釐貳毫。每畝科正米壹斗貳升，每斗帶耗柒合，共該伍斗叁升壹合捌勺，於嘉靖肆拾肆年捌月內係兌佃與南廂范杰承種。
16.
17.
18.
19.
20. 一本圖一則沒官蕩田伍分貳釐叁毫。

秋粮：米每畝

科正米壹斗貳升，每斗帶耗柒合，共該肆升肆合肆勺，於嘉靖肆拾肆年玖月內係兌佃與貳拾都叁圖陳銳承種。

(後缺)

五四　明隆慶陸年（1572）直隸揚州府泰州如皋縣市西廂第壹里（圖）賦役黃冊之一

【題解】

此件爲《韻學集成》第二冊卷二第五四葉背，編號爲HV·YXJCJ2·Y54，其上下完整，前後均缺，共存文字十九行，與正面古籍文字成經緯狀。此件爲明代某戶的賦役黃冊。另，明代賦役黃冊往往會登載攢造之前十年內的田畝變化等情況，文中載有土地的「兌佃」時間「嘉靖肆拾叁年」（1564）、「嘉靖肆拾伍」（1566），而此後的隆慶陸年（1572）爲黃冊的攢造年份，據此可知，此件當係該年攢造的賦役黃冊。此件的文字字形、筆跡等與已知該批黃冊中攢造機構爲直隸揚州府泰州如皋縣市西廂第壹里（圖）的賦役黃冊相似，故推斷，此件亦當屬於該里（圖）的黃冊。另，此件與HV·YXJCJ2·Y55格式相同，內容相關，攢造時間一致，故推斷它們應屬於同一戶的黃冊。

【錄文】

（前缺）

1. 種。
2. 夏稅：小麥每畝科正麥壹斗捌合，每斗帶耗柒合，共該壹斗玖升伍合陸勺。
3. 秋糧：黃豆每畝科正豆壹斗貳升，每斗帶耗柒合，共該壹斗叁升玖合陸勺。
4. 夏稅：小麥每畝科正麥壹斗捌合，每斗帶耗柒合，共該壹斗叁升玖合陸勺。
5. 秋糧：黃豆每畝科正豆壹斗貳升，每斗帶耗柒合，共該壹斗叁升玖合陸勺。
6. 一本圖一則沒官陸地叁分叁毫，於嘉靖肆拾叁年柒月內兌佃與本圖宗俸承種。
7. 夏稅：小麥每畝科正麥壹斗捌合，每斗帶耗柒合，共該叁升捌合玖勺。
8. 秋糧：黃豆每畝科正豆壹斗貳升，每斗帶耗柒合，共該叁升伍合。
9. 一本圖一則沒官陸地肆分肆釐叁毫，於嘉靖肆拾伍年伍月內係兌佃與本圖壹甲吳远承種。
10. 夏稅：小麥每畝科正麥壹斗捌合，每斗帶耗柒合，共該伍升壹合貳勺。
11. 秋糧：黃豆每畝科正豆壹斗貳升，每斗帶耗柒合，共該伍升陸合玖勺。
12. 一本圖一則沒官陸地壹畝伍分捌釐伍毫，於嘉靖肆拾

（後缺）

五五 明隆慶陸年（1572）直隸揚州府泰州如皋縣縣市西廂第壹里（圖）賦役黃冊之一

【題解】

此件爲《韻學集成》第二冊卷二第五五葉背，編號爲 HV·YXJC[]2·Y55］，其上下完整，前後均缺，共存文字十九行，與正面古籍文字成經緯狀。此件爲明代某戶的賦役黃冊。另，明代賦役黃冊往往會登載攢造之前十年內的田畝變化等情況，文中載有土地的「兌佃」等時間「嘉靖肆拾肆年」（1565）、「嘉靖肆拾叁年」（1564），而此後的隆慶陸年（1572）爲黃冊的攢造年份，據此可知，此件當係該年攢造的賦役黃冊。此件的文字字形、筆跡等與已知該批黃冊中攢造機構爲直隸揚州府泰州如皋縣縣市西廂第壹里（圖）的賦役黃冊相似，故推斷，此件亦當屬於該里（圖）的黃冊。另，此件與 HV·YXJC[]2·Y54］格式相同、內容相關、攢造時間一致，故推斷它們應屬於同一戶的黃冊。

【錄文】

（前缺）

1. 伍年陸月內係兌佃與拾伍都肆圖 顧
2. 謨承種。
3. 夏稅：小麥每畝科正麥壹斗捌合，每斗帶耗柒
4. 合，共該壹斗捌升叁合貳勺。
5. 秋粮：黃豆每畝科正豆壹斗貳升，每斗帶耗柒合，
6. 共該貳斗叁合伍勺。
7. 一本圖一則沒官陸地貳分肆釐叁毫，於嘉靖肆拾肆
8. 年陸月內係兌佃與拾貳都貳圖劉祥承種。
9. 夏稅：小麥每畝科正麥壹斗捌合，每斗帶耗柒
10. 合，共該貳升捌合壹勺。

五六 明隆慶陸年（1572）直隸揚州府泰興縣順得鄉貳拾壹都第拾伍里（圖）賦役黃冊

【題解】

此件爲《韻學集成》第二冊卷二第五六葉背，編號爲HV·YXJC[]2·Y56"，其上下完整，前後均缺，共存文字二二行，與正面古籍文字成經緯狀。此件爲明代某戶的賦役黃冊。另，此件的文字字形、筆跡等與該批紙背文獻中隆慶陸年（1572）攢造的直隸揚州府泰興縣順得鄉貳拾壹都第拾伍里（圖）賦役黃冊相似，故推斷，此件亦當屬於該里（圖）的黃冊。

【錄文】

（前缺）

1. 男子陸口：
2. 成丁肆口：

（後缺）

11. 秋糧：黃豆每畝科正豆壹斗貳升，每斗帶耗柒合，共該叁升壹合貳勺。
12.
13. 一本圖一則沒官陸地壹畝壹分貳釐叁毫，於嘉靖肆拾
14. 　　叁年係兌佃與叁圖吳春承種。
15. 夏稅：小麥每畝科正麥壹斗捌合，每斗帶耗柒
16. 　　合，共該壹斗貳升玖合捌勺。
17. 秋糧：黃豆每畝科正豆壹斗貳升，每斗帶耗柒
18. 　　合，共該壹斗肆升肆合貳勺。
19. 一本圖一則沒官陸地壹畝玖分肆釐伍毫，於嘉靖肆拾

3. 本身年叁拾陸歲。
4. 弟壽年貳拾柒歲。　弟貴年貳拾陸歲。
5.
6. 不成丁貳口：
7. 壹漢年陸歲。　叁漢年肆歲。
8.
9. 婦女大肆口：
10. 嬸陳氏年柒拾伍歲。　弟婦唐氏年叁拾陸歲。
11. 弟婦楊氏年貳拾陸歲。　弟婦錢氏年拾捌歲。
12.
13. 事產：
14. 民田地玖畝貳分柒釐。
15. 夏稅：小麥正耗貳斗柒升柒合貳勺。
16. 秋粮：
17. 米正耗叁斗叁合叁勺。
18. 黃豆正耗壹斗玖升貳合陸勺。
19. 田本都一則高田伍畝陸分柒釐。
20. 夏稅：小麥每畝科正麥壹升，每斗帶耗柒合，共該壹斗叁合捌升貳合。
21. 秋粮：米每畝科正米伍升，每斗帶耗柒合，共該叁斗叁合叁勺。
22. 正米貳斗捌升叁合伍勺。

（後缺）

五七 明隆慶陸年（1572）直隸揚州府泰興縣順得鄉貳拾壹都第拾伍里賦役黃冊（民籍某等）

【題解】

此件爲《韻學集成》第二册卷二第五七葉背，編號爲 HV·YXJCJ2·Y57，其上殘下完，前後均缺，中有缺行，共存文字二十行，與正面古籍文字成經緯狀。此件係明代兩戶的賦役黃冊，其中第一至十行爲一戶，第十一至二十行係直隸揚州府泰興縣順得鄉貳拾壹都第拾伍里民籍某之黃冊。另，明代賦役黃冊在攢造之時需對下一輪十年內各戶充任里長、甲首情況等做出預先安排，第十一行所載某充甲首的時間爲『萬曆叁年』（1575），而此前的隆慶陸年（1572）爲黃冊的攢造年份，據此可知，此件當係該年攢造的賦役黃冊。今據第二戶黃冊擬現題。

【錄文】

（前缺）

1. 地本都一則地叁畝貳分伍釐。
2. 夏稅：小麥每畝科正麥叁升，每斗帶耗柒合
3. 勺。
4. 正麥玖升柒合伍勺。
5. 耗麥陸合玖勺。
6. 秋糧：黃豆每畝科正豆伍升，每斗帶耗柒合，共該壹斗肆合
7. 合玖勺。
8. 正豆壹斗陸升貳合。
9. 耗豆壹升壹合肆勺。
10. 房屋：民草房叁間。

11. ▢係直隸揚州府泰興縣順得鄉貳拾壹都第拾伍里民籍，充萬曆叁年甲首。

（中缺 1 行）

13. 人丁：計家男、婦柒口。
14. 　　　男子肆口。
15. 　　　婦女叁口。
16. 事產：
17. 　　　民田地玖畝貳分柒釐。
18. 　　　夏稅：小麥正耗貳斗柒升柒合貳勺。
19. 　　　秋糧：
20. 　　　　　米正耗叁斗叁合叁勺。
　　　　　　黃豆正耗壹斗叁升貳合陸勺。

（後缺）

五八　明隆慶陸年（1572）直隸揚州府泰興縣順得鄉貳拾壹都第拾伍里賦役黃冊之一（民籍某某全等）

【題解】

此件爲《韻學集成》第二冊卷二第五八葉背，編號爲 HV·YXJC][2·Y58]，其上下完整，前後均缺，共存文字二二行，與正面古籍文字成經緯狀。此件爲明代某戶的賦役黃冊。另，此件第二十行夏稅小麥總數等於第二二行正麥數與 HV·YXJC][2·Y59]第一行耗麥數之和，據此可知，此兩件文書可以綴合，綴合後此件在前。今據 HV·YXJC][2·Y59]擬現題。

哈佛藏《韻學集成》《直音篇》紙背明代文獻釋錄 卷一

【錄文】

（前缺）

1. 人口：貳口。
2. 　　男子不成丁壹口：本身年柒拾肆歲。
3. 　　婦女大壹口：妻許氏年柒拾歲。
4. 事產：
5. 　　民田地壹拾畝貳分陸釐，係本里遞年丁相佃種納糧。
6. 　　夏稅：小麥正耗叁斗貳升玖合肆勺。
7. 　　秋糧：
8. 　　　　米正耗壹斗陸升伍勺。
9. 　　　　黃豆正耗叁斗捌升捌合肆勺。
10. 　　田本都一則高田叁畝。
11. 　　夏稅：小麥每畝科正麥叁升，每斗帶耗柒合，共該玖升陸合叁
12. 勺。
13. 　　　　正麥玖升。
14. 　　　　耗麥陸合叁勺。
15. 　　秋糧：米每畝科正米伍升，每斗帶耗柒合，共該壹斗陸升伍
16. 勺。
17. 　　　　正米壹斗伍升。
18. 　　　　耗米壹升伍勺。
19. 　　地本都一則地柒畝貳分陸釐。
20. 　　夏稅：小麥每畝科正麥叁升，每斗帶耗柒合，共該貳斗叁升叁

五九 明隆慶陸年（1572）直隸揚州府泰興縣順得鄉貳拾壹都第拾伍里賦役黃冊之二（民籍某全等）

【題解】

此件為《韻學集成》第二冊卷二第五九葉背，編號為HV·YXJC|2·Y59]，其上殘下完，前後均缺，共存文字二二行，與正面古籍文字成經緯狀。此件為明代兩戶的賦役黃冊，其中第一至七行係一戶，第八至二二行係直隸揚州府泰興縣順得鄉貳拾壹都第拾伍里民籍某全之黃冊。另，明代賦役黃冊在攢造之時需對下一輪十年內各戶充任里長、甲首情況等做出預先安排，此件當係該年攢造的賦役黃冊擬為『萬曆貳年』（1574），而此前的隆慶陸年（1572）為黃冊的攢造年份，據此可知，此件第一行之耗麥數與HV·YXJC|2·Y58]第二二行之正麥數之和等於該件第二十行夏稅小麥總數，據此可知，此兩件可擬現題。另，此件第一行之耗麥數與HV·YXJC|2·Y58]第二二行之正麥數之和等於該件第二十行夏稅小麥總數，據此可知，此兩件可以綴合，綴合後此件在後。

【錄文】

（前缺）

1. 耗麥壹升伍合叁勺。

秋粮：黃豆每畝科正豆伍升，每斗帶耗柒合，共該叁斗捌升捌合伍勺。

2. 合伍勺。
3. 正豆叁斗陸升叁合。
4. 耗豆貳升伍合肆勺。
5.

（後缺）

21. 合壹勺。
22. 正麥貳斗壹升柒合捌勺。

6. 房屋：民草房伍間。
7. 頭匹：民水牛壹隻。
8. ☐全係直隸揚州府泰興縣順得鄉貳拾壹都第拾伍里民籍，充萬曆貳年甲首。
9. 舊管：
10. 人丁：計家男、婦柒口。
11. 　　男子伍口。
12. 　　婦女貳口。
13. 事產：
14. 　　民田地壹拾畝伍分。
15. 　　　夏稅：小麥正耗叁斗叁升柒合。
16. 　　　秋糧：
17. 　　　　米正耗叁斗捌升柒合玖勺。
18. 　　　　黃豆正耗壹斗柒升叁合玖勺。
19. 　　田柒畝貳分伍釐。
20. 　　　夏稅：小麥正耗貳斗叁升貳合柒勺。
21. 　　　秋糧：米正耗叁斗捌升柒合玖勺。
22. 　　地叁畝貳分伍釐。

（後缺）

六〇 明隆慶陸年（1572）直隸揚州府泰州如皋縣縣市西廂第壹里（圖）賦役黃冊

【題解】

此件爲《韻學集成》第二册卷二第六十葉背，編號爲 HV·YXJCJ2·Y60]，其上下完整，前後均缺，共存文字十九行，與正面古籍文字成經緯狀。此件爲明代某户的賦役黃册。另，此件的文字字形、筆跡等與該批紙背文獻中隆慶陸年（1572）攢造的直隸揚州府泰州如皋縣縣市西廂第壹里（圖）賦役黃册相似，故推斷，此件亦當屬於該里（圖）的黃册。另，此件與 HV·YXJCJ2·Y61] 格式相同、內容相關，疑屬於同一户的黃册。

【錄文】

（前缺）

1. 秋糧：黄豆每畝科正豆伍升，每斗帶耗柒合，
2. 　　該貳升柒勺。
3. 一本圖一則陸地壹拾畝壹釐叁毫，係買到北廂王伲
4. 　　户下地。
5. 夏稅：小麥每畝科正麥貳升，每斗帶耗柒合，共
6. 　　該貳斗壹升肆合叁勺。
7. 秋糧：黄豆每畝科正豆伍升，每斗帶耗柒合，共
8. 　　該伍斗叁升伍合柒勺。
9. 一本圖一則陸地叁畝貳釐貳毫，係買到拾柒都叁
10. 　　圖孫漢户下地。
11. 夏稅：小麥每畝科正麥貳升，每斗帶耗柒合，
12. 　　共該陸升肆合柒勺。

六一 明隆慶陸年（1572）直隸揚州府泰州如皋縣縣市西廂第壹里（圖）賦役黃冊

【題解】

此件爲《韻學集成》第二冊卷二第六一葉背，編號爲"HV·YXJCJJ2·Y61"，其上下完整，前後均缺，共存文字十九行，與正面古籍文字成經緯狀。此件爲明代某户的賦役黃冊。另，此件的文字字形、筆跡等與該批紙背文獻中隆慶陸年（1572）攢造的直隸揚州府泰州如皋縣縣市西廂第壹里（圖）賦役黃冊相似，故推斷，此件亦當屬於該里（圖）的黃冊。另，此件與HV·YXJCJJ2·Y60 格式相同、內容相關，疑屬於同一户的黄冊。

【錄文】

（前缺）

1.
2. 一本圖一則陸地肆分捌釐，係買到本圖紀爽户下

共該肆升伍合陸勺。

13.
14. 秋糧：黄豆每畝科正豆伍升，每斗帶耗柒合，

共該壹斗陸升壹合柒勺。

15. 一本圖一則陸地柒分捌釐伍毫，係買到柒都叄

圖張彙户下地。

16. 夏税：小麥每畝科正麥貳升，每斗帶耗柒合，

該壹升陸合捌勺。

17. 秋糧：黄豆每畝科正豆伍升，每斗帶耗柒合，共

18.
19.

（後缺）

3. 地。
4. 夏稅：小麥每畝科正麥貳升，每斗帶耗柒合，共該壹升叄勺。
5.
6. 秋糧：黃豆每畝科正豆伍升，每斗帶耗柒合，共該貳升伍合柒勺。
7.
8. 一本圖一則陸地肆分肆釐，係買到拾柒都壹圖戴龍户下地。
9.
10. 夏稅：小麥每畝科正麥貳升，每斗帶耗柒合，共該貳升叄合伍勺。
11.
12. 一本圖一則陸地玖畝柒分陸毫，係買到北廂錢相户下地。
13.
14. 夏稅：小麥每畝科正麥貳升，每斗帶耗柒合，共該貳斗柒合柒勺。
15.
16. 秋糧：黃豆每畝科正豆伍升，每斗帶耗柒合，共該壹斗壹升玖合叄勺。
17.
18. 一本圖一則陸地貳畝伍分柒釐貳毫，係買到陸都壹圖沈賓户下地。
19.

（後缺）

① 該地科則中無秋糧，疑脫。

六二 明隆慶陸年（1572）直隸揚州府泰州如皋縣縣市西廂第壹里（圖）賦役黃冊

【題解】

此件爲《韻學集成》第二册卷二第六二葉背，編號爲HV·YXJCJ2·Y62，其上下完整，前後均缺，共存文字十九行，與正面古籍文字成經緯狀。此件爲明代某户的賦役黃册。另，此件的文字字形、筆跡等與該批紙背文獻中隆慶陸年（1572）攢造的直隸揚州府泰州如皋縣縣市西廂第壹里（圖）賦役黃册相似，故推斷，此件亦當屬於該里（圖）的黃册。

【録文】

（前缺）

1. 正豆壹拾石壹斗伍合叁勺。
2. 耗豆貳石捌斗貳合陸勺。
3. 民田地陸頃玖畝柒分柒釐捌毫。
4. 夏稅：小麥正耗捌石捌斗壹升壹合肆勺。
5. 秋糧：
6. 米正耗壹拾貳石柒斗壹合貳勺。
7. 黃豆正耗貳拾壹石貳斗貳升捌合。
8. 田本圖一則蕩田貳頃貳拾壹畝柒分伍毫。秋糧：米每畝
9. 科正米伍升，每斗帶耗柒合，共該壹
10. 拾貳石柒斗壹合貳勺。
11. 正米壹拾壹石捌升伍合叁勺。①
12. 耗米玖斗捌升伍合壹勺。

① 此米數與下文正米、耗米數不合。

六三 明隆慶陸年（1572）直隸揚州府泰州如皋縣縣市西廂第壹圖賦役黄冊（軍戶蔣壘等）

【題解】

此件爲《韻學集成》第二冊卷二第六三葉背，編號爲HV·YX]C[]2·Y63，其上殘下完，前後均缺，中有缺行，共存文字十七行，其中第一至九行爲一戶，第十至十七行係直隸揚州府泰州如皋縣縣市西廂第壹圖軍戶蔣壘之黄冊。另，明代賦役黄冊在攢造之時需對下一輪十年內各戶充任里長、甲首情況等做出預先安排，第十行所載蔣壘充甲首的時間爲「萬曆元年」（1573），而此前的隆慶陸年（1572）爲黄冊的攢造年份，據此可知，此件當係該年攢造的賦役黄冊。今據第二戶黄冊擬現題。

【錄文】

（前缺）

1. 正豆壹石肆斗貳升壹合柒勺。
2. 耗豆玖升玖合伍勺。

13. 一則蕩田貳頃陸畝伍毫。秋糧：米正耗壹石貳升
14. 壹合叁勺。
15. 一則庄田壹拾伍畝柒分。秋糧：米正耗壹石陸斗柒升
16. 玖合玖勺。
17. 地本圖一則陸地叁頃捌拾捌畝柒釐叁毫。
18. 夏稅：小麥每畝科正麥貳升，每斗帶耗柒合，共
19. 該捌石捌斗壹升壹合肆勺。

（後缺）

3. 本圖民桑壹拾壹株。夏稅：絲每株科絲壹兩，共該壹拾壹兩。
4. 房屋：民瓦、草房柒間。
5. 瓦房叁間。
6. 草房肆間。
7. 頭四：牛、驢肆隻頭。
8. 水牛貳隻。
9. 驢貳頭。
10. 今弟蔣壨係直隸揚州府泰州如皋縣縣市西廂第壹圖軍戶。原係本圖叔蔣瑄戶內，奉例告官分出，撥補本甲當差，具有充軍衛所、接補來歷，俱在戶頭叔蔣瑄戶內開造，充萬曆元年甲首。
11.
12.
13.
14. （中缺1行）
15. □丁：計家男、婦壹拾肆口。
16. 男子壹拾口。
17. 婦女肆口。

（後缺）

六四 明隆慶陸年（1572）直隸揚州府泰州如皋縣縣市西廂第壹里（圖）賦役黃冊

【題解】

此件爲《韻學集成》第二冊卷二第六四葉背，編號爲"HV·YXJCIJ2·Y64"，其上下完整，前後均缺，共存文字十九行，與正面古籍文字成經緯狀。此件爲明代某户的賦役黃冊。另，明代賦役黃冊往往會登載攢造之前十年內的田畝變化等情況，文中載有土地的"兑佃"等時間『嘉靖肆拾叁年』(1564)、『嘉靖肆拾肆年』(1565)，而此後的隆慶陸年（1572）爲黃冊的攢造年份，據此可知，此件當係該年攢造的賦役黃冊。此件的文字字形、筆跡等與已知該批黃冊中攢造機構爲直隸揚州府泰州如皋縣縣市西廂第壹里（圖）的賦役黃冊相似，故推斷，此件亦當屬於該里（圖）的黃冊。

【錄文】

（前缺）

1. 夏稅：小麥正耗肆升伍合肆勺。
2. 秋糧：
3. 米正耗壹斗叁升貳合陸勺。
4. 黃豆正耗伍升捌合。
5. 官田地壹畝捌釐伍毫。
6. 夏稅：小麥正耗肆升。
7. 秋糧：
8. 米正耗玖升肆合玖勺。
9. 黃豆正耗肆升肆合肆勺。
10. 田柒分叁釐玖毫。秋糧：米正耗玖升肆合玖勺。
11. 一本圖一則沒官蕩田肆分肆毫。秋粮：米每畝科正

六五 明隆慶陸年（1572）直隸揚州府泰州如皋縣縣市西廂第壹里（圖）賦役黃冊

【題解】

此件爲《韻學集成》第二冊卷二第六五葉背，編號爲HV·YXJC[]2·Y65，其上下完整，前後均缺，共存文字二一行，與正面古籍文字成經緯狀。此件爲明代某戶的賦役黃冊。另，明代賦役黃冊往往會登載攢造之前十年内的田畝變化等情況，文中載有土地的『佃與』時間『嘉靖肆拾叁年』（1564）、『嘉靖肆拾肆年』（1565），而此後的隆慶陸年（1572）爲黃冊的攢造年份，據此可知，此件當係該年攢造的賦役黃冊。此件的文字字形、筆跡等與已知該批黃冊中攢造機構爲直隸揚州府泰州如皋縣縣市西廂第壹里（圖）的黃冊相似，故推斷，此件亦當屬於該里（圖）的黃冊。

【錄文】

（前缺）

12.
13. 升壹合玖勺，於嘉靖肆拾叁年捌月係佃與本圖張約承種。
14. 米壹斗貳升，每斗帶耗柒合，共該伍
15. 一本圖一則沒官蕩田貳分伍釐陸毫。秋糧：米每畝科
16. 正米壹斗貳升，每斗帶耗柒合，共該
17. 叁升貳合玖勺，於嘉靖肆拾肆年捌月内係兌佃與貳拾壹都壹圖徐權承
18. 種。
19.

（後缺）

1. 夏稅：小麥正耗肆升。
2. 秋糧：黃豆正耗肆升肆合肆勺。
3. 一本圖一則沒官陸地壹分捌釐玖毫，於嘉靖肆拾
4. 叁年捌月內係佃與本圖張仁承種。
5. 夏稅：小麥每畝科正麥壹斗捌合，每斗帶耗柒合，
6. 共該貳升壹合玖勺。
7. 秋粮：黃豆每畝科正豆壹斗貳升，每斗帶耗柒
8. 合，共該貳升肆合叁勺。
9. 一本圖一則沒官陸地壹分伍釐柒毫，於嘉靖肆拾
10. 肆年捌月內佃與貳拾叁都壹圖徐
11. 權承種。
12. 夏稅：小麥每畝科正麥壹斗捌合，每斗帶耗柒
13. 合，共該壹升捌合伍勺。
14. 秋糧：黃豆每畝科正豆壹斗貳升，每斗帶耗
15. 柒合，共該貳升貳勺。
16. 民田地壹畝玖分陸釐伍毫。
17. 夏稅：小麥正耗貳升陸合捌勺。
18. 秋糧：
19. 米正耗叁升捌合。
20. 黃豆正耗陸升柒合壹勺。
21. 田柒分壹釐。秋糧：米正耗叁升捌合。

（後缺）

六六 明隆慶陸年（1572）直隸揚州府泰興縣順得鄉貳拾壹都第拾伍里賦役黃冊（民籍某子等）

【題解】

此件爲《韻學集成》第二册卷二第六六葉背，編號爲 HV·YXJC[]2·Y66，其上殘下完，前後均缺，共存文字二二行，與正面古籍文字成經緯狀。此件係明代三户的賦役黃册，其中第一至四行爲一户，第五至十八行係直隸揚州府泰興縣順得鄉貳拾壹都第拾伍里民籍某子之黃册，第十九至二二行係直隸揚州府泰興縣順得鄉貳拾壹都第拾伍里民籍某子之黃册。由第十五、十六行所載人口年齡看，第二户人口當係絕户。另，明代賦役黃册在攢造之時需對下一輪十年内各户充任里長、甲首情况等做出預先安排，第五行、第十九行所載「某子」等充甲首的時間爲「萬曆叁年」（1575）、「萬曆肆年」（1576），而此前的隆慶陸年（1572）爲黃册的攢造年份，據此可知，此件當係該年攢造的賦役黃册。今據第二、三户黃册擬現題。

【錄文】

（前缺）

正豆肆斗貳合。

耗豆貳升捌合壹勺。

1.
2.
3. 房屋：民草房叁間。
4. 頭匹：民水牛壹隻。
5. ▇▇子係直隸揚州府泰興縣順得鄉貳拾壹都第拾伍里民籍，充萬曆叁年甲首。
6. □[①]管：
7. 人丁：計家男、婦叁口。
8. 男子貳口。

① 「□」，據文義該字當作「舊」，以下該類情况同此，不另説明。

9. 　　　婦女壹口。
10. 事產：
11. 　　　民草房貳間。
12. □在：
13. 　　　　　　　　　　　　（後缺）
14. 人口：叁口。
15. 　　　男子不成丁貳口：
16. 　　　　　本身年壹百伍拾陸歲。
17. 　　　　　姪雙兒年壹百叄拾肆歲。
18. 　　　婦女大壹口：姪婦陳氏年壹百貳拾捌歲。
19. 事產：
20. 　　　民草房貳間。
21. □管：
22. 　　子係直隸揚州府泰興縣順得鄉貳拾壹都第拾伍里民籍，充萬曆肆年甲首。
23. 人丁：計家男、婦伍口。
24. 　　　男子叄口。

六七　明隆慶陸年（1572）直隸揚州府泰州如皋縣縣市西廂第壹里（圖）賦役黃冊

【題解】

此件爲《韻學集成》第二冊卷二第六八葉背，編號爲 HV·YXJCJ2·Y68"，其上下完整，前後均缺，共存文字二十行，與正面古籍文字成經緯狀。此件爲明代某戶的賦役黃冊。另，此件的文字字形、筆跡等與該批紙背文獻中隆慶陸年（1572）攢造的直隸揚州府泰州

【錄文】

如皋縣縣市西廂第壹里（圖）賦役黃冊相似，故推斷，此件亦當屬於該里（圖）的黃冊。

（前缺）

1. 一本圖一則沒官蕩田壹畝伍分伍毫。秋糧：米每畝科
2. 正米壹斗貳升，每斗帶耗柒合，共該
3. 壹斗玖升叁合，係兌到陸都壹圖沈賓
4. 戶下田。
5. 地貳拾壹畝肆分壹釐陸毫。
6. 夏稅：小麥正耗貳石肆斗柒升肆合陸勺。
7. 秋糧：黃豆正耗貳石柒斗肆升玖合捌勺。
8. 一本圖一則沒官陸地柒分肆釐玖毫，係兌到本圖吳
9. 叁有戶下地。
10. 夏稅：小麥每畝科正麥壹斗捌合，每斗帶耗柒合，
11. 共該捌升陸合勺。
12. 秋糧：黃豆每畝科正豆壹斗貳升，每斗帶耗柒合，
13. 共該玖升陸合貳勺。
14. 一本圖一則沒官陸地壹分捌毫，係兌到柒都肆圖蔣
15. 壹山戶下地。
16. 夏稅：小麥每畝科正麥壹斗捌合，每斗帶耗柒
17. 合，共該壹升壹合伍勺。
18. 秋糧：黃豆每畝科正豆壹斗貳升，每斗帶耗柒
19. 合，共該壹升叁合玖勺。

六八 明隆慶陸年（1572）直隸揚州府泰州如皋縣縣市西廂第壹里（圖）賦役黃冊

【題解】

此件爲《韻學集成》第二册卷二第六九葉背，編號爲HV·YXJCJ2·Y69]，其上下完整，前後均缺，共存文字十九行，與正面古籍文字成經緯狀。此件爲明代某户的賦役黃冊。另，此件的文字字形、筆跡等與該批紙背文獻中隆慶陸年（1572）攢造的直隸揚州府泰州如皋縣縣市西廂第壹里（圖）賦役黃冊相似，故推斷，此件亦當屬於該里（圖）的黃冊。另，此件與HV·YXJCJ2·Y70]、HV·YXJCJ2·Y71]格式相同、內容相關，疑屬於同一户的黃冊。

【録文】

（前缺）

1. 一本圖一則沒官蕩田貳畝伍釐玖毫。
2. 科正米壹斗貳升，每斗帶耗柒合，共
3. 該貳斗陸升肆合肆勺，係兑到拾貳
4. 都叁圖蔡納户下田。
5. 一本圖一則沒官蕩田肆分玖釐柒毫。秋糧：米每畝
6. 科正米壹斗貳升，每斗帶耗柒合，共
7. 該伍升玖合伍勺，係兑到貳拾叁都
8. 壹圖翁安户下田。
9. 一本圖一則沒官蕩田貳分捌釐壹毫。秋糧：米每畝

20. 一本圖一則沒官陸地肆釐肆毫，係兑到□□都貳圖

（後缺）

10. 科正米壹斗貳升,每斗帶耗柒合,共
11. 該叁升陸合壹勺,係兌到本圖紀爽
12. 户下田。
13. 一本圖一則沒官蕩田貳分伍釐柒毫。秋糧:米每畝
14. 科正米壹斗貳升,每斗帶耗柒合,共
15. 該叁升叁合,係兌到拾柒都壹都圖戴龍
16. 户下田。
17. 一本圖一則沒官蕩田伍畝陸分柒釐。秋糧:米每畝科
18. 正米壹斗貳升,每斗帶耗柒合,共該
19. 伍斗貳升捌合,係兌到北廂錢相户下

(後缺)

六九 明隆慶陸年（1572）直隸揚州府泰州如皋縣縣市西廂第壹里（圖）賦役黃冊

【題解】

此件爲《韻學集成》第二册卷二第七十葉背,編號爲 HV·YXJC[]2·Y70〕,其上下完整,前後均缺,共存文字十九行,與正面古籍文字成經緯狀。此件爲明代某户的賦役黄册。另,此件的文字字形、筆跡等與該批紙背文獻中隆慶陸年（1572）攢造的直隸揚州府泰州如皋縣縣市西廂第壹里（圖）賦役黄册相似,故推斷,此件亦當屬於該里（圖）的黄册。另,此件與 HV·YXJC[]2·Y69〕、HV·YXJC[]2·Y71〕格式相同、内容相關,疑屬於同一户的黄册。

【錄文】

（前缺）

1. ▢▢斗貳升，▢▢
2. 共該肆升叁合玖勺，係兌佃到貳
3. 拾壹都貳圖許梅戶下田。
4. 一本圖一則沒官蕩田貳畝叁釐肆毫。秋糧：米每畝
5. 科正米壹斗貳升，每斗帶耗柒合，
6. 共該貳斗陸升壹合貳勺，係兌到
7. 拾玖都壹圖李積戶下田。
8. 一本圖一則沒官蕩田叁分陸釐柒毫。秋糧：米每畝
9. 科正米壹斗貳升，每斗帶耗柒合，
10. 共該肆升柒合貳勺，係兌到拾柒
11. 都叁圖花▢戶下田。
12. 一本圖一則沒官蕩田壹分壹釐陸毫。秋糧：米每畝科
13. 正米壹斗貳升，每斗帶耗柒合，共
14. 該壹升肆合玖勺，係兌到拾柒都
15. 貳圖陳計隆戶下田。
16. 一本圖一則沒官蕩田貳分柒毫。秋糧：米每畝科正
17. 米壹斗貳升，每斗帶耗柒合，共該
18. 貳升陸合陸勺，係佃到陸都壹圖
19. 蔡木戶下田。

（後缺）

七〇 明隆慶陸年（1572）直隸揚州府泰州如皋縣縣市西廂第壹里（圖）賦役黃冊

【題解】

此件爲《韻學集成》第二冊卷二第七一葉背，編號爲HV·YXJCJ]2·Y71，其上下完整，前後均缺，共存文字十九行，與正面古籍文字成經緯狀。此件爲明代某戶的賦役黃冊。另，此件的文字字形、筆跡等與該批紙背文獻中隆慶陸年（1572）攢造的直隸揚州府泰州如皋縣縣市西廂第壹里（圖）賦役黃冊相似，故推斷，此件亦當屬於該里（圖）的黃冊。另，此件與HV·YXJCJ]2·Y69、HV·YXJCJ]2·Y70格式相同、內容相關，疑屬於同一戶的黃冊。

【錄文】

（前缺）

1. 一本圖一則沒官蕩田叁畝玖分陸釐玖毫。秋糧：米
2. 每畝科正米壹斗貳升，每斗帶耗
3. 柒合，共該伍斗玖合陸勺，係佃到
4. 本圖壹甲吳远戶下田。
5. 一本圖一則沒官蕩田貳畝伍分叁毫。秋糧：米每畝科
6. 正米壹斗貳升，每斗帶耗柒合，共該
7. 叁斗貳升壹合肆勺，係兌到南廂
8. 徐鎮戶下田。
9. 一本圖一則沒官蕩田貳畝貳分壹釐。秋糧：米每
10. 畝科正米壹斗貳升，每斗帶耗柒
11. 合，共該貳斗捌升肆合玖勺，係兌

七一 明隆慶陸年（1572）直隸揚州府泰州如皋縣縣市西廂第壹里（圖）賦役黃冊

【題解】

此件爲《韻學集成》第二册卷二第七二葉背，編號爲HV·YXJCU2·Y72］，其上下完整，前後均缺，共存文字十九行，與正面古籍文字成經緯狀。此件爲明代某户的賦役黃冊。另，明代賦役黃冊往往會登載攢造之前十年内的田畝變化等情況，文中載有土地的「出賣」時間『隆慶六年』（1572）、『隆慶伍年』（1571）、『嘉靖肆拾叁年』（1564），而隆慶陸年（1572）爲黃冊的攢造年份，據此可知，此件當係該年攢造的賦役黃冊。此件的文字字形、筆跡等與已知該批黃册中攢造機構爲直隸揚州府泰州如皋縣縣市西廂第壹里（圖）的賦役黃册相似，故推斷，此件亦當屬於該里（圖）的黃冊。

【錄文】

（前缺）

12. 到貳拾壹都壹圖張金户下田。
13. 一本圖一則沒官蕩田叁畝叁分肆釐貳毫。
14. 每畝科正米壹斗貳升，每斗帶
15. 耗柒合，共該肆斗貳升玖合壹勺，係兑
16. 到本圖王潤户下田。
17. 一本圖一則沒官蕩田壹畝肆分叁釐柒毫。
18. 畝科正米壹斗貳升，每斗帶耗柒合，
19. 共該壹斗捌升肆合伍勺，係兑到

（後缺）

1. 一本圖一則蕩田貳畝柒分叁釐伍毫。秋粮：米每畝科
2. 正米伍升，每斗帶耗柒合，共該壹斗
3. 肆升陸合叁勺，於隆慶陸年出賣與
4. 柒都貳圖姚佈太爲業。
5. 一本圖一則蕩田柒釐肆毫。秋粮：米每畝科正米伍
6. 升，每斗帶耗柒合，共該肆合，隆慶
7. 伍年出賣與貳拾壹都壹圖許梅爲
8. 業。
9. 一本圖一則蕩田柒分伍釐肆毫。秋粮：米每畝科正米
10. 伍升，每斗帶耗柒合，共該肆升叁
11. 勺，於隆慶陸年出賣與貳拾壹都貳
12. 圖史季爲業。
13. 地玖拾貳畝貳分貳釐玖毫。
14. 夏稅：小麥正耗壹石玖斗柒升叁合柒勺。
15. 秋粮：黃豆正耗肆石玖斗叁升肆合貳勺。
16. 一本圖一則陸地叁畝貳分柒毫，嘉靖肆拾叁年貳月
17. 出賣與貳拾壹都壹圖張金爲業。
18. 夏稅：小麥每畝科正麥貳升，每斗帶耗柒合，共
19. 該捌升伍合捌勺。

（後缺）

七二 明隆慶陸年（1572）直隸揚州府泰州如皋縣縣市西廂第壹里（圖）賦役黃冊

【題解】

此件爲《韻學集成》第二冊卷二第七三葉背，編號爲HV·YXJC[]2·Y73]，其上下完整，前後均缺，共存文字十八行，與正面古籍文字成經緯狀。此件爲明代某戶的賦役黃冊。另，明代賦役黃冊往往會登載攢造之前十年內的田畝變化等情況，文中載有土地的"出賣"時間『隆慶肆年』（1570）、『隆慶叁年』（1569）、『隆慶伍年』（1571）等，而隆慶陸年（1572）爲黃冊的攢造年份，據此可知，此件當係該年攢造的賦役黃冊。此件的文字字形、筆跡等與已知該批黃冊中攢造機構爲直隸揚州府泰州如皋縣縣市西廂第壹里（圖）的賦役黃冊相似，故推斷，此件亦當屬於該里（圖）的黃冊。

【錄文】

（前缺）

1. □□，每斗帶耗柒合，共該肆升陸合
2. 玖勺，於隆慶肆年出賣與本圖紀
3. 昆爲業。
4. 一本圖一則蕩田壹畝柒分叁釐伍毫。秋粮：米每畝科
5. 正米伍升，每斗帶耗柒合
6. 貳合捌勺，隆慶叁年出賣與叁都壹
7. 圖王禹爲業。
8. 一本圖一則蕩田肆分叁釐捌毫。秋粮：米每畝科正米
9. 伍升，每斗帶耗柒合，共該貳升叁
10. 合肆勺，隆慶伍年出賣與拾肆都
11. 壹圖居儀爲業。

七三 明隆慶陸年（1572）直隸揚州府泰州如皋縣縣市西廂第壹里（圖）賦役黃冊

【題解】

此件爲《韻學集成》第二册卷二第七四葉背，編號爲"HY·YXJC[]2·Y74"，其上下完整，前後均缺，共存文字十九行，與正面古籍文字成經緯狀。此件爲明代某户的賦役黃册。另，此件的文字字形、筆跡等與該批紙背文獻中隆慶陸年（1572）攢造的直隸揚州府泰州如皋縣縣市西廂第壹里（圖）賦役黄册相似，故推斷，此件亦當屬於該里（圖）的黄册。

【錄文】

（前缺）

1. 米正耗壹拾
2. 黃豆正耗壹拾捌石貳斗壹升壹合。

12. 一本圖一則蕩田□分壹毫。秋粮：米每畝科正米伍
13. 升，每斗帶耗柒合，共該伍合肆勺，
14. 於隆慶肆年出賣與北廂張華爲
15. 業。
15. 一本圖肆分伍釐陸毫。秋粮：米每畝科正米
16. 伍升，每斗帶耗柒合，共該貳升肆合
17. 肆勺，隆慶陸年出賣與拾肆都壹
18. 圖夏積爲業。

（後缺）

3. 田本圖一則蕩田壹頃捌拾玖畝玖分柒釐玖毫。秋糧：米每畝科正米伍升，每斗帶耗柒
4. 合，共該壹拾石壹斗陸升叁合玖勺。
5. 正米玖石肆斗玖升玖合。
6. 耗米陸斗柒升肆合玖勺。
7. 地本圖一則陸地叁頃肆拾畝肆分貳毫。
8. 夏稅：小麥每畝科正麥貳升，每斗帶耗柒合，共該柒石貳
9. 斗捌升肆合陸勺。
10. 正麥陸石捌斗捌合。
11. 耗麥肆斗柒升陸合陸勺。
12. 秋糧：黃豆每畝科正豆伍升，每斗帶耗柒合，共該壹拾捌石貳
13. 斗壹升壹合。
14. 正豆壹拾柒石貳升壹勺。
15. 耗豆壹石壹斗玖升柒合肆勺。
16. 民桑本圖一則桑貳株。夏稅：絲每株科絲壹兩，共該貳兩
17. 房屋：民瓦、草房柒間。
18. 瓦房貳間。
19. 草房伍間。

（後缺）

七四 明隆慶陸年（1572）直隸揚州府泰州如皋縣縣市西廂第壹里（圖）賦役黃冊

【題解】

此件爲《韻學集成》第二册卷二第七五葉背，編號爲HV·YXJC02·Y75，其上下完整，前後均缺，共存文字二十行，與正面古籍文字成經緯狀。此件爲明代某户的賦役黃冊。另，此件的文字字形、筆跡等與該批紙背文獻中隆慶陸年（1572）攢造的直隸揚州府泰州如皋縣縣市西廂第壹里（圖）賦役黃冊相似，故推斷，此件亦當屬於該里（圖）的黃冊。

【錄文】

（前缺）

1. □丁：計家男、婦陸口。
2. 男子肆口。
3. 婦女貳口。
4. □產：
5. 官民田地肆畝捌分陸釐叁毫。
6. 夏稅：
7. 小麥正耗捌升伍合叁勺。 桑壹株。
8. 絲壹兩。
9. 秋糧：
10. 米正耗貳斗壹升壹合叁勺。
11. 黃豆正耗壹斗貳升肆合柒勺。
12. 官田地壹畝柒分貳釐捌毫。
13. 夏稅：小麥正耗陸升肆合柒勺。

七五 明隆慶陸年（1572）直隸揚州府泰州如皋縣縣市西廂第壹里（圖）賦役黃冊

【題解】

此件爲《韻學集成》第二冊卷二第七六葉背，編號爲HV·YXJCJJ2·Y76]，其上下完整，前後均缺，共存文字十九行，與正面古籍文字成經緯狀。此件爲明代某戶的賦役黃冊。另，明代賦役黃冊往往會登載攢造之前十年內的田畝變化等情況，文中載有土地的『出賣』時間『嘉靖肆拾伍年』（1566）、『隆慶貳年』（1568）、『隆慶叁年』（1569），而此後的隆慶陸年（1572）爲黃冊的攢造年份，據此可知，此件當係該年攢造的賦役黃冊。此件的文字字形、筆跡等與已知該批黃冊中攢造機構爲直隸揚州府泰州如皋縣縣市西廂第壹里（圖）的賦役黃冊相似，故推斷，此件亦當屬於該里（圖）的黃冊。

【錄文】

（前缺）

1. ▕ 貳年出賣與
2. 北廂張賢爲業。

14. 秋糧：米正耗壹斗伍升玖勺。
15. 黃豆正耗柒升壹合玖勺。
16. 田壹畝壹分柒釐陸毫。秋糧：米正耗壹斗伍升玖勺。
17. 地伍分伍釐貳毫。
18. 夏稅：小麥正耗陸升肆合陸勺。
19. 秋糧：黃豆正耗柒升壹合□勺。
20.

（後缺）

3. 夏稅：小麥每畝科正麥貳升，每斗帶耗柒合，
4. 共該陸合壹勺。
5. 秋糧：黃豆每畝科正豆伍升，每斗帶耗柒合，共
6. 該壹升貳合陸勺。
7. 一本圖一則陸地壹[分]伍釐陸毫，於嘉靖肆拾伍年出賣
8. 與本圖劉僑爲業。
9. 夏稅：小麥每畝科正麥貳升，每斗帶耗柒合，
10. 該叁合肆勺。
11. 秋糧：黃豆每畝科正豆伍升，每斗帶耗柒合，共
12. 該捌合肆勺。
13. 一本圖一則陸地伍畝分壹釐，於隆慶貳年出賣與
14. 拾貳都壹圖王榮爲業。
15. 夏稅：小麥每畝科正麥貳升，每斗帶耗柒合，共
16. 該壹斗貳升。
17. 秋糧：黃豆每畝科正豆伍升，每斗帶耗柒合，共
18. 該叁斗。
19. 一本圖一則陸地伍畝貳分捌毫，隆慶叁年出賣與東

（後缺）

七六 明隆慶陸年（1572）直隸揚州府泰州如皋縣縣市西廂第壹里（圖）賦役黃冊

【題解】

此件爲《韻學集成》第二册卷二第七七葉背，編號爲HV·YXJCJ2·Y77，其上下完整，前後均缺，共存文字十九行，與正面古籍文字成經緯狀。此件爲明代某户的賦役黃冊。另，此件的文字字形、筆跡等與該批紙背文獻中隆慶陸年（1572）攢造的直隸揚州府泰州如皋縣縣市西廂第壹里（圖）賦役黃册相似，故推斷，此件亦當屬於該里（圖）的黃冊。另，此件與HV·YXJCJ2·Y78格式相同、内容相關，疑屬於同一户的黃冊。

【錄文】

（前缺）

1. 一本圖一則沒官陸地肆分肆釐陸毫，係兑到本圖張□
2. 户下地。
3. 夏稅：小麥每畝科正麥壹斗捌合，每斗帶耗柒合，
4. 共該伍升壹合陸勺。
5. 秋糧：黃豆每畝科正豆壹斗貳升，每斗帶耗柒
6. 合，共該捌升柒合叁勺。
7. 一本圖一則沒官陸地陸釐玖毫，係兑到拾柒都壹圖
8. 王襄户下地。
9. 夏稅：小麥每畝科正麥壹斗捌合，每斗帶耗柒
10. 合，共該捌合。
11. 秋糧：黃豆每畝科正豆壹斗貳升，每斗帶耗柒合，
12. 共該捌合玖勺。

七七 明隆慶陸年（1572）直隸揚州府泰州如皋縣縣市西廂第壹里（圖）賦役黃冊

【題解】

此件爲《韻學集成》第二冊卷二第七八葉背，編號爲 HV·YXJCJ2·Y78］，其上下完整，前後均缺，共存文字十九行，與正面古籍文字成經緯狀。此件爲明代某户的賦役黃册。另，此件的文字字形、筆跡等與該批紙背文獻中隆慶陸年（1572）攢造的直隸揚州府泰州如皋縣縣市西廂第壹里（圖）賦役黃册相似，故推斷，此件亦當屬於該里（圖）的黃册。另，此件與 HV·YXJCJ2·Y77］格式相同、内容相關，疑屬於同一户的黄册。

【錄文】

（前缺）

1. 柒合，共該柒升柒合柒勺。
2. 一本圖一則沒官陸地叁畝陸分柒釐肆毫，兑到叁都壹圖夏远户下地。
3. 一本圖一則沒官陸地壹分伍毫，係兑到貳拾都伍圖陳實户下地。

夏税：小麥每畝科正麥壹斗捌合，每斗帶耗柒合，共該壹升貳合貳勺。

秋糧：黃豆每畝科正豆壹斗貳升，每斗帶耗柒合，共該壹升叁合伍勺。

19. 一本圖一則沒官陸地貳畝柒分叁釐貳毫，係兑到北

（後缺）

13.
14.
15.
16.
17.
18.

4. 夏稅：小麥每畝科正麥壹斗捌合，每斗帶耗柒
5. 合，共該肆斗貳升肆合伍勺。
6. 秋糧：黃豆每畝科正豆壹斗貳升，每斗帶耗柒
7. 合，共該肆斗柒升壹合柒勺。
8. 一本圖一則沒官陸地壹畝柒分壹毫，係兌到柒都肆
9. 圖陳清賢戶下地。
10. 夏稅：小麥每畝科正麥壹斗捌合，每斗帶耗柒
11. 合，共該壹斗玖升陸合陸勺。
12. 秋糧：黃豆每畝科正豆壹斗貳升，每斗帶耗柒合，
13. 共該貳斗壹升捌合肆勺。
14. 一本圖一則沒官陸地叁分壹釐陸毫，係兌到拾肆都
15. 貳圖王雲戶下地。
16. 夏稅：小麥每畝科正麥壹斗捌合，每斗帶耗柒
17. 合，共該叁升陸合伍勺。
18. 秋糧：黃豆每畝科正豆壹斗貳升，每斗帶耗柒合，
19. 共該肆升陸勺。

（後缺）

七八 明隆慶陸年（1572）直隸揚州府泰州如皋縣縣市西廂第壹里（圖）賦役黃冊

【題解】

此件爲《韻學集成》第二冊卷二第七九葉背，編號爲 HV·YXJCJ2·Y79，其上下完整，前後均缺，共存文字十九行，與正面古籍如皋縣縣市西廂第壹里（圖）賦役黃冊相似，故推斷，此件亦當屬於該里（圖）的黃冊。另，此件的文字字形、筆跡等與該批紙背文獻中隆慶陸年（1572）攢造的直隸揚州府泰州文字成經緯狀。此件爲明代某戶的賦役黃冊。

【錄文】

（前缺）

1. 該捌合伍勺。
2. 秋糧：黃豆每畝科正豆伍升，每斗帶耗柒合，共該
3. 貳升壹合貳勺。
4. 一本圖一則陸地壹分伍釐伍毫，係買到拾肆都貳圖
5. 楊虎戶下地。
6. 夏稅：小麥每畝科正麥貳升，每斗帶耗柒合，共
7. 該叁合叁勺。
8. 秋糧：黃豆每畝科正豆伍升，每斗帶耗柒合，共該
9. 捌合叁勺。
10. 一本圖一則陸地玖畝貳分玖釐陸毫，係買到本圖
11. 陳篆戶下地。
12. 夏稅：小麥每畝科正麥貳升，每斗帶耗柒合，共
13. 該壹斗玖升捌合玖勺。

14. 秋糧：黃豆每畝科正豆伍升，每斗帶耗柒合，

　　　共該肆斗玖升柒合叁勺。
15. 一本圖一則陸地貳畝壹分玖釐玖毫，係買到玖都壹
16. 圖冒光明戶下地。
17. 夏稅：小麥每畝科正麥貳升，每斗帶耗柒合，
18. 　　　共該肆升柒合。
19.

（後缺）

七九　明隆慶陸年（1572）直隸揚州府泰州如皋縣縣市西廂第壹圖賦役黃冊之一（軍戶陳某）

【題解】

此件爲《韻學集成》第二册卷二第八十葉背，編號爲 HV·YXJC]]2·Y80]，其上殘下完，前後均缺，中有缺行，共存文字十七行，與正面古籍文字成經緯狀。據第二至五行知，此件當係直隸揚州府泰州如皋縣縣市西廂第壹圖軍戶陳某的賦役黃冊。另，明代賦役黃冊在攢造之時需對下一輪十年內各戶充任里長、甲首情況等做出預先安排，第四、五行所載陳某充當里長的時間爲「萬曆貳年」（1574），在攢造之時需對下一輪十年內各戶充任里長、甲首情況等做出預先安排，據此可知，此件當係該年攢造的賦役黃冊。另，HV·YXJC]]2·Y84]所載男子疑爲陳姓，而此前的隆慶陸年（1572）爲黃冊的攢造年份，據此可知，此件可與 HV·YXJC]]2·Y84]綴合，綴合此件在前。另，此件中之「陳穩」「陳祖」「陳驢兒」等人名又見於 HV·YXJC]]2·Y81]，可知此兩件當屬於同一戶的黃冊。又，按賦役黃冊用舊管、新收、開除、實在等四柱登載人口、事產等事項，因此件中載有「□管」，應係「舊管」，故可知，此件及 HV·YXJC]]2·Y84]當在前。

【錄文】

（前缺）

1. □壹戶。
2. 係直隸揚州府泰州如皋縣縣市西廂第壹圖軍戶。原係本圖□甲□年陳仲戶內
3. 扲出，頂補本圖貳甲□積遞年足，充萬曆貳
4. 長分俱在原冊陳仲戶內開造，充軍來歷
5. 年里長。
6. □管：人口：俱在原冊開造。

（中缺 1 行）

7. 人口：轉收男、婦叁拾柒口。
8. 男子成丁貳拾柒口：
9. 本身　陳穩　陳祖　陳驢兒
10. 陳天積　陳詠　陳樓　陳慎　陳詣　陳博　陳晉　陳惕
11. 陳範　陳虎　陳竽　陳竹　陳偉　陳謙　陳諒　陳休
12. 陳赤　陳皆　陳輦。陳笠　陳慎禎　陳陸 宝登
13. 婦女大壹拾口：
14. 韓氏　丁氏　葛氏　周氏　許氏　邵氏　李氏　紀氏
15. 蔣氏　韓氏。
16. 事產：
17. 官民田地轉收田地捌頃貳拾貳畝壹分貳釐叁毫。　桑貳株。

（後缺）

八〇 明隆慶陸年（1572）直隸揚州府泰州如皋縣縣市西廂第壹圖賦役黃冊之三（軍戶陳某）

【題解】

此件為《韻學集成》第二冊卷二第八一葉背，編號為 HV·YXJC]]2·Y81」，其上殘下完，前後均缺，中有缺行，共存文字二一行，與正面古籍文字成經緯狀。此件為明代某戶的賦役黃冊，按此件中之「陳穩」「陳祖」「陳驢兒」等人名又見於 HV·YXJC]]2·Y80」，可知此兩件當屬於同一戶之黃冊。又，按賦役黃冊用舊管、新收、開除、實在等四柱登載人口、事產等事項，因 HV·YXJC]]2·Y80 中載有「□管」，應係「舊管」，故可知，此件當在後。又，鑒於 HV·YXJC]]2·Y80 與 HV·YXJC]]2·Y84 之關係，此件又當在 HV·YXJC]]2·Y84 之後。今據 HV·YXJC]]2·Y80 擬現題。

【錄文】

（前缺）

1. 夏稅：小麥正耗柒石貳斗捌升肆合陸勺。
2. 秋糧：
3. 米正耗壹拾石陸斗陸升叁合玖勺。
4. 黃豆正耗壹拾捌石貳斗壹升壹合伍勺。
5. 田本圖一則蕩田壹頃捌拾玖畝玖分柒釐玖毫。秋糧：米每畝科正米伍升，每斗帶耗柒合，共該壹拾石壹斗陸升叁合玖勺，係兌到本圖陳仲戶下田。
6. 地本圖一則陸地叁頃伍拾畝肆分貳毫。夏稅：小麥每畝科正麥貳升，每斗帶耗柒合，共該壹石貳斗捌升肆合陸勺，係兌到本圖陳仲戶下地。
7. 夏稅：小麥每畝科正麥貳升，每斗帶耗柒合，共該壹石貳斗捌升肆合陸勺。
8. 秋糧：黃豆每畝科正豆伍升，共該壹拾捌石貳斗壹升壹合伍勺。
9. 桑本圖一則桑貳株。夏稅：絲每株科絲壹兩，共該貳兩，係兌到本圖陳仲戶下桑。
10.

11. 房屋：民瓦、草房柒間。
12. 瓦房貳間。
13. 草房伍間。

（中缺1行）

14. □：男、婦叁拾柒口。
15. 男子成丁貳拾柒口：
16. 本身年柒拾歲。
17. 弟陳祖年陸拾歲。
18. 弟陳詣年陸拾貳歲。
19. 弟陳誓年伍拾伍歲。
20. 弟陳天積年伍拾歲。
21. 姪陳樓年肆拾伍歲。

弟陳穩年陸拾伍歲。
弟陳驢兒年陸拾歲。
弟陳博年肆拾伍歲。
弟陳愲年叁拾伍歲。
弟陳詠年陸拾歲。
姪陳筆年肆拾伍歲。

（後缺）

八一 明隆慶陸年（1572）直隸揚州府泰州如皋縣縣市西廂第壹里（圖）賦役黃冊

【題解】

此件爲《韻學集成》第二冊卷二第八二葉背，編號爲HV·YXJC[]2·Y82"，其上下完整，前後均缺，共存文字十九行，與正面古籍文字成經緯狀。此件爲明代某戶的賦役黃冊。另，此件的文字字形、筆跡等與該批紙背文獻中隆慶陸年（1572）攢造的直隸揚州府泰州如皋縣縣市西廂第壹里（圖）賦役黃冊相似，故推斷，此件亦當屬於該里（圖）的黃冊。

【錄文】

（前缺）

1. 民田地玖分陸釐貳毫。
2. 夏稅：小麥正耗壹升叁合貳勺。
3. 秋糧：
4. 米正耗壹升捌合肆勺。
5. 黃豆正耗叁升叁合。
6. 田本圖一則蕩田叁分肆釐伍毫。秋糧：米每畝科正米伍升，
7. 每斗帶耗柒合，共該壹升捌合肆勺。
8. 正米壹升柒合叁勺。
9. 耗米壹合壹勺。
10. 地本圖一則陸地陸分壹釐柒毫。
11. 夏稅：小麥每畝科正麥貳升，每斗帶耗柒合，共
12. 該壹升叁合。
13. 正麥壹升貳合叁勺。
14. 耗麥柒勺。
15. 秋糧：黃豆每畝科正豆伍升，每斗帶耗柒合，共該
16. 叁升叁合①
17. 正豆叁升捌合。
18. 耗豆貳合貳勺。
19. 民桑壹株。夏稅：絲壹兩。

① 此黃豆之數與下文正豆、耗豆數不合。

八二 明隆慶陸年（1572）直隸揚州府泰州如皋縣縣市西廂第壹里（圖）賦役黃冊（楊某）

【題解】

此件為《韻學集成》第二冊卷二第八三葉背，編號為HV·YXJC[]2·Y83'，其上下完整，前後均缺，中有缺行，共存文字二十行，與正面古籍文字成經緯狀。此件為明代某戶的賦役黃冊，據第六行可知，此黃冊的戶頭當係楊某。另，此件的文字字形、筆跡等與該批紙背文獻中隆慶陸年（1572）攢造的直隸揚州府泰州如皋縣市西廂第壹里（圖）賦役黃冊相似，故推斷，此件亦當屬於該里（圖）的黃冊。

【錄文】

（後缺）

1. □□：男、婦肆口。
2. 合。
3. 秋糧：黃豆每畝科正豆伍升，每斗帶耗柒合，共該壹
　　升壹勺。

（中缺1行）

4. □□：男、婦肆口。
5. 男子成丁貳口：
6. 　　本身年伍拾肆歲。　　弟楊模年叁拾柒歲。
7. 婦女大貳口：
8. 　　弟婦石氏年伍拾歲。　　妻張氏年肆拾陸歲。
9. 事產：

（前缺）

10. 官民田地壹畝肆分玖釐伍毫。
11. 　　夏稅：小麥正耗叁升叁合。
12. 　　秋糧：
13. 　　　　米正耗陸升伍合。
14. 　　　　黃豆正耗伍升伍合。
15. 官田地伍分叁釐叁毫。
16. 　　夏稅：小麥正耗壹升玖合捌勺。
17. 　　秋糧：
18. 　　　　米正耗肆升陸合伍勺。
19. 　　　　黃豆正耗貳升貳合。
20. 田本圖一則沒官蕩田叁分陸釐貳毫。秋糧：米每畝科正米

（後缺）

八三　明隆慶陸年（1572）直隸揚州府泰州如皋縣縣市西廂第壹圖賦役黃冊之二（軍戶陳某）

【題解】

此件爲《韻學集成》第二冊卷二第八四葉背，編號爲HV·YXJC]]2·Y84，其上下完整，前後均缺，共存文字二三行，與正面古籍文字成經緯狀。據文中所載男子姓名知，此件當係明代陳某之賦役黃冊。另，此件所載婦女人口數與HV·YXJC]]2·Y80所載男子成丁人口數之和等於該件男、婦人口數，故可知，此件與HV·YXJC]]2·Y80]屬於同一戶黃冊，可以綴合，綴合後此件在後。今據HV·YXJC]]2·Y80]所載男子成丁人口數擬現題。

【錄文】

（前缺）

1. 弟陳證年陸拾貳歲。　姪陳□登年叁拾貳歲。
2. 姪陳範年肆拾伍歲。　姪陳□登年叁拾伍歲。
3. 姪陳笛年叁拾陸歲。　姪陳□年肆拾歲。
4. 姪陳笠年叁拾歲。　姪陳惟禎年叁拾歲。
5. 姪陳陸年叁拾歲。　姪陳登貳拾歲。
6. 姪陳竿年貳拾歲。
7. 婦女大壹拾口：
8. 弟婦韓氏年伍拾歲。　弟婦丁氏年伍拾歲。
9. 弟婦葛氏年肆拾伍歲。　姪婦白氏年肆拾歲。
10. 姪婦許氏年肆拾歲。　姪婦邵氏年肆拾歲。
11. 姪婦李氏年叁拾伍歲。　姪婦□氏年叁拾歲。
12. 姪婦範氏年貳拾伍歲。　姪婦蔣氏年貳拾歲。
13. 事產：官民田地捌頃貳拾貳畝壹分貳釐叁毫。　桑貳株。
14. 夏稅：
15. 小麥正耗壹拾捌石貳升叁合肆勺。
16. 絲貳兩。
17. 秋糧：
18. 米正耗叁拾伍石陸斗玖升捌合叁勺。
19. 黃豆正耗叁拾石壹斗叁升陸合捌勺。
20. 官田地貳頃玖拾壹畝柒分肆釐貳毫。

八四 明隆慶陸年（1572）直隸揚州府泰州如皋縣縣市西廂第壹里（圖）賦役黃冊

【題解】

此件爲《韻學集成》第二册卷二第八五葉背，編號爲 HV·YXJC[]2·Y85，其上下完整，前後均缺，共存文字二十行，與正面古籍文字成經緯狀。此件爲明代某户的賦役黄册。另，明代賦役黄册往往會登載攢造之前十年内的田畝變化等情況，文中載有土地的『兑佃』時間『隆慶叁年』（1569）、『嘉靖肆拾伍年』（1566）、『隆慶肆年』（1570），而此後的隆慶陸年（1572）爲黄册的攢造年份，據此可知，此件當係該年攢造的賦役黄册。此件的文字字形、筆跡等與已知該批黄册中攢造機構爲直隸揚州府泰州如皋縣縣市西廂第壹里（圖）的黄册相似，故推斷，此件亦當屬於該里（圖）的賦役黄册。

【録文】

（前缺）

1. 秋粮：黄豆每畝科正豆壹斗貳升，每斗帶耗柒合，共該□升陸合勺。
2. 一本圖一則沒官陸地壹分玖毫，於隆慶叁年係兑佃
3. 與貳拾都叁圖蔡成承種。
4. 夏税：小麥每畝科正麥壹斗捌合，每斗帶耗柒合，
5. 共該壹升貳合陸勺。
6.

21.
22.
23.

夏税：小麥正耗壹拾石壹斗肆升貳合捌勺。

秋糧：

米正耗貳拾□叁升肆合肆勺。

（後缺）

7. 秋糧：黃豆每畝科正豆壹斗貳升，每斗帶耗柒合，
8. 共該壹升肆合。
9.
10. 一本圖一則沒官陸地叄分玖釐貳毫，於嘉靖肆拾伍
11. 年係兌佃與貳拾壹都貳圖楊全承種。
12. 夏稅：小麥每畝科正麥壹斗捌合，每斗帶耗柒合，
13. 共該肆升肆合叄勺。
14. 秋糧：黃豆每畝科正豆壹斗貳升，每斗帶耗柒合，
15. 共該肆升玖合貳勺。
16. 一本圖一則沒官陸地陸分，於隆慶肆年係兌佃與叄都
17. 叄圖□演承種。
18. 夏稅：小麥每畝科正麥壹斗捌合，每斗帶耗柒合，
19. 共該陸升玖合叄勺。
20. 秋糧：黃豆每畝科正豆壹斗貳升，每斗帶耗柒合，
  共該柒升柒合。

（後缺）

八五 明隆慶陸年（1572）直隸揚州府泰州如皋縣縣市西廂第壹里（圖）賦役黃冊

【題解】

此件爲《韻學集成》第二冊卷二第八六葉背，編號爲 HV・YXJC||2・Y86］，其上下完整，前後均缺，共存文字二一行，與正面古籍文字成經緯狀。此件爲明代某戶的賦役黃冊。另，此件的文字字形、筆跡等與該批紙背文獻中隆慶陸年（1572）攢造的直隸揚州府泰州

【錄文】

如皋縣縣市西廂第壹里（圖）賦役黃冊相似，故推斷，此件亦當屬於該里（圖）的黃冊。

（前缺）

1. ▢合伍勺。
2. 田叁畝玖分陸釐肆毫。秋糧：米正耗伍斗捌合玖勺。
3. 一本圖一則沒官蕩田貳畝玖分伍釐。秋糧：米每畝科
4. 正米壹斗貳升，每斗帶耗柒合，共該
5. 叁斗柒升捌合捌勺，係兌到壹都肆
6. 圖丁荃戶下田。
7. 一本圖一則沒官蕩田壹分壹釐。秋糧：米每畝科
8. 正米壹斗貳升，每斗帶耗柒合，共該
9. 壹升肆合壹勺，係兌到拾肆都壹圖劉寬戶下田。
10. 一本圖一則沒官蕩田捌分叁釐壹毫。秋糧：米每畝
11. 科正米壹斗貳升，每斗帶耗柒合，共
12. 該壹斗陸升柒勺，係兌到南廂許秀戶下田。
13. 一本圖一則沒官蕩田柒釐叁毫。秋糧：米每畝科
14. 正米壹斗貳升，每斗帶耗柒合，共
15. 該玖合肆勺，係兌到東廂呂明戶下田。
16. 地壹畝捌分伍釐。

20. 夏稅：小麥正耗貳斗壹升叁合柒勺。
21. 秋糧：黃豆正耗貳斗叁升柒合伍勺。

（後缺）

八六 明隆慶陸年（1572）直隸揚州府泰州如皋縣縣市西廂第壹里（圖）賦役黃冊

【題解】

此件爲《韻學集成》第二冊卷二第八七葉背，編號爲HV·YXJCIJ2·Y87］，其上下完整，前後均缺，共存文字二十行，與正面古籍文字成經緯狀。此件爲明代某戶的賦役黃冊。另，明代賦役黃冊往往會登載攢造之前十年內的田畝變化等情況，文中載有土地的「出賣」時間「嘉靖肆拾肆年」（1565），而此後的隆慶陸年（1572）爲黃冊的攢造年份，據此可知，此件當係該年攢造的賦役黃冊。此件的文字字形、筆跡等與已知該批黃冊中攢造機構爲直隸揚州府泰州如皋縣縣市西廂第壹里（圖）的賦役黃冊相似，故推斷，此件亦當屬於該里（圖）的黃冊。

【錄文】

（前缺）

⋯⋯貳圖張□爲業。

1. 夏稅：小麥每畝科正麥貳升，每斗帶耗柒合，共該壹升肆合捌勺。
2. 秋糧：黃豆每畝科正豆伍升，每斗帶耗柒合，共該叁升陸合玖勺。
3.
4.
5.
6. 一本圖一則陸地陸分伍釐伍毫，於嘉靖肆拾肆年捌月內出賣與貳拾叁都壹圖徐 橫 爲
7.

八七 明隆慶陸年（1572）直隸揚州府泰興縣順得鄉貳拾壹都第拾伍里賦役黃冊（民籍某狗兒等）

【題解】

此件爲《韻學集成》第二册卷二第八八葉背，編號爲 HV·YX]C[]2·Y88］，其上殘下完，前後均缺，共存文字二三行，與正面古籍

8. 業。
9. 夏稅：小麥每畝科正麥貳升，每斗帶耗柒合，
10. 共該壹升肆合。
11. 秋糧：黃豆每畝科正豆伍升，每斗帶耗柒合，共
12. 該叁升伍合。
13. □①收：
14. 事產：
15. 官民田地轉收田地壹拾陸畝伍分捌釐肆毫。
16. 夏稅：小麥正耗伍斗伍升捌合玖勺。
17. 秋糧：
18. 米正耗柒斗壹升壹合肆勺。
19. 黃豆正耗陸斗肆勺。
20. 官田地伍畝捌分壹釐肆毫。

（後缺）

---

① 「□」，據文義該字當作「新」，以下該類情況同此，不另說明。

哈佛藏《韻學集成》《直音篇》紙背明代文獻釋錄 卷一

文字成經緯狀。此件係明代兩戶的賦役黃冊，其中第一至十三行爲一戶，第十四至二三行係直隸揚州府泰興縣順得鄉貳拾壹都第拾伍里民籍某狗兒的黃冊。另，明代賦役黃冊在攢造之時需對下一輪十年內各戶充任里長、甲首情況等做出預先安排，第十四行所載狗兒充甲首的時間爲『萬曆伍年』（1577），而此前的隆慶陸年（1572）爲黃冊的攢造年份，據此可知，此件當係該年攢造的賦役黃冊。今據第二戶黃冊擬現題。

【錄文】

1. （前缺）
2. 　　　　　　　本身年柒拾肆歲。　　兄長兒年陸拾柒歲。
3. 婦女大貳口：
4. 　　　　　　　母嚴氏年壹百壹拾歲。　　嫂揚氏年肆拾歲。
5. 事產：
6. 　　　　　　　民地本都一則地壹畝壹分玖釐。
7. 夏稅：小麥每畝科正麥叄升，每斗帶耗柒合，共該叄升捌合壹勺。
8. 　　　　　　　正麥叄升伍合柒勺。
9. 　　　　　　　耗麥貳合伍勺。
10. 秋糧：黃豆每畝科正豆伍升，每斗帶耗柒合，共該陸升叄合柒勺。
11. 　　　　　　　正豆伍升玖合伍勺。
12. 　　　　　　　耗豆肆合貳勺。
13. 房屋：民草房貳間。
14. 頭匹：民黃牛壹隻。
15. ▭管⋯⋯

　　狗兒係直隸揚州府泰興順得鄉貳拾壹都第拾伍里民籍，充萬曆伍年甲首。

① 此小麥之數與下文正麥、耗麥數不合。

八八 明嘉靖叁拾壹年（1552）直隸揚州府江都縣青草沙第肆圖賦役黃冊（劉某）

【題解】

此件爲《韻學集成》第二冊卷二第八九葉背，編號爲 HV·YXJCJ2·Y89，其上殘下完，前後均缺，共存文字十六行，與正面古籍文字成經緯狀。據第十五、十六行可知，此件爲明代劉姓人戶的賦役黃冊。另，明代賦役黃冊往往會登載攢造之前十年內的人口變化等情況，文中第十六行登載了「父劉雲」的死亡時間「嘉靖貳拾玖年」（1550），而嘉靖叁拾壹年（1552）爲黃冊的攢造年份，據此可知，此件當係該年攢造的賦役黃冊，已知該批黃冊的攢造機構爲直隸揚州府江都縣青草沙第肆圖，故此件亦當屬於該圖之黃冊。

【錄文】

（前缺）

1. 人口：計家男、婦叁口。
2. 男子貳口。

16. 人丁：計家男、婦貳口。
17. 男子壹口。
18. 婦女壹口。
19. 事產：
20. 民地壹畝壹分玖釐。
21. 夏稅：小麥正耗叁升捌合貳勺。
22. 秋糧：黃豆正耗陸升叁合陸勺。
23. 民草房貳間。

（後缺）

哈佛藏《韻學集成》《直音篇》紙背明代文獻釋錄 卷一

3. 　　婦女壹口。
4. 事產：民田地貳畝柒釐。
5. 　　夏稅：小麥正耗壹斗壹升捌勺。
6. 　　秋粮：
7. 　　　米正耗捌升肆合。
8. 　　　黃荳正耗貳升陸合捌勺。
9. 　田壹畝伍分柒釐。
10. 　　夏稅：小麥正耗捌升肆合。
11. 　　秋粮：米正耗捌升肆合。
12. 　地伍分。
13. 　　夏稅：小麥正耗貳升陸合捌勺。
14. 　　秋粮：黃荳正耗貳升陸合捌勺。
15. 正收男子成丁壹口：男劉松，係前冊失報。
16. ☐☐
16. 正除男子成丁壹口：父劉雲，於嘉靖貳拾玖年沒

（後缺）

八九 明嘉靖叁拾壹年（1552）直隸揚州府江都縣青草沙第肆圖賦役黃冊（軍戶楊秀）

【題解】

此件爲《韻學集成》第二冊卷二第九十葉背，編號爲"HV・YXJC[]2・Y90"，其上殘下完，前後均缺，中有缺行，共存文字十五行，與正面古籍文字成經緯狀。據第一至七行知，此件可能是明代軍戶楊秀的賦役黃冊。今暫以其擬題。另，明代賦役黃冊在攢造之時需對

下一輪十年內各戶充任里長、甲首情況等做出預先安排，第六、七行所載楊秀充甲首的時間為『嘉靖叁拾肆』（1555），而此前的嘉靖叁拾壹年（1552）為黃冊的攢造年份，據此可知，此件當係該年攢造的賦役黃冊，已知該批黃冊的攢造機構為直隸揚州府江都縣青草沙第肆圖，故此件亦當屬於該圖之黃冊。

【錄文】

（前缺）

1. 武肆年湯大夫下歸附，蒙靖
2. 海侯收，充揚州衛右所百戶
3. 周雄下軍，見有揚貴故，後
4. 將營□楊福補役，在武不缺。
5. 秀係多餘人丁，照例告發本
6. 縣當差，充嘉靖叁拾肆
7. 年甲首。

（中缺1行）

8. 人口：計家男、婦伍口。
9. 　　　男子叁口。
10. 　　　婦女貳口。
11. 事產：民田壹拾陸畝壹分伍釐。
12. 　　　夏稅：小麥正耗捌斗壹升伍勺。
13. 　　　秋糧：米正耗捌斗陸升肆合。
14. ▭正收男子成丁貳口：
15. 　　　弟楊恕係析□□□。

（後缺）

九〇 明隆慶陸年（1572）直隸揚州府泰州如皋縣市西廂第壹里（圖）賦役黃冊

【題解】

此件爲《韻學集成》第二册卷二第九一葉背，編號爲 HY·YXJC[]2·Y91"，其上下完整，前後均缺，共存文字二十行，與正面古籍文字成經緯狀。此件爲明代某户的賦役黃册。另，此件的文字字形、筆跡等與該批紙背文獻中隆慶陸年（1572）攢造的直隸揚州府泰州如皋縣縣市西廂第壹里（圖）賦役黃冊相似，故推斷，此件亦當屬於該里（圖）的黃册。

【錄文】

（前缺）

1. 柒合，共該叁升叁合壹勺。
2. 一本圖一則沒官陸地壹畝捌分伍釐叁毫，係佃到本圖吳远尔户下地。
3. 夏稅：小麥每畝科正麥壹斗捌合，每斗帶耗柒合，共該貳斗壹升肆合貳勺。
4. 秋糧：黃豆每畝科正豆壹斗貳升，每斗帶耗柒合，共該貳斗叁升捌合。
5. 一本圖一則沒官陸地壹畝壹分陸釐玖毫，係佃到南廂徐□户下地。
6. 夏稅：小麥每畝科正麥壹斗捌合，每斗帶耗柒合，共該壹斗叁升伍合壹勺。
7. 秋糧：黃豆每畝科正豆壹斗貳升，每斗帶耗柒合，共該壹斗伍升壹勺。

九一 明隆慶陸年（1572）直隸揚州府泰州如皋縣縣市西廂第壹里（圖）賦役黃冊

【題解】

此件爲《韻學集成》第二册卷二第九二葉背，編號爲HV·YX]C[]2·Y92]，其上下完整，前後均缺，共存文字十九行，與正面古籍文字成經緯狀。此件爲明代某户的賦役黃冊。另，此件的文字字形、筆跡等與該批紙背文獻中隆慶陸年（1572）攢造的直隸揚州府泰州如皋縣縣市西廂第壹里（圖）賦役黃册相似，故推斷，此件亦當屬於該里（圖）的黃册。

【錄文】

（前缺）

1. 夏稅：
2. 　　小麥正耗叁石伍斗柒升。
3. 秋糧：
4. 　　絲壹兩。

14. 一本圖一則沒官陸地壹畝叁釐陸毫，係兑到貳拾壹
15. 都壹圖張金户下地。
16. 夏稅：小麥每畝科正麥壹斗捌合，每斗帶耗
17. 　　柒合，共該壹斗壹升玖合柒勺。
18. 秋糧：黃豆每畝科正豆壹斗貳升，每斗帶耗
19. 　　柒合，共該壹斗叁升叁合。
20. 一本圖一則沒官陸地壹畝伍分陸釐壹毫，係佃到

（後缺）

5. 米正耗柒石柒升叁合捌勺。
6. 黃豆正耗伍石玖斗柒升壹合伍勺。
7. 官田地伍拾柒畝捌分捌毫。
8. 夏稅：小麥正耗貳石壹斗貳升陸合伍勺。
9. 秋糧：
10. 米正耗伍石伍升玖合陸勺。
11. 黃豆正耗叁斗陸升貳合玖勺。
12. 田叁拾玖畝肆分伍毫。秋粮：米正耗伍石伍升玖合陸勺。
13. 一本圖一則沒官蕩田肆分伍釐壹毫。
14. 正米壹斗貳升，每斗帶耗柒合，
15. 伍升柒合玖勺，係兌到北廂張萱戶下
16. 田。
17. 一本圖一則沒官蕩田貳分貳毫。秋粮：米每畝科正米
18. 壹斗貳升，每斗帶耗柒合，共該貳
19. 升伍合玖勺，係佃到貳拾壹都貳

（後缺）

九二　明隆慶陸年（1572）直隸揚州府泰州如皋縣縣市西廂第壹里（圖）賦役黃冊（張某）

【題解】

此件爲《韻學集成》第二冊卷二第九三葉背，編號爲 HV·YXJC]2·Y93]，其上殘下完，前後均缺，共存文字十八行，與正面古籍

文字成經緯狀。此件爲明代某户的賦役黄册，據第十二至十八行所載男子姓名知，此黄册的户頭當爲張某。另，明代賦役黄册往往會登載攢造之前十年内的田畝變化等情况，文中載有土地的「出賣」時間「隆慶陸年」（1572），而隆慶陸年（1572）爲黄册的攢造年份，據此可知，此件當係該年攢造的賦役黄册。此件的文字字形、筆跡等與已知該批黄册中攢造機構爲直隸揚州府泰州如皋縣縣市西廂第壹里（圖）的賦役黄册相似，故推斷，此件亦當屬於該里（圖）的黄册。

【録文】

（前缺）

1. 　　　　貳合捌勺。
2. 秋糧：黄豆每畝科正豆伍升，每斗帶耗柒合，
3. 　　　　共該柒合壹勺。
4. 一本圖一則陸地壹畝叁分伍釐壹毫，隆慶陸年
5. 　　　　出賣與貳拾壹都貳圖史杰爲業。
6. 夏税：小麥每畝科正麥貳升，每斗帶耗柒合，
7. 　　　　共該貳升捌合玖勺。
8. 秋糧：黄豆每畝科正豆伍升，每斗帶耗柒合，共
9. 　　　　該柒升貳合叁勺。
10. □□：正收男、婦貳拾壹口。
11. 　　　　正收男子貳拾口：
12. 張龍兒，原係本户漏報。
13. 張重兒，原係本户漏報。
14. 張斗，原係本户漏報。
15. 張佳，原係本户漏報。
16. 張倉，原係本户漏報。

九三 明隆慶陸年（1572）直隸揚州府泰州如皋縣縣市西廂第壹里賦役黃冊（軍籍紀槃）

【題解】

此件爲《韻學集成》第二冊卷二第九四葉背，編號爲 HV·YXJC[]2·Y94]，其上殘下完，前後均缺，共存文字二十行，與正面古籍文字成經緯狀。據第一至十行可知，此件係明直隸揚州府泰州如皋縣縣市西廂第壹里軍籍紀槃之賦役黃冊，故可知此件亦當係該年攢造的黃冊造時間的直隸揚州府泰州如皋縣縣市西廂第壹里賦役黃冊攢造於隆慶陸年（1572），故可知此件亦當係該年攢造的黃冊。

【錄文】

（後缺）

張□□

張猁兒，原係本戶漏報。

（前缺）

1. □□弟紀槃係直隸揚州府泰州如皋縣縣市西廂第壹里軍籍，有祖紀鐸與南廂叁圖另籍吳信合充信
2. 軍，於吳元年隨母吳氏改嫁儀真衛軍人王子成，爲
3. 妻改名王信，替充軍役。後調燕山衛充軍，洪武叁拾
4. 伍年節次隨
5. 駕從進有功，陞遵衛指揮職事，永樂拾陸年故。
6. 欽送紀信棺柩原籍安葬，比有紀信還鄉，陞調陝西行都司指揮
7. 襲職，宣德捌年捕盜有功，陞調陝西
8. 僉事，故。行在塋，姪紀宣襲職，正統捌年改調陝西

17.
18.

9. 山丹衛指揮使職事，見任不缺。本官於正德玖年
10. 將營男紀綱襲職，見任不缺。
11. 口管：
12. 人丁：計家男、婦柒拾肆口。
13. 　　　男子肆拾陸口。
14. 　　　婦女貳拾捌口。
15. 事產：
16. 　　　官民田地伍頃貳拾畝叁分玖釐柒毫。
17. 　　　夏稅：小麥正耗壹拾壹石肆斗壹升。
18. 　　　秋糧：
19. 　　　　　米正耗貳拾叁石捌升。
20. 　　　　　黃豆正耗壹拾捌石玖斗柒合玖勺。

（後缺）

九四　明隆慶陸年（1572）直隸揚州府泰州如皋縣縣市西廂第壹里（圖）賦役黃冊

【題解】

此件爲《韻學集成》第二冊卷二第九五葉背，編號爲HV·YXJC[]2·Y95，其上下完整，前後均缺，共存文字二四行，與正面古籍文字成經緯狀。此件爲明代某戶的賦役黃冊。另，此件的文字字形、筆跡等與該批紙背文獻中隆慶陸年（1572）攢造的直隸揚州府泰州如皋縣縣市西廂第壹里（圖）賦役黃冊相似，故推斷，此件亦當屬於該里（圖）的黃冊。

哈佛藏《韻學集成》《直音篇》紙背明代文獻釋錄　卷一

【錄文】

（前缺）

1. 夏稅：小麥每畝科正麥壹斗貳升，每斗帶耗柒合，共該肆合壹
2. 勺。①
3. 正麥叁合柒勺。
4. 耗麥叁勺。
5. 秋糧：黃豆每畝科正豆壹斗貳升，每斗帶耗柒合，共
6. 該肆合伍勺。
7. 正豆肆合叁勺。
8. 耗豆貳勺。
9. 民田地貳分壹釐。
10. 夏稅：小麥正耗貳合捌勺。
11. 秋糧：
12. 米正耗叁合捌勺。
13. 黃豆正耗肆合伍勺。
14. 田本圖一則蕩田柒釐貳毫。秋糧：米每畝科正米伍升，每斗帶耗柒
15. 合，共該叁合捌勺。
16. 正米叁合陸勺。
17. 耗米貳勺。
18. 地本圖一則陸地壹分貳釐玖毫。
19. 夏稅：小麥每畝科正麥貳升，每斗帶耗柒合，共該貳合捌勺。

① 此小麥之數與下文正麥、耗麥數不合。

九五 明隆慶陸年（1572）直隸揚州府泰興縣順得鄉貳拾壹都第拾伍里（圖）賦役黃冊

【題解】

此件爲《韻學集成》第二册卷二第九六葉背，編號爲HV·YXJCJ2·Y96，其上下完整，前後均缺，共存文字二二行，與正面古籍文字成經緯狀。此件爲明代某户的賦役黃冊。另，此件的文字字形、筆跡等與該批紙背文獻中隆慶陸年（1572）攢造的直隸揚州府泰興縣順得鄉貳拾壹都第拾伍里（圖）賦役黃冊相似，故推斷，此件亦當屬於該里（圖）的黃冊。

【錄文】

（前缺）

1. 秋粮：
2. 　　米正耗貳斗貳升叁合壹勺。
3. 　　黃豆正耗壹斗柒合陸勺。
4. 田肆畝壹分柒釐。
5. 夏税：小麥正耗壹斗叁升叁合玖勺。

（後缺）

20. 　　正麥貳合陸勺。
21. 　　耗麥貳勺。
22. 秋粮：黃豆每畝科正豆伍升，每斗帶耗柒合，共該陸合玖勺。
23. 　　正豆陸伍勺。
24. 　　耗豆肆勺。

6. 秋粮：米正耗貳斗貳升叁合壹勺。
7. 地貳畝壹釐。
8. 夏稅：小麥正耗陸升肆合伍勺。
9. 秋粮：黃豆正耗壹升柒合陸勺。
10. 民草房壹間。
11. 民黃牛壹隻。
12. □在：
13. 人口：叁口。
14. 男子成丁壹口：本身年叁拾陸歲。
15. 婦女大貳口：
16. 母蔡氏年陸拾歲。　妻欒氏年叁拾陸歲。
17. 事產：
18. 官民田地陸畝伍分壹釐。
19. 夏稅：小麥正耗貳斗陸升叁合叁勺。
20. 秋粮：
21. 米正耗叁斗肆升叁合叁勺。
22. 黃豆正耗壹斗柒合陸勺。

（後缺）

九六 明隆慶陸年（1572）直隸揚州府泰興縣順得鄉貳拾壹都第拾伍里（圖）賦役黃冊

【題解】

此件爲《韻學集成》第二册卷二第九七葉背，編號爲"HV·YXJCJJ2·Y97"，其上下完整，前後均缺，共存文字二三行，與正面古籍文字成經緯狀。此件爲明代某户的賦役黄册。另，明代賦役黄册往往會登載攢造之前十年内的人口變化等情况，文中載有『叔德』的亡故時間『嘉靖肆拾肆年』（1565），而此後的隆慶陸年（1572）爲黄册的攢造年份，據此叮知，此件當係該年攢造的賦役黄册。此件的文字字形、筆跡等與已知該批黄册中隆攢造機構爲直隸揚州府泰興縣順得鄉貳拾壹都第拾伍里（圖）的賦役黄册相似，故推斷，此件亦當屬於該里（圖）的黄册。

【錄文】

（前缺）

1. 夏税：小麥正耗叁斗壹升陸合貳勺。
2. 秋糧：米正耗伍斗貳升柒合。
3. 地肆分陸釐。
4. 夏税：小麥正耗壹升肆合捌勺。
5. 秋糧：米正耗貳升肆合陸勺。
6. 民草房叁間。
7. 民水牛壹隻。
8. 開除：人口：正除男子壹口：叔德於嘉靖肆拾肆年故。
9. 新收：人口：正收男子壹口：姪銀係前册失報。
10. 實在：
11. 人口：柒口。

九七 明隆慶陸年（1572）直隸揚州府泰州如皋縣縣市西廂第壹里賦役黃冊之二（民戶紀沐等）

12. 男子成丁伍口：
13. 本身年叁拾捌歲。
14. 姪｜幸｜漢年貳拾捌歲。
15. 姪銀年叁拾陸歲。　　姪重陽年叁拾歲。
16. 婦女大貳口：　　　　姪孝兒年拾捌歲。
17. 妻朱氏年伍拾歲。　　孀余氏年伍拾歲。
18. 事產：
19. 官民田地壹拾畝伍分貳釐。
20. 夏稅：小麥正耗叁斗柒升貳合叁勺。
21. 秋糧：
22. 米正耗陸斗伍升伍合陸勺。
23. 黃豆正耗貳升肆合陸勺。

（後缺）

【題解】

此件爲《韻學集成》第二冊卷二第九八葉背，編號爲HV·YXJC[]2·Y98"，其上殘下完，前後均缺，中有缺行，共存文字二十行，與正面古籍文字成經緯狀。此件係明代兩戶的賦役黃冊，其中第一至十一行爲一戶，據第一行所載男子姓名知，該黃冊的戶頭當係紀某。第十二至二十行係直隸揚州府泰州如皋縣縣市西廂第壹里民戶某之黃冊。另，明代賦役黃冊在攢造之時需對下一輪十年內各戶充任里長、

甲首情況等做出預先安排，第十二行所載某充甲首的時間爲「萬曆元年」（1573），而此前的隆慶陸年（1572）爲黃冊的攢造年份，據此可知，此件當係該年攢造的賦役黃冊。另，此件第一行所載「紀沐」一名又見於 HV·YX]C]2·Y22，且據文義此件第一至三行所載者當係新收人口數，而 HV·YX]C]2·Y22 中紀沐一户的新收人口數正係貳口，且兩件中紀沐一户的房屋、頭四數量一致。據此推斷此兩件實爲同一户的黃冊，可以綴合，綴合後此件在後。今據 HV·YX]C]2·Y22 擬現題。

【錄文】

1. （前缺）
2.
3. 婦女大壹口：
4. 　　紀沐，原係本户漏報。
5. 　（中缺1行）
6. □口：男、婦貳口。
7. 　男子成丁壹口：
8. 　　本身年叁拾貳歲。
9. 　婦女大壹口：
10. 　　妻周氏年貳拾歲。
11. 　　周氏，娶到泰興周明女。
12. 房屋：民草房叁間。
13. 頭匹：水牛壹隻。
14. ▨▨：直隸揚州府泰州如皋縣縣市西廂第壹里民户，充萬曆元年甲首。
15. 　（中缺1行）
16. ▨▨：計家男、婦貳口。
17. 　男子壹口。
18. 　婦女壹口。
19. 事產：

九八 明隆慶陸年（1572）直隸揚州府泰州如皋縣縣市西廂第壹里（圖）賦役黃冊

【題解】

此件爲《韻學集成》第二冊卷二第九九葉背，編號爲HV·YXJCJ2·Y99，其上下完整，前後均缺，共存文字二一行，與正面古籍文字成經緯狀。此件爲明代某戶的賦役黃冊。另，此件的文字字形、筆跡等與該批紙背文獻中隆慶陸年（1572）攢造的直隸揚州府泰州如皋縣縣市西廂第壹里（圖）賦役黃冊相似，故推斷，此件亦當屬於該里（圖）的黃冊。

【錄文】

（前缺）

1. 男子成丁壹口：
2. 　本身年肆拾陸歲。
3. 婦女大壹口：
4. 　母李氏年柒拾捌歲。
5. 事產：官民田地柒畝貳分玖釐柒毫。
6. 　夏稅：小麥正耗壹斗陸升肆合貳勺。
7. 　秋糧：米正耗叁斗貳升伍合陸勺。

...

17. 官民田地柒畝肆分玖釐柒毫。
18. 　夏稅：小麥正耗壹斗陸升肆合貳勺。
19. 　秋糧：
20. 　　米正耗□

（後缺）

九九 明隆慶陸年（1572）直隸揚州府泰州如皋縣縣市西廂第壹里（圖）賦役黃冊之一

【題解】

此件爲《韻學集成》第二冊卷二第一〇〇葉背，編號爲 HV·YXJC][2·Y100]，其上下完整，前後均缺，共存文字十九行，與正面古

8. 官田地貳畝⬚陸分伍釐捌毫。
9. 　夏稅：小麥正耗玖升柒合捌勺。
10. 　秋糧：米正耗貳斗叁升貳合柒勺。
11. 　　　黃豆正耗壹斗捌合伍勺。
12. 田本圖一則沒官蕩田壹畝捌分壹釐陸毫。秋糧：米每畝科正米壹
13. 斗貳升，每斗帶耗柒合，共該貳斗叁升貳合柒勺①。
14. 　　　正米壹斗壹升柒合陸勺。
15. 　　　耗米壹升伍合貳勺。
16. 地本圖一則沒官陸地捌分肆釐伍毫。
17. 　夏稅：小麥每畝科正麥壹斗捌合，每斗帶耗柒合，共該玖升柒
18. 　　　合柒勺。
19. 　　　正麥玖升壹合叁勺。
20. 　　　耗麥陸合肆勺。
21. 　　　　　　（後缺）

　　　黃豆正耗貳斗柒升肆合陸勺。

① 此米數與下文正米、耗米數不合。

籍文字成經緯狀。此件為明代某戶的賦役黃冊。另，明代賦役黃冊往往會登載攢造之前十年內的田畝變化等情況，文中載有土地的「兌佃」時間「嘉靖肆拾叁年」（1564）、「嘉靖肆拾肆年」（1565）、「嘉靖肆拾伍年」（1566），而此後的隆慶陸年（1572）為黃冊的攢造年份，據此可知，此件當係該年攢造的賦役黃冊。此件的文字字形、筆跡等與已知該批黃冊中攢造機構為直隸揚州府泰州如皋縣縣市西廂第壹里（圖）的賦役黃冊相似，故推斷，此件亦當屬於該里（圖）的黃冊。另，此件與 HV·YXJC[]2·Y101]格式相同、內容相關、攢造時間一致，故推斷它們應屬於同一戶的黃冊。

【錄文】

（前缺）

1. 於嘉靖肆拾叁年捌月內係兌佃
2. 與貳拾壹都壹圖張儻承種。
3. 一本圖一則沒官蕩田柒分伍釐肆毫。
4. 科正米壹斗貳升，每斗帶耗柒
5. 合，共該玖升陸合捌勺，於嘉靖
6. 肆拾肆年捌月內係兌佃與貳拾
7. 壹都壹圖揚鎬承種。
8. 一本圖一則沒官蕩田壹分肆釐壹毫。
9. 畝科正米壹斗貳升，每斗帶耗柒
10. 合，共該壹升捌合，於嘉靖肆拾肆
11. 年拾月內係兌佃與南廂程寬承
12. 種。
13. 一本圖一則沒官蕩田玖釐壹毫。秋糧：米每畝科正
14. 米壹斗貳升，每斗帶耗柒合，共該
15. 伍升貳合，於嘉靖肆拾伍年捌月

一〇〇 明隆慶陸年（1572）直隸揚州府泰州如皋縣市西廂第壹里（圖）賦役黃冊之一

【題解】

此件爲《韻學集成》第二冊卷二第一〇一葉背，編號爲HV·YXJC[]2·Y101]，其上下完整，前後均缺，共存文字十九行，與正面古籍文字成經緯狀。此件爲明代某户的賦役黃冊。另，明代賦役黃冊往往會登載攢造之前十年内的田畝變化等情況，文中載有土地的『兑佃』時間『嘉靖肆拾叁年』（1564）、『嘉靖肆拾伍年』（1566），而此後的隆慶陸年（1572）爲黃冊的攢造年份，據此可知，此件當係該年攢造的賦役黃冊。此件的文字字形、筆跡等與已知該批黃冊中攢造機構爲直隸揚州府泰州如皋縣市西廂第壹里（圖）的賦役黃冊相似，故推斷，此件亦當屬於該里（圖）的黃冊。另，此件與HV·YXJC[]2·Y100]格式相同，内容相關，攢造時間一致，故推斷它們應屬於同一户的黃冊。

【録文】

（前缺）

1. 叁圖吴春承種。
2. 一本圖一則沒官蕩田肆畝壹分陸釐。秋糧：米每畝
3. 科正米壹斗貳升，每斗帶耗柒合，
4. 共該伍斗叁升伍合，於嘉靖肆拾

......

16. 内係兑佃與本圖劉橋承種。
17. 一本圖一則沒官蕩田壹分叁釐玖毫。秋粮：米每畝科
18. 正米壹斗貳升，每斗帶耗柒合，共
19. 該壹升柒合捌勺，於嘉靖肆拾伍

（後缺）

哈佛藏《韻學集成》《直音篇》紙背明代文獻釋錄 卷一

5. 叁年拾月內係兌佃與拾貳都貳
6. 圖郯祖承種。
7. 一本圖一則沒官蕩田壹畝貳分貳釐玖毫。
8. 每畝科正米壹斗貳升，每斗帶耗
9. 柒合，共該壹斗伍升柒合捌勺，於
10. 嘉靖肆拾叁年正月內係兌佃與叁
11. 都叁圖馬繼祖承種。
12. 一本圖一則沒官蕩田壹分陸釐伍毫。秋糧：米每畝
13. 科正米壹斗貳升，每斗帶耗柒合，
14. 共該貳升壹合貳勺，於嘉靖肆拾
15. 伍年係兌佃與壹都伍圖管愷承
16. 種。
17. 一本圖一則沒官蕩田貳畝貳分肆釐肆毫。秋糧：米
18. 每畝科正米壹斗貳升，每斗帶耗
19. 柒合，共該貳斗捌升捌合壹勺，

（後缺）

一〇二 明隆慶陸年（1572）直隸揚州府泰州如皋縣縣市西廂第壹里（圖）賦役黃冊

【題解】

此件為《韻學集成》第二冊卷二第一〇二葉背，編號為HV·YXJCJ2·Y102"，其上下完整，前後均缺，共存文字二十行，與正面古

【錄文】

（前缺）

1. 官民田地壹頃壹拾肆畝陸分捌釐。
2. 　夏稅：小麥正耗貳石伍斗壹升柒勺。
3. 　秋糧：
4. 　　米正耗肆石玖斗柒升玖合玖勺。
5. 　　黃豆正耗肆石貳斗陸合。
6. 官田地肆拾畝柒分叁釐叁毫。
7. 　夏稅：小麥正耗壹石伍斗壹合叁勺。
8. 　秋糧：
9. 　　米正耗叁石伍斗陸升叁勺。
10. 　　黃豆正耗壹石陸斗捌合貳勺。
11. 田貳拾柒畝柒分肆釐壹毫。　秋糧：米正耗叁石伍斗陸升貳
12. 　合叁勺。
13. 地壹拾貳畝玖分玖釐壹毫。
14. 　夏稅：小麥正耗壹石伍斗壹合叁勺。
15. 　秋糧：黃豆正耗壹石陸斗陸升捌合貳勺。
16. 民田地貳拾叁畝玖分肆釐捌毫。
17. 　夏稅：小麥正耗壹石玖合肆勺。
18. 　秋糧：

籍文字成經緯狀。此件爲明代某戶的賦役黃冊。另，此件的文字字形、筆跡等與該批紙背文獻中隆慶陸年（1572）攢造的直隸揚州府泰州如皋縣縣市西廂第壹里（圖）賦役黃冊相似，故推斷，此件亦當屬於該里（圖）的黃冊。

19. 米正耗壹石肆斗壹升柒合玖勺。
20. 黃豆正耗貳石伍斗叁升柒合捌勺。

（後缺）

一〇二 明隆慶陸年（1572）直隸揚州府泰州如皋縣縣市西廂第壹里（圖）賦役黃冊

【題解】

此件爲《韻學集成》第二冊卷二第一〇三葉背，編號爲 HV·YX[]C[]2·Y103］，其上下完整，前後均缺，共存文字十八行，與正面古籍文字成經緯狀。此件爲明代某戶的賦役黃冊。另，明代賦役黃冊往往會登載攢造之前十年內的田畝變化等情況，據此可知，文中載有土地的『兑佃』等时间『隆慶伍年』（1571）、『隆慶肆年』（1570），而此後的隆慶陸年（1572）爲黃冊的攢造年份，此件的文字字形、筆跡等與已知該批黃冊中攢造的賦役黃冊。此件亦當屬於直隸揚州府泰州如皋縣縣市西廂第壹里（圖）的黃冊。故推斷，此件亦當屬於該里（圖）的黃冊。

【錄文】

（前缺）

1. 官民田地轉除田地叁拾叁畝陸分伍釐玖毫。
2. 夏稅：小麥正耗柒斗貳升捌合玖勺。
3. 秋糧：
4. 米正耗壹石肆斗陸升壹合捌勺。
5. 黃豆正耗壹石貳斗貳升壹勺。
6. 官田地壹拾壹畝玖分捌釐壹毫。
7. 夏稅：小麥正耗肆斗肆升叁合陸勺。

一〇三 明隆慶陸年（1572）直隸揚州府泰州如皋縣縣市西廂第壹里（圖）賦役黃冊

【題解】

此件爲《韻學集成》第二冊卷二第一〇四葉背，編號爲HV·YXJC［］2·Y104］"，其上下完整，前後均缺，共存文字二一行，與正面古籍文字成經緯狀。此件爲明代某戶的賦役黄冊。另，此件的文字字形、筆跡等與該批紙背文獻中隆慶陸年（1572）攢造的直隸揚州泰州如皋縣縣市西廂第壹里（圖）賦役黄冊相似，故推斷，此件亦當屬於該里（圖）的黄冊。

【錄文】

（前缺）

8. 秋糧：
9. 米正耗壹石肆升伍合肆勺。
10. 黄豆正耗肆斗玖升貳合玖勺。
11. 一本圖一則沒官蕩田肆畝陸分柒釐。秋糧：米每畝科正
12. 田捌畝壹分肆釐貳毫。
13. 米壹斗貳升，每斗帶耗柒合，共該伍斗
14. 玖升玖合陸勺，於隆慶伍年係佃與玖
15. 都壹圖冒悌承種。
16. 一本圖一則沒官蕩田玖釐貳毫。秋糧：米每畝科正米
17. 壹斗貳升，每斗帶耗柒合，共該壹升壹
18. 合捌勺，於隆慶肆年係兌佃與玖都

（後缺）

哈佛藏《韻學集成》《直音篇》紙背明代文獻釋錄 卷一

1. 捌升壹合叁勺。
2. 田貳拾壹頃肆拾伍畝捌分捌釐壹毫。秋糧：米正耗貳百柒拾伍石伍斗叁升壹合勺。
3.
4. 地拾頃貳畝壹分玖釐壹毫。
5. 夏稅：小麥正耗壹百壹拾伍石捌斗壹升叁合貳勺。
6.
7. 黃豆①：黃豆正耗壹百貳拾捌石陸斗捌升壹合叁勺。
8. 民田地伍拾陸頃伍拾柒畝叁分壹釐。
9. 夏稅：小麥正耗柒拾柒石貳斗壹升捌合伍勺。
10. 秋糧：米正耗壹百玖拾陸斗貳升玖勺。
11. 黃豆正耗壹百玖拾叁石肆升陸合叁勺。
12. 田貳拾頃肆拾捌畝玖分捌釐玖毫。秋糧：米正耗壹百玖拾陸
13. 斗貳升玖勺。
14. 一則蕩田拾頃肆拾柒畝玖分捌釐玖毫。秋糧：米正耗壹拾玖石伍斗伍升壹合肆勺。
15.
16. 一則功臣田壹畝。秋糧：米正耗壹百玖拾
17. 地叁拾陸頃捌畝叁分肆釐壹毫。
18. 夏稅：小麥正耗柒拾柒石貳斗壹升捌合伍勺。
19. 秋糧：黃豆正耗壹百玖拾叁石肆升陸合叁勺。
20.
21. 一則陸地

① 【黃豆】，據文義，應係【秋糧】之誤。

一〇四 明隆慶陸年（1572）直隸揚州府泰州如皋縣縣市西廂第壹里（圖）賦役黃冊

【題解】

此件爲《韻學集成》第二冊卷二第一〇五葉背，編號爲HV·YX]C]]2·Y105'，其上殘下完，前後均缺，中有缺行，共存文字十八行，與正面古籍文字成經緯狀。此件爲明代的賦役黃冊。明代在攢造黃冊之時，按《後湖志》的記載：『每里編爲一冊，冊首總爲一圖』，而且往往以『一百一十戶爲一里』。此件第四至六行所載人口數，遠超通常情況下一戶的人口數，因此推斷，此件有可能爲黃冊的冊首部分。另，此件的文字字形、筆跡等與該批紙背文獻中隆慶陸年（1572）攢造的直隸揚州府泰州如皋縣縣市西廂第壹里（圖）賦役黃冊相似，故推斷，此件亦當屬於該里（圖）的黃冊。

【錄文】

（前缺）

1. 頭匹：水、黃牛壹拾貳隻。
2. 水牛壹拾隻。
3. 黃牛貳隻。

（中缺1行）

4. 口：捌百玖拾陸口。
5. 男子陸百柒口。
6. 婦女貳百捌拾玖口。
7. 事產：
8. 官民田地捌拾捌頃伍畝肆分貳毫。
9. 夏稅：桑陸拾壹株伍分。

（後缺）

一〇五 明隆慶陸年（1572）直隸揚州府泰興縣順得鄉貳拾壹都第拾伍里（圖）賦役黃冊

【題解】

此件爲《韻學集成》第二冊卷二第一〇六葉背，編號爲HV·YXJCJJ2·Y106］，其上下完整，前後均缺，共存文字二十行，與正面古籍文字成經緯狀。此件爲明代某户的賦役黃冊。另，此件的文字字形、筆跡等與該批紙背文獻中隆慶陸年（1572）攢造的直隸揚州府泰興縣順得鄉貳拾壹都第拾伍里（圖）賦役黃冊相似，故推斷，此件亦當屬於該里（圖）的黃冊。

【錄文】

（前缺）

1. 事產：
2. 　　官民田地叁畝伍分壹釐。

3.
4.
5.
6.
7.
8.
9.
10. 　　小麥正耗壹百玖拾叁石叁升壹合柒勺。
11. 　　　　絲叁斤壹拾叁兩伍錢。
12. 秋糧：
13. 　　米正耗肆百柒拾壹石伍斗伍升貳合。
14. 　　黃豆正耗叁百貳拾壹石柒斗貳升壹合陸勺。
15. 官田地叁拾壹頃肆拾捌畝壹釐□毫。
16. 夏稅：小麥正耗壹百壹拾伍石捌斗壹升叁合貳
17. 　　　勺。
18. 秋糧：

（後缺）

3. 夏稅：小麥正耗壹斗陸升柒合。
4. 秋糧：
5. 　　米正耗壹斗捌升貳合柒勺。
6. 　　黃豆正耗壹斗柒合伍勺。
7. 官田叁分叁釐。
8. 　夏稅：小麥正耗陸升肆合玖勺。
9. 　秋糧：米正耗壹斗貳升壹勺。
10. 民田地叁畝壹分捌釐。
11. 　夏稅：小麥正耗壹斗貳合壹勺。
12. 　秋糧：
13. 　　米正耗陸升貳合陸勺。
14. 　　黃豆正耗壹斗柒合伍勺。
15. 田壹畝壹分柒釐。
16. 　夏稅：小麥正耗叁升柒合陸勺。
17. 　秋糧：米正耗陸升貳合陸勺。
18. 地貳畝壹釐。
19. 　夏稅：小麥正耗陸升肆合伍勺。
20. 　秋糧：黃豆正耗壹斗柒合伍勺。

（後缺）

一〇六 明隆慶陸年（1572）直隸揚州府泰興縣順得鄉貳拾壹都第拾伍里（圖）賦役黃冊

【題解】

此件爲《韻學集成》第二冊卷二第一〇七葉背，編號爲HV·YXJCJ2·Y107］，其上殘下完，前後均缺，共存文字二二行，與正面古籍文字成經緯狀。此件爲明代某户的賦役黃冊。另，此件的文字字形、筆跡等與該批紙背文獻中隆慶陸年（1572）攢造的直隸揚州府泰興縣順得鄉貳拾壹都第拾伍里（圖）賦役黃冊相似，故推斷，此件亦當屬於該里（圖）的黃冊。

【錄文】

（前缺）

1. 黃豆正耗貳斗伍升叁合壹勺。
2. 田壹拾陸畝伍分貳釐。
3. 秋粮：米正耗捌斗捌升叁合捌勺。
4. 地肆畝柒分叁釐。
5. 夏稅：小麥正耗壹斗柒升壹合捌勺。
6. 秋粮：黃豆正耗貳斗伍升叁合壹勺。
7. 民草房叁間。
8. 民黃牛壹隻。
9. ▢人口：正除捌口。
10. 男子陸口，俱於先年間故，前冊失除。
11. 叔玘　　狗兒
12. 叔宗　　叔瑾
13. 叔美　　鎦兒，已▢俱故。

一〇七 明隆慶陸年（1572）直隸揚州府泰州如皋縣縣市西廂第壹里（圖）賦役黃冊

【題解】

此件爲《韻學集成》第二册卷二第一〇八葉背，編號爲 HV·YXJC[]2·Y108]，其上下完整，前後均缺，共存文字十九行，與正面古籍文字成經緯狀。此件爲明代某户的賦役黄册。另，此件的文字字形、筆跡等與該批紙背文獻中隆慶陸年（1572）攢造的直隸揚州府泰州如皋縣縣市西廂第壹里（圖）賦役黄册相似，故推斷，此件亦當屬於該里（圖）的黄册。

【録文】

（前缺）

1. 官田地叁頃壹拾陸畝叁分伍釐壹毫。

14. 婦女貳口

15. 　　曹氏

16. □□①：　　宣氏，俱故。

17. 人口：男子不成丁叁口：

18. 　　本身年柒拾肆歲。

19. 　　姪軍消年柒拾叁歲。

20. 　　姪香兒年柒合肆歲。

21. 事產：

22. 　　官民田地貳拾壹畝柒分陸釐。

　　夏稅：小麥正耗貳斗柒升貳合貳勺。

（後缺）

① 【□□】，據文義此二字當係【實在】。

哈佛藏《韻學集成》《直音篇》紙背明代文獻釋錄 卷一

2. 夏稅：小麥正耗壹拾壹石陸斗叁升捌合貳勺。
3. 秋糧：
4. 米正耗貳拾柒石陸斗捌升捌合。
5. 黃豆正耗壹拾貳石玖斗叁升壹合叁勺。
6. 田本圖一則沒官蕩田貳頃壹拾伍畝陸分肆釐。秋糧：米
7. 畝①科正米壹斗貳升，每斗帶耗柒
8. 合，共該貳拾柒石陸斗捌升捌合貳
9. 勺。②
10. 正米貳拾伍石捌斗柒升柒合。
11. 耗米壹石玖斗壹升壹勺。
12. 地本圖一則沒官陸地壹頃柒分壹釐壹毫。
13. 夏稅：小麥每畝科正麥壹斗捌合，每斗帶耗柒
14. 合，共該壹拾壹石陸斗叁升捌合貳
15. 勺。
16. 正麥壹拾石捌斗壹升貳合捌勺。
17. 耗麥捌斗貳升伍合肆勺。
18. 秋糧：黃豆每畝科正豆壹斗貳升，每斗帶耗柒合，
19. 共該壹拾貳石玖斗叁升壹合叁勺。

（後缺）

① 據文義該字前漏【每】字。
② 此米之數與下文正米、耗米數不合。

一六二

一〇八 明隆慶陸年（1572）直隸揚州府泰州如皋縣縣市西廂第壹里（圖）賦役黃册（吳某）

【題解】

此件爲《韻學集成》第二册卷二第一〇九葉背，編號爲"HV·YXJC[]2·Y109"，其上下完整，前後均缺，共存文字二一行，與正面古籍文字成經緯狀。此件爲明代某户的賦役黄册，據文中所載男子姓名可知，此黄册的户頭當係吴某。另，此件的文字字形、筆跡等與該批紙背文獻中隆慶陸年（1572）攢造的直隸揚州府泰州如皋縣縣市西廂第壹里（圖）賦役黄册相似，故推斷，此件亦當屬於該里（圖）的黄册。

【録文】

（前缺）

1. 姪吳泮年壹拾叁歲。
2. 姪吳壹桂年壹拾貳歲。
3. 姪吳承會年壹拾玖歲。
4. 姪吳承祥年壹拾叁歲。
5. 孫吳遼年伍歲。
6. 孫吳遺年柒歲。
7. 孫吳杲年伍歲。
8. 孫吳高年捌歲。
9. 孫壹中年陸歲。
10. 孫吳瀛年伍歲。
11. 孫吳迪年肆歲。

婦女大壹拾柒口：

12. 弟婦徐氏年柒拾陸歲。
13. 姪婦楊氏年肆拾捌歲。
14. 孫婦陳氏年叁拾陸歲。
15. 孫婦趙氏年叁拾歲。
16. 孫婦孫氏年叁拾歲。
17. 姪婦顧氏年叁拾歲。
18. 孫婦陳氏年叁拾捌歲。
19. 孫婦劉氏年叁拾歲。
20. 孫婦石氏年貳拾柒歲。

（後缺）

一○九　明隆慶陸年（1572）直隸揚州府泰州如皋縣縣市西廂第壹里（圖）賦役黃冊

【題解】

此件為《韻學集成》第二冊卷二第一一○葉背，編號為HV·YXJC[]2·Y110」，其上下完整，前後均缺，共存文字二十行，與正面古籍文字成經緯狀。此件為明代某戶的賦役黃冊。另，此件的文字字形、筆跡等與該批紙背文獻中隆慶陸年（1572）攢造的直隸揚州府泰州如皋縣縣市西廂第壹里（圖）賦役黃冊相似，故推斷，此件亦當屬於該里（圖）的黃冊。

【錄文】

（前缺）

1.　民田地壹拾貳畝貳分陸釐壹毫。

2. 夏稅：小麥正耗壹斗陸升壹合叁勺。
3. 秋糧：
4. 米正耗貳斗叁升肆勺。
5. 黃豆正耗肆斗叁合貳勺。
6. 田肆畝叁分柒釐肆毫。秋糧：米每畝科
7. 正米伍升，每斗帶耗柒合，共該貳斗
8. 壹升壹勺，係買到柒都叁圖陳軒
9. 戶下田。
10. 一本圖一則蕩田叁畝玖分貳釐柒毫。秋糧：米每畝科
11. 一本圖一則蕩田肆毫。秋糧：米每畝科正米伍升，每斗
12. 帶耗柒合，共該米貳勺，係買到本
13. 圖嚴灌戶下田。
14. 一本圖一則蕩田叁分捌釐叁毫。秋糧：米每畝科正
15. 米伍升，每斗帶耗柒合，共該壹升□合
16. 柒勺，係買到貳拾都叁圖蔣紀戶下田。
17. 一本圖一則蕩田陸釐伍毫。秋糧：米每畝科正米伍升，
18. 每斗帶耗柒合，共該叁合伍勺，係買到
19. 肆都貳圖馮恒戶下田。
20. 地柒畝捌分叁釐柒毫。

（後缺）

一一〇 明隆慶陸年（1572）直隸揚州府泰州如皋縣縣市西廂第壹里（圖）賦役黃冊

【題解】

此件爲《韻學集成》第二冊卷二第一一一葉背，編號爲HV·YXC[]2·Y111]，其上下完整，前後均缺，共存文字二十行，與正面古籍文字成經緯狀。此件爲明代某户的賦役黃冊。另，此件的文字字形、筆跡等與該批紙背文獻中隆慶陸年（1572）攢造的直隸揚州府泰州如皋縣縣市西廂第壹里（圖）賦役黃冊相似，故推斷，此件亦當屬於該里（圖）的黃冊。

【錄文】

（前缺）

1. 到□圖嚴瀛户下田。
2. 一本圖一則沒官蕩田叁分玖釐。秋糧：米每畝科正米壹
3. 斗貳升，每斗帶耗柒合，共該伍升壹勺，
4. 係兑到叁圖蔣紀户下田。
5. 一本圖一則沒官蕩田壹釐柒毫。秋糧：米每畝科正
6. 米壹斗貳升，每斗帶耗柒合，共該捌
7. 合□勺，係兑到肆都貳圖馮恒户下
8. 田。
9. 地貳畝壹分叁釐捌毫。
10. 夏稅：小麥正耗貳斗肆升柒合。
11. 秋糧：黃豆正耗貳斗柒升肆合伍勺。
12. 一本圖一則沒官陸地壹畝玖分貳釐，係兑到柒都叁
13. 圖陳軒户下地。

一一二 明隆慶陸年（1572）直隸揚州府泰州如皋縣縣市西廂第壹里（圖）賦役黃冊

【題解】

此件爲《韻學集成》第二册卷二第一一二葉背，編號爲HV·YXJC][2·Y112]，其上下完整，前後均缺，共存文字十九行，與正面古籍文字成經緯狀。此件爲明代某户的賦役黄册。另，此件的文字字形、筆跡等與該批紙背文獻中隆慶陸年（1572）攢造的直隸揚州府泰州如皋縣縣市西廂第壹里（圖）賦役黄册相似，故推斷，此件亦當屬於該里（圖）的黄册。

【録文】

（前缺）

1. 肆分玖毫，係兑到貳拾壹都貳
2. □殷科户下地。
3. 夏税：小麥每畝科正麥壹斗捌合，每斗帶耗
4. 柒合，共該肆升柒合叁勺。

......

14. 夏税：小麥每畝科正麥壹斗捌合，每斗帶耗柒合，
15. 共該貳斗貳升壹合捌勺。
16. 秋糧：黄豆每畝科正豆壹斗貳升，每斗帶耗柒合，
17. 共該貳斗肆升陸合。
18. 一本圖一則沒官陸地叁毫，係兑到本圖嚴灌户下地。
19. 夏税：小麥每畝科正麥壹斗捌合，每斗帶耗柒合，
20. 共該叁勺。

（後缺）

一一二 明隆慶陸年（1572）直隸揚州府泰州如皋縣縣市西廂第壹里（圖）賦役黃冊

【題解】

此件爲《韻學集成》第二册卷二第一一三葉背，編號爲 HV·YXJCJJ2·Y113］，其上下完整，前後均缺，共存文字十九行，與正面古

5. 秋糧：黃豆每畝科正豆壹斗貳升，每斗帶耗柒
6. 合，共該伍升貳合伍勺。
7. 一本圖一則沒官陸地叁分捌釐柒毫，係佃到拾貳都
8. 叁圖陳松户下地。
9. 夏税：小麥每畝科正麥壹斗捌合，每斗帶耗
10. 柒合，共該肆升肆合柒勺。
11. 秋糧：黃豆每畝科正豆壹斗貳升，每斗帶耗柒
12. 合，共該肆升玖合柒勺。
13. 一本圖一則沒官陸地壹釐玖毫，係佃到貳拾壹都貳
14. 圖楊鐸户下地。
15. 夏税：小麥每畝科正麥壹斗捌合，每斗帶耗柒
16. 合，共該貳合貳勺。
17. 秋糧：黃豆每畝科正豆壹斗貳升，每斗帶耗柒
18. 合，共該貳合肆勺。
19. 一本圖一則沒官陸地壹分壹釐柒毫，係兑到貳

（後缺）

籍文字成經緯狀。此件爲明代某戶的賦役黃冊。另，此件的文字字形、筆跡等與該批紙背文獻中隆慶陸年（1572）攢造的直隸揚州府泰州如皋縣縣市西廂第壹里（圖）賦役黃冊相似，故推斷，此件亦當屬於該里（圖）的黃冊。

【錄文】

（前缺）

1. 一本圖一則沒官蕩田叁分壹釐陸毫。秋糧：米每畝
2. 科正米壹斗貳升，每斗帶耗柒合，
3. 共該肆升陸勺，係兌到拾都貳
4. 圖章早戶下田。
5. 一本圖一則沒官蕩田叁分貳毫。秋糧：米每畝科正
6. 米壹斗貳升，每斗帶耗柒合，共該
7. 叁升捌合捌勺，係兌佃到南廂劉應
8. 戶下田。
9. 一本圖一則沒官蕩田貳畝貳釐陸毫。秋糧：米每畝科
10. 正米壹斗貳升，每斗帶耗柒合，共
11. 該肆斗壹升壹勺，係兌佃本圖劉
12. 待聘戶下田。
13. 一本圖一則沒官蕩田壹分貳釐陸毫。秋糧：米每畝
14. 科正米壹斗貳升，每斗帶耗柒合，
15. 共該壹升陸合貳勺，係兌佃貳拾壹
16. 都貳圖張梅戶下田。
17. 地壹拾捌畝肆分叁毫。
18. 夏稅：小麥正耗貳石壹斗貳升陸合陸勺。

19.　秋糧：黃豆正耗貳石叁斗陸升貳合玖勺。

（後缺）

一一三　明隆慶陸年（1572）直隸揚州府泰州如皋縣縣市西廂第壹里（圖）賦役黃冊

【題解】

此件爲《韻學集成》第二册卷二第一一四葉背，編號爲HV·YXJC|J2·Y114"，其上下完整，前後均缺，共存文字十九行，與正面古籍文字成經緯狀。此件爲明代某户的賦役黃冊。另，明代賦役黃冊往往會登載攢造之前十年內的田畝變化等情況，文中載有土地的『出賣』時間『隆慶伍年』（1571）、『隆慶肆年』（1570）、『隆慶貳年』（1568），而此後的隆慶陸年（1572）爲黃冊的攢造年份，據此可知，此件當係該年攢造的賦役黃冊。此件的文字字形、筆跡等與已知該批黃冊中攢造機構爲直隸揚州府泰州如皋縣縣市西廂第壹里（圖）的賦役黃冊相似，故推斷，此件亦當屬於該里（圖）的黃冊。

【錄文】

（前缺）

1.　　　夏稅：小麥□耗貳斗玖升柒合伍勺。
2.　　　秋糧：
3.　　　　米正耗肆斗壹升陸合貳勺。
4.　　　　黃豆正耗柒斗肆升叁合柒勺。
5.　田柒畝柒分柒釐玖毫。秋糧：米正耗肆斗壹升陸合貳勺。
6.　　　　　　　　　　　　　黃豆正耗柒斗肆升叁合柒勺。
7.　一本圖一則蕩田肆畝肆分陸釐叁毫。科正米伍升，每斗帶耗柒合，共該貳
8.　　　斗叁升捌合柒勺，於隆慶伍年出賣

9. 與玖都壹圖冒悌爲業。
10. 一本圖一則蕩田捌釐捌毫。
11. 秋糧：米每畝科正米
12. 伍升，每斗帶耗柒合，於隆慶肆年出賣與玖都壹圖阮鵠爲業。
13. 一本圖一則蕩田貳分捌釐陸毫。
14. 秋糧：米每畝科正米伍升，每斗帶耗柒合，共該壹升伍合叁勺，於隆慶貳年出賣與陸都壹圖蔣鎮爲業。
15.
16.
17. 一本圖一則蕩田貳畝玖分肆釐貳毫。秋糧：米每畝科正米伍升，每斗帶耗柒合，共該壹斗
18.
19.

（後缺）

一一四　明隆慶陸年（1572）直隸揚州府泰州如皋縣縣市西廂第壹里（圖）賦役黃冊

【題解】

此件爲《韻學集成》第二冊卷二第一一五葉背，編號爲HV·YXJC]2·Y115]，其上下完整，前後均缺，共存文字二一行，與正面古籍文字成經緯狀。此件爲明代某戶的賦役黃冊。另，明代賦役黃冊往往會登載攢造之前十年內的田畝變化等情況，文中載有土地的「佃與」時間「隆慶貳年」（1568）、「隆慶伍年」（1571）、「隆慶肆年」（1570），而此後的隆慶陸年（1572）爲黃冊的攢造年份，據此可知，此件當係該年攢造的賦役黃冊。此件的文字字形、筆跡等與已知此批黃冊中攢造機構爲直隸揚州府泰州如皋縣縣市西廂第壹里（圖）的賦役黃冊相似，故推斷，此件亦當屬於該里（圖）的黃冊。

哈佛藏《韻學集成》《直音篇》紙背明代文獻釋錄　卷一

【錄文】

（前缺）

1. 一本圖一則沒官□□貳分玖釐玖毫。秋糧：米每畝科正米壹斗貳升，每斗帶耗柒合，共該叁升捌合肆勺，於隆慶貳年係佃與陸都壹圖蔣鎮承種。
2. 一本圖一則沒官蕩田叁畝柒釐玖毫。秋糧：米每畝科正米壹斗貳升，每斗帶耗柒合，共該叁斗玖升伍合叁勺，於隆慶貳年係佃與陸都壹圖蔡鎮承種。
3. 地叁畝捌分叁釐玖毫。
4. 夏稅：小麥正耗肆斗升叁合陸勺。
5. 秋糧：黃豆正耗肆斗玖升貳合玖勺。
6. 一本圖一則沒官陸地貳畝壹分柒釐，於隆慶伍年係佃與玖都壹圖冒悌承種。
7. 夏稅：小麥每畝科正麥壹斗捌升，每斗帶耗柒合，共該貳斗壹升柒勺。
8. 秋糧：黃豆每畝科正豆壹斗貳升，每斗帶耗柒合，共該貳斗柒升捌合伍勺。
9. 一本圖一則沒官陸地肆畝貳毫，於隆慶肆年係佃與玖都壹圖阮鵠承種。

一一五 明嘉靖叁拾壹年（1552）直隸揚州府江都縣青草沙第肆圖賦役黃冊

【題解】

此件爲《韻學集成》第二冊卷二第一一六葉背，編號爲HV·YXJCJ2·Y116，其上下完整，前後均缺，共存文字17行，與正面古籍文字成經緯狀。此件爲明代某戶的賦役黃冊。另，此件的文字字形、筆跡等與該批紙背文獻中嘉靖叁拾壹年（1552）攢造的直隸揚州府江都縣青草沙第肆圖賦役黃冊相似，故推斷，此件亦當屬於該圖的黃冊。

【錄文】

（前缺）

1. 　　　　秋粮：米正耗壹石柒斗肆升伍合肆勺伍抄。
2. 官田袁成入官田壹拾畝捌分玖釐。
3. 　　　　夏税：小麥每畝科正麥壹斗，每斗帶耗柒
4. 　　　　　　合，共該正耗麥壹石壹斗陸
5. 　　　　　　升伍合叁勺。①
6. 　　　　　　正麥壹石捌升玖合。
7. 　　　　　　耗麥柒升陸合貳勺。
8. 　　　　秋粮：米每畝科正米壹斗肆升，每斗帶耗柒

20. 　　　　夏税：小麥每畝科正麥壹斗捌合，每斗帶耗柒
21. 　　　　　　合，共該肆合玖勺。

（後缺）

① 此小麥之數與下文正麥、耗麥數不合。

哈佛藏《韻學集成》《直音篇》紙背明代文獻釋錄　卷一

9. 合，共該正耗米壹石陸斗叁
10. 升壹合叁勺伍抄。
11. 正米壹石伍斗貳升肆合陸勺。
12. 耗米壹斗陸合柒勺伍抄。
13. 民田重租田壹畝陸釐陸毫伍絲。
14. 夏稅：小麥每畝科正麥伍升，每斗帶耗柒
15. 合，共該耗麥伍升捌合①。
16. 正麥伍升叁合叁勺。
17. 耗麥叁合柒勺。
（後缺）

① 此小麥之數與下文正麥、耗麥數不合。

本冊共九三葉，全部爲公文紙本文獻。

第三冊

一 明隆慶陸年（1572）直隸揚州府泰州如皋縣縣市西廂第壹里（圖）賦役黃冊

【題解】

此件爲《韻學集成》第三冊卷三第一葉背，編號爲HV·YXJC[J3·Y1]，其上下完整，前後均缺，共存文字二一行，與正面古籍文字成經緯狀。此件爲明代某戶的賦役黃冊。另，明代賦役黃冊往往會登載攢造之前十年内的田畝變化等情況，文中載有土地的"兑佃"時間"隆慶肆年"（1570）、"隆慶叁年"（1569），而此後的隆慶陸年（1572）爲黃冊的攢造年份，據此可知，此件當係該年攢造的賦役黃冊。此件的文字字形、筆跡等與已知該批黃冊中攢造機構爲直隸揚州府泰州如皋縣縣市西廂第壹里（圖）的賦役黃冊相似，故推斷，此件亦當屬於該里（圖）的黃冊。

【錄文】

（前缺）

1. 秋糧：黃豆每畝科正豆壹斗貳升，每斗帶耗柒合，共該貳斗肆合柒勺。
2.
3.
4. 一本圖一則沒官陸地壹畝伍分伍釐，於隆慶肆年係兑佃與本圖劉約承種。
5. 夏稅：小麥每畝科正麥壹斗捌合，每斗帶耗柒合，共該

6. 壹斗柒升叁合玖勺。
7. 秋糧：黃豆每畝科正豆壹斗貳升，每斗帶耗柒合，共該壹斗玖升叁合貳勺。
8.
9. 一本圖一則沒官陸地貳分貳釐玖毫，於隆慶叁年係兌佃與叁都壹圖叢喬承種。
10.
11. 夏稅：小麥每畝科正麥壹斗捌合，每斗帶耗柒合，共該貳升貳合玖勺。
12.
13. 秋糧：黃豆每畝科正豆壹斗貳升，每斗帶耗柒合，共該貳升玖合肆勺。
14.
15. 一本圖一則沒官陸地肆分伍釐肆毫，於隆慶肆年係兌佃與陸都壹圖任選承種。
16.
17. 夏稅：小麥每畝科正麥壹斗捌合，每斗帶耗柒合，共該□升貳合伍勺。
18.
19. 秋糧：黃豆每畝科正豆壹斗貳升，每斗帶耗柒合，共該伍升捌合叁勺。
20.
21. 一本圖一則沒官陸地

（後缺）

二 明隆慶陸年（1572）直隸揚州府泰興縣順得鄉貳拾壹都第拾伍里（圖）賦役黃冊

【題解】

此件爲《韻學集成》第三册卷三第二葉背，編號爲"HV·YX]C[J3·Y2]"，其上下完整，前後均缺，共存文字二三行，與正面古籍文字成經緯狀。此件爲明代某户的賦役黃册。另，此件的文字字形、筆跡等與該批紙背文獻中隆慶陸年（1572）攢造的直隸揚州府泰興縣順得鄉貳拾壹都第拾伍里（圖）賦役黃册相似，故推斷，此件亦當屬於該里（圖）的黃册。

【錄文】

（前缺）

1. 男子貳口：
2. 　　父安
3. 婦女貳口：
4. 　　袁氏
5. 　　王氏。已上男、婦俱於先年故，前册失於開除，今册除豁。
6. □在：
7. 人口柒口。
8. 男子成丁肆口：
9. 　　本身年伍拾捌歲。　　弟改□年伍拾柒歲。
10. 　　姪文殊年伍拾歲。　　姪貳□年叁拾陸歲。
11. 婦女大叁口：
12. 　　嬸劉氏年柒拾伍歲。　嬸賈氏年柒拾歲。
13. 　　妻李氏年伍拾歲。

三 明隆慶陸年（1572）直隸揚州府泰州如皋縣縣市西廂第壹里（圖）賦役黃冊（吳某）

14. 事產：
15. 　官民田地壹拾肆畝叁分玖釐。
16. 　夏稅：　　桑壹株。
17. 　　小麥正耗伍斗捌升陸合陸勺。
18. 　絲壹兩。
19. 　秋糧：
20. 　　米正耗柒斗叁升壹合玖勺。
21. 　　黃豆正耗叁斗叁升捌合壹勺。
22. 　官田壹畝叁分叁釐。
23. 　夏稅：
　　　　　　　　（後缺）

【題解】

此件爲《韻學集成》第三冊卷三第三葉背，編號爲 HV·YX]C[J3·Y3]，其上下完整，前後均缺，中有缺行，共存文字十八行，與正面古籍文字成經緯狀。此件爲明代某户的賦役黃冊，據文中所載男子姓名可知，此黃冊的户頭當係吳某。另，明代賦役黃冊往往會登載攢造之前十年内的田畝變化等情況，文中載有土地的『出賣』時間『隆慶伍年』（1571），而此後的隆慶陸年（1572）爲黃冊的攢造年份，據此可知，此件當係該年攢造的賦役黃冊。此件的文字字形、筆跡等與已知該批黃冊中攢造機構爲直隸揚州府泰州如皋縣縣市西廂第壹里（圖）的賦役黃冊相似，故推斷，此件亦當屬於該里（圖）的黃冊。

【錄文】

（前缺）

1. 肆升柒合陸勺。
2. 一本圖一則陸地伍畝壹分玖釐捌毫，於隆慶伍年出
3. 賣與拾伍都貳圖朱懷爲業。
4. 夏稅：小麥每畝科正麥貳升，每斗帶耗柒合，共
5. 該壹斗壹升壹合貳勺。
6. 秋糧：黃豆每畝科正豆伍升，每斗帶耗柒合，共
7. 該貳斗柒升捌合壹勺。
8. 民桑本圖桑壹株。夏稅：絲每株科絲壹兩，共該壹兩，出賣與貳
9. 拾都叄圖陳竹爲業。
10. 民桑本圖桑壹株。夏稅：絲每株科絲壹兩，共該壹兩，出賣與本圖
11. 捌甲劉秩爲業。
12. 民桑本圖桑貳株。夏稅：絲每株科絲壹兩，共該貳兩，出賣與拾伍
13. 都貳圖張懷爲業。

（中缺1行）

14. □□：正收男、婦貳拾貳口。
15. 男子壹拾捌口：
16. 姪吳消，原係本戶漏報。
17. 姪吳達，原係本戶漏報。
18. 姪吳邦禎，原係本戶漏報。

（後缺）

四 明隆慶陸年（1572）直隸揚州府泰州如皋縣縣市西廂第壹里（圖）賦役黃冊

【題解】

此件爲《韻學集成》第三册卷三第四葉背，編號爲HV·YXJCIJ3·Y4'，其上下完整，前後均缺，共存文字十九行，與正面古籍文字成經緯狀。此件爲明代某户的賦役黃冊。另，此件的文字字形、筆跡等與該批紙背文獻中隆慶陸年（1572）攢造的直隸揚州府泰州如皋縣縣市西廂第壹里（圖）賦役黃冊相似，故推斷，此件亦當屬於該里（圖）的黃冊。

【録文】

（前缺）

1. 田。
2. 一本圖一則沒官蕩田貳分叁釐壹毫。秋糧：米每畝科正
3. 米壹斗貳升，每斗帶耗柒合，共該貳升
4. 玖合柒勺，係兑到柒都肆圖蔣壹山户下
5. 田。
6. 一本圖一則沒官蕩田玖釐叁毫。秋糧：米每畝科正米
7. 壹斗貳升，每斗帶耗柒合，共該壹升
8. 柒勺，係兑到拾肆都貳圖楊虎户下
9. 田。
10. 一本圖一則沒官蕩田伍畝肆分叁釐壹毫。秋糧：米每
11. 畝科正米壹斗貳升，每斗帶耗柒合，共
12. 該陸斗玖升柒合叁勺，係兑到本圖
13. 陳篆户下田。

14. 一本圖一則沒官蕩田壹畝貳分柒釐玖毫。秋糧：米
15. 每畝正米壹斗貳升，每斗帶耗柒
16. 合，共該□斗陸升伍合，係兌到玖都
17. 壹圖冒光明户下田。
18. 一本圖一則沒官蕩田柒畝捌分陸釐柒毫。秋糧：米每
19. 畝正米壹斗貳升，每斗帶耗柒合，

（後缺）

五　明隆慶陸年（1572）直隸揚州府泰州如皋縣縣市西廂第壹里（圖）賦役黃册

【題解】

此件爲《韻學集成》第三册卷三第五葉背，編號爲 HV·YXJCJ3·Y5，其上下完整，前後均缺，共存文字十九行，與正面古籍文字成經緯狀。此件爲明代某户的賦役黄册。另，此件的文字字形、筆跡等與該批紙背文獻中隆慶陸年（1572）攢造的直隸揚州府泰州如皋縣縣市西廂第壹里（圖）賦役黄册相似，故推斷，此件亦當屬於該里（圖）的黄册。

【録文】

（前缺）

1. 弟婦謝氏年叁拾柒歲。　姪婦蔣氏年叁拾柒歲。
2. 姪婦賈氏年叁拾柒歲。　姪婦趙氏年叁拾歲。
3. 婦①李氏年叁拾壹歲。　姪婦許氏年叁拾捌歲。
4. 孫婦萬氏年貳拾玖歲。　姪婦柳氏年貳拾玖歲。

① 「婦」，據本件體例其前漏一字。

六 明隆慶陸年（1572）直隸揚州府泰州如皋縣縣市西廂第壹里（圖）賦役黃冊（張繼祖）

【題解】

此件爲《韻學集成》第三冊卷三第六葉背，編號爲HV·YXJCJ3·Y6，其上殘下完，前後均缺，共存文字二一行，與正面古籍文字

5. 孫婦蔣氏年貳拾玖歲。
6. 孫婦嚴氏年貳拾伍歲。
7. 孫婦王氏年貳拾伍歲。
8. 姪婦陳氏年拾貳歲。
9. 事產：
10. 官民田地捌頃叁拾貳畝陸分捌釐陸毫。
11. 夏稅：
12. 小麥正耗壹拾捌石貳斗肆升捌合肆勺。
13. 絲壹兩。
14. 秋糧：
15. 米正耗叁拾陸石壹斗伍升陸合玖勺。
16. 黃豆正耗叁拾石伍斗貳升叁合伍勺。
17. 官田地貳頃玖拾伍畝肆分玖釐壹毫。
18. 夏稅：小麥正耗壹拾石捌斗柒升貳勺。
19. 秋糧：

（後缺）

姪婦洪氏年貳拾伍歲。
孫婦許氏年貳拾伍歲。
孫婦陳氏年貳拾肆歲。

桑壹株。

成經緯狀。此件為明代某戶的賦役黃冊，據第三行所載「本身」姓名可知，此黃冊的戶頭當係張繼祖。另，此件的文字字形、筆跡等與該批紙背文獻中隆慶陸年（1572）攢造的直隸揚州府泰州如皋縣縣市西廂第壹里（圖）賦役黃冊相似，故推斷，此件亦當屬於該里（圖）的黃冊。

【錄文】

（前缺）

□□伍拾肆口：

成丁肆拾肆丁：

1. 本身張繼祖年陸拾歲。
2. 弟張受祿年伍拾陸歲。
3. 姪張柯年肆拾捌歲。
4. 姪張穩受年拾玖歲。
5. 姪張植年肆拾柒歲。
6. 姪張材年肆拾伍歲。
7. 姪張□仕年肆拾伍歲。
8. 姪張珮年肆拾玖歲。
9. 姪張崇受年叁拾柒歲。
10. 姪張財積年叁拾柒歲。
11. 姪張馬兒年叁拾玖歲。
12. 弟張瑕年叁拾柒歲。
13. 姪張佛保年叁拾柒歲。
14. 弟張高兒年叁拾陸歲。
15. 弟張長保年叁拾陸歲。
16. 姪張才得年貳拾玖歲。
17. 姪張肆漢年貳拾玖歲。
18. 姪張珎兒年貳拾捌歲。
19. 姪張免兒年貳拾捌歲。
20. 姪張莊兒年叁拾歲。
21. 弟張棶年伍拾壹歲。
22. 孫張汝覇年貳拾玖歲。
23. 弟張木年叁拾歲。
24. 孫張可年貳拾捌歲。
25. 孫張鈿年貳拾柒歲。
26. 孫張佑年貳拾柒歲。
27. 孫張格年貳拾柒歲。
28. 姪張成兒年拾捌歲。
29. 孫張銘年貳拾捌歲。

18. 姪張續年壹拾捌歲。
19. 姪張長受年拾柒歲。
20. 孫張汝禠年拾貳。
21. 孫張倉□

（後缺）

姪張孝兒年拾柒歲。
姪張祖受年拾陸歲。
孫張汝□年拾貳歲。

七 明隆慶陸年（1572）直隸揚州府泰興縣順得鄉貳拾壹都第拾伍里（圖）賦役黃冊

【題解】

此件為《韻學集成》第三冊卷三第七葉背，編號為 HV·YXJC[J3·Y7]，其上下完整，前後均缺，共存文字二二行，與正面古籍文字成經緯狀。此件為明代某戶的賦役黃冊。另，此件的文字字形、筆跡等與該批紙背文獻中隆慶陸年（1572）攢造的直隸揚州府泰興縣順得鄉貳拾壹都第拾伍里（圖）賦役黃冊相似，故推斷，此件亦當屬於該里（圖）的黃冊。

【錄文】

（前缺）

1. □□貳合捌勺。
2. 民田地叁拾玖畝肆分柒釐。

夏稅：

3. 桑壹株。
4. 小麥正耗壹石壹斗柒升柒勺。
5. 絲壹兩。

秋糧：

6.
7. 米正耗壹石陸斗捌升壹合玖勺。

八 明隆慶陸年（1572）直隸揚州府泰州如皋縣縣市西廂第壹里（圖）賦役黃冊

【題解】

此件爲《韻學集成》第三冊卷三第八葉背，編號爲"HV·YXJC[]3·Y8"，其上下完整，前後均缺，共存文字十九行，與正面古籍文字

8. 黃豆正耗肆斗貳升玖合柒勺。
9. 田叁拾壹畝肆分肆釐。
10. 夏稅：小麥正耗玖斗壹升叁合。
11. 秋粮：米正耗壹石陸斗捌升壹合玖勺。
12. 一本都一則高田貳拾捌畝肆分肆釐。
13. 夏稅：小麥每畝科正麥叁升，每斗帶耗柒合，共該玖斗壹升叁合。
14. 正麥捌斗伍升叁合貳勺。
15. 耗麥伍升玖合捌勺。
16. 秋粮：米每畝科正米伍升，每斗帶耗柒合，共該壹石伍斗叁升貳合捌勺。
17. 正米壹石肆斗叁升貳合捌勺。
18. 耗米玖升玖合肆勺。
19. 一本都一則水田叁畝。
20. 秋粮：米每畝科正米伍升，每斗帶耗柒合，共該壹斗伍
21.
22.

（後缺）

成經緯狀。此件爲明代某戶的賦役黃冊。另，明代賦役黃冊往往會登載攢造之前十年內的田畝變化等情況，文中載有土地的「兌佃」等時間『嘉靖肆拾叁年』（1564）、『嘉靖肆拾貳年』（1561）、『隆慶元年』（1567），而此後的隆慶陸年（1572）爲黃冊的攢造年份，據此可知，此件當係該年攢造的賦役黃冊。此件的文字字形、筆跡等與已知該批黃冊中攢造機構爲直隸揚州府泰州如皋縣縣市西廂第壹里（圖）的賦役黃冊相似，故推斷，此件亦當屬於該里（圖）的黃冊。

【錄文】

（前缺）

1. 夏稅：小麥每畝科正麥壹斗捌合，每斗帶耗柒
2. 合，共該叁斗玖升捌合肆勺。
3. 秋粮：黃豆每畝科正豆壹斗貳升，每斗帶耗柒合
4. 共該肆斗肆升貳合柒勺。
5. 一本圖一則沒官陸地壹畝貳分捌釐貳毫，嘉靖肆拾
6. 叁年伍月兌與壹都肆圖范壹陽承
7. 種。
8. 夏稅：小麥每畝科正麥壹斗捌升，每斗帶耗柒
9. 合，共該壹斗肆升捌合壹勺。
10. 秋粮：黃豆每畝科正豆壹斗貳升，每斗帶耗柒
11. 合，共該壹斗陸升肆合陸勺。
12. 一本圖一則沒官陸地貳畝肆分陸釐，嘉靖肆拾貳年捌
13. 月兌佃柒都肆圖何輔承種。
14. 夏稅：小麥每畝科正麥壹斗捌合，每斗帶耗柒
15. 合，共該貳斗捌升肆合伍勺。
16. 秋粮：黃豆每畝科正豆壹斗貳升，每斗帶耗柒合，

九 明隆慶陸年（1572）直隸揚州府泰興縣順得鄉貳拾壹都第拾伍里賦役黃冊（民籍某香兒等）

【題解】

此件爲《韻學集成》第三冊卷三第九葉背，編號爲 HV·YXJCJ3·Y9，其上殘下完，前後均缺，共存文字二二行，與正面古籍文字成經緯狀。此件爲明代兩戶的賦役黃冊，其中第一至五行係一戶，第六至二二行係直隸揚州府泰興縣順得鄉貳拾壹都第拾伍里民籍某香兒之黃冊。另，明代賦役黃冊在攢造之時需對下一輪十年內各戶充任里長、甲首情況等做出預先安排，第六、七行所載香兒充甲首的時間爲「萬曆貳年」（1574），而此前的隆慶陸年（1572）爲黃冊的攢造年份，據此可知，此件當係該年攢造的賦役黃冊。今據第二戶黃冊擬現題。

【錄文】

（前缺）

1.
2. 升捌合勺。
3. 正豆叁斗貳升陸合。
4. 耗豆貳升貳合捌勺。
5. 房屋：民草房貳間。

秋糧：黃豆每畝科正豆伍升，每斗帶耗柒合，共該叁斗肆

17.
18. 一本圖一則沒官陸地叁釐陸毫，隆慶元年貳月兌佃與
19. 貳拾都伍圖顧銀承種。

（後缺）

共該叁斗壹升伍合玖勺。

哈佛藏《韻學集成》《直音篇》紙背明代文獻釋錄　卷一

6. ▢故，今冊香兒係直隸揚州府泰興縣順得鄉貳拾壹都第拾伍里民籍，充萬曆貳
7. 　年甲首。
8. ▢管：
9. 人丁：計家男、婦肆口。
10. 　　男子叁口。
11. 　　婦女壹口。
12. 事產：
13. 　官民田地貳拾玖畝捌分壹釐。
14. 　　夏稅：小麥正耗壹石伍斗玖升陸合[壹]勺。
15. 　　秋粮：
16. 　　　米正耗壹石貳斗捌升陸合玖勺。
17. 　　　黃豆正耗壹石玖升陸合捌勺。
18. 　官田叁畝捌分捌釐。
19. 　　夏稅：小麥正耗柒斗陸升叁合玖勺。
20. 　　秋粮：米正耗玖斗玖升陸合肆勺。
21. 　民田地貳拾伍畝玖分叁釐。
22. 　　夏稅：小麥正耗捌斗叁升貳合肆勺。

（後缺）

一八八

一〇 明隆慶陸年（1572）直隸揚州府泰興縣順得鄉貳拾壹都第拾伍里（圖）賦役黃冊

【題解】

此件爲《韻學集成》第三冊卷三第十葉背，編號爲HV·YXJCIJ3·Y10］，其上下完整，前後均缺，共存文字二一行，與正面古籍文字成經緯狀。此件爲明代某戶的賦役黃冊。另，此件的文字字形、筆跡等與該批紙背文獻中隆慶陸年（1572）攢造的直隸揚州府泰興縣順得鄉貳拾壹都第拾伍里（圖）賦役黃冊相似，故推斷，此件亦當屬於該里（圖）的黃冊。

【錄文】

（前缺）

1. 正米肆升。
2. 耗米貳合捌勺。
3. 民田地貳拾貳畝貳分捌釐。
4. 夏稅：小麥正耗柒斗壹升壹合貳勺。
5. 秋粮：
6. 米正耗捌斗肆升叁合貳勺。
7. 黃豆正耗叁斗肆升捌合貳勺。
8. 田本都一則高田壹拾伍畝柒分陸釐。
9. 夏稅：小麥每畝科正麥叁升，每斗帶耗柒合，共該伍斗伍
10. 合玖勺。
11. 正麥肆斗柒升貳合捌勺。
12. 耗麥叁升叁合壹勺。
13. 秋粮：米每畝科正米伍升，每斗帶耗柒合，共該捌斗肆升貳

一一 明隆慶陸年（1572）直隸揚州府泰興縣順得鄉貳拾壹都第拾伍里（圖）賦役黃冊

【題解】

此件爲《韻學集成》第三冊卷三第一一葉背，編號爲HV·YXJCJ3·Y11，其上下完整，前後均缺，共存文字二一行，與正面古籍文字成經緯狀。此件爲明代某户的賦役黃冊。另，此件的文字字形、筆跡等與該批紙背文獻中隆慶陸年（1572）攢造的直隸揚州府泰興縣順得鄉貳拾壹都第拾伍里（圖）賦役黃冊相似，故推斷，此件亦當屬於該里（圖）的黃冊。

【錄文】

（前缺）

1. 一則富淮莊續科地壹畝。
2. 夏稅：小麥每畝科正麥叁升，每斗帶耗柒合，共該叁升貳合壹勺。
3. 秋糧：黃豆每畝科正豆壹斗
14. 勺。
15. 正米柒斗捌升捌合。
16. 耗米伍升伍合貳勺。
17. 地本都一則地陸畝伍分貳釐。
18. 夏稅：小麥每畝科正麥叁升，每斗帶耗柒合，共該貳斗玖
19. 合叁勺。
20. 正麥壹斗玖升伍合陸勺。
21. 耗麥壹升叁合柒勺。

（後缺）

4. 秋糧：黃豆每畝科正豆伍升,每斗帶耗柒合,共該伍升叁合伍勺。
5.
6. 民田地肆拾畝貳分玖釐。
7. 夏稅： 桑壹株。
8. 小麥正耗壹石壹斗柒升肆合貳勺。
9. 秋糧： 絲壹兩。
10. 米正耗壹石捌斗伍升。
11. 黃豆正耗叁斗伍合伍勺。
12. 田叁拾肆畝伍分捌釐。
13. 夏稅：小麥正耗玖斗玖升玖勺。
14. 秋糧：米正耗壹石捌斗伍升
15. 一則高田叁拾畝捌分柒釐。
16. 夏稅：小麥每畝科正麥叁升,每斗帶耗柒合,共該貳斗壹升陸合玖勺。
17. 秋糧：米每畝科正米伍升,每斗帶耗柒合,共該壹石陸斗伍升壹合伍勺。
18. 一則水田叁畝柒分壹釐。秋糧：米每畝科正米伍升,每斗帶耗柒合,共該壹斗玖升伍合伍勺。
19.
20. 地一則地伍畝柒分壹釐。

（後缺）

一二 明隆慶陸年（1572）直隸揚州府泰興縣順得鄉貳拾壹都第拾伍里賦役黃冊（民籍某勝等）

【題解】

此件爲《韻學集成》第三冊卷三第十二葉背，編號爲HV·YXJC[]3·Y12]，其上殘下完，前後均缺，共存文字二二行，與正面古籍文字成經緯狀。此件係明代兩戶的賦役黃冊，其中第一至七行爲一戶，第八至二二行係直隸揚州府泰興縣順得鄉貳拾壹都第拾伍里民籍某勝之黃冊。另，明代賦役黃冊在攢造之時需對下一輪十年內各戶充任里長、甲首情況等做出預先安排，第八行所載某勝充甲首的時間爲"萬曆柒年"（1579），而此前的隆慶陸年（1572）爲黃冊的攢造年份，據此可知，此件當係該年攢造的賦役黃冊。今據第二戶黃冊擬現題。

【錄文】

（前缺）

1. 　　　　勺。
2. 　　　正麥壹升貳合。
3. 　　　耗麥捌勺。
4. 　秋糧：米每畝科正米伍升，每斗帶耗柒合，共該貳升壹合肆勺。
5. 　　　正米貳升。
6. 　　　耗米壹合肆勺。
7. 　房屋：民草房叁間。
8. 　故，今姪勝係直隸揚州府泰興縣順得鄉拾壹都第拾伍里民籍，充萬曆柒年甲首。
9. □管⋮
10. 　人丁：計家男、婦肆口。
11. 　　　男子貳口。

一三 明隆慶陸年（1572）直隸揚州府泰興縣順得鄉貳拾壹都第拾伍里（圖）賦役黃冊

【題解】

此件爲《韻學集成》第三冊卷三第十三葉背，編號爲 HV·YXJCJ3·Y13，其上下完整，前後均缺，共存文字二二行，與正面古籍文字成經緯狀。此件爲明代某戶的賦役黃冊。另，此件的文字字形、筆跡等與該批紙背文獻中隆慶陸年（1572）攢造的直隸揚州府泰興縣順得鄉貳拾壹都第拾伍里（圖）賦役黃冊相似，故推斷，此件亦當屬於該里（圖）的黃冊。

【錄文】

(前缺)

12. 婦女貳口。

13. 事產：

14. 民田地貳拾肆畝叁分捌釐。

15. 夏稅：小麥正耗伍斗捌合貳勺。

16. 秋糧：

17. 米正耗壹石壹斗叁升壹合伍勺。

18. 黃豆正耗壹斗柒升貳合壹勺。

19. 田貳拾壹畝壹分伍釐。

20. 夏稅：小麥正耗肆斗肆合伍勺。

21. 秋糧：米正耗壹石壹斗叁升壹合伍勺。

22. 地叁畝貳分叁釐。

(後缺)

哈佛藏《韻學集成》《直音篇》紙背明代文獻釋錄 卷一

1. 人口：陸口。
2. 　　男子成丁肆口：
3. 　　　　本身年叁拾玖歲。
4. 　　　　柒兒年貳拾陸歲。　　姪叁兒年貳拾貳歲。
5. 　　婦女大貳口：
6. 　　　　妻潘氏年叁拾玖歲。　　弟婦江氏年叁拾陸歲。
7. 事產：
8. 　　官民田地肆拾叁畝伍分柒釐。　　桑壹株。
9. 　　夏稅：
10. 　　　　小麥正耗壹石捌斗玖升伍合陸勺。
11. 　　秋糧：
12. 　　　　絲壹兩。
13. 　　　　米正耗叁石叁升伍合柒勺。
14. 　　　　黃豆正耗肆斗貳升玖合陸勺。
15. 　　官田肆畝壹分。
16. 　　夏稅：小麥正耗柒斗貳升肆合玖勺。
17. 　　秋糧：米正耗壹石叁斗伍升叁合捌勺。
18. 一本都一則俞平章原獻曹沙米高田叁畝陸分。
19. 　　夏稅：小麥每畝科正麥壹斗捌升叁合①，每斗帶耗柒合，共該
20. 　　　　柒斗捌合捌勺。
21. 　　　　正麥陸斗陸升貳合肆勺。

① 此小麥之數與下文正麥、耗麥數不合。

一四 明隆慶陸年（1572）直隸揚州府泰興縣順得鄉貳拾壹都第拾伍里（圖）賦役黃冊

【題解】

此件爲《韻學集成》第三册卷三第十四葉背，編號爲HV·YXJCJJ3·Y14，其上下完整，前後均缺，共存文字二二行，與正面古籍文字成經緯狀。此件爲明代某户的賦役黄册。另，此件的文字字形、筆跡等與該批紙背文獻中隆慶陸年（1572）攢造的直隸揚州府泰興縣順得鄉貳拾壹都第拾伍里（圖）賦役黄册相似，故推斷，此件亦當屬於該里（圖）的黄册。

【録文】

（前缺）

1. 米正耗叁石叁升伍合柒勺。
2. 黄豆正耗肆斗貳升玖合陸勺。
3. 官田肆畝壹分。
4. 夏税：小麥正耗柒斗貳升肆合玖勺。
5. 秋粮：米正耗壹石叁斗伍升叁合捌勺。
6. 民田地叁拾玖畝肆分柒釐。
7. 夏税： 桑壹株。
8. 小麥正耗壹石壹斗柒升壹合。
9. 絲壹兩。
10. 秋粮：

22. 耗麥肆升陸合伍勺。

（後缺）

11. 米正耗壹石陸斗捌升壹合玖勺。
12. 黃豆正耗肆斗貳升玖合陸勺。
13. 田叁拾壹畝肆分肆釐。
    夏稅：小麥正耗玖斗壹升叁合。
    秋粮：米正耗壹石陸斗捌升壹合玖勺。
14.
15.
16. 地捌畝叁釐。
    夏稅：小麥正耗貳斗伍升柒合捌勺。
    秋粮：黃豆正耗肆斗貳升玖合陸勺。
17.
18.
19. 桑壹株。夏稅：絲壹兩。
20. 民草房貳間。
21. 民水牛壹隻。
22. 實在：

（後缺）

一五　明隆慶陸年（1572）直隸揚州府泰州如皋縣縣市西廂第壹里（圖）賦役黃冊之一

【題解】

此件爲《韻學集成》第三冊卷三第十五葉背，編號爲HV・YXJC[]3・Y15］，其上下完整，前後均缺，共存文字十九行，與正面古籍文字成經緯狀。此件爲明代某戶的賦役黃冊。另，明代賦役黃冊往往會登載攢造之前十年內的田畝變化等情況，文中載有土地的『兌佃』時間『隆慶肆年』（1570）、『隆慶叁年』（1569），而此後的隆慶陸年（1572）爲黃冊的攢造年份，據此可知，此件當係該年攢造的賦役黃冊。此件的文字字形、筆跡等與已知該批黃冊中攢造機構爲直隸揚州府泰州如皋縣縣市西廂第壹里（圖）的賦役黃冊相似，故推斷，

四六 明隆慶陸年（1572）直隸揚州府泰州如皋縣縣市西廂第壹里（圖）賦役黃冊

【題解】

此件爲《韻學集成》第三冊卷三第四六葉背，編號爲［HV·YXJCJJ3·Y46］，其上下完整，前後均缺，共存文字十九行，與正面古籍文字成經緯狀。此件爲明代某戶的賦役黃冊。另，此件的文字字形、筆跡等與該批紙背文獻中隆慶陸年（1572）攢造的直隸揚州府泰州如皋縣縣市西廂第壹里（圖）賦役黃冊相似，故推斷，此件亦當屬於該里（圖）的黃冊。

【錄文】

（前缺）

1. 田本圖一則沒官蕩田壹分壹釐。秋糧：米每畝科正米壹斗貳升，每斗帶耗柒合，共該壹升肆合壹勺，係兌到柒都壹圖楊賢戶下田。
2. 地本圖一則沒官陸地伍釐壹毫，係兌到柒都壹圖楊賢戶下地。
3. 夏稅：小麥每畝科正麥壹斗捌合，每斗帶耗柒合，共該伍合捌勺。
4. 秋糧：黃豆每畝科正豆伍升，每斗帶耗柒合，共

（後缺）

19. 田貳分肆釐。秋糧：米正耗壹升貳合捌勺。
20. 地肆分貳釐捌毫。
21. 夏稅：小麥正耗玖合肆勺。

一六 明隆慶陸年（1572）直隸揚州府泰州如皋縣縣市西廂第壹里（圖）賦役黃冊之二

【題解】

此件爲《韻學集成》第三冊卷三第十六葉背，編號爲 HV·YXJCJJ3·Y16]，其上下完整，前後均缺，共存文字十九行，與正面古籍文字成經緯狀。此件爲明代某戶的賦役黃冊。另，明代賦役黃冊往往會登載攢造之前十年內的田畝變化等情況，文中載有土地的「兌佃」時間「隆慶叄年」（1569）、「隆慶貳年」（1568）、「嘉靖肆拾伍年」（1566），而此後的隆慶陸年（1572）爲黃冊的攢造年份，據此可知，此件當係該年攢造的賦役黃冊。此件的文字字形、筆跡等與已知該批黃冊中攢造機構爲直隸揚州府泰州如皋縣縣市西廂第壹里（圖）的黃冊相似，故推斷，此件亦當屬於該里（圖）的黃冊。按此件與 HV·YXJCJJ3·Y15]格式相同、內容相關，且據 HV·YXJCJJ3·Y15]第 14 行所科秋糧黃豆數量知，其第十九行「貳」後所缺文字當係「勺」，而此件起首字正爲「勺」字，故推斷此兩件可以綴合，綴合後此件在後。

【錄文】

（前缺）

1. 勺。
2. 一本圖一則沒官陸地肆分伍釐肆毫，於隆慶叄年係兌佃與拾貳都叄圖蔡絢承種。
3. 夏稅：小麥每畝科正麥壹斗捌合，每斗帶耗柒合，共該伍升貳合伍勺。

18. 秋糧：黃豆每畝科正豆壹斗貳升，每斗帶耗柒合，共該貳
19. 該壹勺。

（後缺）

一七 明隆慶陸年（1572）直隸揚州府泰州如皋縣縣市西廂第壹里（圖）賦役黃冊

【題解】

此件爲《韻學集成》第三冊卷三第十七葉背，編號爲"HV·YXJCJ3·Y17"，其上下完整，前後均缺，共存文字十九行，與正面古籍文字成經緯狀。此件爲明代某戶的賦役黃冊。另，此件的文字字形、筆跡等與該批紙背文獻中隆慶陸年（1572）攢造的直隸揚州府泰州

6. 秋糧：黃豆每畝科正豆壹斗貳升，每斗帶耗柒合，共該伍
7. 升捌合叁勺。
8. 一本圖一則沒官陸地捌釐捌毫，於隆慶貳年係兌佃與本
9. 圖郝梓承種。
10. 夏稅：小麥每畝科正麥壹斗捌合，每斗帶耗柒合，共該
11. 壹升貳勺。
12. 秋糧：黃豆每畝科正豆壹斗貳升，每斗帶耗柒合，共該
13. 壹升壹合叁勺。
14. 一本圖一則沒官陸地陸分伍釐玖毫，於嘉靖肆拾伍年係兌佃
15. 本圖宗俸承種。
16. 夏稅：小麥每畝科正麥壹斗捌合，每斗帶耗柒合，共
17. 該柒升陸合壹勺。
18. 秋糧：黃豆每畝科正豆壹斗貳升，每斗帶耗柒合，共該
19. 捌升肆合陸勺。

（後缺）

【錄文】

（前缺）

1. 共該柒升陸合。
2. 一本圖一則沒官陸地壹分陸釐，係佃到貳拾壹都貳圖
3. 張梅戶下地。
4. 夏稅：小麥每畝科正麥壹斗捌合，每斗帶耗柒合，
5. 共該壹升捌合。
6. 秋糧：黃豆每畝科正豆壹斗貳升，每斗帶耗柒合，
7. 共該貳升伍勺。
8. 一本圖一則沒官陸地玖分伍釐，兌到拾玖都壹圖李積
9. 戶下地。
10. 夏稅：小麥每畝科正麥壹斗捌合，每斗帶耗柒合，共該壹斗玖合捌勺。
11. 秋糧：黃豆每畝科正豆壹斗貳升，每斗帶耗柒合，共該壹斗貳合。
12.
13. 一本圖一則沒官陸地壹分柒釐壹毫，係兌到拾柒都叁圖花樓戶下地。
14. 夏稅：小麥每畝科正麥壹斗捌合，每斗帶耗柒合，共該壹升玖合玖勺。
15. 秋糧：黃豆每畝科正豆壹斗貳升，每斗帶耗柒合，共該貳升貳合壹勺。

如皋縣縣市西廂第壹里（圖）賦役黃冊相似，故推斷，此件亦當屬於該里（圖）的黃冊。

一八 明隆慶陸年（1572）直隸揚州府泰州如皋縣縣市西廂第壹里（圖）賦役黃冊

【題解】

此件爲《韻學集成》第三冊卷三第十八葉背，編號爲HV·YXJC[]3·Y18]，其上下完整，前後均缺，共存文字十九行，與正面古籍文字成經緯狀。此件爲明代某户的賦役黃冊。另，明代賦役黃冊往往會登載攢造之前十年内的田畝變化等情況，文中載有土地的『兑佃』時間『隆慶肆年』（1570）、『隆慶叁年』（1569）、『隆慶貳年』（1568），而此後的隆慶陸年（1572）爲黃冊的攢造年份，據此可知，此件當係該年攢造的賦役黃冊。此件的文字字形、筆跡等與已知批黃冊中攢造機構爲直隸揚州府泰州如皋縣縣市西廂第壹里（圖）的賦役黃冊相似，故推斷，此件亦當屬於該里（圖）的黃冊。

【錄文】

（前缺）

1. 夏税：小麥每畝科正麥壹斗捌合，每斗帶耗柒合，共該壹斗陸升合。
2. 壹斗捌升肆合伍勺。
3. 秋糧：黃豆每畝科正豆壹斗貳升，每斗帶耗柒合，共該
4. 夏税：小麥每畝科正麥壹斗捌合，每斗帶耗柒合，共該伍
5. 一本圖一則沒官陸地肆釐肆毫，於隆慶肆年係兑佃與貳拾都叁圖沈勁承種。
6. □。
7. 夏税：小麥每畝科正麥壹斗捌合，每斗帶耗柒合，共該
8.
9. 秋糧：黃豆每畝科正豆壹斗貳升，每斗帶耗柒合，共該

（後缺）

一九　明隆慶陸年（1572）直隸揚州府泰興縣順得鄉貳拾壹都第拾伍里（圖）賦役黃冊

【題解】

此件爲《韻學集成》第三册卷三第十九葉背，編號爲HV·YX]C]J3·Y19]，其上下完整，前後均缺，共存文字二二行，與正面古籍文字成經緯狀。此件爲明代某户的賦役黄册。另，此件的文字字形、筆跡等與該批紙背文獻中隆慶陸年（1572）攢造的直隸揚州府泰興縣順得鄉貳拾壹都第拾伍里（圖）賦役黄册相似，故推斷，此件亦當屬於該里。

【録文】

（前缺）

1.　　　秋粮：

10.　　　　　　　　　　　　　伍合陸勺。

11. 一本圖一則沒官陸地壹畝陸分貳釐捌毫，於隆慶叁年係

12.　　兑佃與貳拾都伍圖謝沐承種。

13. 夏税：小麥每畝科正麥壹斗捌合，每斗帶耗柒合，共

14.　　該壹斗捌升捌合壹勺。

15. 秋糧：黃豆每畝科正豆壹斗貳升，每斗帶耗柒合，共該

16.　　貳斗玖合。

17. 一本圖一則沒官陸地壹畝伍分玖釐肆毫，於隆慶貳年係

18.　　兑佃與拾柒都叁圖孫照承種。

19. 夏税：小麥每畝科正麥壹斗捌合，每斗帶耗柒合，共該

（後缺）

2. 米正耗柒斗叁升壹合玖勺。
3. 黃豆正耗叁斗叁升捌合壹勺。
4. 官田壹畝叁分叁釐。
5. 夏稅：小麥正耗壹斗陸升柒合叁勺。
6. 秋糧：米正耗叁斗柒升壹合叁勺。
7. 民田地壹拾叁畝陸釐。
8. 夏稅： 桑壹株。
9. 小麥正耗肆斗壹升玖合叁勺。
10. 秋糧：
11. 絲壹兩。
12. 米正耗叁斗陸升陸勺。
13. 黃豆正耗叁斗叁升捌合壹勺。
14. 田陸畝柒分肆釐。
15. 夏稅：小麥正耗貳斗壹升陸合肆勺。
16. 秋糧：米正耗叁斗陸升陸勺。
17. 地陸畝叁分貳釐。
18. 夏稅：小麥正耗貳斗貳升貳合玖勺。
19. 秋糧：黃豆正耗叁斗叁升捌合壹勺。
20. 桑壹株。夏稅：絲壹兩。
21. 房屋：民草房叁間。
22. 開除：人口：正除男、婦肆叁口。

（後缺）

二〇 明隆慶陸年（1572）直隸揚州府泰州如皋縣縣市西廂第壹里（圖）賦役黃冊

【題解】

此件爲《韻學集成》第三冊卷三第二十葉背，編號爲HV·YXJC[]3·Y20，其上下完整，前後均缺，中有缺行，共存文字二十行，與正面古籍文字成經緯狀。此件爲明代某戶的賦役黃冊。另，明代賦役黃冊往往會登載攢造之前十年內的人口變化等情況，文中第十七至十九行登載了姪、孫等的病故時間「隆慶貳年」（1568）、「嘉靖肆拾伍年」（1566）、「隆慶伍年」（1571），而此後的隆慶陸年（1572）爲黃冊的攢造年份，據此可知，此件當係該年攢造的賦役黃冊。此件的文字字形、筆跡等與已知該批黃冊中攢造機構爲直隸揚州府泰州如皋縣縣市西廂第壹里（圖）的賦役黃冊相似，故推斷，此件亦當屬於該里（圖）的黃冊。

【錄文】

（前缺）

1. □□畝貳分壹釐柒毫。
2. 夏稅：小麥正耗陸斗叁合貳勺。
3. 秋糧：黃豆正耗陸斗柒升貳勺。
4. 民田地貳拾陸畝捌分伍毫。
5. 夏稅：小麥正耗叁斗肆升伍合壹勺。
6. 秋糧：
7. 米正耗伍斗柒升壹合貳勺。
8. 黃豆正耗捌斗陸升貳勺。
9. 田壹拾畝陸分柒釐陸毫。秋糧：米正耗伍斗柒升壹合貳勺。
10. 地壹拾玖畝壹分貳釐玖毫。
11. 夏稅：小麥正耗柒斗肆升伍合壹勺。

12. 秋糧：黃豆正耗捌斗陸升貳合陸勺。
13. 民桑叄株。夏稅：絲叄兩。
14. 房屋：民草房肆間。

（中缺1行）

15. □□：正除男、婦柒口。
16. 男子叄口：
17. 姪□□，於隆慶貳年病故。
18. 孫□宥，於嘉靖肆拾伍年病故。
19. 孫□□，於隆慶伍年病故。
20. 婦女肆口：

（後缺）

二一 明隆慶陸年（1572）直隸揚州府泰州如皋縣縣市西廂第壹里（圖）賦役黃冊之一（蔣某）

【題解】

此件爲《韻學集成》第三冊卷三第二一葉背，編號爲HV·YXJC[]3·Y21」，其上下完整，前後均缺，中有缺行，共存文字二十行，與正面古籍文字成經緯狀。此件爲明代某戶的賦役黃冊。據文中所載男子姓名知，此黃冊的戶頭當係蔣某。另，此件的文字字形、筆跡等與該批紙背文獻中隆慶陸年（1572）攢造的直隸揚州府泰州如皋縣縣市西廂第壹里（圖）賦役黃冊相似，故推斷，此件亦當屬於該里（圖）的黃冊。另，此件所載男子又見於HV·YXJC[]3·Y31」，可知此兩件當屬於同一戶的黃冊。明代賦役黃冊按舊管、新收、開除、實在等四柱登載人口、事產等項內容，此件中相關男子係「新收」，而HV·YXJC[]3·Y31」中亦載相關男子，故推知，HV·YXJC[]3·Y31」

【錄文】

中相關人口應係「實在」部分，故可以綴合，但中有缺行，綴合後此件在前。

1. （前缺）
2. 夏稅：小麥每畝科正麥貳升，每斗帶耗柒合，共該肆
3. 　　合。
4. 秋糧：黃豆每畝科正豆伍升，每斗帶耗柒合，共該壹
5. 　　升壹勺。
　　（中缺1行）
5. 人口：正收男、婦捌口。
6. 　男子肆口：
7. 　　蔣評，原係本戶漏報。
8. 　　蔣許，原係本戶漏報。
9. 　　蔣絢，原係本戶漏報。
10. 　　蔣留兒，原係本戶漏報。
11. 　婦女大肆口：
12. 　　王氏，娶到通州王月女。
13. 　　陳氏，娶江陰陳好女。
14. 　　何氏，娶到泰州何田女。
15. 　　陳氏，娶到泰興陳栢女。
16. 事產：
17. 　官民田地轉收田地玖畝貳分肆釐柒毫。
18. 　夏稅：小麥正耗叁斗貳合柒勺。

一二三 明隆慶陸年（1572）直隸揚州府泰州如皋縣縣市西廂第壹里（圖）賦役黃冊

【題解】

此件爲《韻學集成》第三冊卷三第二二葉背，編號爲HV·YXJC[]3·Y22，其上下完整，前後均缺，共存文字十九行，與正面古籍文字成經緯狀。此件爲明代某戶的賦役黃冊。另，此件的文字字形、筆跡等與該批紙背文獻中隆慶陸年（1572）攢造的直隸揚州府泰州如皋縣縣市西廂第壹里（圖）賦役黃冊相似，故推斷，此件亦當屬於該里（圖）的黃冊。

【錄文】

（前缺）

1. 畝科正米壹斗貳升，每斗帶耗柒合，共
2. 該壹斗伍升貳合，係兑到拾伍都壹圖
3. 鄧准戶下田。
4. 一本圖一則沒官蕩田貳分捌釐捌毫。秋糧：米每畝科
5. 正米壹斗貳升，每斗帶耗柒合，共該叄
6. 升柒合，係兑到拾柒都壹圖盧富兒
7. 戶下田。
8. 地壹畝肆釐伍毫。
9. 夏稅：小麥正耗壹斗貳升捌勺。

19.
20. 秋糧：

（後缺）

米正耗肆斗壹合伍勺。

10. 秋糧：黃豆正耗壹斗叁升肆合貳勺。
11. 一本圖一則沒官陸地貳分肆釐貳毫，係兌到壹都壹圖劉許户下。
12. 夏稅：小麥每畝科正麥壹斗捌合，每斗帶耗柒合，共該貳升玖勺。
13. 秋糧：黃豆每畝科正豆壹斗貳升，每斗帶耗柒合，共該叁升壹合壹勺。
14. 一本圖一則沒官陸地壹分壹釐肆毫，係兌到南廂朱金户下地。
15. 夏稅：小麥每畝科正麥壹斗捌合，每斗帶耗柒

(後缺)

一二三 明隆慶陸年（1572）直隸揚州府泰州如皋縣縣市西廂第壹里（圖）賦役黃冊（張某）

【題解】

此件爲《韻學集成》第三冊卷三第二三葉背，編號爲 HV·YXJC[]3·Y23]，其上下完整，前後均缺，中有缺行，共存文字十八行，與正面古籍文字成經緯狀。此件爲明代某户的賦役黃冊，據文中所載男子姓名知，此黃冊的户頭當係張某。另，明代賦役黃冊往往會登載攢造之前十年内的人口變化等情況，文中第 17 至 19 行登載了孫、姪、弟等的病故時間「嘉靖肆拾伍年」（1566）、「隆慶貳年」（1568）、「隆慶叁年」（1569）等，而此後的隆慶陸年（1572）爲黃冊的攢造年份，據此可知，此件當係該年攢造的賦役黃冊。此件的文字字形、筆跡等與已知該批黃冊中攢造機構爲直隸揚州府泰州如皋縣縣市西廂第壹里（圖）的賦役黃冊相似，故推斷，此件亦當屬於該里（圖）的黃冊。

【錄文】

（前缺）

1. 孫張岱，於嘉靖肆拾伍年病故。
2. 姪張綵，於隆慶叄年病故。
3. 姪張環，於隆慶貳年病故。
4. 弟張琰，於隆慶叄年病故。
5. 婦女大壹口：
6. 姪婦盧氏，於隆慶元年病故。

（中缺 1 行）

7. 官民田地轉除田地貳頃壹拾玖畝陸分柒釐捌毫。
8. 夏稅：小麥正耗伍石肆升壹合玖勺。
9. 秋糧：
10. 米正耗壹拾石壹斗柒升柒合陸勺。
11. 黃豆正耗捌石叄斗肆升捌合。
12. 官田地捌拾叄畝壹毫。
13. 夏稅：小麥正耗叄石伍斗壹合。
14. 秋糧：
15. 米正耗柒石貳斗陸升肆合陸勺。
16. 黃豆正耗叄石叄斗玖升。
17. 田伍拾陸畝伍分柒釐捌毫。秋粮：米正耗柒石貳斗陸升肆合陸勺。

（後缺）

二四 明隆慶陸年（1572）直隸揚州府泰州如皋縣縣市西廂第壹里（圖）賦役黃冊（張某）

【題解】

此件爲《韻學集成》第三册卷三第二四葉背，編號爲 HV·YXJCJ3·Y24，其上下完整，前後均缺，中有缺行，共存文字十九行，與正面古籍文字成經緯狀。此件爲明代某戶的賦役黃冊，據文中所載男子姓名知，此黃冊的戶頭當係張某。另，明代賦役黃冊往往會登載攢造之前十年內的人口變化等情況，文中第十七至十九行登載了父、弟、姪等的病故時間『隆慶叄年』（1569）、『嘉靖肆拾伍年』（1566）、『隆慶伍年』（1571）等，而此後的隆慶陸年（1572）爲黃冊的攢造年份，據此可知，此件當係該年攢造的賦役黃冊。此件的文字字形、筆跡等與已知該批黃冊中攢造機構爲直隸揚州府泰州如皋縣縣市西廂第壹里（圖）的賦役黃冊相似，故推斷，此件亦當屬於該里（圖）的黃冊。

【錄文】

（前缺）

1. 黃豆正耗壹拾玖石柒斗貳升貳合貳勺。
2. 田貳頃玖畝貳分貳釐伍毫。　秋糧：米正耗壹拾壹石壹斗玖
3. 　　　　　　　　　　　升叄合肆勺。
4. 地叁頃陸拾玖畝伍分伍釐肆毫。
5. 　　夏稅：小麥正耗柒石玖斗貳升貳合捌勺。
6. 　　秋糧：黃豆正耗壹拾玖石柒斗玖升貳合貳勺。
7. 民桑肆株。　夏稅：絲肆兩。
8. 房屋：民草房捌間。
9. 舡：壹拾料壹隻。

10. 頭匹：水牛壹隻。

（中缺 1 行）

11. 人口：正除男、婦壹拾肆口。

男子壹拾叁口：

12. 父張翥，於隆慶叁年病故。
13. 弟張琰，於嘉靖肆拾伍年病故。
14. 姪張外甥，於隆慶伍年病故。
15. 姪張枝，於嘉靖肆拾伍年病故。
16. 孫張諫，於隆慶肆年病故。
17. 孫張學兒，於隆慶伍年病故。
18. 孫張統，於隆慶叁年病故。

（後缺）

二五 明隆慶陸年（1572）直隸揚州府泰州如皋縣縣市西廂第壹里（圖）賦役黃冊

【題解】

此件爲《韻學集成》第三册卷三第二五葉背，編號爲HV·YX]C[J3·Y25]，其上下完整，前後均缺，共存文字十八行，與正面古籍文字成經緯狀。此件爲明代某户的賦役黃冊。另，明代賦役黃冊往往會登載攢造之前十年內的田畝變化等情況，文中載有土地的『出賣』時間『隆慶肆年』（1570）、『隆慶叁年』（1569）、『隆慶貳年』（1568）等，而此後的隆慶陸年（1572）爲黃冊的攢造年份，據此可知，此件當係該年攢造的賦役黃冊。此件的文字字形、筆跡等與已知該批黃冊中攢造機構爲直隸揚州府泰州如皋縣縣市西廂第壹里（圖）的賦役黃冊相似，故推斷，此件亦當屬於該里（圖）的黃冊。

哈佛藏《韻學集成》《直音篇》紙背明代文獻釋錄 卷一

【錄文】

（前缺）

1. 一本圖一則蕩田捌分陸釐玖毫。秋糧：米每畝科正米伍升，每斗帶耗柒合，共該肆升陸合伍勺，於隆慶肆年出賣與本圖張銀爲業。

2. 一本圖一則蕩田捌毫。秋糧：米每畝科正米伍升，每斗帶耗柒合，於隆慶叁年出賣與壹都拾圖繆叴爲業。

3. 一本圖一則蕩田玖分貳釐玖毫。秋糧：米每畝科正米伍升，每斗帶耗柒合，共該柒升玖合柒勺，於隆慶叁年出賣與拾貳都叁圖蔡絢爲業。

4. 一本圖一則蕩田壹分捌釐。秋糧：米每畝科正米伍升，每斗帶耗柒合，共該玖合陸勺，隆慶貳年出賣與本圖郝梓爲業。

5. 一本圖一則蕩田壹畝叁分肆釐□毫。秋糧：米每畝科正米伍升，每斗帶耗柒合，共該柒升貳合壹勺，於嘉靖肆拾伍年出賣與本圖宗俸爲業。

6. 一本圖一則蕩田貳畝壹分叁釐。秋糧：米每畝科正米伍升，每斗帶耗柒合，共該壹斗壹升叁合玖勺，於嘉靖肆拾伍年出賣與本圖紀傳爲業。

7.
8.
9.
10.
11.
12.
13.
14.
15.
16.
17.
18.

（後缺）

二六 明隆慶陸年（1572）直隸揚州府泰州如皋縣縣市西廂第壹里（圖）賦役黃冊

【題解】

此件爲《韻學集成》第三册卷三第二六葉背，編號爲 HV·YXJCJJ3·Y26，其上下完整，前後均缺，共存文字十九行，與正面古籍文字成經緯狀。此件爲明代某户的賦役黃册。另，明代賦役黃册往往會登載攢造之前十年内的田畝變化等情況，文中載有土地的「出賣」時間『隆慶貳年』（1568）、『隆慶伍年』（1571）、『隆慶叁年』（1569），而此後的隆慶陸年（1572）爲黃册的攢造年份，據此可知，此件的文字字形、筆跡等與已知該批黃册中攢造機構爲直隸揚州府泰州如皋縣縣市西廂第壹里（圖）的賦役黃册相似，故推斷，此件亦當屬於該里（圖）的黃册。

【錄文】

（前缺）

1. 一本圖一則蕩田伍分。秋粮：米每畝科正米伍升，每斗帶耗柒合，
2. 共該貳升陸合捌勺，於隆慶貳年出賣與本
3. 圖張應年爲業。
4. 一本圖一則蕩田肆分玖釐陸毫。秋糧：米每畝科正米伍升，每斗
5. 帶耗柒合，共該貳升陸合伍勺，於隆慶伍
6. 年出賣與本圖吴守仁爲業。
7. 一本圖一則蕩田貳畝玖分壹毫。秋糧：米每畝科正米伍升，每
8. 斗帶耗柒合，共該壹斗伍升伍合貳勺，於隆
9. 慶伍年出賣與拾伍都貳圖朱懷爲業。
10. 地柒畝捌分陸釐捌毫。
11. 夏税：小麥正耗壹斗壹升捌合肆勺。

二七 明隆慶陸年（1572）直隸揚州府泰興縣順得鄉貳拾壹都第拾伍里（圖）賦役黃冊之一

【題解】

此件爲《韻學集成》第三册卷三第二七葉背，編號爲 HV·YXJCJ3·Y27，其上下完整，前後均缺，共存文字二二行，與正面古籍文字成經緯狀。此件爲明代某户的賦役黄册。另，此件的文字字形、筆跡等與該批紙背文獻中隆慶陸年（1572）攢造的直隸揚州府泰興縣順得鄉貳拾壹都第拾伍里（圖）賦役黃冊相似，故推斷，此件亦當屬於該里（圖）的黃册。另，按此件之民田地數等於 HV·YXJCJ3·Y28 田地數之和，可知此兩件可以綴合，綴合後此件在前。

【錄文】

（前缺）

1. 米正耗壹斗肆升捌合柒勺。

（後缺）

1. 一本圖一則陸地壹畝陸分捌釐叁毫，於隆慶叁年出賣與

斗貳升壹合捌勺。

17. 秋糧：黄豆正豆伍升，每斗帶耗柒合，共該肆

斗陸升捌合柒勺。

16. 夏税：小麥每畝科正麥貳升，每斗帶耗柒合，共該壹

賣與壹都拾圖劉禄爲業。

14. 一本圖一則陸地柒畝捌分捌釐肆毫，於隆慶貳年拾月内出

12. 秋糧：黄豆正耗肆斗貳升壹合。

2. 　　　田貳畝柒分捌釐。
3. 　　　　　夏稅：小麥正耗捌升玖合貳勺。
4. 　　　　　秋糧：米正耗壹斗肆升捌合柒勺。
5. 　　　地壹畝伍分。
6. 　　　　　夏稅：小麥正耗肆升捌合貳勺。
7. 　　　　　秋糧：黃豆正耗捌升叄勺。
8. 　　　民草房叄間。
9. 　　　民黃牛壹隻。
10. 開除：人口：正除男、婦叄口，俱於先年逝亡，前冊失於開除，今冊造報。
11. 　　　　　男子貳口：
12. 　　　　　　　姪富　　轉子，俱故。
13. 　　　　　婦女壹口：楊氏故。
14. 實在：
15. 　　　人口貳口。委係老丁，戶下再無人丁節補，納不缺，理合造報。
16. 　　　　　男子不成丁壹口：本身年壹百陸拾歲。
17. 　　　　　婦女大壹口：妻賈氏年壹百伍拾歲。
18. 　　　事產：
19. 　　　　　民田地肆畝貳分捌釐。
20. 　　　　　　　夏稅：小麥正耗壹斗叄升柒合肆勺。

（後缺）

二八 明隆慶陸年（1572）直隸揚州府泰興縣順得鄉貳拾壹都第拾伍里（圖）賦役黃冊之二

【題解】

本件爲《韻學集成》第三冊卷三第二八葉背，編號爲 HV·YXJC[]3·Y28]'，其上下完整，前後均缺，共存文字二三行，與正面古籍文字成經緯狀。此件爲明代某戶的賦役黃冊。按此件之民田地數之和等於 HV·YXJC[]3·Y27]民田地數，可知此兩件可以綴合，綴合後此件在後。今據 HV·YXJC[]3·Y27]擬現題。

【錄文】

（前缺）

1. 秋糧：
2. 　　米正耗壹斗肆升捌合柒勺。
3. 　　黃豆正耗捌升叁勺。
4. 田本都一則高田貳畝柒分捌釐。
5. 夏稅：小麥每畝科正麥叁升，每斗帶耗柒合貳
6. 　　勺。
7. 　　正麥捌升叁合肆勺。
8. 　　耗麥伍合捌勺。
9. 秋糧：米每畝科正米伍升，每斗帶耗柒合，共該壹斗肆升捌
10. 　　合柒勺。
11. 　　正米壹斗叁升玖合。
12. 　　耗米玖合柒勺。

13. 地本都一則地壹畝伍分。
14. 夏稅：小麥每畝科正麥叁升，每斗帶耗柒合，共該肆升捌合貳勺①。
15. 正麥肆升伍合。
16. 耗麥叁合捌勺。
17. 秋粮：黃豆每畝科正豆伍升，每斗帶耗柒合，共該捌升叁勺。
18. 正豆柒升伍合。
19. 耗豆伍合叁勺。
20.
21.
22. 房屋：民草房叁間。
23. 頭匹：民黃牛壹隻。

（後缺）

二九　明隆慶陸年（1572）直隸揚州府泰興縣順得鄉貳拾壹都第拾伍里（圖）賦役黃冊

【題解】

此件爲《韻學集成》第三册卷三第二九葉背，編號爲HV·YXJC[]3·Y29"，其上下完整，前後均缺，共存文字二二行，與正面古籍文字成經緯狀。此件爲明代某户的賦役黃冊。另，此件的文字字形、筆跡等與該批紙背文獻中隆慶陸年（1572）攢造的直隸揚州府泰興縣順得鄉貳拾壹都第拾伍里（圖）賦役黃冊相似，故推斷，此件亦當屬於該里（圖）的黃冊。

① 此小麥之數與下文正麥、耗麥數不合。

【錄文】

（前缺）

1. 本身年肆拾柒歲。　弟貳漢年肆拾陸歲。　弟叁兒年貳拾伍歲。
2. 弟壹郎年貳拾陸歲。
3. 婦女貳口：
4. 妻趙氏年肆拾伍歲。　弟婦陳氏年肆拾歲。
5. 事產：
6. 官民田地壹拾柒畝玖分貳釐。
7. 夏稅：小麥正耗玖斗壹勺。
8. 秋粮：
9. 米正耗玖斗肆升叁合貳勺。
10. 黃豆正耗伍斗柒升陸合柒勺。
11. 官田地貳畝肆分玖釐。
12. 夏稅：小麥正耗肆斗玖升貳勺。
13. 秋粮：
14. 米正耗肆斗玖升貳合貳勺。
15. 黃豆正耗貳斗貳合貳勺。
16. 田壹畝壹分肆釐。
17. 夏稅：小麥正耗貳斗貳升肆合肆勺。
18. 秋粮：米正耗肆斗玖升貳合貳勺。
19. 一本都一則俞平章原獻曹沙米高田叁分壹釐。
20. 夏稅：小麥每畝科正麥壹斗捌升肆合，每斗帶耗柒合，共

三〇 明隆慶陸年（1572）直隸揚州府泰興縣順得鄉貳拾壹都第拾伍里（圖）賦役黃冊

【題解】

此件爲《韻學集成》第三册卷三第三十葉背，編號爲HV·YXJCJ3·Y30，其上下完整，前後均缺，共存文字二二行，與正面古籍文字成經緯狀。此件爲明代某户的賦役黃冊。另，此件的文字字形、筆跡等與該批紙背文獻中隆慶陸年（1572）攢造的直隸揚州府泰興縣順得鄉貳拾壹都第拾伍里（圖）賦役黃冊相似，故推斷，此件亦當屬於該里（圖）的黃冊。

【録文】

（前缺）

田壹畝壹分肆釐。

1. 夏税：小麥正耗貳斗貳升肆合肆勺。
2. 秋粮：米正耗肆斗玖升貳合貳勺。

地壹畝叁分伍釐。

3. 夏税：小麥正耗貳斗陸升伍合捌勺。
4. 秋粮：黃豆正耗貳斗貳合貳勺。

民田地壹拾伍畝肆分叁釐。

5. 夏税：小麥正耗肆斗玖合玖勺。
6. 秋粮：

（後缺）

21. 正麥伍升柒合。
22. 該陸升壹合。

10. 米正耗肆斗伍升壹合。
11. 黃豆正耗叁斗柒升肆合伍勺。
12. 田捌畝肆分叁釐。
13. 夏稅：小麥正耗壹斗捌升伍合貳勺。
14. 秋糧：米正耗肆斗伍升壹合。
15. 地柒畝。
16. 夏稅：小麥正耗貳斗貳升肆合柒勺。
17. 秋糧：黃豆正耗叁斗柒升肆合伍勺。
18. 民草房叁間。
19. 民黃牛壹隻。
20. 實在：
21. 人口：陸口。
22. 男子成丁肆口：

（後缺）

三一 明隆慶陸年（1572）直隸揚州府泰州如皋縣縣市西廂第壹里（圖）賦役黃冊之二（蔣某）

【題解】

此件爲《韻學集成》第三冊卷三第三一葉背，編號爲 HV・YXJC[]3・Y31]，其上下完整，前後均缺，中有缺行，共存文字十九行，與正面古籍文字成經緯狀。此件爲明代某戶的賦役黃冊，據文中所載男子姓名知，此黃冊的戶頭當係蔣某。另，此件所載男子「蔣評」「蔣許」「蔣絢」「蔣留兒」又見於 HV・YXJC[]3・Y21]，可知此兩件當屬於同一戶的黃冊，明代賦役黃冊按舊管、新收、開除、實在

【錄文】

等四柱登載人口、事產等項內容，HV·YXJC[]3·Y21]中相關男子係『新收』，而此件中亦載這些男子，故推知此件中相關人口應係『實在』部分，故可以綴合，但中有缺行，綴合後此件在後。今據HV·YXJC[]3·Y21]擬現題。

（前缺）

1. 壹升陸勺。

2. 秋糧：黃豆每畝科正豆伍升，每斗帶耗柒合，共

3. 該貳升陸合肆勺。

（中缺1行）

4. □口：男、婦貳拾捌口。

5. 男子成丁貳拾口：

6. 本身年肆①拾伍歲。

7. 弟蔣陸兒年伍拾叄歲。

8. 姪蔣恩年肆拾陸歲。

9. 姪蔣鯉年肆拾伍歲。

10. 姪蔣金年叄拾歲。

11. 姪蔣福年貳拾捌歲。

12. 孫蔣橋年貳拾柒歲。

13. 孫蔣文年壹拾捌歲。

14. 姪蔣評年陸歲。

15. 姪蔣絢年肆歲。

16. 婦女大捌口：

姪蔣鯤年伍拾陸歲。

姪蔣光年肆拾捌歲。

姪蔣紳年貳拾陸歲。

姪蔣詰年貳拾玖歲。

孫蔣其年貳拾捌歲。

姪蔣泮年貳拾柒歲。

孫蔣捌兒年壹拾捌歲。

孫蔣花兒年壹拾捌歲。

姪蔣許年伍歲。

姪蔣留兒年肆歲。

① 【肆】，據下文該字誤。

17. 姪婦張氏年肆拾陸歲。 姪婦許氏年肆拾伍歲。
18. 姪婦葛氏年肆拾捌歲。 姪婦周氏年肆拾捌歲。
19. 孫婦王氏年壹拾伍歲。 孫婦陳氏年壹拾伍歲。

（後缺）

三二 明隆慶陸年（1572）直隸揚州府泰州如皋縣縣市西廂第壹里（圖）賦役黃冊

【題解】

此件為《韻學集成》第三冊卷三第三二葉背，編號為[HV·YXJCJ3·Y32]，其上下完整，前後均缺，共存文字十九行，與正面古籍文字成經緯狀。此件為明代某戶的賦役黃冊。另，此件的文字字形、筆跡等與該批紙背文獻中隆慶陸年（1572）攢造的直隸揚州府泰州如皋縣縣市西廂第壹里（圖）賦役黃冊相似，故推斷，此件亦當屬於該里（圖）的黃冊。

【錄文】

（前缺）

1. 米壹斗貳升，每斗帶耗柒合，共該壹石
2. 柒斗捌合勺。
3. 正米壹石伍斗玖升陸合肆勺。
4. 耗米壹斗壹升貳合肆勺。
5. 一本圖一則沒官陸地陸畝貳分壹釐叁毫。

夏稅：

6. 小麥每畝科正麥壹斗捌合，每斗帶耗柒合，
7.
8. 共該柒斗壹升柒合玖勺。

9. 正麥陸斗伍升壹合捌勺。
10. 耗麥陸升陸合壹勺。
11. 秋糧：
12. 黃豆每畝科正豆壹斗貳升，每斗帶耗柒合，
13. 共該柒斗玖升柒合柒勺。
14. 正豆柒斗肆升伍合柒勺。
15. 耗豆伍升貳合。
16. 民田地叁拾伍畝肆分柒釐玖毫。
17. 夏稅：
18. 小麥正耗肆斗捌升柒合叁勺。
19. 秋糧：

（後缺）

三三　明隆慶陸年（1572）直隸揚州府泰州如皋縣縣市西廂第壹里（圖）賦役黃冊

【題解】

此件爲《韻學集成》第三冊卷三第三三葉背，編號爲 HV·YXJC[]3·Y33」，其上下完整，前後均缺，共存文字十九行，文中載有土地的「兌佃」文字成經緯狀。此件爲明代某戶的賦役黃冊。另，明代賦役黃冊往往會登載攢造之前十年內的田畝變化等情況，文中所載攢造的時間「隆慶貳年」（1568）、「嘉靖肆拾肆年」（1565），而此後的隆慶陸年（1572）爲黃冊的攢造年份，據此可知，此件當係該年攢造的賦役。此件的文字字形、筆跡等與已知該批黃冊中攢造機構爲直隸揚州府泰州如皋縣縣市西廂第壹里（圖）的賦役黃冊相似，故推斷，此件亦當屬於該里（圖）的黃冊。

哈佛藏《韻學集成》《直音篇》紙背明代文獻釋錄　卷一

【錄文】

（前缺）

1. 東廂郭洋承種。
2. 一本圖一則沒官陸地鏊伍毫，隆慶貳年兌佃與東廂郭洋承種。
3. 夏稅：小麥每畝科正麥壹斗捌合，每斗帶耗柒合，共該柒合伍勺。
4. 秋糧：黃豆每畝科正豆壹斗貳升，每斗帶耗柒合，共該捌合叁勺。
5. 民田地叁分柒鏊貳毫。
6. 夏稅：小麥正耗伍合。
7. 秋糧：
8. 米正耗柒合壹勺。
9. 一本圖一則蕩田壹分叁鏊叁毫。秋糧：米每畝科正米伍升，每斗帶耗柒合，共該柒合壹勺，嘉靖肆拾肆年出賣與東廂郭洋為業。
10. 黃豆正耗壹升貳合伍勺。
11. 一本圖一則陸地貳分叁鏊捌毫，隆慶貳年出賣與東廂郭洋為業。
12. 夏稅：小麥每畝科正麥貳升，每斗帶耗柒合，共

（後缺）

三四 明隆慶陸年（1572）直隸揚州府泰州如皋縣縣市西廂第壹里（圖）賦役黃冊（錢某）

【題解】

此件爲《韻學集成》第三冊卷三第三四葉背，編號爲HV·YXJCJ3·Y34，其上下完整，前後均缺，共存文字十九行，與正面古籍文字成經緯狀。此件爲明代某戶的賦役黃冊，據文中所載男子姓名知，此黃冊的戶頭當錢某。另，明代賦役黃冊往往會登載攢造之前十年內的人口變化等情況，文中第19行登載了父錢忠的病故時間『嘉靖肆拾伍年』（1566），而此後的隆慶陸年（1572）爲黃冊的攢造年份，據此可知，此件當係該年攢造的賦役黃冊。此件的文字字形、筆跡等與已知該批黃冊中攢造機構爲直隸揚州府泰州如皋縣縣市西廂第壹里（圖）的賦役黃冊相似，故推斷，此件亦當屬於該里（圖）的黃冊。

【錄文】

（前缺）

1. 黃豆正耗壹斗捌升叁合貳勺。
2. 田叁畝伍釐叁毫。秋粮：米正耗叁斗玖升壹合玖勺。
3. 地壹畝肆分貳釐陸毫。
4. 夏稅：小麥正耗壹斗陸升肆合捌勺。
5. 秋粮：黃豆正耗壹斗捌升叁合貳勺。
6. 民 田地捌畝壹分叁釐陸毫。
7. 秋糧：
8. 夏稅：小麥正耗壹斗壹升壹合柒勺。
9. 米正耗壹斗伍升陸合。
10. 黃豆正耗貳斗柒升玖合叁勺。
11. 田貳畝玖分壹釐陸毫。秋粮：米正耗壹斗伍升陸合。

三五 明隆慶陸年（1572）直隸揚州府泰州如皋縣縣市西廂第壹里（圖）賦役黃冊

【題解】

此件爲《韻學集成》第三冊卷三第三五葉背，編號爲"HV·YXJC[]3·Y35"，其上下完整，前後均缺，共存文字十九行，與正面古籍文字成經緯狀。此件爲明代某戶的賦役黃冊。另，此件的文字字形、筆跡等與該批紙背文獻中隆慶陸年（1572）攢造的直隸揚州府泰州如皋縣縣市西廂第壹里（圖）賦役黃冊相似，故推斷，此件亦當屬於該里（圖）的黃冊。

【錄文】

（前缺）

1. □管：缺隨批帶回充。
2. □□①除：

12.
13. 地伍畝貳分貳釐。
14. 夏稅：小麥正耗壹斗壹升壹合柒勺。
15. 秋粮：黃豆正耗貳斗柒升玖合叁勺。
16. 房屋：民草房叁間。
17. 人口：正除男、婦肆口。
18. 男子貳口：
19. 父錢忠，於嘉靖肆拾伍年病故。

（後缺）

① 【□】，據文義該字當作【開】，以下該類情況同此，不另說明。

3. 人丁：計家男、婦貳拾柒口。
4. 男子壹拾玖丁。
5. 婦女大捌口。
6. 事產：
7. 官民田地肆拾陸畝壹分玖釐玖毫。
8. 夏稅：小麥正耗玖斗肆升捌合叁勺。　桑叁株。
9. 秋糧：
10. 絲叁兩。
11. 米正耗貳石陸合叁勺。
12. 黃豆正耗壹石伍斗叁升貳合捌勺。
13. 官田地壹拾陸畝叁分玖釐肆毫。
14. 夏稅：小麥正耗陸斗叁合貳勺。
15. 秋糧：
16. 米正耗壹石肆斗叁升伍合壹勺。
17. 黃豆正耗陸斗柒升貳勺。
18. 田壹拾壹畝壹分柒釐柒毫。　秋糧：米正耗壹石肆斗叁升伍
19. （後缺）

三六 明隆慶陸年（1572）直隸揚州府泰州如皋縣縣市西廂第壹里（圖）賦役黃冊

【題解】

此件爲《韻學集成》第三册卷三第三六葉背，編號爲 HV・YXJC[]3・Y36]，其上下完整，前後均缺，共存文字二一行，與正面古籍文字成經緯狀。此件爲明代某户的賦役黃册。另，此件的文字字形、筆跡等與該批紙背文獻中隆慶陸年（1572）攢造的直隸揚州府泰州如皋縣縣市西廂第壹里（圖）賦役黃册相似，故推斷，此件亦當屬於該里（圖）的黃册。

【錄文】

（前缺）

1. 耗麥壹斗貳合玖勺。
2. 秋糧：黃豆每畝科正豆壹斗貳升，每斗帶耗柒合，
3. 　　　共該壹石肆斗肆升玖合陸勺。
4. 　　　正豆壹石叁斗伍升肆合玖勺。
5. 　　　耗豆玖升肆合柒勺。
6. 民田地陸拾肆畝肆分柒釐捌毫。
7. 夏稅：小麥正耗捌斗捌升伍合伍勺。
8. 秋糧：
9. 　　　米正耗壹石貳斗叁升伍合陸勺。
10. 　　　黃豆正耗貳石貳斗壹升叁合捌勺。
11. 田本圖一則蕩田貳拾叁畝玖釐陸毫。秋糧：米每畝科正米
12. 　　　[伍]升，每斗帶耗柒合，共該壹石貳斗叁
13. 　　　升伍合伍勺。

三七 明隆慶陸年（1572）直隸揚州府泰興縣順得鄉貳拾壹都第拾伍里（圖）賦役黃冊

【題解】

此件爲《韻學集成》第三册卷三第三七葉背，編號爲HV·YXJCJ3·Y37，其上下完整，前後均缺，共存文字十九行，與正面古籍文字成經緯狀。此件爲明代某户的賦役黃册。另，此件的文字字形、筆跡等與該批紙背文獻中隆慶陸年（1572）攢造的直隸揚州府泰興縣順得鄉貳拾壹都第拾伍里（圖）賦役黃册相似，故推斷，此件亦當屬於該里（圖）的黃册。

【錄文】

（前缺）

1. 官民田地拾玖頃壹拾肆畝伍分。　桑壹拾貳株。
2. 夏税：
3. 　小麥正耗柒拾玖石柒斗伍升伍合肆勺。

14. 　　正米壹石壹斗伍升肆合捌勺。
15. 　耗米捌升柒勺。
16. 地本圖一則陸地肆拾壹畝。
17. 夏税：小麥每畝科正麥壹升，每斗帶耗柒合，共該
18. 　　捌斗捌升伍合伍勺。
19. 　　正麥捌斗貳升柒合捌勺。
20. 　　耗麥伍升柒合柒勺。
21. 秋糧：黃豆每畝科正豆伍升，每斗帶耗柒合，共

（後缺）

4. 絲壹拾貳兩。
5. 秋粮：
6. 米正耗壹百伍石玖斗壹升玖合叁勺。
7. 黃豆正耗叁拾肆石叁斗貳升貳合肆勺。
8. 官田地貳頃貳畝叁分伍釐。
9. 夏稅：小麥正耗貳拾柒石玖斗壹升壹合貳勺。
10. 秋粮：
11. 米正耗肆拾貳石叁斗貳升貳合。
12. 黃豆正耗壹石壹斗壹升柒合叁勺。
13. 田壹頃壹拾伍畝陸分。
14. 夏稅：小麥正耗叁拾石貳斗捌升捌合玖勺。
15. 秋粮：米正耗肆拾貳石叁斗貳升貳合。
16. 一則俞平章原獻蔣沙米高田壹拾貳畝捌分。
17. 夏稅：小麥每畝科正麥壹斗捌升肆合，每斗帶耗柒合，共該貳石叁斗玖升叁合貳勺。
18.
19. 一則俞平章原獻曹沙米高田伍拾貳畝柒分捌釐。

（後缺）

三八 明隆慶陸年（1572）直隸揚州府泰興縣順得鄉貳拾壹都第拾伍里（圖）賦役黃冊

【題解】

此件爲《韻學集成》第三冊卷三第三八葉背，編號爲HV·YXJCJ3·Y38，其上下完整，前後均缺，共存文字二二行，與正面古籍文字成經緯狀。此件爲明代某戶的賦役黃冊。另，此件的文字字形、筆跡等與該批紙背文獻中隆慶陸年（1572）攢造的直隸揚州府泰興縣順得鄉貳拾壹都第拾伍里（圖）賦役黃冊相似，故推斷，此件亦當屬於該里（圖）的黃冊。

【錄文】

（前缺）

1. 夏稅：小麥每畝科正麥壹斗捌升肆合，每斗帶耗柒合，共該壹拾石叁斗玖升壹合貳勺。
2. 秋糧：米每畝科正麥叁斗肆升叁勺肆抄，每斗帶耗柒合，共該壹拾玖石貳斗貳升陸勺。
3. 一則俞平章原獻賓沙米高田壹畝壹分。
4. 夏稅：小麥每畝科正麥壹斗捌升肆合，每斗帶耗柒合，共該貳斗伍升伍合貳勺。
5. 秋糧：米每畝科正麥壹斗口升陸勺捌抄口口，每斗帶耗柒合口勺。
6. 一則沒官高田貳拾肆畝捌分口釐。
7. 夏稅：小麥每畝科正麥壹斗捌升肆合，每斗帶耗柒合，共該肆石捌斗玖升貳合伍勺。

13. 秋糧：米每畝科正米貳斗肆升，每斗帶耗柒合，共該陸石叁
14. 斗捌升壹合肆勺。
15. 一則富淮莊原科高田壹拾肆畝叁分。
16. 夏稅：小麥每畝科正麥叁升①
17. 秋糧：米每畝科正麥伍升②
18. 一則仁王寺原科高田壹畝陸分。
19. 夏稅：小麥每畝科正麥叁升，每斗帶耗伍合壹勺。
20. 秋糧：米每畝正米捌升，每斗帶耗柒合，共該壹斗叁升柒合。
21. 一則仁王寺續科高田貳畝。
22. 夏稅：小麥每畝科正麥叁升，每斗帶耗柒合，共該陸升肆合貳勺。

（後缺）

① 該行以下原缺文。
② 該行以下原缺文。

三九 明隆慶陸年（1572）直隸揚州府泰興縣順得鄉貳拾壹都第拾伍里（圖）賦役黃冊

【題解】

此件為《韻學集成》第三冊卷三第三九葉背，編號為"HV·YX]C[J3·Y39"，其上下完整，前後均缺，共存文字二二行，與正面古籍文字成經緯狀。此件為明代某戶的賦役黃冊。另，此件的文字字形、筆跡等與該批紙背文獻中隆慶陸年（1572）攢造的直隸揚州府泰興縣順得鄉貳拾壹都第拾伍里（圖）賦役黃冊相似，故推斷，此件亦當屬於該里（圖）的黃冊。

【錄文】

（前缺）

1. 米正耗肆斗捌升壹合伍勺。
2. 黃豆正耗伍升叁合伍勺。
3. 田壹畝。
4. 夏稅：小麥正耗貳斗捌升捌合玖勺。
5. 秋糧：米正耗肆斗捌升壹合伍勺。
6. 地壹畝。
7. 夏稅：小麥正耗叁升貳合壹勺。
8. 秋糧：黃豆正耗伍升叁合伍勺。
9. 民草房貳間。
10. 開除：人口：正除婦女壹口。母辛氏故。
11. 實在：
12. 人口：叁口。
13. 男子成丁貳口：
14. 本身年伍拾歲。 弟玘年肆拾捌歲。
15. 婦女大壹口：妻王氏年伍拾歲。
16. 事產：
17. 民田地壹拾畝。
18. 夏稅：小麥正耗叁斗貳升壹合。
19. 秋糧：
20. 米正耗肆斗捌升壹合伍勺。

21. 黃豆正耗伍升叁合伍勺。
22. 田本都一則高田玖畝。

（後缺）

四〇 明隆慶陸年（1572）直隸揚州府泰興縣順得鄉貳拾壹都第拾伍里賦役黃冊（民籍某兒等）

【題解】

此件爲《韻學集成》第三冊卷三第四十葉背，編號爲 HV・YXJCJ3・Y40，其上殘下完，前後均缺，中有缺行，共存文字二一行，與正面古籍文字成經緯狀。此件係明代兩户的賦役黃冊。其中第一至十八行爲一户，第十九至二一行係直隸揚州府泰興縣順得鄉貳拾壹都第拾伍里民籍某兒之黃冊。另，明代賦役黃冊在攢造之時需對下一輪十年內各户充任里長、甲首情況等做出預先安排，第十九行所載某兒充甲首的時間爲『萬曆捌年』（1580），而此前的隆慶陸年（1572）爲黃冊的攢造年份，據此可知，此件當係該年攢造的賦役黃冊。今據第二户黃冊擬現題。

【錄文】

（前缺）

1. 夏稅：小麥每畝科正麥叁升，每斗帶耗柒合，共該貳斗捌升捌合玖勺。
2. 正麥貳斗柒升。
3. 耗麥壹升捌合玖勺。
4. 秋粮：米每畝科正麥伍升，每斗帶耗柒合，共該肆斗捌升壹合伍勺。

7. 正米肆斗伍升。
8. 耗米叁升壹合伍勺。
9. 一本都一則地壹畝。
10. 夏稅：小麥每畝科正麥叁升，每斗帶耗柒合，共該叁升貳
11. 合壹勺。
12. 正麥叁升。
13. 耗麥貳合壹勺。
14. 秋糧：黃豆每畝科正豆伍升，每斗帶耗柒合，共該伍升叁
15. 合伍勺。
16. 正豆伍升。
17. 耗豆叁合伍勺。
18. 房屋：民草房貳間。

（中缺1行）

19. 兒係直隸揚州府泰興縣順得鄉貳拾壹都第拾伍里民籍，充萬曆捌年甲首。
20. 人丁：計家男、婦陸口。
21. 男子肆口：

（後缺）

四一 明隆慶陸年（1572）直隸揚州府泰興縣順得鄉貳拾壹都第拾伍里（圖）賦役黃冊

【題解】

此件爲《韻學集成》第三册卷三第四一葉背，編號爲HV·YXJC[]3·Y41"，其上下完整，前後均缺，共存文字二二行，與正面古籍文字成經緯狀。此件爲明代某户的賦役黃册。另，此件的文字字形、筆跡等與該批紙背文獻中隆慶陸年（1572）攢造的直隸揚州府泰興縣順得鄉貳拾壹都第拾伍里（圖）賦役黃册相似，故推斷，此件亦當屬於該里（圖）的黃册。

【錄文】

（前缺）

1. 子，□該圖里老遞年史羅漢
2. 等到官結稱，本户先年間每
3. 走□訖，在□再無因信，未知
4. 存亡，故難開除。今册人口委
5. 的老丁，遺下官民田地盡坍
6. 没入江，税粮排年曹閏等代納
7. 不缺，理合造報。
8. 事產：
9. 　官民田地壹畝陸分。
10. 　　夏税：小麥正耗捌升伍合玖勺。
11. 　　秋粮：
12. 　　　米正耗貳斗捌勺。
13. 　　　黃豆正耗貳合貳勺。

四二 明隆慶陸年（1572）直隸揚州府泰興縣順得鄉貳拾壹都第拾伍里（圖）賦役黃冊

【題解】

此件爲《韻學集成》第三册卷三第四二葉背，編號爲"HV·YXJCJ3·Y42"，其上下完整，前後均缺，共存文字二二行，與正面古籍文字成經緯狀。此件爲明代某户的賦役黃冊。另，此件的文字字形、筆跡等與該批紙背文獻中隆慶陸年（1572）攢造的直隸揚州府泰興縣順得鄉貳拾壹都第拾伍里（圖）賦役黃冊相似，故推斷，此件亦當屬於該里（圖）的黃冊。

【録文】

1.
（前缺）
耗米捌合肆勺。

14. 官田本都一則俞平章原獻蔣沙米高田貳分壹釐。
夏税：小麥每畝科正麥壹斗捌升肆合，每斗帶耗柒合，共
15. 該肆升壹合叁勺。
16. 正麥叁分捌合陸勺。
17. 耗麥貳合柒勺。
18. 秋粮：米每畝科正米伍斗柒升貳合肆勺陸抄，每斗帶
19. 耗柒合，共該壹斗貳升捌
20. 合陸勺。
21. 正米壹斗貳升貳勺。
22.
（後缺）

2. 民田地壹畝叁分玖釐。
3. 夏稅：小麥正耗肆升合陸勺。
4. 秋糧：
5. 米正耗柒升貳合壹勺。
6. 黃豆正耗貳合貳勺。
7. 田本都一則高田壹畝叁分伍釐。
8. 夏稅：小麥每畝科正麥叁升，每斗帶耗柒合，共該肆升叁
9. 合叁勺。
10. 耗麥叁合捌勺。
11. 秋糧：米每畝科正米伍升，每斗帶耗柒合，共該柒升
12. 貳合貳勺。
13. 正米陸升柒合伍勺。
14. 耗米肆合柒勺。
15. 地本都一則地肆釐。
16. 夏稅：小麥每畝科正麥叁升，每斗帶耗柒合，共該壹合叁
17. 勺。
18. 正麥壹合貳勺。
19. 耗麥壹勺。
20. 秋糧：黃豆每畝科正豆伍升，每斗帶耗柒合，共該貳合貳
21. 勺。
22. （後缺）

四三 明隆慶陸年（1572）直隸揚州府泰州如皋縣縣市西廂第壹里（圖）賦役黃冊

【題解】

此件爲《韻學集成》第三冊卷三第四三葉背，編號爲HV·YXJCJ3·Y43，其上下完整，前後均缺，共存文字十九行，與正面古籍文字成經緯狀。此件爲明代某户的賦役黃冊。另，此件的文字字形、筆跡等與該批紙背文獻中隆慶陸年（1572）攢造的直隸揚州府泰州如皋縣縣市西廂第壹里（圖）賦役黃冊相似，故推斷，此件亦當屬於該里（圖）的黃冊。

【錄文】

（前缺）

1. 夏税：
2. 　小麥正耗貳拾玖石貳斗壹升肆合叁勺。
3. 　絲壹兩伍錢。
4. 秋糧：
5. 　米正耗伍拾柒石玖斗肆升陸合伍勺。
6. 　黃豆正耗肆拾捌石捌斗肆升捌合玖勺。
7. 官田地肆頃柒拾叁畝伍分陸釐伍毫。
8. 夏税：
9. 　小麥正耗壹拾柒石肆斗貳升壹合捌勺。
10. 秋糧：
11. 　米正耗壹拾壹石肆斗肆升貳合勺。
12. 　黃豆正耗壹拾玖石叁斗伍升柒合陸勺。
13. 民田地捌頃伍拾玖畝肆分叁釐貳毫。
14. 夏税：小麥正耗壹拾壹石柒斗玖升貳合伍勺。

四四 明隆慶陸年（1572）直隸揚州府泰州如皋縣縣市西廂第壹圖賦役黃册（軍戶吳鴌）

【題解】

此件爲《韻學集成》第三册卷三第四四葉背，編號爲 HV·YXJCJ3·Y44，其上殘下完，前後均缺，共存文字十九行，與正面古籍文字成經緯狀。據第二至一一行知，此件當係明直隸揚州府泰州如皋縣縣市西廂第壹圖軍戶吳鴌之賦役黃册。另，明代賦役黃册在攢造之時需對下一輪十年内各户充任里長、甲首情況等做出預先安排，第 11 行所載吳鴌充里長的時間爲『萬曆元年』（1573），而此前的隆慶陸年（1572）爲黃册的攢造年份，據此可知，此件當係該年攢造的賦役黃册。

【錄文】

（前缺）

1. ☐壹户。
2. ☐☐
3. ☐兄係直隸揚州府泰州如皋縣縣市西廂第壹圖軍户，有祖充軍貳名。壹名吳昱，即泰叁；於
4. ☐☐府大竹縣主簿，洪武貳拾肆年爲遲慢秋糧洪武貳拾貳年爲舉保人財事，除授肆川重慶

...

14. 秋糧：米正耗壹拾陸石肆斗玖升捌合叁勺。
  黃豆正耗貳拾玖石肆斗捌升壹合叁勺。
15. 夏税：絲壹兩伍錢。
16. 民桑壹株伍分。
17. 房屋：民瓦草房貳拾玖間。
18. 頭匹：牛、驢叁隻、頭。

（後缺）

四五 明隆慶陸年（1572）直隸揚州府泰州如皋縣縣市西廂第壹里（圖）賦役黃冊

【題解】

此件爲《韻學集成》第三冊卷三第四五葉背，編號爲 HV·YXJC[]3·Y45]，其上下完整，前後均缺，共存文字二一行，與正面古籍

5. 事，充廣寧西安左屯衛右所王倫總旗高昇小旗吳支下軍禁。壹名吳昺，初名吳保保，於洪武
6. 叁拾伍年爲□監生，除授常德府通判，永樂叁
7. 年爲拋荒田土事，發通州左屯衛軍，仍查弘治
8. 拾伍年鮮吳玉補役，於嘉靖肆拾壹年造冊，戶
9. 下吳鳶等奉例告官分出，扒撥補本圖伍甲
10. 當差，充萬曆元年里長。
11. □管：
12. 人丁：計家男、婦陸拾玖口。
13.　　　男子伍拾叁口。
14.　　　婦女壹拾陸口。
15. 事產：
16.　　官民田地捌頃壹拾壹畝叁分叁釐貳毫。
17.　　　　　　　　　　　桑壹拾肆株。
18. 夏稅：
19.　　小麥正耗壹拾捌石陸斗伍升伍合叁勺。

（後缺）

【錄文】

1. （前缺）
2. 秋糧：
3. 　　絲壹兩。
4. 　　黃豆正耗叁升捌合貳勺。
5. 　　夏稅：小麥正耗壹升叁合捌勺。
6. 官田地叁分柒釐壹毫。
7. 秋糧：
8. 　　米正耗叁升貳合肆勺。
9. 　　黃豆正耗壹升伍合叁勺。
10. 　　秋糧：米正耗叁升貳合肆勺。
11. 地壹分壹釐玖毫。
12. 田貳分伍釐貳毫。
13. 　　夏稅：小麥正耗壹升叁合捌勺。
14. 　　秋糧：黃豆正耗壹升伍合叁勺。
15. 民田地陸分陸釐捌毫。
16. 　　夏稅：小麥正耗壹升壹合捌勺。
17. 　　秋糧：
18. 　　　　米正耗壹升貳合捌勺。
19. 　　　　黃豆正耗貳升貳合玖勺。

文字成經緯狀。此件爲明代某户的賦役黃册。另，此件的文字字形、筆跡等與該批紙背文獻中隆慶陸年（1572）攢造的直隸揚州府泰州如皋縣縣市西廂第壹里（圖）賦役黃册相似，故推斷，此件亦當屬於該里（圖）的黃册。

四六 明隆慶陸年（1572）直隸揚州府泰州如皋縣縣市西廂第壹里（圖）賦役黃冊

【題解】

此件爲《韻學集成》第三冊卷三第四六葉背，編號爲HV·YXJCJ3·Y46]，其上下完整，前後均缺，共存文字十九行，與正面古籍文字成經緯狀。此件爲明代某戶的賦役黃冊。另，此件的文字字形、筆跡等與該批紙背文獻中隆慶陸年（1572）攢造的直隸揚州府泰州如皋縣縣市西廂第壹里（圖）賦役黃冊相似，故推斷，此件亦當屬於該里（圖）的黃冊。

【錄文】

（前缺）

1. 田本圖一則沒官蕩田壹分壹釐。秋糧：米每畝科正米壹斗貳升，每斗帶耗柒合，共該壹升肆合壹勺，係兑到柒都壹圖楊賢戶下田。
2. 地本圖一則沒官陸地伍釐壹毫，係兑到柒都壹圖楊賢戶下地。
3. 夏稅：小麥每畝科正麥壹斗捌合，每斗帶耗柒合，共該伍合捌勺。
4. 秋糧：黃豆每畝科正豆伍升，每斗帶耗柒合，共

5.
6.
7.
8.

（後缺）

夏稅：小麥正耗玖合肆勺。

19. 地肆分貳釐捌毫。
20. 田貳分肆釐。秋糧：米正耗壹升貳合捌勺。
21.

9. 民田貳分玖釐肆毫。
10. 　　該陸合伍勺。
11. 夏稅：小麥正耗肆合。
12. 秋糧：
13. 　米正耗伍合陸勺。
14. 　黃豆正耗壹升壹勺。
15. 田本圖一則蕩田壹分伍毫。秋糧：米每畝科正米伍升，每斗帶耗柒合，共該伍合陸勺，係買到柒都壹圖楊賢戶下田。
16.
17.
18. 地本圖一則陸地壹分捌釐玖毫，係買柒都壹圖楊賢戶下
19. 　地。

（後缺）

四七　明隆慶陸年（1572）直隸揚州府泰州如皋縣縣市西廂第壹里（圖）賦役黃冊

【題解】

此件為《韻學集成》第三冊卷三第四七葉背，編號為 HV·YXJC[]3·Y47]"，其上下完整，前後均缺，共存文字 20 行，與正面古籍文字成經緯狀。此件為明代的賦役黃冊。因相關地畝數較多，故推斷此或為該里（圖）賦役黃冊的冊首部分。另，此件的文字字形、筆跡等與該批紙背文獻中隆慶陸年（1572）攢造的直隸揚州府泰州如皋縣縣市西廂第壹里（圖）賦役黃冊相似，故推斷，此件亦當屬於該里（圖）的黃冊。

【錄文】

（前缺）

1. 一則沒官陸地壹拾頃貳拾畝貳拾叁畝貳分陸毫。
2. 夏稅：小麥正耗壹百壹拾捌石貳斗捌升叁合。
3. 秋糧：黃豆正耗壹百叁拾壹石叁斗柒升。
4. 一則學地壹拾柒畝玖分柒釐壹毫。
5. 夏稅：小麥正耗貳石柒升陸合柒勺。
6. 秋糧：黃豆正耗貳石叁斗柒合肆勺。
7. 民田地伍拾捌頃柒畝陸釐。
8. 夏稅：小麥正耗柒拾玖石陸斗捌升陸合柒勺。
9. 秋糧：
10. 米正耗壹百壹拾叁石肆合玖勺。
11. 黃豆正耗壹百玖拾玖石肆升陸合伍勺。
12. 田貳拾頃玖拾伍畝柒分玖釐柒毫。夏稅：米正耗壹百壹拾叁石肆合玖勺。
13. 叁石肆合玖勺。
14. 一則蕩田貳拾頃柒拾捌畝壹分肆釐玖毫。秋糧：米正
15. 耗壹百壹拾壹石壹斗柒升壹勺。
16. 一則莊田壹拾陸畝陸分肆釐捌毫。秋糧：米正耗壹石柒
17. 斗捌升壹合叁勺。
18. 一則功臣田壹畝。秋糧：米正耗伍升叁合伍勺。
19. 地叁拾柒頃壹拾壹畝貳分陸釐叁毫。
20. 夏稅：小麥正耗□捌□玖□

（後缺）

四八 明隆慶陸年（1572）直隸揚州府泰州如皋縣縣市西廂第壹里（圖）賦役黃冊

【題解】

此件爲《韻學集成》第三冊卷三第四八葉背，編號爲"HV·YX]C]J3·Y48"，其上下完整，前後均缺，共存文字二十行，與正面古籍文字成經緯狀。此件爲明代的賦役黃冊。此件第一行所載婦女的口數遠超通常情況下一戶的婦女口數，因此推斷，此件有可能爲黃冊的冊首部分。另，此件的文字字形、筆跡等與該批紙背文獻中隆慶陸年（1572）攢造的直隸揚州府泰州如皋縣縣市西廂第壹里（圖）賦役黃冊相似，故推斷，此件亦當屬於該里（圖）的黃冊。

【錄文】

（前缺）

1. 婦女叄百捌拾柒口。
2. 事產：
3. 官民田地玖拾頃柒拾柒畝捌分。 桑陸拾貳株。
4. 夏稅：
5. 小麥正耗貳百石貳斗玖升捌合柒勺。
6. 絲叄斤拾肆兩。
7. 秋糧：
8. 米正耗叄百玖拾玖石貳斗捌升壹合捌勺。
9. 黃豆正耗叄百叄拾叄石壹斗玖升肆合貳勺。
10.
11. 官田地叄拾貳頃柒拾畝柒分肆釐。

四九 明隆慶陸年（1572）直隸揚州府泰興縣順得鄉貳拾壹都第拾伍里（圖）賦役黃冊

【題解】

此件爲《韻學集成》第三册卷三第四九葉背，編號爲HV·YXJCJ3·Y49]，其上下完整，前後均缺，共存文字二二行，與正面古籍文字成經緯狀。此件爲明代某户的賦役黃册。另，此件的文字字形、筆跡等與該批紙背文獻中隆慶陸年（1572）攢造的直隸揚州府泰興縣順得鄉貳拾壹都第拾伍里（圖）賦役黃册相似，故推斷，此件亦當屬於該里（圖）的黃册。

【錄文】

（前缺）

1. 共該叁斗貳合叁勺。
2. 正米貳斗捌升貳合肆勺。

夏稅：小麥正耗壹百貳拾石叁斗伍升玖合柒

勺。

秋糧：

　　米正耗貳百捌拾陸石貳斗柒升陸合玖勺。

　　黃豆正耗壹百叁拾叁石陸斗捌升柒勺。

田貳拾貳頃貳拾玖畝伍分陸釐陸毫。秋糧：米正耗貳百

捌拾陸石貳斗柒升陸合玖勺。

地壹拾頃肆拾壹畝壹分柒釐柒毫。

夏稅：小麥正耗壹百貳拾石叁斗伍升玖合柒

（後缺）

3. 耗米壹升玖合勺。
4.
5. 地本都一則沒官卜僧保地壹畝叁分伍釐。
6. 夏稅：小麥每畝科正麥壹斗捌升肆合，每斗帶耗柒合，共該
7. 貳斗陸升伍合捌勺。
8. 正麥貳斗肆升捌合肆勺。
9. 耗麥壹升柒合肆勺。
10. 秋糧：黃豆每畝科正豆壹斗肆升，每斗帶耗柒合，共該貳
11. 斗貳合貳勺。
12. 正豆壹斗捌升玖合。
13. 耗豆壹升叁合貳勺。
14. 夏稅：小麥正耗肆斗玖合玖勺。
15. 秋糧：
16. 米正耗肆斗伍升壹合。
17. 黃豆正耗叁斗肆升柒合。
18. 民田地壹拾伍畝肆分叁釐。
19. 夏稅：小麥正耗壹斗伍合貳勺。
20. 秋糧：米正耗肆斗伍升壹合。
21. 田捌畝肆分叁釐。
22. 一本都一則民高田伍畝柒分柒釐。
夏稅：小麥每畝科正麥叁升，每斗帶耗柒合，共該壹斗捌

（後缺）

五〇 明隆慶陸年（1572）直隸揚州府泰興縣順得鄉貳拾壹都第拾伍里（圖）賦役黃冊

【題解】

此件爲《韻學集成》第三冊卷三第五十葉背，編號爲HV·YXJCJ3·Y50，其上下完整，前後均缺，共存文字二二行，與正面古籍文字成經緯狀。此件爲明代某戶的賦役黃冊。另，此件的文字字形、筆跡等與該批紙背文獻中隆慶陸年（1572）攢造的直隸揚州府泰興縣順得鄉貳拾壹都第拾伍里（圖）賦役黃冊相似，故推斷，此件亦當屬於該里（圖）的黃冊。

【錄文】

（前缺）

1. 　　　　升伍合貳勺。
2. 　　正麥壹斗柒升叁合壹勺。
3. 　　耗麥壹升貳合壹勺。
4. 秋糧：米每畝科正米伍升，每斗帶耗柒合壹
5. 　　勺。
6. 　　正米貳斗捌升捌合伍勺。
7. 　　耗米貳升貳勺。
8. 一本都一則民水田貳畝陸分陸釐。
9. 秋糧：米每畝科正米伍升，每斗帶耗柒合，共該壹斗肆升
10. 　　叁合壹勺。
11. 　　正米壹斗叁升叁合。
12. 　　耗米壹升壹勺。
13. 一本都一則民地柒畝。

14. 夏税：小麥每畝科正麥叁升，每斗帶耗柒合，共該貳斗貳升肆
15. 合柒勺。
16. 正麥貳斗壹升。
17. 耗麥壹升肆合柒勺。
18. 秋粮：黄豆每畝科正豆伍升，每斗帶耗柒合，共該叁斗肆升柒
19. 合伍勺。
20. 正豆叁斗伍升。
21. 耗豆貳升肆合伍勺。
22. 房屋：民草房叁間。

(後缺)

五一 明隆慶陸年（1572）直隸揚州府泰州如皋縣縣市西廂第壹里（圖）賦役黄冊

【題解】

此件爲《韻學集成》第三册卷三第五一葉背，編號爲 HV·YXJCJ3·Y51，其上下完整，前後均缺，共存文字二一行，與正面古籍文字成經緯狀。此件爲明代某户的賦役黄册。另，此件的文字字形、筆跡等與該批紙背文獻中隆慶陸年（1572）攢造的直隸揚州府泰州如皋縣縣市西廂第壹里（圖）賦役黄册相似，故推斷，此件亦當屬於該里（圖）的黄册。另，此件與 HV·YXJCJ3·Y52 第 1 至十四行格式相同、内容相關，疑屬於同一户黄册。另，因此件與 HV·YXJCJ3·Y52 第 1 至 14 行第十五至二一行則登載民田地夏税、秋粮情况，按黄册登載官民田地之順序，往往先官田地、後民田地，故推知若能綴合，則此件在前。

【錄文】

（前缺）

1. 共該壹升柒合。
2. 秋糧：黃豆每畝科正豆壹斗貳升，每斗帶耗柒合，
3. 共該壹升柒合。
4. 一本圖一則沒官陸地壹分肆釐壹毫，係兌到南廂劉應
5. 戶下地。
6. 夏稅：小麥每畝科正麥壹斗捌合，每斗帶耗柒合，
7. 共該壹升陸合叁勺。
8. 秋糧：黃豆每畝科正豆壹斗貳升，每斗帶耗柒合，
9. 共該壹升捌合壹勺。
10. 一本圖一則沒官陸地肆分玖釐柒毫，係兌到本
11. 圖劉待聘戶下地。
12. 夏稅：小麥每畝科正麥壹斗捌合，每斗帶耗柒合，
13. 共該壹斗柒升叁合。
14. 秋糧：黃豆每畝科正豆壹斗貳升，每斗帶耗柒
15. 合，共該壹斗玖升貳合貳勺。
16. 一本圖一則沒官陸地伍釐玖毫，係兌到拾壹都貳
17. 圖張梅戶下地。
18. 夏稅：小麥每畝科正麥壹斗捌合，每斗帶耗柒
19. 合，共該柒合柒勺。
20. 秋糧：黃豆每畝科正豆壹斗貳升，每斗帶耗柒
21. 合，共該

（後缺）

五二　明隆慶陸年（1572）直隸揚州府泰州如皋縣縣市西廂第壹里（圖）賦役黃冊

【題解】

此件爲《韻學集成》第三册卷三第五二葉背，編號爲HV·YXJCJ3·Y52，其上下完整，前後均缺，共存文字二一行，與正面古籍文字成經緯狀。此件爲明代某户的賦役黃冊。另，此件的文字字形、筆跡等與該批紙背文獻中隆慶陸年（1572）攢造的直隸揚州府泰州如皋縣縣市西廂第壹里（圖）賦役黃冊相似，故推斷，此件亦當屬於該里（圖）的黃冊。另，按此件第1至14行與HV·YXJCJ3·Y51格式相同、内容相關，疑屬於同一户黃冊。另，因此件第一至十四行與HV·YXJCJ3·Y51均登載官地夏税、秋糧情況，按黃冊登載官民田地之順序，往往先載官田地、後載民田地，故推知若能綴合，則此件在後。至二一行則登載民田地夏税、秋糧情況，而此件第十五一行則登載民田地夏税、秋糧情況，而此件第十五

【録文】

（前缺）

1. 秋糧：黃豆每畝科正豆壹斗貳升，每斗帶耗柒合，
2. 共該壹升肆合陸勺。
3. 一本圖一則沒官陸地伍分肆釐玖毫，係兑到拾伍都壹
4. 圖郭惟户下地。
5. 夏税：小麥每畝科正麥壹斗捌合，每斗帶耗柒合，
6. 共該陸升叁合伍勺。
7. 秋糧：黃豆每畝科正豆斗貳升，每斗帶耗柒合，
8. 共該柒升伍勺。
9. 一本圖一則沒官陸地壹分叁釐伍毫，係兑到拾柒都
10. 壹圖盧富兒户下地。
11. 夏税：小麥每畝科正麥壹斗捌合，每斗帶耗柒合，

五三 明隆慶陸年（1572）直隸揚州府泰州如皋縣縣市西廂第壹里（圖）賦役黃冊

【題解】

此件爲《韻學集成》第三册卷三第五三葉背，編號爲 HV·YXJC[]3·Y53]，其上下完整，前後均缺，共存文字十九行，與正面古籍文字成經緯狀。此件爲明代某户的賦役黄册。另，此件的文字字形、筆跡等與該批紙背文獻中隆慶陸年（1572）攢造的直隸揚州府泰州如皋縣縣市西廂第壹里（圖）賦役黄册相似，故推斷，此件亦當屬於該里（圖）的黄册。

【錄文】

（前缺）

1. 一本圖一則陸地捌分捌釐玖毫，係買到貳拾壹都壹

12. 共該壹升伍合陸勺。

13. 秋糧：黄豆每畝科正豆壹斗貳升，每斗帶耗柒合，

14. 共該壹升柒合叁勺。

15. 民田地伍畝玖分陸釐陸毫。

16. 夏税：小麥正耗捌升壹合玖勺。

17. 秋糧：

18. 米正耗壹斗壹升肆合叁勺。

19. 黄豆正耗貳升肆合捌勺。

20. 一本圖一則蕩田肆分玖釐柒毫。秋糧：米正耗壹斗壹升肆合叁勺。

21. 田貳畝壹分叁釐玖毫。秋糧：米每畝科正米

（後缺）

2. 圖劉許戶下地。
3. 夏稅：小麥每畝科正麥貳升，每斗帶耗柒合，共
4. 　該壹升玖合。
5. 秋糧：黃豆每畝科正豆伍升，每斗帶耗柒合，共
6. 　該肆升柒合陸勺。
7. 一本圖一則陸地肆分壹釐捌毫，係買到南廂朱金
8. 　戶下地。
9. 夏稅：小麥每畝科正麥貳升，每斗帶耗柒合，
10. 　共該捌合玖勺。
11. 秋糧：黃豆每畝科正豆伍升，每斗帶耗柒合，共
12. 　該貳升貳合肆勺。
13. 一本圖一則陸地貳畝貳釐伍毫，係買到拾伍都壹
14. 　圖郭惟戶下地。
15. 夏稅：小麥每畝科正麥貳升，每斗帶耗柒合，共
16. 　該肆升叁合叁勺。
17. 秋糧：黃豆每畝科正豆伍升，每斗帶耗柒合，共
18. 　該壹斗捌合叁勺。
19. 一本圖一則陸地肆分玖釐叁毫，係買到拾柒都壹圖

（後缺）

五四 明隆慶陸年（1572）直隸揚州府泰州如皋縣縣市西廂第壹里（圖）賦役黃冊

【題解】

此件爲《韻學集成》第三冊卷三第五四葉背，編號爲HV·YXJC[]3·Y54，其上下完整，前後均缺，共存文字十九行，與正面古籍文字成經緯狀。此件爲明代某户的賦役黃冊。另，明代賦役黃冊往往會登載攢造之前十年內的田畝變化等情況，文中載有土地的「兌佃」等時間『隆慶伍年』（1571）、『隆慶貳年』（1568）、『隆慶叁年』（1569），而此後的隆慶陸年（1572）爲黃冊的攢造年份，據此可知，此件當係該年攢造的賦役黃冊。此件的文字字形、筆跡等與已知該批黃冊中攢造機構爲直隸揚州府泰州如皋縣縣市西廂第壹里（圖）的賦役黃冊相似，故推斷，此件亦當屬於該里（圖）的黃冊。

【錄文】

（前缺）

1. 一本圖一則沒官陸地壹畝肆分壹釐捌毫，於隆慶伍年係兑
2. 　　佃與拾伍都貳圖朱懷承種。
3. 　　夏稅：小麥每畝科正麥壹斗捌合，每斗帶耗柒合，共該
4. 　　　　壹斗陸升叁合玖勺。
5. 　　秋糧：黃豆每畝科正豆壹斗貳升，每斗帶耗柒合，共該
6. 　　　　壹斗捌升貳合壹勺。
7. 　民田地壹拾伍畝貳分肆釐貳毫。
8. 　　夏稅：小麥正耗壹斗陸升捌合肆勺。
9. 　　秋糧：
10. 　　　米正耗叁斗玖升肆合伍勺。
11. 　　　黃豆正耗肆斗貳升壹合。

五五 明隆慶陸年（1572）直隸揚州府泰州如皋縣縣市西廂第壹里（圖）賦役黃冊

【題解】

此件爲《韻學集成》第三冊卷三第五五葉背，編號爲HV·YXJC[]3·Y55]，其上下完整，前後均缺，共存文字十九行，與正面古籍文字成經緯狀。此件爲明代某戶的賦役黃冊。另，明代賦役黃冊往往會登載攢造之前十年內的田畝變化等情況，文中載有土地的『出賣』時間『隆慶陸年』（1572）、『隆慶元年』（1567）、『隆慶貳年』（1568）等，而隆慶陸年（1572）爲黃冊的攢造年份，據此可知，此件當係該年攢造的賦役黃冊。此件的文字字形、筆跡等與已知該批黃冊中攢造機構爲直隸揚州府泰州如皋縣縣市西廂第壹里（圖）的賦役黃冊相似，故推斷，此件亦當屬於該里（圖）的黃冊。

【錄文】

（前缺）

1. 合，共該貳合貳勺，於隆慶陸年貳月出賣與

（後缺）

19. 一本圖一則蕩田捌釐肆毫。秋糧：米每畝科正米伍升，每斗帶耗柒
18. 合，共該伍升貳勺，於隆慶叁年出賣與柒都貳圖尚謹爲業。
17. 一本圖一則蕩田玖分肆釐。秋糧：米每畝科正米伍升，每斗帶耗柒合，共該壹都壹圖劉祿爲業。
16. 一本圖一則蕩田玖分肆釐。秋糧：米每畝科正米伍升，每斗帶耗柒賣與壹都壹圖劉祿爲業。
15. 合，共該貳斗叁升伍合肆勺，於隆慶貳年出
14. 一本圖一則蕩田肆畝肆分。秋糧：米每畝科正米伍升，每斗帶耗柒
13. 一本圖一則蕩田肆畝肆分。秋糧：米每畝科正米伍升，每斗帶耗柒
12. 田柒畝叁分柒釐肆毫。秋糧：米正耗叁斗玖升[肆]合伍勺。

1. 本圖許梅爲業。
2. 一本圖一則蕩田伍畝貳分壹釐。秋糧：米每畝科正米伍升，每斗帶耗柒合。
3. 一本圖一則蕩田貳畝玖分肆釐。秋糧：米每畝科正米伍升，每斗帶耗柒合，共該貳斗柒升捌合柒勺，於隆慶伍年出賣與北廂何器爲業。
4. 一本圖一則蕩田捌釐玖毫。秋糧：米每畝科正米伍升，每斗帶耗柒合，共該肆合柒勺，於隆慶元年出賣與貳拾都叁圖陳祚爲業。
5. 一本圖一則蕩田叁畝叁分貳釐。秋糧：米每畝科正米伍升，每斗帶耗柒合，共該壹斗柒升捌合貳勺，於隆慶肆年出賣與貳拾都伍圖謝沐爲業。
6. 一本圖一則蕩田叁畝貳分陸釐。秋糧：米每畝科正米伍升，每斗帶耗柒合，共該壹斗柒升肆合肆勺，於隆慶貳年出賣與拾柒都叁圖孫照爲業。
7. 一本圖一則叁畝柒釐捌毫。秋糧：米每畝科正米伍升，每斗帶耗柒合，共該壹斗陸升肆合柒勺，於隆

（後缺）

五六 明隆慶陸年（1572）直隸揚州府泰興縣順得鄉貳拾壹都第拾伍里（圖）賦役黃冊

【題解】

此件爲《韻學集成》第三冊卷三第五六葉背，編號爲HV·YXJCJ3·Y56］，其上下完整，前後均缺，共存文字二二行，與正面古籍文字成經緯狀。此件爲明代某戶的賦役黃冊。另，此件的文字字形、筆跡等與該批紙背文獻中隆慶陸年（1572）攢造的直隸揚州府泰興縣順得鄉貳拾壹都第拾伍里（圖）賦役黃冊相似，故推斷，此件亦當屬於該里（圖）的黃冊。

【錄文】

（前缺）

1. 　　　　催氏　　　　趙氏。
2. □在：
3. 　人口：玖口。
4. 　男子成丁柒口：
5. 　　本身年伍拾歲。　　弟鳳年肆拾歲。
6. 　　姪柒兒年叁拾陸歲。　姪爵年叁拾柒歲。
7. 　　姪受年叁拾陸歲。　　姪潮年叁拾陸歲。
8. 　　姪貳漢年貳拾捌歲。
9. 　婦女大貳口：
10. 　　妻劉氏年肆拾歲。　　弟婦張氏年叁拾柒歲。
11. 事產：
12. 　官民田地貳拾叁畝柒分陸釐。

13. 夏稅：小麥正耗玖斗貳升肆合壹勺。
14. 秋糧：
15. 　米正耗壹石貳斗肆升貳合玖勺。
16. 　黃豆正耗叁斗肆升捌合捌勺。
17. 官田壹畝肆分捌釐。
18. 夏稅：小麥正耗貳斗捌合玖勺。
19. 秋糧：米正耗叁斗玖升玖合柒勺。
20. 一本都一則俞平章原獻曹沙米高田玖分捌釐。
21. 夏稅：小麥每畝科正麥壹斗捌升肆合，每斗帶耗柒合，共該
22. 　壹斗玖升貳合玖勺。

（後缺）

五七 明隆慶陸年（1572）直隸揚州府泰興縣順得鄉貳拾壹都第拾伍里（圖）賦役黃冊

【題解】

此件爲《韻學集成》第三冊卷三第57葉背，編號爲 HV·YXJC[]3·Y57，其上下完整，前後均缺，共存文字二二行，文中第二一、二二行登載了父春等的病故時間『嘉靖肆拾叁年』（1564）、『嘉靖肆拾伍年』（1566），而此後的隆慶陸年（1572）爲黃冊的攢造年份，據此可知，此件的文字字形、筆跡等與已知該批黃冊中攢造機構爲直隸揚州府泰興縣順得鄉貳拾壹都第拾伍里（圖）的賦役黃冊相似，故推斷，此件亦當屬於該里（圖）的黃冊。

此件爲明代某戶的賦役黃冊。另，明代賦役黃冊往往會登載攢造之前十年內的人口變化等情況，文中第二一、二二行登載的父春等的病故時間『嘉靖肆拾叁年』（1564）、『嘉靖肆拾伍年』（1566），此件當係該年攢造的賦役黃冊。此件的文字字形成經緯狀。

哈佛藏《韻學集成》《直音篇》紙背明代文獻釋錄 卷一

【錄文】

（前缺）

1. 夏稅：小麥正耗玖斗貳升肆合壹勺。
2. 秋粮：
3. 米正耗壹石貳斗肆升貳合玖勺。
4. 黃豆正耗叁斗肆升捌合壹勺。
5. 官田壹畝肆分捌釐。
6. 夏稅：小麥正耗貳斗陸合玖勺。
7. 秋粮：米正耗叁斗玖升玖合柒勺。
8. 民田地貳拾貳畝貳分捌釐。
9. 夏稅：小麥正耗柒斗壹升伍合貳勺。
10. 秋粮：
11. 米正耗捌斗肆升叁合貳勺。
12. 黃豆正耗叁斗肆升捌合勺。
13. 田壹拾伍畝柒分陸釐。
14. 夏稅：小麥正耗伍斗伍合玖勺。
15. 秋粮：米正耗捌斗肆升貳勺。
16. 地陸畝伍分貳釐。
17. 夏稅：小麥正耗貳斗玖合叁勺。
18. 秋粮：黃豆正耗叁斗肆升捌合勺。
19. 房屋：民草房貳間。
20. 開除：人口：正除男、婦叁口。

五八 明隆慶陸年（1572）直隸揚州府泰州如皋縣縣市西廂第壹里（圖）賦役黃冊之一

【題解】

此件爲《韻學集成》第三冊卷三第五八葉背，編號爲HV·YX]C]3·Y58]，其上下完整，前後均缺，共存文字十九行，與正面古籍文字成經緯狀。此件爲明代某户的賦役黃冊。另，明代賦役黃冊往往會登載攢造之前十年内的田畝變化等情况，文中載有土地的「出賣」時間『隆慶肆年』（1570）、『隆慶叁年』（1569），而此後的隆慶陸年（1572）爲黃冊的攢造年份，據此可知，此件當係該年攢造的賦役黃冊。此件的文字字形、筆跡等與已知該批黃冊中攢造機構爲直隸揚州府泰州如皋縣縣市西廂第壹里（圖）的賦役黃冊相似，故推斷，此件亦當屬於該里（圖）的黃冊。另，此件與HV·YX]C]3·Y59]格式相同、内容相關、攢造時間一致，故推斷它們應屬於同一户的黃冊。

【錄文】

（前缺）

1. 　　　　　　該壹斗貳升壹合貳勺。
2. 　　秋糧：黃豆每畝科正豆伍升，每斗帶耗柒合，共
3. 　　　　　　該叁斗叁合壹勺。
4. 一本圖一則陸地壹畝伍分伍釐捌毫，於隆慶肆年出
5. 　　　　　　賣與本圖張銀爲業。
6. 　　夏稅：小麥每畝科正麥貳升，每斗帶耗柒合，共

21. 男子壹口：父春，於嘉靖肆拾叁年病故。
22. 婦女貳口：俱於嘉靖肆拾伍年病故。

（後缺）

7. 　　該叁升叁合肆勺。
8. 　秋糧：黃豆每畝科正豆伍升，每斗帶耗柒合，共
9. 　　捌升叁合肆勺。
10. 一本圖一則陸地壹釐伍毫，於隆慶叁年出賣與本
11. 　　圖嚴瀛爲業。
12. 　夏稅：小麥每畝科正麥貳升，每斗帶耗柒合，共
13. 　　該叁勺。
14. 　秋糧：黃豆每畝科正豆伍升，每斗帶耗柒合，
15. 　　共該捌勺。
16. 一本圖一則陸地壹釐陸毫，於隆慶叁年出賣與
17. 　　壹都拾圖繆臣爲業。
18. 　夏稅：小麥每畝科正麥貳升，每斗帶耗柒合，共
19. 　　該叁勺。

（後缺）

五九　明隆慶陸年（1572）直隸揚州府泰州如皋縣縣市西廂第壹里（圖）賦役黃冊之一

【題解】

此件爲《韻學集成》第三冊卷三第五九葉背，編號爲 HY·YXJCJ3·Y59，其上下完整，前後均缺，共存文字二一行，與正面古籍文字成經緯狀。此件爲明代某戶的賦役黃冊。另，明代賦役黃冊往往會登載攢造之前十年内的田畝變化等情況，文中載有土地的「出賣」時間「隆慶叁年」（1569）、「隆慶貳年」（1570）、「嘉靖肆拾伍年」（1566），而此後的隆慶陸年（1572）爲黃冊的攢造年份，據此

可知，此件當係該年攢造的賦役黃冊。此件的文字字形、筆跡等與已知該批黃冊中攢造機構為直隸揚州府泰州如皋縣縣市西廂第壹里（圖）的黃冊相似，故推斷，此件亦當屬於該里（圖）的黃冊。另，此件與 HV·YXJCIJ3·Y58]格式相同、內容相關、攢造時間一致，故推斷它們應屬於同一戶的黃冊。

【錄文】

（前缺）

1. 該玖勺。
2. 一本圖一則陸地壹畝陸分陸釐伍毫，於隆慶叁年出
3. 賣與拾貳都叁圖蔡絢為業。
4. 夏稅：小麥每畝科正麥貳升，每斗帶耗柒合，共
5. 該叁升伍合陸勺。
6. 秋糧：黃豆每畝科正豆伍升，每斗帶耗柒合，共
7. 該捌升玖合壹勺。
8. 一本圖一則陸地叁分貳釐肆毫，於隆慶貳年出賣
9. 與本圖郝梓為業。
10. 夏稅：小麥每畝科正麥貳升，每斗帶耗柒合，共
11. 該陸合玖勺。
12. 秋糧：黃豆每畝科正豆伍升，每斗帶耗柒合，共該
13. 壹升柒合叁勺。
14. 一本圖一則陸地貳畝肆分壹釐伍毫，於嘉靖肆拾伍
15. 年出賣與本圖宗俸為業。
16. 夏稅：小麥每畝科正麥貳升，每斗帶耗柒合，共
17. 該伍升壹合柒勺。

六〇 明隆慶陸年（1572）直隸揚州府泰興縣順得鄉貳拾壹都第拾伍里（圖）賦役黃冊

【題解】

此件爲《韻學集成》第三冊卷三第六十葉背，編號爲 HV·YXJCJ3·Y60］，其上下完整，前後均缺，共存文字二二行，與正面古籍文字成經緯狀。此件爲明代某戶的賦役黃冊。另，此件的文字字形、筆跡等與該批紙背文獻中隆慶陸年（1572）攢造的直隸揚州府泰興縣順得鄉貳拾壹都第拾伍里（圖）賦役黃冊相似，故推斷，此件亦當屬於該里（圖）的黃冊。

【錄文】

（前缺）

1. 秋粮：米每畝科正米壹斗貳升，每斗帶耗柒合，共該壹
2. 合柒勺。
3. 正米伍升柒合陸勺。
4. 耗米肆合壹勺。
5. 民田地壹拾叁畝陸釐。
6. 夏稅：桑壹株。
7. 小麥正耗肆斗壹升玖合叁勺。

（後缺）

秋糧：黃豆每畝科正豆伍升，每斗帶耗柒合，共該
壹斗貳升玖合貳勺。

一本圖一則陸地叁畝捌分壹釐陸毫，於隆慶貳年
出賣與本圖紀傳爲業。

8. 絲壹兩。

9. 秋糧：

10. 米正耗叁斗陸升陸勺。

11. 黃豆正耗叁斗叁升捌合壹勺。

12. 田本都一則高田陸畝柒分肆釐

13. 夏稅：小麥每畝科正麥叁升，每斗帶耗柒合，共該貳斗壹升陸

合肆勺。

14. 正麥貳斗貳合貳勺。

15. 耗麥壹升肆合貳勺。

16. 秋糧：米每畝科正米伍升，每斗帶耗柒合，共該叁斗陸升陸

勺。

17. 正米叁斗叁升柒合。

18. 耗米貳升叁合陸勺。

19. 地本都一則地陸畝叁分貳釐

20. 夏稅：小麥每畝科正麥叁升，每斗帶耗柒合，共該貳斗貳合玖

（後缺）

六一 明隆慶陸年（1572）直隸揚州府泰興縣順得鄉貳拾壹都第拾伍里賦役黃冊（民籍某如兒等）

【題解】

此件爲《韻學集成》第三冊卷三第六一葉背，編號爲 HV·YXJC]3·Y61，其上殘下完，前後均缺，共存文字二二行，與正面古籍文字成經緯狀。此件係明代兩戶的賦役黃冊，其中第一至八行爲一戶，第九至二二行所載某如兒充甲某如兒的黃冊。另，明代賦役黃冊在攢造之時需對下一輪十年內各戶充任里長、甲首的情況等做出預先安排，第九、十行所載某如兒充甲首的時間爲「萬曆伍年」（1577），而此前的隆慶陸年（1572）爲黃冊的攢造年份，據此可知，此件當係該年攢造的賦役黃冊。今據第二戶黃冊擬現題。

【錄文】

（前缺）

1. 正麥壹斗捌升玖合陸勺。
2. 耗麥壹升叁合叁勺。
3. 合壹勺。
4. 秋糧：黃豆每畝科正豆伍升，每斗帶耗柒合，共該 叁 斗 叁 升捌
5. 正豆叁斗壹升陸合。
6. 耗豆貳升貳合壹勺。
7. 桑壹株。夏稅：科絲壹兩。
8. 房屋：民草房叁間。
9. <u>潮故</u>，今冊姪如兒係直隸揚州府泰興縣順得鄉貳拾壹都第拾伍里民籍，充萬曆伍年甲
10. 首。

11. 舊管：
12. 人丁：計家男、婦陸口。
13. 　　　男子伍口。
14. 　　　婦女壹口。
15. 事產：
16. 　　　官民田地壹畝叁分伍釐。
17. 　　　夏稅：小麥正耗叁合貳勺。
18. 　　　秋糧：米正耗壹斗陸升叁勺。
19. 　　　　　　黃豆正耗伍合叁勺。
20. 　　　官田壹畝貳分伍釐。
21. 　　　秋糧：米正耗壹斗叁升捌合。
22.

（後缺）

六二　明隆慶陸年（1572）直隸揚州府泰興縣順得鄉貳拾壹都第拾伍里（圖）賦役黃冊

【題解】

此件爲《韻學集成》第三冊卷三第六二葉背，編號爲HV·YX]C[]3·Y62"，其上下完整，前後均缺，共存文字二二行，與正面古籍文字成經緯狀。此件爲明代某戶的賦役黃冊。另，此件的文字字形、筆跡等與該批紙背文獻中隆慶陸年（1572）攢造的直隸揚州府泰興縣順得鄉貳拾壹都第拾伍里（圖）賦役黃冊相似，故推斷，此件亦當屬於該里（圖）的黃冊。

【錄文】

（前缺）

1. 民田地貳拾伍畝玖分叁釐。
2. 夏稅：小麥正耗捌斗叁升貳合肆勺。
3. 秋糧：
4. 米正耗貳斗玖升伍勺。
5. 黃豆正耗壹石玖升陸合捌勺。
6. 田本都一則民高田伍畝肆分叁釐。
7. 夏稅：小麥每畝科正麥叁升，每斗帶耗柒合，共該壹斗肆升柒合叁勺。
8. 正麥壹斗陸升貳合玖勺。
9. 耗麥壹升壹合肆勺。
10. 秋糧：米每畝科正米伍升，每斗帶耗柒合，共該貳斗玖升伍勺。
11. 正米貳斗柒升壹合伍勺。
12. 耗米壹升玖合。
13. 地本都一則貳拾畝伍分。
14. 夏稅：小麥每畝科正麥叁升，每斗帶耗柒合，共該陸斗伍升捌合壹勺。
15. 正麥陸斗壹升伍合。
16. 耗麥肆升叁合壹勺。
17. 秋糧：黃豆每畝科正豆伍升，每斗帶耗柒合，共該壹石玖

六三 明隆慶陸年（1572）直隸揚州府泰興縣順得鄉貳拾壹都第拾伍里（圖）賦役黃冊

【題解】

此件爲《韻學集成》第三冊卷三第六三葉背，編號爲"HV·YXJC[]3·Y63"，其上下完整，前後均缺，共存文字二三行，與正面古籍文字成經緯狀。此件爲明代某戶的賦役黃冊。另，此件的文字字形、筆跡等與該批紙背文獻中隆慶陸年（1572）攢造的直隸揚州府泰興縣順得鄉貳拾壹都第拾伍里（圖）賦役黃冊相似，故推斷，此件亦當屬於該里（圖）的黃冊。

【錄文】

（前缺）

1. 開除：人口：正除男、婦叁口。
2. 　　　　男子貳口：
3. 　　　　　兄員，兄昇，俱於先年病故。
4. 　　　　婦女大壹口：嫂王氏故。
5. 實在：
6. 　　人口：男子不成丁壹口。本身年柒拾伍歲，委係老丁，戶下再無已欠人丁接補，遺下田地俱係本里遞年曹閏等佃種，代納
7. 　　　　　税粮不缺，理合造報。
8. 　　事產：

（後缺）

21. 　　　　　　　　升陸合捌勺。
22. 　　　正豆壹石貳升伍合。

10. 官民田地貳拾玖畝捌分壹釐。
11. 夏稅：
12. 　　小麥正耗壹石伍斗玖升陸合叁勺。
13. 秋糧：
14. 　　米正耗壹石貳斗捌升玖勺。
15. 　　黃豆正耗壹石玖升陸合捌勺。
16. 官田本都一則沒官蔣阿留高田叁畝捌分捌釐。
17. 夏稅：小麥每畝科正麥壹斗捌升肆合，每斗帶耗柒合，共該柒
18. 　　斗陸升叁合玖勺。
19. 　　正麥柒斗壹升叁合玖勺。
20. 　　耗麥伍升。
21. 秋糧：米每畝科正米貳斗肆升，每斗帶耗柒合，共該玖斗
22. 　　玖升陸合肆勺。
23. 　　正米玖斗叁升壹合貳勺。
　　　耗米陸升伍合貳勺。

（後缺）

六四　明隆慶陸年（1572）直隸揚州府泰州如皋縣縣市西廂第壹圖賦役黃冊（民戶錢恕等）

【題解】

此件爲《韻學集成》第三冊卷三第六四葉背，編號爲 HV・YXJC[]3・Y64］，其上殘下完，前後均缺，中有缺行，共存文字十七行，

與正面古籍文字成經緯狀。此件係明代兩戶的賦役黃冊，其中第一至二行爲一戶，第三至十七行係直隸揚州府泰州如皋縣縣市西廂第壹圖民戶錢恕的黃冊。另，明代賦役黃冊在攢造之時需對下一輪十年內各戶充任里長、甲首情況等做出預先安排，第三、四行所載錢恕充甲首的時間爲『萬曆叁年』（1575），而此前的隆慶陸年（1572）爲黃冊的攢造年份，據此可知，此件當係該年攢造的賦役黃冊。今據第二戶黃冊擬現題。

【錄文】

1. 　　　　　　　　　　　　（前缺）
2. 　　　　　　　　　　　　　首。
3. ▢今弟錢恕係直隸揚州府泰州如皋縣縣市西廂第壹圖民戶，充萬曆叁年甲
4. 　　　　　　　　　　　　（中缺1行）
5. ▢丁：計家男、婦捌口。
6. 　　　　男子陸口。
7. 　　　　婦女貳口。
8. 事產：
9. 　　官民田地壹拾貳畝陸分壹釐伍毫。
10. 　　　　夏稅：小麥正耗貳斗柒升陸合伍勺。
11. 　　　　秋糧：
12. 　　　　　米正耗伍斗肆升柒合玖勺。
13. 　　　　　黃豆正耗肆斗陸升貳合捌勺。
14. 　　官田地肆畝肆分柒釐玖毫。
15. 　　　　夏稅：小麥正耗壹斗陸升肆合捌勺。

六五 明隆慶陸年（1572）直隸揚州府泰州如皋縣縣市西廂第壹里（圖）賦役黃冊

【題解】

此件爲《韻學集成》第三冊卷三第六五葉背，編號爲HV·YXJCJ3·Y65，其上下完整，前後均缺，共存文字二十行，與正面古籍文字成經緯狀。此件爲明代某戶的賦役黃冊。另，此件的文字字形、筆跡等與該批紙背文獻中隆慶陸年（1572）攢造的直隸揚州府泰州如皋縣縣市西廂第壹里（圖）賦役黃冊相似，故推斷，此件亦當屬於該里（圖）的黃冊。

【錄文】

（前缺）

1. 田本圖一則沒官蕩田貳頃壹畝肆分貳釐壹毫。秋糧：米每畝
2. 　　科正米壹斗貳升，每斗帶耗柒合，共該
3. 　　貳拾伍石捌斗陸升貳合肆勺。
4. 　　正米貳拾石伍升柒合壹勺。
5. 　　耗米伍石叁斗伍升伍合叁勺。
6. 地本圖一則沒官陸地玖拾肆畝柒釐。
7. 　　夏稅：小麥每畝科正麥壹斗捌合，每斗帶耗柒合，
8. 　　　　共該壹拾石捌斗柒升貳勺。
9. 　　　　正麥玖石肆斗捌升貳合捌勺。

...

16.
17. 　　秋糧：

（後缺）

　　　　米正耗叁斗玖升壹合叁勺。

10. 耗麥壹石叁斗捌升柒合肆勺。
11. 秋粮：黃豆每畝科正豆壹斗貳升，每斗帶耗柒合，
12. 　　　　共該壹拾貳石柒升捌合，
13. 正豆壹拾貳石貳斗捌升捌合肆勺。
14. 耗豆柒斗捌升玖合陸勺。
15. 民田地伍頃叁拾柒畝壹分玖釐伍毫。
16. 夏稅：小麥正耗柒石叁斗柒升捌合貳勺。
17. 秋粮：
18. 米正耗壹拾石貳斗玖升肆合伍勺。
19. 黃豆正耗壹拾捌石肆斗肆升伍合伍勺。
20. 田本圖一則蕩田壹頃叁拾貳畝肆分貳釐。秋粮：米每畝

（後缺）

六六　明隆慶陸年（1572）直隸揚州府泰州如皋縣縣市西廂第壹里（圖）賦役黃冊之一

【題解】

此件爲《韻學集成》第三冊卷三第六六葉背，編號爲 HV·YXJC[]3·Y66，其上下完整，前後均缺，共存文字十九行，與正面古籍文字成經緯狀。此件爲明代某户的賦役黃冊。另，明代賦役黃冊往往會登載攢造之前十年內的田畝變化等情況，文中載有土地的「出賣」時間『隆慶肆年』（1570）、『隆慶叁年』（1569），而此後的隆慶陸年（1572）爲黃冊的攢造年份，據此可知，此件當係該年攢造的賦役黃冊。此件的文字字形、筆跡等與已知該批黃冊中攢造機構爲直隸揚州府泰州如皋縣縣市西廂第壹里（圖）的黃冊相似，故推斷，此件亦當屬於該里（圖）的黃冊。另，此件與 HV·YXJC[]3·Y67 格式相同、內容相關、攢造時間一致，故推斷它們應屬於同一户此件亦當屬於該里（圖）的黃冊。

哈佛藏《韻學集成》《直音篇》紙背明代文獻釋錄 卷一

的黃冊。

【錄文】

（前缺）

1. 夏稅：小麥每畝科正麥貳升，每斗帶耗柒合，共
該壹斗貳升伍合。
2. 秋糧：黃豆每畝科正豆伍升，每斗帶耗柒合，共
該叁斗壹升貳合陸勺。
3. 一本圖一則陸地伍畝伍分壹釐陸毫，於隆慶肆年出
賣與本圖劉約爲業。
4. 夏稅：小麥每畝科正麥貳升，每斗帶耗柒合，共
該壹升壹升捌合。
5. 秋糧：黃豆每畝科正豆伍升，每斗帶耗柒合，共該
貳斗玖升伍合壹勺。
6. 一本圖一則陸地捌分叁分①玖毫，於隆慶叁年出賣與
叁都壹圖叢喬爲業。
7. 夏稅：小麥每畝科正麥貳升，每斗帶耗柒合，共該
壹升柒合玖勺。
8. 秋糧：黃豆每畝科正豆伍升，每斗帶耗柒合，共
該肆升肆合捌勺。
9. 一本圖一則陸地囗畝肆分陸釐柒毫，於隆慶肆年出賣
與陸都壹圖任選爲業。

① 【分】，據文義當係【釐】之誤。

六七 明隆慶陸年（1572）直隸揚州府泰州如皋縣市西廂第壹里（圖）賦役黃冊之一

【題解】

此件爲《韻學集成》第三冊卷三第六七葉背，編號爲 HV·YXJCJ3·Y67，其上下完整，前後均缺，共存文字十九行，與正面古籍文字成經緯狀。此件爲明代某户的賦役黃冊。另，明代賦役黃冊往往會登載攢造之前十年內的田畝變化等情況，此件當係該年攢造的賦役黃冊。此件的文字字形、筆跡等與已知該批黃冊中攢造機構爲直隸揚州府泰州如皋縣市西廂第壹里（圖）的賦役黃冊相似，故推斷，此件亦當屬於該里（圖）的黃冊。按此件與 HV·YXJCJ3·Y66 格式相同、內容相關，攢造時間一致，故推斷它們應屬於同一户的黃冊。

【錄文】

（前缺）

1. 賣與貳拾都叄圖陳祚爲業。
2. 夏税：小麥每畝科正麥貳升，每斗帶耗柒合，共
3. 　　該壹斗壹升貳合柒勺。
4. 秋糧：黃豆每畝科正豆伍升，每斗帶耗柒合，共該
5. 　　貳斗捌升壹合捌勺。
6. 一本圖一則陸地壹分伍釐玖毫，於隆慶肆年出賣
7. 　　與貳拾都叄圖沈勁爲業。
8. 夏税：小麥每畝科正麥貳升，每斗帶耗柒合，共

19. 　　夏税：小麥每畝科正麥貳升，每斗帶耗柒合，共

（後缺）

六八 明隆慶陸年（1572）直隸揚州府泰州如皋縣縣市西廂第壹里（圖）賦役黃冊

【題解】

此件爲《韻學集成》第三冊卷三第 68 葉背，編號爲 HV·YXJC[]3·Y68］，其上下完整，前後均缺，共存文字二一行，與正面古籍文字成經緯狀。此件爲明代某戶的賦役黃冊。另，此件的文字字形、筆跡等與該批紙背文獻中隆慶陸年（1572）攢造的直隸揚州府泰州如皋縣縣市西廂第壹里（圖）賦役黃冊相似，故推斷，此件亦當屬於該里（圖）的黃冊。

【錄文】

（前缺）

9.　　　　　　　　　　　　　　該叁合肆勺。
10. 秋糧：黄豆每畝科正豆伍升，每斗帶耗柒合，共該
11. 　　　捌合伍勺。
12. 一本圖一則陸地伍畝玖分陸釐捌毫，於隆慶貳年出
13. 　　　賣與貳拾都伍圖謝沐爲業。
14. 夏稅：小麥每畝科正麥貳升，每斗帶耗柒合，共該
15. 　　　壹斗陸合叁勺。
16. 秋糧：黄豆每畝科正豆伍升，每斗帶耗柒合，共該
17. 　　　貳斗陸升伍合捌勺。
18. 一本圖一則陸地伍畝捌分肆釐叁毫，於隆慶貳年出賣
19. 　　　與拾柒都貳圖孫照爲業。

（後缺）

1. 共該壹石壹升壹勺，係兌到叁都壹
2. 圖叢远户下田。
3. 一本圖一則沒官蕩田叁畝陸分肆釐貳毫。秋糧：米每
4. 畝科正米壹斗貳升，每斗帶耗柒合，
5. 共該肆斗陸升柒合貳勺，係兌到柒都
6. 肆圖陳河賢户下田。
7. 一本圖一則沒官蕩田陸分柒釐柒毫。秋糧：米每
8. 畝科正米壹斗貳升，每斗帶耗柒合，
9. 該捌升陸合玖勺，係兌到肆都貳圖
10. 王雲户下田。
11. 一本圖一則沒官蕩田玖分伍釐肆毫。秋糧：米每畝科
12. 正米壹斗貳升，每斗帶耗柒合，共該
13. 壹斗貳升貳合伍勺，係兌到本圖張合
14. 户下田。
15. 一本圖一則沒官蕩田壹分肆釐柒毫。秋糧：米每畝
16. 科米壹斗貳升，每斗帶耗柒合，共
17. 該壹升捌合玖勺，係兌到拾都壹
18. 圖王襄户下田。
19. 一本圖一則沒官蕩田貳分貳釐陸毫。秋糧：米每畝科
20. 正米壹斗貳升，每斗帶耗柒合，共該
21. 貳升玖合，係兌到貳拾都伍圖陳實

（後缺）

六九 明隆慶陸年（1572）直隸揚州府泰州如皋縣縣市西廂第壹里（圖）賦役黃冊（吳某）

【題解】

此件爲《韻學集成》第三冊卷三第六九葉背，編號爲HV·YX]C]3·Y69]，其上下完整，前後均缺，共存文字二十行，與正面古籍文字成經緯狀。此件爲明代某户的賦役黃冊，據文中所載男子姓名知，此黃冊的户頭當係吳某。另，此件的文字字形、筆跡等與該批紙背文獻中隆慶陸年（1572）攢造的直隸揚州府泰州如皋縣縣市西廂第壹里（圖）賦役黃冊相似，故推斷，此件亦當屬於該里（圖）的黃冊。

【錄文】

（前缺）

1. 姪吳述，原係本户漏報。
2. 孫吳芳，原係本户漏報。
3. 孫吳官，原係本户漏報。
4. 孫吳承恩，原係本户漏報。
5. 孫吳泮，原係本户漏報。
6. 孫吳壹桂，原係本户漏報。
7. 弟吳承會，原係本户漏報。
8. 弟吳承祥，原係本户漏報。
9. 弟吳遂，原係本户漏報。
10. 弟吳遺，原係本户漏報。
11. 弟吳㮈，原係本户漏報。
12. 弟吳高，原係本户漏報。

13. 弟吳壹末，原係本戶漏報。
14. 弟吳兔，原係本戶漏報。
15. 弟吳迪，原係本戶漏報。
16. 婦女肆口：
17. 弟婦王氏，係娶到富安王左女。
18. 孫婦張氏，係娶到太興張友女。
19. 孫婦冒氏，係娶到東陳冒陸女。
20. 孫婦

（後缺）

七〇 明隆慶陸年（1572）直隸揚州府泰興縣順得鄉貳拾壹都第拾伍里賦役黃冊之一（民籍楊關狗等）

【題解】

此件爲《韻學集成》第三冊卷三第七〇葉背，編號爲 HV·YXJC []3·Y70]，其上殘下完，前後均缺，共存文字二二行，其中第一至二一行爲一戶，第 22 行係直隸揚州府泰興縣順得鄉貳拾壹都第拾伍里民籍楊關狗的黃冊。另，明代賦役黃冊在攢造之時需對下一輪十年內各戶充任里長、甲首情況等做出預先安排，第二二行所載楊關狗充里長或甲首的時間爲「萬曆陸年」（1578），而此前的隆慶陸年（1572）爲黃冊的攢造年份，據此可知，此件當係該年攢造的賦役黃冊。今據第二戶黃冊擬現題。另，此件是最末行所缺者，按同類黃冊所載內容推斷，當係「年甲首」「年里長」之類，HV·YXJC []3·Y71] 起首行正爲此內容，故推斷此兩件實爲同一戶的黃冊，可以綴合，綴合後此件在前。

哈佛藏《韻學集成》《直音篇》紙背明代文獻釋錄 卷一

（前缺）

【錄文】

1. 事產：
2. 官民田地壹畝叁分伍釐。
3. 夏稅：小麥正耗叁合貳勺。
4. 秋糧：
5. 米正耗壹斗陸升叁勺。
6. 黃豆正耗伍合叁勺。
7. 官田本都一則富淮莊原科水田壹畝貳分伍釐。
8. 秋糧：米每畝科正米壹斗貳升，每斗帶耗柒合，共該
9. 壹斗陸升叁勺。
10. 正米壹斗伍升。
11. 耗米壹升叁勺。
12. 夏稅：小麥每畝科正麥叁升，每斗帶耗柒合，共該叁
13. 合貳勺。
14. 正麥叁合。
15. 耗麥貳勺。
16. 民地本都一則陸地壹分。
17. 秋糧：黃豆每畝科正豆伍升，每斗帶耗柒合，共該伍
18. 合叁勺。
19. 正豆伍合。
20. 耗豆叁勺。

七一 明隆慶陸年（1572）直隷揚州府泰興縣順得鄉貳拾壹都第拾伍里賦役黃冊之二（民籍楊關狗等）

【題解】

此件爲《韻學集成》第三册卷三第七一葉背，編號爲 HV·YXJC∏3·Y71，其上下完整，前後均缺，共存文字二二行，與正面古籍文字成經緯狀。此件爲明代某户的賦役黄册。另，按此件首行所載者，正係 HV·YXJC∏3·Y70 最後一行所缺内容，據之推斷此兩件實屬同一户的黄册，可以綴合，綴合後此件在後。今據 HV·YXJC∏3·Y70 擬現題。

【錄文】

（前缺）

1. ……年甲首。
2. □管……
3. 人丁：計家男、婦陸口。
4. 　　男子肆口。
5. 　　婦女貳口。
6. 事産：
7. 　　官民田地壹畝陸分。
8. 　　夏税：小麥正耗捌升伍合玖勺。

...

21. 　　房屋：民草房壹間。
22. ▉▉▉楊關狗係直隷揚州府泰興縣順得鄉貳拾壹都第拾伍里民籍，充萬曆陸

（後缺）

9. 秋糧：
10. 米正耗貳斗捌勺。
11. 黃豆正耗貳合貳勺。
12. 官田貳分壹釐。
13. 夏稅：小麥正耗肆升壹合叁勺。
14. 秋糧：米正耗壹斗貳升捌合陸勺。
15. 民田地壹畝叁分玖釐。
16. 夏稅：小麥正耗肆升肆合陸勺。
17. 秋糧：
18. 米正耗柒升貳合貳勺。
19. 黃豆正耗貳合貳勺。
20. 田壹畝叁分伍釐。
21. 夏稅：小麥正耗肆升叁合叁勺。
22. 秋糧：米正耗柒升貳合貳勺。

（後缺）

七二、明隆慶陸年（1572）直隸揚州府泰州如皋縣縣市西廂第壹里（圖）賦役黃冊

【題解】

此件爲《韻學集成》第三冊卷三第七二葉背，編號爲"HV·YXJC]3·Y72]"，其上殘下完，前後均缺，共存文字十九行，與正面古籍文字成經緯狀。此件爲明代的賦役黃冊。另，此件的文字字形、筆跡等與該批紙背文獻中隆慶陸年（1572）攢造的直隸揚州府泰州如皋

【錄文】

（前缺）

1. ☐拾料缸壹隻。
2. 頭匹：牛、驢伍拾柒隻、頭。
3. 水牛肆拾柒隻。
4. 黃牛貳隻。
5. 驢捌頭。
6. 拾捌戶。
7. 人口：貳百捌拾叁口。
8. 男子壹百捌拾壹口。
9. 婦女壹百貳口。
10. 事產：
11. 官民田地陸頃肆拾玖畝捌分壹釐貳毫。
12. 夏稅：
13. 小麥正耗壹拾伍石陸斗壹升伍合玖勺。
14. 絲叁兩。
15. 桑叁株。
16. 秋糧：
    米正耗叁拾石陸斗叁升伍合捌勺。

縣縣市西廂第壹里（圖）賦役黃冊相似，故推斷，此件亦當屬於該里（圖）的黃冊。另，由第六、七行所載戶數及人口數可知，該黃冊並非是某一戶的賦役黃冊，且據第七行所載人口數推斷，第六行的戶數當在『拾捌戶』以上。明代在攢造黃冊之時，按《後湖志》的記載：『每里編為一冊，冊首總為一圖』，而且往往以『一百一十戶為一里』。雖然此處所載戶數可能不足這一數字，但其遠超出了一戶的範圍，且相關人口數量亦遠多於一戶人口之數。因之推測，此件或為泰州如皋縣縣市西廂第壹里（圖）黃冊的冊首部分。

七三 明隆慶陸年（1572）直隸揚州府泰州如皋縣縣市西廂第壹里（圖）賦役黃冊

【題解】

此件爲《韻學集成》第三册卷三第七三葉背，編號爲 HV·YXJCJ3·Y73]，其上下完整，前後均缺，共存文字十八行，與正面古籍文字成經緯狀。此件爲明代某户的賦役黄册。另，此件的文字字形、筆跡等與該批紙背文獻中隆慶陸年（1572）攢造的直隸揚州府泰州如皋縣縣市西廂第壹里（圖）賦役黄册相似，故推斷，此件亦當屬於該里（圖）的黄册。

【錄文】

（前缺）

1. 黄豆正耗壹拾石陸斗壹合貳勺。
2. 田壹頃柒拾伍畝陸分叁釐壹毫。　秋糧：米正耗貳拾貳石伍
3. 斗伍升壹合捌勺。
4. 地捌拾貳畝柒釐肆毫。
5. 夏税：小麥正耗玖石肆斗捌升合伍勺。
6. 秋糧：黄豆正耗壹拾石陸斗壹合貳勺。
7. 一則沒官陸地陸拾肆畝壹釐叁毫。
8. 夏税：小麥正耗柒石肆斗柒合捌勺。

17. 黄豆正耗貳拾伍石貳合玖勺。
18. 官田地貳頃伍拾柒畝捌分肆釐叁毫。
19. 夏税：小麥正耗玖石肆斗捌升肆合伍勺。

（後缺）

七四 明隆慶陸年（1572）直隷揚州府泰興縣順得鄉貳拾壹都第拾伍里（圖）賦役黃冊

【題解】

此件爲《韻學集成》第三册卷三第七四葉背，編號爲HV·YXJCJ3·Y74］，其上下完整，前後均缺，共存文字二二行，與正面古籍文字成經緯狀。此件爲明代某户的賦役黃冊。另，此件的文字字形、筆跡等與該批紙背文獻中隆慶陸年（1572）攢造的直隷揚州府泰興縣順得鄉貳拾壹都第拾伍里（圖）賦役黃冊相似，故推斷，此件亦當屬於該里（圖）的黃冊。

【録文】

（前缺）

9. 秋糧：黃豆正耗捌石貳斗叁升捌勺。

10. 一則學地壹拾柒畝囗分柒釐柒毫。

11. 夏稅：小麥正耗貳石柒升陸合柒勺。

12. 秋糧：黃豆正耗貳石叁斗柒升肆勺。

13. 民田地叁頃貳拾壹畝玖分陸釐玖毫。

14. 夏稅：小麥正耗陸石壹斗叁升壹合肆勺。

15. 秋糧：

16. 米正耗捌石捌升肆合。

17. 黃豆正耗壹拾肆石肆升壹合柒勺。

18. 田壹頃叁拾肆畝肆分伍釐肆毫。秋糧：米正耗捌石捌升肆

（後缺）

哈佛藏《韻學集成》《直音篇》紙背明代文獻釋錄 卷一

1. 一本都一則民高田玖拾捌畝玖分伍釐。
2. 夏稅：小麥每畝科正麥叁升，每斗帶耗柒合，共該叁石壹斗柒
3. 升陸合叁勺。
4. 正麥貳石玖斗陸升捌合叁勺。
5. 耗麥貳斗柒合捌勺。
6. 秋糧：米每畝科正米伍升，每斗帶耗柒合，共該伍石貳斗玖升叁
7. 合捌勺。
8. 正米肆石玖斗肆升柒合叁勺。
9. 耗米叁斗肆升陸合叁勺。
10. 一本都一則水田壹拾伍畝伍分伍釐。
11. 秋糧：米每畝科正米伍升，每斗帶耗柒合，共該捌斗伍升叁
12. 合叁勺。①
13. 正米柒斗玖升柒合伍勺。
14. 耗米伍升伍合。
15. 地本都一則地壹拾玖畝壹分肆釐。
16. 夏稅：小麥每畝科正麥叁升，每斗帶耗柒合，共該陸斗壹升肆
17. 合肆勺。
18. 正麥伍斗陸升貳合伍勺。
19. 耗麥伍升壹合玖勺。
20. 秋糧：黃豆每畝科正豆伍升，每斗帶耗柒合，共該壹斗□升肆
21. 合。

① 此米之數與下文正米、耗米數不合。

七五 明隆慶陸年（1572）直隸揚州府泰興縣順得鄉貳拾壹都第拾伍里（圖）賦役黃冊

【題解】

此件爲《韻學集成》第三冊卷三第七五葉背，編號爲HV·YXJCJJ3·Y75]，其上下完整，前後均缺，共存文字二三行，與正面古籍文字成經緯狀。此件爲明代某戶的賦役黃冊。另，此件的文字字形、筆跡等與該批紙背文獻中隆慶陸年（1572）攢造的直隸揚州府泰興縣順得鄉貳拾壹都第拾伍里（圖）賦役黃冊相似，故推斷，此件亦當屬於該里（圖）的黃冊。

【錄文】

（前缺）

1. 實在：
2. 人口：壹拾肆口。
3. 　　男子玖口：
4. 　　　成丁柒口：
5. 　　　　本身年叁拾捌歲。
6. 　　　　弟浙年叁拾玖歲。
7. 　　　　弟明年叁拾肆歲。
8. 　　　　姪梓年叁拾歲。
9. 　　　　姪沾年貳拾柒歲。
7. 　　　　姪柏年貳拾柒歲。
8. 　　　　姪沂年叁拾陸歲。
9. 　　　不成丁貳口：

正豆玖斗伍升柒合。

（後缺）

① 【叁】，據文義疑爲【肆】之誤。

10. 玄郎年捌歲。
11. 蛇郎年陸歲。
12. 婦女大伍口：
13. 弟婦蔡氏年叁拾玖歲。
14. 弟婦宋氏年肆拾歲。
15. 姪婦毛氏年肆拾歲。
16. 姪婦薛氏年肆拾歲。
17. 姪婦孟氏年拾捌歲。
18. 事產：
19. 民田地壹頃叁拾肆畝肆釐。
20. 夏稅：小麥正耗叁石柒斗玖升柒勺。
21. 秋糧：
22. 米正耗陸石壹斗肆升柒合壹勺。
23. 黃豆正耗壹石貳升肆合。
24. 田壹頃壹拾肆畝玖釐。
25. 夏稅：小麥正耗叁石壹斗柒升陸合叁勺。
26. 秋糧：米正耗陸石壹斗肆升柒合壹勺。

（後缺）

七六 明隆慶陸年（1572）直隸揚州府泰興縣順得鄉貳拾壹都第拾伍圖賦役黃冊（民籍某閏）

【題解】

此件爲《韻學集成》第三冊卷三第七六葉背，編號爲 HV·YXJC[]3·Y76］，其上殘下完，前後均缺，共存文字二十行，與正面古籍

文字成經緯狀。據文書首行可知，此件當係明直隸揚州府泰興縣順得鄉貳拾壹都第拾伍圖民籍某閆充里長之賦役黃冊。另，明代賦役黃冊在攢造之時需對下一輪十年內各戶充任里長、甲首情況等做出預先安排，第一、二行所載某閆充里長的時間為『萬曆肆年』（1576），而此前的隆慶陸年（1572）為黃冊的攢造年份，據此可知，此件當係該年攢造的賦役黃冊。

【錄文】

（前缺）

1. ……故，今姪閆係直隸揚州府泰興縣順得鄉貳拾壹都第拾伍圖民籍，充萬曆肆
2. 年里長。
3. □管：
4. 人丁：計家男、婦壹拾陸口。
5. 　　男子壹拾口。
6. 　　婦女陸口。
7. 事產：
8. 　　民田地壹頃叁拾肆畝肆釐。
9. 　　夏稅：小麥正耗叁石柒斗玖升柒勺。
10. 　　秋粮：米正耗陸石壹斗肆升柒合壹勺。
11. 　　田壹頃壹拾肆畝玖分。
12. 　　夏稅：小麥正耗叁石壹斗柒升陸合叁勺。
13. 　　秋粮：米正耗陸石壹斗肆升柒合壹勺。
14. 　　黃豆正耗壹石貳升肆合。
15. 　　秋粮：米正耗陸石壹斗肆升柒合壹勺。
16. 　　地壹拾玖畝壹分肆釐。
17. 　　夏稅：小麥正耗陸斗壹升肆合肆勺。

七七 明隆慶陸年（1572）直隸揚州府泰興縣順得鄉貳拾壹都第拾伍里（圖）賦役黃冊

【題解】

此件爲《韻學集成》第三冊卷三第七七葉背背，編號爲 HV·YXJC[]3·Y77]，其上下完整，前後均缺，共存文字二三行，與正面古籍文字成經緯狀。此件爲明代的賦役黃冊。另，此件所載房屋有「叁百貳拾肆間」，又有「牛柒拾柒隻」，這些數字超過了通常情況下一戶所擁有的房屋、頭匹數量，因此推測，此件或有爲黃冊冊首的可能。另，此件的文字字形、筆跡等與該批紙背文獻中隆慶陸年（1572）攢造的直隸揚州府泰興縣順得鄉貳拾壹都第拾伍里（圖）賦役黃冊相似，故推斷，此件亦當屬於該里（圖）的黃冊。

【錄文】

（前缺）

1. 秋糧：黃豆每畝科正豆壹斗肆升，共該肆石捌斗柒升貳合。
2. 一則富淮莊原科地壹畝捌分。
3. 夏稅：小麥每畝科正麥叁升，每斗帶耗柒合，共該伍升柒合捌勺。
4. 秋糧：黃豆每畝科正豆柒升，每斗帶耗柒合，共該壹斗叁升肆合玖勺。
5. 一則富淮莊續科地捌畝叁分。
6. 夏稅：小麥每畝科正麥叁升，每斗帶耗柒合，共該貳斗陸升陸合肆勺。

18. 秋糧：黃豆正耗壹石貳升肆合。
19. 房屋：民草房陸間。
20. 頭匹：民水牛壹隻。

（後缺）

7. 秋糧：黃豆每畝科正豆伍升，每斗帶耗柒合，共該肆斗肆升伍合肆勺。
8. 民田地壹拾陸頃叁拾貳畝伍分貳釐。
9. 夏稅：
10. 小麥正耗肆拾陸石伍斗伍合捌勺。
11. 絲壹拾貳兩。
12. 桑壹拾貳株。
13. 秋糧：
14. 米正耗陸拾石肆斗玖升柒勺。
15. 黃豆正耗貳拾柒石伍合。
16. 田一則高田壹拾壹頃肆畝叁分壹釐。
17. 夏稅：小麥每畝科正麥叁升，共該貳拾貳石伍斗伍合捌勺。
18. 秋糧：米每畝科正米伍升，每斗帶耗柒合，共該貳拾柒石伍合。
19. 地一則地伍頃貳拾柒畝貳分。
20. 夏稅：小麥每畝科正麥叁升，共該壹拾陸石玖斗貳升叁合壹勺。
21. 秋糧：黃豆每畝科正豆伍升，每斗帶耗柒合，共該貳拾捌石貳斗伍合貳勺。
22. 民草房叁百貳拾肆間。
23. 頭匹：民牛柒拾柒隻。
    水牛貳拾伍隻，黃牛伍拾貳隻。

（後缺）

七八 明隆慶陸年（1572）直隸揚州府泰州如皋縣縣市西廂第壹里（圖）賦役黃冊

【題解】

此件爲《韻學集成》第三册卷三第七八葉背，編號爲 HV·YXJCJ3·Y78］，其上下完整，前後均缺，共存文字十九行，與正面古籍文字成經緯狀。此件爲明代某户的賦役黄册。另，此件的文字字形、筆跡等與該批紙背文獻中隆慶陸年（1572）攢造的直隸揚州府泰州如皋縣縣市西廂第壹里（圖）賦役黄册相似，故推斷，此件亦當屬於該里（圖）的黄册。

【錄文】

（前缺）

1. 秋糧：
2. 　　米正耗壹斗叁升貳勺。
3. 　　黄豆正耗壹斗貳升玖合玖勺。
4. 官田地壹畝陸釐叁毫。
5. 　　夏税：小麥正耗叁升玖合。
6. 　　秋糧：
7. 　　　米正耗玖升叁合壹勺。
8. 　　　黄豆正耗陸升柒合柒勺。
9. 田柒分貳釐伍毫。
10. 地叁分叁釐捌毫。
11. 　　夏税：小麥正耗叁升玖合。
12. 　　秋糧：黄豆正耗陸升柒合柒勺。
13. 民田地壹畝玖分叁釐。

七九 明隆慶陸年（1572）直隸揚州府泰州如皋縣縣市西廂第壹里賦役黃冊（軍戶陳某等）

【題解】

此件爲《韻學集成》第三冊卷三第七九葉背，編號爲"HV·YX]C[]3·Y79"，其上殘下完，前後均缺，共存文字二一行，與正面古籍文字成經緯狀。此件係明代兩戶的賦役黃冊，其中第一至十八行爲一戶，第十九至二十行係直隸揚州府泰州如皋縣縣市西廂第壹里的賦役黃冊攢造於隆慶陸年（1572），陳某之黃冊。此陳某有可能是文中的『陳玄』。已知該批直隸揚州府泰州如皋縣縣市西廂第壹里的賦役黃冊擬現題。

【錄文】

（前缺）

1. 米正耗陸斗柒升玖合玖勺。
2. 黃豆正耗壹石貳斗壹升捌合貳勺。秋糧：米每畝科正
3. 田本圖一則蕩田壹拾貳畝柒分捌毫。
4. 米伍升，每斗帶耗柒合，共該陸斗柒

（後缺）

14. 夏稅：小麥正耗貳升肆合肆勺。
15. 秋糧：
16. 米正耗叁升柒合壹勺。
17. 黃豆正耗陸升陸合貳勺。
18. 田陸分玖釐叁毫。秋糧：米正耗叁升柒合壹勺。
19. 地壹畝貳分叁釐柒毫。

5. 升玖合勺。
6. 正米陸斗叁升伍合肆勺。
7. 耗米壹斗叁升合伍勺。
8. 地本圖一則陸地貳拾貳畝柒分柒釐壹毫。
9. 夏稅：小麥每畝科正麥貳升，每斗帶耗柒合，共該肆斗捌升柒合叁勺。
10. 正麥肆斗伍升伍合肆勺。
11. 耗麥叁升壹合玖勺。
12. 秋糧：黃豆每畝科正豆伍升，每斗帶耗柒合，共該壹石貳斗壹升壹合貳勺。
13. 正豆壹石壹斗叁升捌合陸勺。
14. 耗豆柒升玖合陸勺。
15.
16. 民桑叁株。夏稅：絲叁兩。
17.
18. 房屋：民草房肆間。
19. 係直隸揚州府泰州如皋縣縣市西廂第壹里軍戶。有祖陳良甫於洪武叁年爲朱福首告軍役事，發南京留守右衛充軍，故。將在營軍丁陳玄受代役
20.
21. （後缺）

八〇 明隆慶陸年（1572）直隸揚州府泰州如皋縣縣市西廂第壹圖賦役黃冊（皮匠戶韓貴等）

【題解】

此件爲《韻學集成》第三冊卷三第八十葉背，編號爲HV·YX]C[J3·Y80」，其上下具殘，前後均缺，共存文字二一行，與正面古籍文字成經緯狀。此件係明代兩戶的賦役黃冊，其中第一至十二行爲一戶，第十三至二一行係直隸揚州府泰州如皋縣縣市西廂第壹圖皮匠戶韓貴之黃冊。另，明代賦役黃冊在攢造之時需對下一輪十年內各戶充任里長、甲首情況等做出預先安排，第十五行所載韓貴充甲首的時間爲『萬曆玖年』（1581），而此前的隆慶陸年（1572）爲黃冊的攢造年份，據此可知，此件當係該年攢造的賦役黃冊。今據第二戶黃冊擬現題。

【錄文】

（前缺）

1. 　　　每畝科正麥貳升，每斗帶耗柒合，
2. 　　　　　共該玖斗貳升陸合陸勺。
3. 　　　正麥捌斗陸升陸合。
4. 　　　耗麥陸升陸勺。
5. 秋糧：黃豆每畝科正豆伍升，每斗帶耗柒合，共該貳
6. 　　　　　石叁斗壹升陸合柒勺。
7. 　　　正豆貳石壹斗陸升伍合壹勺。
8. 　　　耗豆壹斗伍升壹合陸勺。
9. 　　　桑本圖一則民桑貳株。夏稅：絲每株科絲壹兩，共該貳兩，係兌佃
10. 　　　　到南廂紀孟言戶下桑。

八一 明隆慶陸年（1572）直隸揚州府泰州如皋縣縣市西廂第壹里（圖）賦役黃冊

【題解】

此件爲《韻學集成》第三冊卷三第八一葉背，編號爲HV·YXJCJ3·Y81，其上下完整，前後均缺，共存文字二十行，與正面古籍文字成經緯狀。此件爲明代某戶的賦役黃冊。另，此件的文字字形、筆跡等與該批紙背文獻中隆慶陸年（1572）攢造的直隸揚州如皋縣縣市西廂第壹里（圖）賦役黃冊相似，故推斷，此件亦當屬於該里（圖）的黃冊。

【錄文】

（前缺）

貳係直隸揚州府泰州如皋縣縣市西廂第壹圖皮匠戶，有祖韓誠原關楊家壹百壹拾玖號勘合壹道，肆年壹班，春充收當，班次不缺，充萬曆玖年甲首。

16. 舊管：
17. 人丁：計家男、婦壹拾貳口。
18. 　　男子捌口。
19. 　　婦女肆口。
20. 事產：
21. 　　官民田地叁拾伍畝□

（後缺）

11. 房屋：民草房伍間。
12. 頭匹：水牛壹隻。
13.
14.
15.

1. ☐斗貳升貳合叁勺。
2. 地本圖一則沒官陸地壹拾貳畝叁分口釐壹毫。
3. 夏稅：小麥每畝科正麥壹斗捌合，每斗帶耗柒合，
4. 　　　共該壹石伍斗貳升捌合伍勺。
5. 　　　正麥壹石肆斗貳升捌合伍勺。
6. 　　　耗麥壹斗。
7. 秋糧：黃豆每畝科正豆壹斗貳升，每斗帶耗柒合，
8. 　　　共該壹石陸斗玖升捌合壹勺。
9. 　　　正豆壹石伍斗捌升柒合壹勺。
10. 　　　耗豆壹斗壹升壹合。
11. 民田地柒拾伍畝伍分捌釐陸毫。
12. 夏稅：小麥正耗玖斗貳升陸合陸勺。
13. 秋糧：
14. 　　　米正耗壹石叁斗伍升貳合柒勺。
15. 　　　黃豆正耗貳石叁斗壹升陸合柒勺。
16. 田本圖一則蕩田貳拾伍畝貳分捌釐肆毫。秋糧：米每畝科正米
17. 　　　伍升，每斗帶耗柒合，共該壹石叁斗伍
18. 　　　升貳合柒勺。
19. 　　　正米壹石貳斗陸升肆合貳勺。
20. 　　　耗米捌升捌合伍勺。
　　　（後缺）

八二 明隆慶陸年（1572）直隸揚州府泰州如皋縣縣市西廂第壹里賦役黃冊（陳某、民戶某）

【題解】

此件爲《韻學集成》第三册卷三第八二葉背，編號爲HV·YXJCJ3·Y82，其上殘下完，前後均缺，共存文字十九行，與正面古籍文字成經緯狀。此件係明代兩户的賦役黄冊，其中第一至十二行爲一户，據第七行所載男子姓名知，該户的户頭當係陳某，第十二至十九行係直隸揚州府泰州如皋縣縣市西廂第壹里民户某之黄冊。另，明代賦役黄冊在攢造之時需對下一輪十年內各户充任里長、甲首情况等做出預先安排，第十二行所載某充甲首的時間爲『萬曆元年』（1573），而此前的隆慶陸年（1572）爲黄冊的攢造年份，據此可知，此件當係該年攢造的賦役黄冊。今綜合第一、二户黄冊擬現題。

【錄文】

（前缺）

1. 該貳升陸合肆勺。
2. 秋糧：黄豆每畝科正豆伍升，每斗帶耗柒合，共該
陸升陸合貳勺。
3.
4. □在：
5. 人口：男、婦叁口。
6. 男子成丁貳口：
7. 本身年肆拾陸歲。　　　　弟陳倉年叁拾捌歲。
8. 婦女大壹口：
9. 弟婦張氏年肆拾捌歲。

八三 明隆慶陸年（1572）直隸揚州府泰州如皋縣縣市西廂第壹里（圖）賦役黃冊

【題解】

此件爲《韻學集成》第三冊卷三第八三葉背，編號爲"HV·YXJC[]3·Y83"，其上下完整，前後均缺，共存文字十九行，與正面古籍文字成經緯狀。此件爲明代某户的賦役黄册。另，此件的文字字形、筆跡等與該批紙背文獻中隆慶陸年（1572）攢造的直隸揚州府泰州如皋縣縣市西廂第壹里（圖）賦役黄册相似，故推斷，此件亦當屬於該里（圖）的黄册。

【錄文】

（前缺）

1. 夏稅：小麥正耗貳升陸合肆勺。

（後缺）

係直隸揚州府泰州如皋縣縣市西廂第壹里民户，充萬曆元年甲首。

10. 房屋：民草房叁間。
11. 頭匹：水牛壹隻。
12.
13. □管：
14. 人丁：計家男、婦肆口。
15. 　　男子貳口。
16. 　　婦女貳口。
17. 事產：
18. 　　官民田地壹畝叁釐玖毫。
19. 　　桑壹株。

2. 秋糧：黃豆正耗陸升陸合貳勺。
3. 房屋：民草房叁間。
4. 頭匹：水牛壹隻。
5. □除⋯
6. 事產⋯
7. 官民田地轉除田地貳畝玖分玖釐叁毫。
8. 夏稅：小麥正耗陸升伍合肆勺。
9. 秋糧：黃豆正耗壹斗叁升叁合玖勺。
10. 米正耗壹斗柒合。
11. 官田地壹畝陸釐叁毫。
12. 夏稅：小麥正耗叁升玖合。
13. 秋糧：黃豆正耗陸升柒合柒勺。
14. 米正耗玖升叁合壹勺。
15. 黃豆正耗陸升柒合柒勺。
16. 秋糧：米每畝科正米
17. 田本圖一則沒官蕩田柒分貳釐伍毫。秋糧：米每畝科正米壹斗貳升，每斗帶耗柒合，共該玖升叁合壹勺，於隆慶元年係兌佃與本
18.
19. （後缺）

八四 明隆慶陸年（1572）直隸揚州府泰州如皋縣縣市西廂第壹里（圖）賦役黃冊（吳某）

【題解】

此件爲《韻學集成》第三册卷三第八四葉背，編號爲 HV·YXJCJ3·Y84，其上下完整，前後均缺，共存文字十九行，與正面古籍文字成經緯狀。此件爲明代某戶的賦役黃册，據文中所載男子姓名知，此黃册的戶頭當係吳某。另，據文中所載「姪」「弟」等人的病故時間『嘉靖肆拾伍年』（1566）『隆慶貳年』（1568）等推知，此件當攢造於在之後的隆慶陸年（1577）。此件的文字字形、筆跡等與該批紙背黃册中攢造機構爲直隸揚州府泰州如皋縣縣市西廂第壹里（圖）的賦役黃册相似，故推斷，此件亦當屬於該里（圖）的黃册。

【錄文】

（前缺）

1. □除……驢貳頭。
2. □除：
3. 人口：正除男、婦壹拾伍口。
4. 　男子壹拾貳口：
5. 　　姪吳禮，於嘉靖肆拾伍年病故。
6. 　　弟吳士華，於隆慶貳年病故。
7. 　　弟吳繼禮，於嘉靖肆拾叄年病故。
8. 　　弟吳詔，於嘉靖肆拾伍年病故。
9. 　　弟吳窮，於隆慶叄年病故。
10. 　　孫吳□侯，於隆慶貳年病故。
11. 　　姪吳邦貴，於隆慶肆年病故。
12. 　　姪吳柯，於隆慶肆年病故。
13. 　　姪吳杰，於隆慶陸年病故。

14. 姪吳邦實，於嘉靖肆拾年病故。
15. 弟吳調，於嘉靖肆拾叁年病故。
16. 姪吳桐，於嘉靖肆拾伍年病故。
17. 婦女叁口：
18. 姪婦柳氏，於隆慶叁年病故。
19. 孫婦姚氏，於隆慶肆年病故。

（後缺）

八五 明隆慶陸年（1572）直隸揚州府泰州如皋縣縣市西廂第壹里（圖）賦役黃冊

【題解】

此件爲《韻學集成》第三冊卷三第用八五葉背，編號爲"HV·YX]C]]3·Y85"，其上下完整，前後均缺，共存文字二十行，與正面古籍文字成經緯狀。此件爲明代某戶的賦役黃冊。另，此件的文字字形、筆跡等與該批紙背文獻中隆慶陸年（1572）攢造的直隸揚州府泰州如皋縣縣市西廂第壹里（圖）賦役黃冊相似，故推斷，此件亦當屬於該里（圖）的黃冊。

【錄文】

（前缺）

秋糧：

1. 米正耗壹拾柒斗伍升伍勺。
2. 黃豆正耗壹拾柒石肆斗玖升叁合壹勺。
3. 田壹頃捌拾伍畝貳分柒釐壹毫。秋糧：米正耗壹拾柒石柒斗伍升伍勺。
4. 田壹頃陸拾玖畝伍分柒釐壹毫。秋糧：米正耗玖石柒升陸勺。

八六 明隆慶陸年（1572）直隸揚州府泰州如皋縣縣市西廂第壹里（圖）賦役黃冊

【題解】

此件爲《韻學集成》第三冊卷三第八六葉背，編號爲HV·YXJCJ3·Y86，其上下完整，前後均缺，共存文字二一行，與正面古籍

6. 莊田壹拾伍畝柒分。秋糧：米正耗壹石陸斗柒升玖合玖勺。
7. 地叁頃壹拾柒畝肆分肆釐捌毫。
8. 夏稅：小麥正耗柒石叁斗貳合伍勺。
9. 秋糧：黃豆正耗壹拾柒石肆斗玖升叁合壹勺。
10. 地貳頃玖拾捌畝肆分玖釐貳毫。
11. 夏稅：小麥正耗陸石叁斗捌升玖合捌勺。
12. 秋糧：黃豆正耗壹拾伍石玖斗柒升壹合玖勺。
13. 莊地壹拾捌畝玖分伍釐陸毫。
14. 夏稅：小麥正耗玖斗貳升貳合柒勺。
15. 秋糧：黃豆正耗壹石伍斗貳升壹合貳勺。
16. 民桑壹拾肆株。夏稅：絲壹拾肆兩。
17. 房屋：民瓦、草房柒間。
18. 　　瓦房叁間。
19. 　　草房肆間。
20. 頭匹：牛、驢肆隻、頭。

（後缺）

文字成經緯狀。此件爲明代某戶的賦役黃冊。另，明代賦役黃冊往往會登載攢造之前十年內的田畝變化等情況，文中載有土地的「兌佃」時間『隆慶伍年』（1571）、『隆慶貳年』（1568）、『隆慶叁年』（1569），而此後的隆慶陸年（1572）爲黃冊的攢造年份，據此可知，此件當係該年攢造的賦役黃冊。此件的文字字形、筆跡等與已知該批黃冊中攢造機構爲直隸揚州府泰州如皋縣市西廂第壹里（圖）的賦役黃冊相似，故推斷，此件亦當屬於該里（圖）的黃冊。

【錄文】

（前缺）

1. 貳升，每斗帶耗柒合，共該陸升陸合陸勺，於
2. 隆慶伍年伍月內係兌佃與本圖吳守仁承
3. 種。
4. 一本圖一則沒官蕩田叁畝叁釐柒毫。秋糧：米每畝科正米壹
5. 斗貳升，每斗帶耗柒合，共該叁斗玖升，於
6. 隆慶伍年貳月內係兌佃與拾伍都貳圖
7. 朱懷承種。
8. 地壹拾捌畝玖分肆釐玖毫。
9. 夏稅：小麥正耗肆石壹斗玖升。
10. 秋糧：黃豆正耗貳石肆斗叁升叁合。
11. 一本圖一則沒官陸地貳畝壹分伍釐壹毫，於隆慶貳年拾月
12. 內係兌佃與壹都壹圖劉祿承種。
13. 夏稅：小麥每科正麥壹斗捌合，每斗帶耗柒合，共該貳
14. 斗肆升捌合陸勺。
15. 秋糧：黃豆每畝科正豆壹斗貳升，每斗帶耗柒合，共該
16. 貳斗柒升陸合貳勺。

八七 明隆慶陸年（1572）直隸揚州府泰州如皋縣縣市西廂第壹里（圖）賦役黃冊

【題解】

此件爲《韻學集成》第三冊卷三第八七葉背，編號爲HV·YXJC[]3·Y87'，其上下完整，前後均缺，共存文字十九行，與正面古籍文字成經緯狀。此件爲明代某戶的賦役黃冊。另，明代賦役黃冊往往會登載攢造之前十年內的田畝變化等情況，文中載有土地的『兌佃』時間『隆慶叁年』（1569）、『隆慶貳年』（1568）、『嘉靖肆拾伍年』（1566），而此後的隆慶陸年（1572）爲黃冊的攢造年份，據此可知，此件當係該年攢造的賦役黃冊。此件的文字字形、筆跡等與已知批黃冊中攢造機構爲直隸揚州府泰州如皋縣縣市西廂第壹里（圖）的黃冊相似，故推斷，此件亦當屬於該里（圖）的賦役黃冊。

【錄文】

（前缺）

1. 一本圖一則沒官蕩田玖分柒釐貳毫。秋糧：米每畝科正米壹
2. 斗貳升，每斗帶耗柒合，共該壹斗貳升肆合
3. 捌勺，於隆慶叁年拾月內係兌佃與貳都
4. 叁圖蔡絢承種。

17. 一本圖一則沒官陸地肆分伍釐玖毫，於隆慶叁年貳月內係
18. 兌佃與柒都貳圖高□承種。
19. 夏稅：小麥每科正麥壹斗捌合，每斗帶耗柒合，共該
20. 伍升叁合。
21. 秋糧：黃豆每畝科正豆壹斗貳升，每斗帶耗柒合，共該伍升叁合。

（後缺）

八八 明隆慶陸年（1572）直隸揚州府泰興縣順得鄉貳拾壹都第拾伍里（圖）賦役黃冊

【題解】

此件爲《韻學集成》第三冊卷三第八八葉背，編號爲 HV·YXJC[]3·Y88"，其上下完整，前後均缺，共存文字二二行，與正面古籍

5. 一本圖一則沒官蕩田壹分捌釐玖毫。秋糧：米每畝科正米壹斗貳升，每斗帶耗柒合，共該貳升肆合叁勺，於
6. 隆慶貳年陸月內係兌佃與本圖郝梓承種。
7. 一本圖一則沒官蕩田壹畝肆分壹釐壹毫。秋糧：米每畝科正米壹斗貳升，每斗帶耗柒合，共該壹斗捌升
8. 壹合貳勺，於嘉靖肆拾伍年係兌佃與本圖宗俸承種。
9.
10. 一本圖一則沒官蕩田貳畝貳分貳釐玖毫。秋糧：米每畝科正米壹斗貳升，每斗帶耗柒合，共該貳斗捌升陸合
11. 貳勺，於隆慶貳年捌月係兌佃與本圖紀傳承種。
12.
13. 一本圖一則沒官蕩田伍分貳釐叁毫。秋糧：米每畝科正米壹斗貳升，每斗帶耗柒合，共該陸升柒合
14. 貳勺，於隆慶貳年捌月係兌佃與本圖張應其承種。
15.
16. （後缺）
17.
18.
19.

【錄文】

（前缺）

1. 一則富淮莊原科水田壹玖分。秋糧：米每畝科正米壹斗貳升，每斗帶耗柒合，共該貳斗肆升肆合。
2. 地一則沒官地叁畝陸分。
3. 　　夏稅：小麥每畝科正麥壹斗捌升肆合，每斗帶耗柒合，共該捌斗柒合壹勺。
4. 　　秋糧：黃豆每畝科正豆壹斗肆升，每斗帶耗柒合，共該陸斗陸升壹勺。
5. 民田地貳頃貳拾肆畝肆分捌釐。
6. 　　夏稅：小麥正耗陸石壹斗捌升叁合捌勺。
7. 　　秋糧：
8. 　　　米正耗囗石貳斗壹升壹合柒勺。
9. 　　　黃豆正耗叁石肆斗肆升捌合叁勺。
10. 田壹頃伍拾玖畝肆釐。
11. 　　夏稅：小麥正耗叁石捌斗肆升肆合叁勺。
12. 　　秋糧：米正耗貳石貳斗壹升壹合貳勺。
13. 一則高田壹頃叁拾伍畝柒分。
14. 　　夏稅：小麥每畝科正麥叁升，每斗帶耗柒合，共該肆石壹斗肆合柒勺。
15. 　　秋糧：米每畝科正米伍升，每斗帶耗柒合，共該陸石陸斗玖升壹合貳勺。
16. 一則水田叁拾肆畝貳釐。
17. 　　秋糧：米每畝科正米伍升，每斗帶耗柒合，

文字成經緯狀。此件為明代某戶的賦役黃冊。另，此件的文字字形、筆跡等與該批紙背文獻中隆慶陸年（1572）攢造的直隸揚州府泰興縣順得鄉貳拾壹都第拾伍里（圖）賦役黃冊相似，故推斷，此件亦當屬於該里（圖）的黃冊。

19. 共該壹石捌斗貳升壹勺。
20. 地一則陸地陸拾伍畝叁分玖釐。
21. 夏稅：小麥每畝科正麥叁升，每斗帶耗柒合，
22. 共該貳石玖升玖合。

（後缺）

八九 明隆慶陸年（1572）直隸揚州府泰興縣順得鄉貳拾壹都第拾伍里（圖）賦役黃冊

【題解】

此件為《韻學集成》第三冊卷三第八九葉背，編號為"HV·YXJCJ3·Y89"，其上下完整，前後均缺，共存文字二二行，與正面古籍文字成經緯狀。此件為明代某戶的賦役黃冊。另，此件的文字字形、筆跡等與該批紙背文獻中隆慶陸年（1572）攢造的直隸揚州府泰興縣順得鄉貳拾壹都第拾伍里（圖）賦役黃冊相似，故推斷，此件亦當屬於該里（圖）的黃冊。

【錄文】

（前缺）

1. 官民田地貳頃叁拾畝捌釐。
2. 夏稅：小麥正耗捌石肆斗壹升柒合囗勺。
3. 秋糧：
4. 米正耗壹拾壹石柒斗壹升捌合肆勺
5. 黃豆正耗肆石叁升柒合伍勺。
6. 官田地壹拾叁畝陸釐。

7. 夏稅：小麥正耗貳石叁斗叁合肆勺。
8. 秋糧：
9. 　　米正耗貳石伍斗陸合柒勺。
10. 　　黃豆正耗伍斗捌升玖合貳勺。
11. 田壹拾畝。
12. 夏稅：小麥正耗壹石伍斗玖升肆合柒勺。
13. 秋糧：米正耗貳石伍斗叁合柒勺。
14. 一則俞平章原獻曹沙米高田畝柒分。
15. 夏稅：小麥每畝科正麥壹斗捌升肆合，每斗帶耗柒合，共該叁斗叁升肆
16. 合口勺。
17. 秋糧：米每畝科正米叁斗肆升叁勺肆抄，每斗帶耗柒合，共該陸斗壹升
18. 貳合壹勺。
19. 一則沒官高田畝肆分。
20. 夏稅：小麥每畝科正麥壹斗捌升肆合，每斗帶耗柒合，共該壹石貳斗
21. 陸升。
22. 秋糧：米每畝科正米貳斗肆升，每斗帶耗柒合，壹石陸斗陸升肆合壹勺。

（後缺）

① 『壹』，據體例，該字前漏『共該』二字。

九〇 明隆慶陸年（1572）直隸揚州府泰州如皋縣縣市西廂第壹里（圖）賦役黃冊之一

【題解】

此件爲《韻學集成》第三冊卷三第九十葉背，編號爲HV·YXJCJ3·Y90，其上下完整，前後均缺，共存文字十九行，與正面古籍文字成經緯狀。此件爲明代某户的賦役黃册。另，明代賦役黃册往往會登載攢造之前十年内的田畝變化等情况，文中載有土地的「兑佃」時間「隆慶叁年」（1569）、「隆慶六年」（1572）、「嘉靖肆拾伍年」（1566）等，而隆慶陸年（1572）爲黃册的攢造年份，據此可知，此件當係該年攢造的賦役黃册。此件的文字字形、筆跡等與已知該批黃册中攢造機構爲直隸揚州府泰州如皋縣縣市西廂第壹里（圖）的賦役黃册相似，故推斷，此件亦當屬於該里（圖）的黃册。另，此件與HV·YXJCJ3·Y91格式相同、內容相連，攢造時間一致，故可知它們應屬於同一户的黃册，可以綴合，綴合後此件在前。

【錄文】

（前缺）

1. 一本圖一則沒官陸地□□捌釐肆毫。秋糧：米每畝科正米壹斗貳升，每斗帶耗柒合，共該壹斗貳升陸合叁勺，
2. 於隆慶叁年拾月内兑佃與柴都貳圖高謹承種。
3. 一本圖一則沒官蕩田捌釐捌毫。秋糧：米每畝科正米壹斗貳升，每斗帶耗柒合，共該壹斗貳升陸合叁勺，於隆慶
4. 陸年貳月內兑佃與本圖許梅承種。
5.
6. 一本圖一則沒官蕩田伍畝肆分伍釐肆毫。秋糧：米每畝科正米
7. 壹斗貳升，每斗帶耗柒合，共該柒斗叁合叁勺，於
8. 嘉靖肆拾伍年拾月內兑佃與北廂何器承種。
9.
10.

九一 明隆慶陸年（1572）直隸揚州府泰州如皋縣縣市西廂第壹里（圖）賦役黃冊之二

【題解】

此件爲《韻學集成》第三冊卷三第九一葉背，編號爲 HV·YXJC[]3·Y91，其上下完整，前後均缺，共存文字十九行，與正面古籍文字成經緯狀。此件爲明代某戶的賦役黃冊。另，明代賦役黃冊往往會登載攢造之前十年內的田畝變化等情況，文中載有土地的「兌佃」時間「隆慶叁年」（1569）、「隆慶肆年」（1570）、「隆慶貳年」（1568），而此後的隆慶陸年（1572）爲黃冊的攢造年份，據此可知，此件當係該年攢造的賦役黃冊。此件的文字字形、筆跡等與已知該批黃冊中攢造機構爲直隸揚州府泰州如皋縣縣市西廂第壹里（圖）的黃冊相似，故推斷，此件亦當屬於該里（圖）的黃冊。另，此件與 HV·YXJC[]3·Y90 格式相同、內容相連，攢造時間一致，故可知它們應屬於同一戶的黃冊，可以綴合，綴合後此件在後。

1. 一本圖一則沒官蕩田叁畝柒釐柒毫。秋糧：米每畝科正米壹斗貳升，每斗帶耗柒升伍合壹勺，於隆慶貳年貳月內兌佃與叁拾都叁圖陳祚承種。

12. 一本圖一則沒官蕩田叁釐叁毫。秋糧：米每畝科正米壹斗貳升，每斗帶耗柒合，共該壹升壹合玖勺，於隆慶肆年拾月內兌佃與貳拾都叁圖沈勁承種。

16. 一本圖一則沒官蕩田叁畝肆分捌釐柒毫。秋糧：米每畝科正米壹斗貳升，每斗帶耗柒合，共該肆斗肆升柒合柒勺，

19. （後缺）

【錄文】

（前缺）

1. 於隆慶叁年拾月內兌佃與貳拾都伍圖謝
2. 沐承種。
3. 一本圖一則沒官蕩田叁畝肆分壹釐叁毫。秋糧：米每畝科正米壹
4. 斗貳升，每斗帶耗柒合，共該肆斗叁升捌合貳
5. 勺，於隆慶貳年貳月內兌佃與拾柒都叁圖孫
6. 照承種。
7. 一本圖一則沒官蕩田叁畝貳分貳釐貳毫。秋糧：米每畝科正米
8. 壹斗貳升，每斗帶耗柒合，共該壹斗肆升叁合
9. 柒勺，於隆慶肆年貳月內兌佃與本圖劉約承
10. 種。
11. 一本圖一則沒官蕩田肆分玖釐。秋糧：米每畝科正米壹斗貳升，每
12. 斗帶耗柒合，共該陸升貳合玖勺，於隆慶叁年
13. 貳月內兌佃與叁都壹圖叢喬承種。
14. 一本圖一則沒官蕩田玖分柒釐叁毫。秋糧：米每畝科正米壹斗貳
15. 升，每斗帶耗柒合，共該壹升貳合伍勺，於
16. 隆慶肆年貳月內兌佃與陸都壹圖任選承
17. 種。
18. 一本圖一則沒官蕩田壹畝壹分陸釐柒毫。秋糧：米每畝科正
19. 米壹斗貳升，每斗帶耗柒合，共該貳斗壹

（後缺）

九二　明隆慶陸年（1572）直隸揚州府泰州如皋縣縣市西廂第壹里（圖）賦役黃冊

【題解】

此件爲《韻學集成》第三冊卷三第九二葉背，編號爲HV·YXJC[J3·Y92]，其上下完整，前後均缺，共存文字十九行，與正面古籍文字成經緯狀。此件爲明代某户的賦役黄冊。另，此件的文字字形、筆跡等與該批紙背文獻中隆慶陸年（1572）攢造的直隸揚州府泰州如皋縣縣市西廂第壹里（圖）賦役黃冊相似，故推斷，此件亦當屬於該里（圖）的黃冊。

【録文】

（前缺）

1. 該叁升貳合。
2. 秋粮：黄豆每畝科正豆伍升，每斗帶耗柒合，共
3. 該捌升。
4. 一本圖一則陸地壹畝肆分貳釐，係買到拾貳都叁圖
5. 陳松户下地。
6. 夏税：小麥每畝科正麥貳升，每斗帶耗柒合，共該
7. □升。
8. 秋粮：黄豆每畝科正豆伍升，每斗帶耗柒合，共
9. 該柒升貳合伍勺。
10. 一本圖一則陸地柒釐柒毫，係買到貳拾壹都貳圖楊鐸
11. 户下地。
12. 夏税：小麥每畝科正麥貳升，每斗帶耗柒合，共
13. 該壹合伍勺。

14. 秋粮：黃豆每畝科正豆伍升，每斗帶耗柒合，共
15. 該叁合捌勺。
16. 一本圖一則陸地肆畝玖釐陸毫，係買貳拾都叁圖
17. 裴向戶下地
18. 夏稅：小麥每畝科正麥貳升，每斗帶耗柒合，共
19. 該捌升柒合陸勺。

（後缺）

九三 明隆慶陸年（1572）直隸揚州府泰州如皋縣縣市西廂第壹里（圖）賦役黃冊

【題解】

此件爲《韻學集成》第三冊卷三第九三葉背，編號爲"HV·YXJCU3·Y93"，其上下完整，前後均缺，共存文字二一行，與正面古籍文字成經緯狀。此件爲明代某戶的賦役黃冊。另，此件的文字字形、筆跡等與該批紙背文獻中隆慶陸年（1572）攢造的直隸揚州府泰州如皋縣縣市西廂第壹里（圖）賦役黃冊相似，故推斷，此件亦當屬於該里（圖）的黃冊。

【錄文】

（前缺）

1. 拾肆都貳圖章準戶下田。
2. 一本圖一則蕩田貳分捌釐玖毫。秋粮：米每畝科正米
3. 伍升，每斗帶耗柒合，共該壹升伍
4. 合伍勺，係買到南廂劉太戶下田。
5. 一本圖一則蕩田叁畝陸釐叁毫。秋粮：米每畝科正米

6. 伍升,每斗帶耗柒合,共該壹斗陸升
7. 叁合玖勺,係買到本圖劉待聘户下
8. 田。
9. 一本圖一則蕩田壹分叁釐玖毫。秋粮:米每畝科正
10. 米伍升,每斗帶耗柒合,共該陸合肆
11. 勺,係買到貳拾壹都貳圖張梅户下
12. 田。
13. 地陸拾柒畝肆分伍釐。
14. 夏税:小麥正耗壹石肆斗肆升叁合肆勺。
15. 秋粮:黃豆正耗叁石陸斗捌合陸勺。
16. 一本圖一則陸地柒分柒釐叁毫,係買到北廂張宣户下
17. 地。
18. 夏税:小麥每畝科正麥貳升,每斗帶耗柒合,共
19. 該壹升陸合伍勺。
20. 秋粮:黃豆每畝科正豆伍升,每斗帶耗柒合,共
21. □□合肆勺。

(後缺)

第四冊

本冊共98葉，其中公文紙本文獻共九六葉，第二三、五九葉爲後補葉，紙張與其他諸葉不同，背面無字。

一 明嘉靖叁拾壹年（1552）直隸揚州府江都縣青草沙第肆圖賦役黃冊（李某）

【題解】

此件爲《韻學集成》第四冊卷四第一葉背，編號爲HV·YXJCJ4·Y1，其上下完整，前後均缺，中有缺行，共存文字十三行，與正面古籍文字成經緯狀。此件爲明代某戶的賦役黃冊，據文中所載男子姓名知，此黃冊的戶頭當係李某。另，此件的文字字形、筆跡等與該批紙背文獻中嘉靖叁拾壹年（1552）攢造的直隸揚州府江都縣青草沙第肆圖賦役黃冊相似，故推斷，此件亦當屬於該圖的黃冊。

【錄文】

（前缺）

1. 米每畝科正米伍升，每斗帶耗柒
2. 合，共該正耗米貳升貳合
3. 肆勺柒抄。

（中缺一行）

4. 人口：男、婦柒口。
5. 男子成丁伍口：
6. 本身年陸拾伍歲。

7. 姪李名年陸拾歲。
8. 弟李瑾年伍拾歲。
9. 弟李山清年肆拾捌歲。
10. 弟李傑年肆拾伍歲。
11. 弟婦羅氏年陸拾歲。
12. 弟婦吳氏年伍拾歲。
13. 婦女大貳口：

（後缺）

二 明隆慶陸年（1572）直隸揚州府泰州如皋縣縣市西廂第壹里（圖）賦役黃冊

【題解】

此件為《韻學集成》第四冊卷四第二葉背，編號為HV·YXJCJ4·Y2，其上下完整，前後均缺，共存文字十九行，與正面古籍文字成經緯狀。此件為明代某戶的賦役黃冊。另，此件的文字字形、筆跡等與該批紙背文獻中隆慶陸年（1572）攢造的直隸揚州府泰州如皋縣縣市西廂第壹里（圖）賦役黃冊相似，故推斷，此件亦當屬於該里（圖）的黃冊。

【錄文】

（前缺）

1. 戶下田。
2. 一本圖一則蕩田貳分壹釐玖毫。秋糧：米每畝科正米
3. 伍升，每斗帶耗柒合，共該壹升壹合
4. 柒勺，買到北廂魏谷戶下田。

5. 一本圖一則蕩田柒分陸釐壹毫。秋粮：米每畝科正米
6. 伍升，每斗帶耗柒合，共該肆升壹
7. 合，係買到玖都壹圖李林戶下田。
8. 一本圖一則蕩田貳畝捌分陸釐肆毫。秋粮：米每畝科
9. 正米伍升，每斗帶耗柒合，共該壹斗
10. 伍升貳合貳勺，買到陸都壹圖張棐
11. 戶下田。
12. 一本圖一則蕩田陸分陸釐陸毫。秋粮：米每畝科正米
13. 伍升，每斗帶耗柒合，共該叁升伍合
14. 陸勺，係買到拾玖都壹圖倪美戶下
15. 田。
16. 一本圖一則蕩田貳分玖釐叁毫。秋粮：米每畝科正米
17. 伍升，每斗帶耗柒合，共該壹升伍
18. 合柒勺，係買到拾玖都壹圖管虎戶下
19. 田。

（後缺）

三 明隆慶陸年（1572）直隸揚州府泰州如皋縣縣市西廂第壹里（圖）賦役黃冊

【題解】

此件爲《韻學集成》第四冊卷四第三葉背，編號爲HV·YXJCJ4·Y3］，其上下完整，前後均缺，共存文字二十行，與正面古籍文字

【錄文】

（前缺）

1. 夏稅：
2. 秋糧：黃豆每畝科正豆伍升，每斗帶耗　　　每斗帶耗　　　升貳合柒勺。
3.
4. 一本圖一則陸地壹畝柒分伍釐捌毫，係買到陸都壹圖祝雲戶下地。
5. 夏稅：小麥每畝科正麥貳升，每斗帶耗柒合，共該叁升柒合陸勺。
6.
7. 秋糧：黃豆每畝科正豆伍升，每斗帶耗柒合，共該玖升肆合壹勺。
8.
9. 一本圖一則陸地貳畝貳釐壹毫，係買到壹都肆圖章記戶下地。
10.
11. 夏稅：小麥每畝科正麥貳升，每斗帶耗柒合，共該肆升叁合叁勺。
12.
13. 秋糧：黃豆每畝科正豆伍升，每斗帶耗柒合，共該壹斗捌合貳勺。
14.
15. 一本圖一則陸地壹畝玖分捌釐陸毫，係買到拾玖都壹圖謝黃玹戶下地。
16.
17.

成經緯狀。此件為明代某户的賦役黃冊。另，此件的文字字形、筆跡等與該批紙背文獻中隆慶陸年（1572）攢造的直隸揚州府泰州如皋縣縣市西廂第壹里（圖）賦役黃冊相似，故推斷，此件亦當屬於該里（圖）的黃冊。另，此件與 HV·YXJCJ4·Y4 格式相同、內容相關，疑屬於同一户的黃冊。

18.
19.
20. 夏稅：小麥每畝科正麥貳升，每斗帶耗柒合，共該

　　肆升貳合陸勺。

（後缺）

　　　　　　　　　　　　　帶耗柒合，共該壹[斗]

四　明隆慶陸年（1572）直隸揚州府泰州如皋縣縣市西廂第壹里（圖）賦役黃冊

【題解】

此件爲《韻學集成》第四冊卷四第四葉背，編號爲 HV·YXJCJ4·Y4，其上下完整，前後均缺，共存文字十九行，與正面古籍文字成經緯狀。此件爲明代某戶的賦役黃冊。另，此件的文字字形、筆跡等與該批紙背文獻中隆慶陸年（1572）攢造的直隸揚州府泰州如皋縣縣市西廂第壹里（圖）賦役黃冊相似，故推斷，此件亦當屬於該里（圖）的黃冊。另，此件與 HV·YXJCJ4·Y3〕格式相同、內容相關，疑屬於同一戶的黃冊。

【錄文】

（前缺）

1. 　　　　　　　　壹升壹合伍勺。
2. 　　　秋糧：黃豆每畝科正豆伍升，每斗帶耗柒合，共該

　　　　　　　　　貳升捌合捌勺。
3. 　　一本圖一則陸地壹分貳釐陸毫，係買到拾貳都叁圖許

　　　　　　　　川戶下地。
4.
5. 　　夏稅：小麥每畝科正麥貳升，每斗帶耗柒合，共該
6.
7. 　　　　　　　　　貳合柒勺。

8. 秋糧：黄豆每畝科正豆伍升，每斗帶耗柒合，共該陸
9. 合柒勺。
10. 一本圖一則陸地壹畝貳釐柒毫，係買到拾伍都壹圖印
11. 倪户下地。
12. 夏税：小麥每畝科正麥貳升，每斗帶耗柒合，共該
13. 貳升貳合。
14. 秋糧：黄豆每畝科正豆伍升，每斗帶耗柒合，共該伍
15. 斗伍合。
16. 一本圖一則陸地伍分柒毫，係買到拾柒都陳貴户下地
17. 夏税：小麥每畝科正麥貳升，每斗帶耗柒合，共該壹升
18. 捌勺。
19. 秋糧：黄豆每畝科正豆伍升，每斗帶耗柒合，共該貳

（後缺）

五　明隆慶陸年（1572）直隸揚州府泰興縣順得鄉貳拾壹都第拾伍里（圖）賦役黄冊

【題解】

此件爲《韻學集成》第四册卷四第五葉背，編號爲HV·YXJC[]4·Y5］，其上下完整，前後均缺，共存文字十九行，與正面古籍文字成經緯狀。此件爲明代某户的賦役黄冊。另，此件的文字字形、筆跡等與該批紙背文獻中隆慶陸年（1572）攢造的直隸揚州府泰興縣順得鄉貳拾壹都第拾伍里（圖）賦役黄冊相似，故推斷，此件亦當屬於該里（圖）的黄冊。

【錄文】

（前缺）

1. 正麥伍斗陸升肆合玖勺。
2. 耗麥叁升玖合伍勺。
3. 秋糧：米每畝科正米叁斗肆升叁勺肆抄，每斗帶耗柒合，共該壹石壹斗壹
4. 升捌合。
5. 正米壹石肆升肆合捌勺。
6. 耗米柒升叁合貳勺。
7. 民田貳拾陸畝陸分。
8. 夏稅：小麥正耗捌斗伍升陸勺。
9. 秋糧：
10. 米正耗玖斗玖升玖合肆勺。
11. 黃豆正耗肆斗壹升捌合肆勺。
12. 田本都一則高田壹拾捌畝陸分捌釐。
13. 夏稅：小麥每畝科正麥叁升，每斗帶耗柒合，共該伍斗玖升玖合陸勺。
14. 正麥伍斗陸升肆勺。
15. 耗麥叁升玖合貳勺。
16. 秋糧：米每畝科正米伍升，每斗帶耗柒合，共該玖斗玖升玖合肆勺。
17. 正米玖斗叁升肆合。
18. 耗米陸升伍合肆勺。
19. 地本都一則地柒畝捌分貳釐。

（後缺）

六 明隆慶陸年（1572）直隸揚州府泰興縣順得鄉貳拾壹都第拾伍里（圖）賦役黃冊

【題解】

此件爲《韻學集成》第四冊卷四第六葉背，編號爲HV·YX)C[]4·Y6)，其上下完整，前後均缺，共存文字二十行，與正面古籍文字成經緯狀。此件爲明代某戶的賦役黃冊。另，此件的文字字形、筆跡等與該批紙背文獻中隆慶陸年（1572）攢造的直隸揚州府泰興縣順得鄉貳拾壹都第拾伍里（圖）賦役黃冊相似，故推斷，此件亦當屬於該里（圖）的黃冊。

【錄文】

（前缺）

1. 人口：柒口。
2. 男子不成丁肆口：
3. 本身年捌拾玖歲。
4. 弟罩兒年捌拾撒歲。
5. 婦女大叁口：
6. 嬸欒氏年壹百拾伍歲。
7. 妻楊氏年玖拾伍歲。
8. □作據，該圖里老史羅漢等到官結
9. 稱，本戶先年迯走去訖，不知音信，未知存
10. 亡，難以開除，從實照前填寫格眼，理
11. 合造報。
12. 事產：
13. 官民田地貳拾玖畝伍分柒釐，係本里遞年丁相等佃種，納糧不缺。

弟支年捌拾柒歲。
弟教化年柒拾肆歲。
嬸顧氏年壹百貳拾歲。
已上人口俱係老丁，前冊失於聲說，夸

七 明隆慶陸年（1572）直隸揚州府泰興縣順得鄉貳拾壹都第拾伍里（圖）賦役黃冊

【題解】

此件為《韻學集成》第四冊卷四第七葉背，編號為HV·YXJCJ4·Y7，其上下完整，前後均缺，共存文字二十行，與正面古籍文字成經緯狀。此件為明代某戶的賦役黃冊。另，此件的文字字形、筆跡等與該批紙背文獻中隆慶陸年（1572）攢造的直隸揚州府泰興縣順得鄉貳拾壹都第拾伍里（圖）賦役黃冊相似，故推斷，此件亦當屬於該里（圖）的黃冊。

【錄文】

（前缺）

1. 男子貳口：
2. 　　　　兄旺子故。　　　兄清故。
3. 婦女大壹口：袁氏故。
4. 實在：

14. 　　　　夏稅：小麥正耗壹石肆斗伍升伍合。
15. 秋糧：
16. 　　　　米正耗貳石壹斗壹升柒合肆勺。
17. 　　　　黃豆正耗肆斗壹升捌合肆勺。
18. 官田本都一則俞平章原獻曹沙米高田□畝柒釐。
19. 夏稅：小麥每畝科正麥壹斗捌升肆合，每斗帶耗柒合，共該陸斗肆合肆
20. 　　　　勺。

（後缺）

5. 人口：男子不成丁壹口：本身年捌拾歲。
6. 事產：
7. 民田地壹拾伍畝伍分，係遞年潘鎮佃種納糧。
8. 夏稅：小麥正耗肆斗玖升壹合伍勺。
9. 秋糧：
10. 米正耗陸斗壹升柒合玖勺。
11. 黃豆正耗貳斗壹升壹合柒勺。
12. 田本都一則高田拾壹畝伍分伍釐。
13. 夏稅：小麥每畝科正麥叁升，每斗帶耗柒合，共該叁斗柒升①。
14. 正麥叁斗肆升陸合伍勺。
15. 耗麥貳升肆合叁勺。
16. 秋粮：米每畝科正米伍升，每斗帶耗柒合，共該陸斗壹升柒合玖勺。
17. 正米伍斗柒升柒合伍勺。
18. 耗米肆升肆勺。
19. 地本都一則地叁畝玖分伍釐。
20. 夏稅：小麥每畝科正麥叁升，每斗帶耗柒合，共該壹斗貳升叁合柒

（後缺）

① 此小麥之數與下文正麥、耗麥數不合。

八 明隆慶陸年（1572）直隸揚州府泰興縣順得鄉貳拾壹都第拾伍里賦役黃冊（民籍某圮等）

【題解】

此件為《韻學集成》第四冊卷四第八葉背，編號為"HV·YXJC][4·Y8]"，其上殘下完，前後均缺，共存文字二二行，與正面古籍文字成經緯狀。此件係明代兩戶的賦役黃冊，其中第一至三行為一戶，第四至二二行係直隸揚州府泰興縣順得鄉貳拾壹都第拾伍里民籍某圮之黃冊。另，明代賦役黃冊在攢造之時需對下一輪十年內各戶充任里長、甲首情況等做出預先安排，第四行所載某圮充甲首的時間為『萬曆伍年』（1577），而此前的隆慶陸年（1572）為黃冊的攢造年份，據此可知，此件當係該年攢造的賦役黃冊。今據第二戶黃冊擬現題。

【錄文】

(前缺)

1. 　　　耗豆壹升捌合陸勺。
2. 　　房屋：民草房貳間。
3. 　　頭匹：民黃牛壹隻。
4. ▢圮係直隸揚州府泰興縣順得鄉貳拾壹都第拾伍里民籍，充萬曆伍年甲首。
5. 舊管：
6. 　　人丁：計家男子貳口。
7. 　　事產：
8. 　　　官民田地壹拾貳畝貳鰲。
9. 　　　夏稅：小麥正耗肆斗玖升肆合陸勺。
10. 　　　秋糧：
11. 　　　　米正耗陸斗叁升叁合。

12. 黃豆正耗貳斗壹升伍合貳勺。

官田陸分陸釐。

13. 夏稅：小麥正耗壹斗貳升玖合玖勺。
14. 秋糧：米正耗貳斗肆升叁勺。

民田地壹拾壹畝叁分陸釐。

15. 夏稅：小麥正耗叁斗陸升肆合柒勺。
16. 秋糧：
17. 米正耗叁斗玖升貳合柒勺。
18. 黃豆正耗貳斗壹升壹合貳勺。

田柒畝叁分肆釐。

19. 夏稅：小麥正耗貳斗叁升伍合陸勺。
20.
21.
22.

（後缺）

九 明隆慶陸年（1572）直隸揚州府泰興縣順得鄉貳拾壹都第拾伍里賦役黃冊（民籍楊某等）

【題解】

此件爲《韻學集成》第四冊卷四第九葉背背，編號爲 HV・YXJC□4・Y9］，其上殘下完，前後均缺，共存文字二三行，與正面古籍文字成經緯狀。此件係明代兩戶的賦役黃冊，其中第一行爲一戶，第二至二三行係直隸揚州府泰興縣順得鄉貳拾壹都第拾伍里民籍楊某之黃冊。另，明代賦役黃冊在攢造之時需對下一輪十年內各戶充任里長、甲首情況等做出預先安排，第二行所載楊某充甲首的時間爲『萬曆伍年』（1577），而此前的隆慶陸年（1572）爲黃冊的攢造年份，據此可知，此件當係該年攢造的賦役黃冊。今據第二戶黃冊擬現題。

哈佛藏《韻學集成》《直音篇》紙背明代文獻釋錄 卷一

【錄文】

（前缺）

1. 房屋：民草房貳間。
2. 楊□故，今□姪□係直隸揚州府泰興縣順得鄉貳拾壹都第拾伍里民籍，充萬曆伍年甲首。
3. 舊管：
4. 人丁：計家男、婦壹拾壹口。
5. 　　　男子捌口。
6. 　　　婦女叁口。
7. 事產：
8. 　　　官民田地貳拾壹畝貳釐。
9. 　　　夏稅：小麥正耗捌斗叁合貳勺。
10. 　　　秋糧：
11. 　　　米正耗壹石陸升肆合肆勺。
12. 　　　黃豆正耗肆斗貳升叁合柒勺。
13. 　　　官田壹畝壹分柒釐。
14. 　　　夏稅：小麥貳斗叁升叁勺。
15. 　　　秋糧：米正耗肆斗貳升叁合壹勺。
16. 　　　民田地壹拾玖畝捌分伍釐。
17. 　　　夏稅：小麥正耗伍斗柒升貳合玖勺。
18. 　　　秋糧：
19. 　　　米正耗陸斗叁升捌合叁勺。
20. 　　　黃豆正耗肆斗貳升叁合肆勺。

一〇 明隆慶陸年（1572）直隸揚州府泰興縣順得鄉貳拾壹都第拾伍里（圖）賦役黃冊

【題解】

此件爲《韻學集成》第四册卷四第十葉背，編號爲HV·YXJCJ4·Y10，其上下完整，前後均缺，共存文字二十行，與正面古籍文字成經緯狀。此件爲明代某户的賦役黃册。另，此件的文字字形、筆跡等與該批紙背文獻中隆慶陸年（1572）攢造的直隸揚州府泰興縣順得鄉貳拾壹都第拾伍里（圖）賦役黃册相似，故推斷，此件亦當屬於該里（圖）的黃册。

【録文】

（前缺）

1. 官民田地貳拾壹畝。
   夏税：小麥正耗柒斗肆升壹勺。
   秋粮：
2. 米正耗壹石肆合柒勺。
3. 黄豆正耗叁斗肆升貳合肆勺。
4. 官田本都一則俞平章原獻蔣沙米高田肆分。
5. 夏税：小麥每畝科正麥壹斗捌升肆合，每斗帶耗柒合，共該柒升
6.
7.

21. 田壹拾壹畝玖分叁釐。
    夏税：小麥正耗叁斗壹升捌合柒勺。
22. 秋粮：米正耗陸斗叁升捌合叁勺。
23.

（後缺）

8.　　　　　　　　　　　　　　捌合捌勺。
9.　　　　　　　　　　　正麥柒升叁合陸勺。
10.　　　　　　　　　　　耗麥伍合貳勺。
11. 秋粮：米每畝科正米伍斗柒升貳合肆勺陸抄，每斗帶耗柒合，共該
12.　　　　　　　　　　　貳斗肆升伍合。
13.　　　　　　　　　　　正米貳斗貳升玖合。
14.　　　　　　　　　　　耗米壹升陸合。
15. 民田地貳拾畝陸分。
16. 夏稅：小麥正耗陸斗陸升壹合叁勺。
17. 秋粮：
18.　　　　　　　米正耗柒斗伍升玖合柒勺。
19.　　　　　　　黃豆正耗叁斗肆升貳合肆勺。
20. 田本都一則高田壹拾肆畝貳分。

（後缺）

一一　明隆慶陸年（1572）直隸揚州府泰興縣順得鄉貳拾壹都第拾伍里（圖）賦役黃冊

【題解】

此件爲《韻學集成》第四册卷四第十一葉背，編號爲 HV・YXJC][4・Y11]"，其上下完整，前後均缺，共存文字二十行，與正面古籍文字成經緯狀。此件爲明代某戶的賦役黃冊。另，此件的文字字形、筆跡等與該批紙背文獻中隆慶陸年（1572）攢造的直隸揚州府泰興縣順得鄉貳拾壹都第拾伍里（圖）賦役黃冊相似，故推斷，此件亦當屬於該里（圖）的黃冊。

【錄文】

（前缺）

1. 黃豆正耗肆斗叁升壹勺。
2. 田壹拾貳畝柒分肆釐。
3. 夏稅：小麥正耗壹斗玖升柒合壹勺。
4. 秋粮：米正耗陸斗捌升壹合陸勺。
5. 一本都一則高田陸畝壹分肆釐。
6. 夏稅：小麥每畝科正麥叁升，每斗帶耗柒合，共該壹斗叁升玖合伍勺。
7. 正麥壹斗捌升貳合玖勺。
8. 耗麥壹升貳合。
9. 秋粮：米每畝科正米伍升，每斗帶耗柒合，共該叁斗伍升玖合伍勺。
10. 正米叁斗柒合。
11. 耗米貳升壹合伍勺。
12. 一本都一則水田陸畝陸分。
13. 秋粮：米每畝科正米伍升，每斗帶耗柒合，共該叁斗伍升叁合壹勺。
14. 正米叁斗叁升。
15. 耗米貳升叁合壹勺。
16. 地本都一則地捌畝肆釐。
17. 夏稅：小麥每畝科正麥叁升，每斗帶耗柒合，共該貳斗伍升捌合壹勺。
18. 正麥貳斗肆升壹合貳勺。
19. 耗麥壹升陸合陸勺。
20. 秋粮：黃豆每畝科正豆伍升，每斗帶耗柒合，共該肆斗叁升壹勺。

一二 明隆慶陸年（1572）直隸揚州府泰州如皋縣縣市西廂第壹里（圖）賦役黃冊

【題解】

此件爲《韻學集成》第四册卷四第十二葉背，編號爲HV·YXJCJJ4·Y12，其上下完整，前後均缺，共存文字二十行，與正面古籍文字成經緯狀。此件爲明代某戶的賦役黃冊。另，此件的文字字形、筆跡等與該批紙背文獻中隆慶陸年（1572）攢造的直隸揚州府泰州如皋縣縣市西廂第壹里（圖）賦役黃冊相似，故推斷，此件亦當屬於該里（圖）的黃冊。另，此件與HV·YXJCJJ4·Y13]格式相同、内容相關，疑屬於同一户的黃册。

【錄文】

（前缺）

1. 下田。
2. 一本圖一則沒官蕩田柒釐玖毫。秋糧：米每畝科正米壹斗貳升，每斗帶耗柒合，共該玖合肆勺，係佃到拾貳都叁圖許川户下田。
3. 一本圖一則沒官蕩田陸分。秋糧：米每畝科正米壹斗貳升，每斗帶耗柒合，共該柒升柒合壹勺，係佃到拾伍都壹圖印倪户下田。
4. 一本圖一則沒官蕩田貳分玖釐陸毫。秋糧：米每畝科正米壹斗貳升，每斗帶耗柒合，共該叁升柒合玖勺，係佃到拾柒都叁圖陳貴户下

（後缺）

一三 明隆慶陸年（1572）直隸揚州府泰州如皋縣縣市西廂第壹里（圖）賦役黃冊

【題解】

此件爲《韻學集成》第四冊卷四第十三葉背，編號爲 HV·YXJC]4·Y13"，其上下完整，前後均缺，共存文字二十行，與正面古籍文字成經緯狀。此件爲明代某户的賦役黃冊。另，此件的文字字形、筆跡等與該批紙背文獻中隆慶陸年（1572）攢造的直隸揚州府泰州如皋縣縣市西廂第壹里（圖）賦役黃冊相似，故推斷，此件亦當屬於該里（圖）的黃冊。另，此件與 HV·YXJC]4·Y12]格式相同、內容相關，疑屬於同一户的黃冊。

【錄文】

（前缺）

田。

11.
12. 一本圖一則沒官蕩田叁分貳釐。秋糧：米每畝科正米壹斗貳升，每斗帶耗柒合，共該肆升壹合壹勺，係佃到陸都陸圖單孫户下田。
13.
14.
15. 一本圖一則沒官蕩田貳畝壹分肆釐叁毫。秋糧：米每畝科正米壹斗貳升，每斗帶耗柒合，該貳斗柒升陸合伍勺，係佃到拾都貳圖徐口户下田。
16.
17.
18. 一本圖一則沒官蕩田伍分柒釐肆毫。秋糧：米每畝科正米壹斗貳升，每斗帶耗柒合，共柒升叁
19.
20.

（後缺）

哈佛藏《韻學集成》《直音篇》紙背明代文獻釋錄 卷一

1. 户下田。
2. 一本圖一則沒官蕩田叁畝陸分陸釐肆毫。秋糧：米每畝科
3. 正米壹斗貳升，每斗帶耗柒合，共該肆
4. 斗柒升壹合玖勺，係佃到貳拾都伍
5. 圖石昆□户下田。
6. 一本圖一則沒官蕩田陸畝捌分陸釐柒毫。秋糧：米每畝科正
7. 米壹斗貳升，每斗帶耗柒合，共該捌
8. 斗捌升伍合陸勺，係佃到本圖韓思芳
9. 户下田。
10. 一本圖一則沒官蕩田陸分肆釐貳毫。秋糧：米每畝科正米壹斗
11. 貳升，每斗帶耗柒合，共該捌升貳合肆
12. 勺，係佃到肆都貳圖王相户下田。
13. 一本圖一則沒官蕩田叁畝叁分柒毫。秋糧：米每畝科
14. 正米壹斗貳升，每斗帶耗柒合，共
15. 該肆斗貳升肆合叁勺，係佃到東廂
16. 孫潮等户下田。
17. 一本圖一則沒官蕩田壹拾伍畝叁分叁釐伍毫。秋糧：米
18. 每畝科正米壹斗貳升，每斗帶耗柒
19. 合，共該壹石玖斗陸升玖合壹勺，係佃
20. 户下田。

（後缺）

一四　明隆慶陸年（1572）直隸揚州府泰興縣順得鄉貳拾壹都第拾伍里（圖）賦役黃冊（毛某）

【題解】

此件爲《韻學集成》第四册卷四第十四葉背，編號爲HV·YXJC]]4·Y14]，其上下完整，前後均缺，共存文字二二行，與正面古籍文字成經緯狀。此件爲明代某户的賦役黃册，據文中所載男子姓名知，此黃册的户頭當係毛某。另，此件的文字字形、筆跡等與該批紙背文獻中隆慶陸年（1572）攢造的直隸揚州府泰興縣順得鄉貳拾壹都第拾伍里（圖）賦役黃册相似，故推斷，此件亦當屬於該里（圖）的黃册。

【錄文】

（前缺）

1. 夏税：小麥正耗壹斗柒升陸合伍勺。
2. 秋糧：黃豆正耗貳斗玖升肆合叁勺。
3. 民草房叁間。
4. 民黃牛壹隻。
5. 實在：
6. 人口：肆口，俱係老丁。
7. 男子不成丁貳口：
8. 本身年壹百陸拾叁歲。
9. 婦女大貳口：
10. 妻沈氏年壹百肆拾伍歲。　姪婦王氏年壹百貳拾伍歲。
11. 事產：
12. 官民田地壹拾貳畝陸分，坍沒下江，税糧遞年李總子等代辦不缺。

姪毛子年壹百叁拾伍歲。

一五 明隆慶陸年（1572）直隸揚州府泰興縣順得鄉貳拾壹都第拾伍里（圖）賦役黃冊

【題解】

此件爲《韻學集成》第四冊卷四第十五葉背，編號爲HV·YXJC]4·Y15]，其上下完整，前後均缺，共存文字二二行，與正面古籍文字成經緯狀。此件爲明代某戶的賦役黃冊。另，此件的文字字形、筆跡等與該批紙背文獻中隆慶陸年（1572）攢造的直隸揚州府泰興縣順得鄉貳拾壹都第拾伍里（圖）賦役黃冊相似，故推斷，此件亦當屬於該里（圖）的黃冊。

【錄文】

（前缺）

1. 正米貳斗肆升貳合柒勺。

（後缺）

13. 夏稅：小麥正耗陸斗叁升伍合壹勺。
14. 秋粮：
15. 米正耗陸斗貳升陸合。
16. 黃豆正耗貳斗玖升肆合叁勺。
17. 官田壹畝肆分。
18. 夏稅：小麥正耗貳斗柒升伍合陸勺。
19. 秋粮：米正耗叁斗貳升壹合。
20. 一本都一則俞平章原獻蔣沙米高田壹分。
21. 夏稅：小麥每畝科正麥壹斗捌升肆合，每斗帶耗柒合，共該壹升□合柒勺。
22. 正麥壹升捌合肆勺。

2. 民田地壹拾壹畝貳分。
3. 夏稅：小麥正耗叁斗伍升玖合伍勺。
4. 秋糧：
5. 米正耗叁斗伍合。
6. 黃豆正耗貳斗玖升肆合叁勺。
7. 耗米壹升柒合。
8. 田本都一則高田伍畝柒分。
9. 夏稅：小麥每畝科正麥叁升，每斗帶耗柒合，共該壹斗捌升叁合。
10. 正麥壹斗柒升壹合。
11. 耗麥壹升貳合。
12. 秋糧：米每畝科正米伍升，每斗帶耗柒合，共該叁斗伍合。
13. 正米貳斗捌升伍合。
14. 耗米貳升。
15. 地本都一則地伍畝伍分。
16. 夏稅：小麥每畝科正麥叁升，每斗帶耗柒合，共該壹斗柒升陸合伍勺。
17. 正麥壹斗陸升伍合。
18. 耗麥壹升壹合伍勺。
19. 秋糧：黃豆每畝科正豆伍升，每斗帶耗柒合，共該貳斗柒升肆合叁勺。
20. 正豆貳斗柒升伍合。
21. 耗豆壹升玖合叁勺。
22. 房屋：民草房叁間。

（後缺）

一六 明隆慶陸年（1572）直隷揚州府泰州如皋縣縣市西廂第壹里（圖）賦役黄冊之一（劉某）

【題解】

此件爲《韻學集成》第四册卷四第十六葉背，編號爲HV·YXJCJ4·Y16，其上下完整，前後均缺，共存文字二一行，與正面古籍文字成經緯狀。此件爲明代某户的賦役黄册，據文中所載男子姓名知，此黄册的户頭當係劉某。另，此件的文字字形、筆跡等與該批紙背文獻中隆慶陸年（1572）攢造的直隷揚州府泰州如皋縣縣市西廂第壹里（圖）賦役黄册相似，故推斷，此件亦當屬於該里（圖）的黄册。另，此件之官田地數等於HV·YXJCJ4·Y17第一、六行田地數之和，據此可知此兩件可以綴合，綴合後此件在前。

【録文】

（前缺）

1. 實在：
2. 　人口：男、婦壹拾壹口。
3. 　　男子成丁陸口：
4. 　　　本身年肆拾歲。
5. 　　　劉賓年叁拾捌歲。
6. 　　　劉孛年叁拾陸歲。
7. 　　婦女伍口：
8. 　　　宗氏年肆拾伍歲。
9. 　　　周氏年叁拾伍歲。
10. 　　　張氏年壹拾捌歲。
11. 　事產：

　　　劉思年叁拾玖歲。
　　　劉添丁年叁拾伍歲。
　　　劉叁郎年貳拾柒歲。

　　　紀氏年叁拾玖歲。
　　　吴氏年貳拾歲。

一七 明隆慶陸年（1572）直隸揚州府泰州如皋縣縣市西廂第壹里（圖）賦役黃冊之二（劉某）

【題解】

此件爲《韻學集成》第四册卷四第十七葉背，編號爲HV·YX]C[]4·Y17］，其上下完整，前後均缺，共存文字十九行，與正面古籍文字成經緯狀。此件爲明代某户的賦役黄册。另，按此件第一、六行之田地數之和等於HV·YX]C[]4·Y16］之官田地數，據此可知，此兩件可以綴合，綴合後此件在後。今據HV·YX]C[]4·Y16］擬現題。

【錄文】

（前缺）

1. 官民田地陸畝玖分叁釐叁毫。
2. 夏稅：小麥正耗壹斗伍升貳合。
3. 秋糧：
4. 米正耗叁斗壹合。
5. 黃豆正耗貳斗伍升肆合伍勺。
6. 官田地貳畝肆分陸釐。
7. 夏稅：小麥正耗玖升伍勺。
8. 秋糧：
9. 米正耗壹斗壹升伍合叁勺。
10. □□正耗壹斗陸勺。

（後缺）

哈佛藏《韻學集成》《直音篇》紙背明代文獻釋錄 卷一

1. 田本圖一則沒官蕩田壹畝陸分柒釐柒毫。秋糧：米每畝科
2. 正米壹斗貳升，每斗帶耗柒合，共
3. 該貳斗壹升伍合叁勺。
4. 正米貳斗壹合貳勺。
5. 耗米壹升肆合壹勺。
6. 地本圖一則沒官陸地柒分捌釐叁毫。
7. 夏稅：小麥每畝科正麥壹斗捌合，每斗帶耗
8. 柒合，共該玖升伍勺。
9. 正麥捌升肆合陸勺。
10. 耗麥伍合玖勺。
11. 秋糧：黃豆每畝科正豆壹斗貳升，每斗帶耗柒
12. 合，共該壹斗陸勺。
13. 正麥①玖升肆合。
14. 耗麥②陸合陸勺。
15. 民田地肆畝肆分柒釐叁毫。
16. 夏稅：小麥正耗陸升壹合伍勺。
17. 秋糧：
18. 米正耗捌升伍合柒勺。
19. 伍升叁合玖勺。

（後缺）

① 【麥】，據文義當係【豆】之誤。
② 【麥】，據文義當係【豆】之誤。

一八 明隆慶陸年（1572）直隸揚州府泰興縣順得鄉貳拾壹都第拾伍里（圖）賦役黃冊

【題解】

此件爲《韻學集成》第四册卷四第十八葉背，編號爲 HV·YXJC[]4·Y18]，其上下完整，前後均缺，共存文字二二行，與正面古籍文字成經緯狀。此件爲明代某户的賦役黄册。另，此件的文字字形、筆跡等與該批紙背文獻中隆慶陸年（1572）攢造的直隸揚州府泰興縣順得鄉貳拾壹都第拾伍里（圖）賦役黄册相似，故推斷，此件亦當屬於該里（圖）的黄册。

【録文】

（前缺）

1. 地柒畝玖分。
2. 夏税：小麥正耗貳斗伍升肆合叁勺。
3. 秋粮：黄豆正耗肆斗叁升叁合柒勺。
4. 民草房叁間。
5. 開除：人口：正除伍口。
6. 男子肆口，俱於先年故。
7. 叔龍故。 叔熊故。
8. 兄旺故。 兄秀故。
9. 婦女大壹口：嬸陳氏於先年故。
10. 實在：
11. 人口：陸口。
12. 男子肆口：
13. 成丁叁口：

一九 明隆慶陸年（1572）直隸揚州府泰興縣順得鄉貳拾壹都第拾伍里（圖）賦役黃冊

【題解】

此件爲《韻學集成》第四冊卷四第十九葉背，編號爲 HV·YXJC|J4·Y19，其上下完整，前後均缺，共存文字二三行，與正面古籍文字成經緯狀。此件爲明代某戶的賦役黃冊。另，此件的文字字形、筆跡等與該批紙背文獻中隆慶陸年（1572）攢造的直隸揚州府泰興縣順得鄉貳拾壹都第拾伍里（圖）賦役黃冊相似，故推斷，此件亦當屬於該里（圖）的黃冊。

【錄文】

（前缺）

1. 〼囗囗囗囗〼。
2. 夏稅：小麥正耗伍斗柒升貳合玖勺。

（後缺）

14. 本身年陸拾捌歲。
15. 姪道士年伍拾歲。
16. 不成丁壹口：兄教化年捌拾陸歲。
17. 婦女大貳口：
18. 妻楊氏年捌拾柒歲。
19. 事產：
20. 官民田地貳拾壹畝貳釐。
21. 夏稅：小麥正耗捌斗叁合貳勺。
22. 秋粮：

姪和尚年陸拾陸歲。

嫂董氏年捌拾伍歲。

3. 秋糧：
4. 米正耗陸斗叁升捌合叁勺。
5. 黃豆正耗肆斗貳升叁合肆勺。
6.
7. 夏稅：小麥正耗叁斗壹升捌合柒勺。
8. 秋糧：米正耗陸斗叁升叁合叁勺。
9. 一本都一則高田玖畝玖分叁釐。
10. 夏稅：小麥每畝科正麥叁升，每斗帶耗柒合，共該叁斗壹升捌合柒勺。
11. 正麥貳斗玖升柒合玖勺。
12. 耗麥貳升捌勺。
13. 秋糧：米每畝科正米伍升，每斗帶耗柒合，共該伍斗叁升壹合叁勺。
14. 正米肆斗玖升陸合伍勺。
15. 耗米叁升合捌勺。
16. 一本都一則水田貳畝。
17. 秋糧：米每畝科正米伍升，每斗帶耗柒合，共該壹斗柒合。
18. 正米壹斗。
19. 耗米柒合。
20. 地本都一則地柒畝玖分。
21. 夏稅：每畝科正麥叁升，每斗帶耗柒合，共該貳斗伍升肆合貳勺。
22. 正麥貳斗叁升柒合陸勺。
23.

（後缺）

二〇 明隆慶陸年（1572）直隸揚州府泰興縣順得鄉貳拾壹都第拾伍里（圖）賦役黃冊

【題解】

此件爲《韻學集成》第四册卷四第二十葉背，編號爲"HV·YXJC[]4·Y20"，其上下完整，前後均缺，共存文字二十行，與正面古籍文字成經緯狀。此件爲明代某户的賦役黄册。另，此件的文字字形、筆跡等與該批紙背文獻中隆慶陸年（1572）攢造的直隸揚州府泰興縣順得鄉貳拾壹都第拾伍里（圖）賦役黄册相似，故推斷，此件亦當屬於該里（圖）的黄册。

【錄文】

（前缺）

1. 夏稅：小麥正耗柒斗玖合捌勺。
2. 秋粮：
3. 米正耗壹石壹斗叁升叁合。
4. 黄豆正耗貳斗伍升壹合伍勺。
5. 田壹畝肆分。
6. 夏稅：小麥正耗貳斗柒升伍合陸勺。
7. 秋粮：米正耗伍斗玖合捌勺。
8. 民田地壹拾陸畝叁分叁釐。
9. 夏稅：小麥正耗伍斗陸升肆合貳勺。
10. 秋粮：
11. 米正耗陸斗貳升陸合貳勺。
12. 黄豆正耗貳斗伍升壹合伍勺。
13. 田壹拾壹畝陸分叁釐。

二一 明隆慶陸年（1572）直隸揚州府泰興縣順得鄉貳拾壹都第拾伍里（圖）賦役黃冊

【題解】

此件爲《韻學集成》第四冊卷四第二一葉背，編號爲"HV·YXJCJJ4·Y21"，其上下完整，前後均缺，共存文字二二行，與正面古籍文字成經緯狀。此件爲明代某户的賦役黄册。另，此件的文字字形、筆跡等與該批紙背文獻中隆慶陸年（1572）攢造的直隸揚州府泰興縣順得鄉貳拾壹都第拾伍里（圖）賦役黄册相似，故推斷，此件亦當屬於該里（圖）的黄册。

【録文】

（前缺）

1. 官田本都一則俞平章原獻蔣沙米高田貳分柒釐。

　　夏稅：小麥每畝科正麥壹斗捌升肆合，每斗帶耗柒合，共該伍升叁合貳勺。

2. 　　正麥肆升玖合柒勺。
3. 　　耗麥叁合伍勺。
4.

夏稅：小麥正耗叁斗柒升叁合叁勺。

秋粮：米正耗陸斗貳升貳勺。

地肆畝柒分。

夏稅：小麥正耗壹斗伍升伍合。

秋粮：黃豆正耗貳斗伍升壹合伍勺。

（後缺）

14.
15.
16.
17.
18.
19. 民草房叁間。
20. 民黃牛壹隻。

5. 秋糧：米每畝科正米伍斗柒升貳合肆勺陸抄，每斗帶耗柒合，共該壹
6. 斗陸升伍合肆勺。
7. 正米壹斗伍升肆合陸勺。
8. 耗米壹斗捌勺。
9. 民田地玖畝貳分。
10. 夏稅：小麥正耗貳斗玖升伍合叁勺。
11. 秋糧：
12. 米正耗壹斗陸升玖合叁勺。
13. 黃豆正耗叁斗柒升貳合玖勺。
14. 田本都一則高田貳畝叁釐。
15. 夏稅：小麥每畝科正麥叁升，每斗帶耗柒合，共該柒升壹合陸勺。
16. 正麥陸升陸合玖勺。
17. 耗麥肆合柒勺。
18. 秋糧：米每畝科正米伍升，每斗帶耗柒合，共該壹斗壹升玖合叁勺。
19. 正米壹斗壹升壹合伍勺。
20. 耗米柒合捌勺。
21. 地本都一則地陸畝玖分柒釐。
22. 夏稅：小麥每畝科正麥叁升，每斗帶耗柒合，共該貳斗壹升叁合柒勺。

（後缺）

一二一 明隆慶陸年（1572）直隸揚州府泰州如皋縣縣市西廂第壹里（圖）賦役黃冊

【題解】

此件爲《韻學集成》第四冊卷四第二二葉背，編號爲"HV·YXJC[]4·Y22"，其上下完整，前後均缺，共存文字二十行，與正面古籍文字成經緯狀。此件爲明代某户的賦役黄冊。另，此件的文字字形、筆跡等與該批紙背文獻中隆慶陸年（1572）攢造的直隸揚州府泰州如皋縣縣市西廂第壹里（圖）賦役黃冊相似，故推斷，此件亦當屬於該里（圖）的黃冊。

【録文】

（前缺）

1. 陸都壹圖王檜爲業。
2. 夏税：小麥每畝科正麥壹斗捌合，每斗帶耗柒合，共該壹斗叁升叁合。
3. 秋糧：黃豆每畝科正豆壹斗貳升，每斗帶耗柒合，共該壹斗肆升柒合柒勺。
4.
5.
6. 一本圖一則沒官陸地柒釐壹毫，兌佃過割與陸都肆圖閆庫爲業。
7.
8. 夏税：小麥每畝科正麥壹斗捌合，每斗帶耗柒合，共該捌合貳勺。
9. 秋糧：黃豆每畝科正豆壹斗貳升，每斗帶耗柒合，共該玖合壹勺。
10.
11.
12. 一本圖一則沒官陸地叁分伍釐貳毫，兌佃過割與貳拾壹都壹圖李桐爲業。
13.

一二三 明隆慶陸年（1572）直隸揚州府泰興縣順得鄉貳拾壹都第拾伍里（圖）賦役黃冊

【題解】

此件爲《韻學集成》第四冊卷四第二四葉背，編號爲 HV·YXJC][4·Y24]，其上下完整，前後均缺，共存文字二十行，與正面古籍文字成經緯狀。此件爲明代某户的賦役黃册。另，此件的文字字形、筆跡等與該批紙背文獻中隆慶陸年（1572）攢造的直隸揚州府泰興縣順得鄉貳拾壹都第拾伍里（圖）賦役黃冊相似，故推斷，此件亦當屬於該里（圖）的黃冊。

【錄文】

（前缺）

1. 米正耗肆斗捌升壹合伍勺。
2. 黄豆正耗壹石肆斗陸升叁合柒勺。
3. 官地本都一則沒官下僧保地伍畝。
4. 夏税：小麥每畝科正麥壹斗捌升肆合，每斗帶耗柒合，共該玖斗

（後缺）

14. 夏税：小麥每畝科正麥壹斗捌合，每斗帶耗柒合，共該肆升柒勺。
15. 秋糧：黄豆每畝科正豆壹斗貳升，每斗帶耗柒合，共該肆升伍合貳勺。
16.
17.
18. 一本圖一則沒官陸地陸分肆毫，兑佃過割與本圖吳郝爲業。
19.
20. 夏税：小麥每畝科正麥壹斗捌合，每斗帶耗柒合，共

5. 捌升肆合肆勺。
6. 正麥玖斗貳升。
7. 耗麥陸升肆合肆勺。
8. 秋粮：黃豆每畝科正豆壹斗肆升，每斗帶耗柒合，共該柒斗肆升玖合。
9. 正豆柒斗。
10. 耗豆肆升玖合。
11. 民田地貳拾貳畝叁分柒釐。
12. 夏稅：小麥正耗柒斗壹升柒合壹勺。
13. 秋粮：
14. 米正耗肆斗捌升壹合伍勺。
15. 黃豆正耗柒斗壹升叁合柒勺。
16. 田本都一則高田玖畝。
17. 夏稅：小麥每畝科正麥叁升，每斗帶耗柒合，共該貳斗捌升捌合玖勺。
18. 正麥貳斗柒升。
19.
20.

（後缺）

二四 明隆慶陸年（1572）直隸揚州府泰興縣順得鄉貳拾壹都第拾伍里（圖）賦役黃冊

【題解】

此件爲《韻學集成》第四册卷四第二五葉背，編號爲HV·YXJC[]4·Y25]，其上下完整，前後均缺，共存文字十九行，與正面古籍文字成經緯狀。此件爲明代某户的賦役黄册。另，此件的文字字形、筆跡等與該批紙背文獻中隆慶陸年（1572）攢造的直隸揚州府泰興縣順得鄉貳拾壹都第拾伍里（圖）賦役黄册相似，故推斷，此件亦當屬於該里。

【錄文】

（前缺）

1. □□：
2. 人丁：計家男、婦肆口。
3. 　　男子叁口。
4. 　　婦女壹口。
5. 事産：
6. 　　官民田地貳拾柒畝叁分柒釐。
7. 　　夏税：小麥正耗壹石柒升壹合伍勺。
8. 　　秋粮：
9. 　　　　米正耗肆斗捌升壹合伍勺。
10. 　　　　黄豆正耗壹石肆斗陸升壹合伍勺。
11. 　　官地伍畝。
12. 　　　　夏税：小麥正耗壹斗捌升肆合肆勺。
13. 　　　　秋粮：黄正耗柒斗肆升玖合。

二五 明嘉靖叁拾壹年（1552）直隸揚州府江都縣青草沙第肆圖賦役黃冊

【題解】

此件爲《韻學集成》第四冊卷四第二六葉背，編號爲 HV·YXJCJ4·Y26"，其上下完整，前後均缺，共存文字十八行，與正面古籍文字成經緯狀。此件爲明代某戶的賦役黃冊。另，此件的文字字形、筆跡等與該批紙背文獻中嘉靖叁拾壹年（1552）攢造的直隸揚州府江都縣青草沙第肆圖賦役黃冊相似，故推斷，此件亦當屬於該圖的黃冊。

【錄文】

（前缺）

1. 斗伍升叁合叁勺。
2. 秋糧：黃荳每畝科正荳捌升，每斗帶耗柒合，共該正耗荳肆斗伍升叁合叁勺。
3.
4.
5. 一則地貳分。

14. 民田地貳拾貳畝叁分柒釐。
15. 夏稅：小麥正耗柒斗柒升柒合壹勺。
16. 秋粮：
17. 米正耗壹斗捌升貳合伍勺。
18. 黃豆正耗柒斗壹升叁合柒勺。
19. 田玖畝。

（後缺）

二六 明嘉靖叁拾壹年（1552）直隸揚州府江都縣青草沙第肆圖賦役黃冊

【題解】

此件爲《韻學集成》第四册卷四第二七葉背，編號爲 HV·YXJCJJ4·Y27，其上下完整，前後均缺，共存文字十八行，與正面古籍文字成經緯狀。此件爲明代某户的賦役黃冊。另，此件的文字字形、筆跡等與該批紙背文獻中嘉靖叁拾壹年年（1552）攢造的直隸揚州府江都縣青草沙第肆圖賦役黃册相似，故推斷，此件亦當屬於該圖的黃册。

6. 夏税：小麥每畝科正麥壹斗肆升捌
7. 　　　合，每斗帶耗柒合，共該
8. 　　　正耗麥叁升壹合柒勺。
9. 秋糧：黃荳每畝科正荳壹斗肆升捌
10. 　　　合，每斗帶耗柒合，共該
11. 　　　正耗荳叁升壹合柒勺。
12. 一則蘆灘陸分伍釐。
13. 秋糧：米每畝科正米叁升，每斗帶耗
14. 　　　柒合，共該正耗米貳升玖
15. 　　　勺。
16. 一則蘆灘肆畝捌分壹釐貳毫。
17. 秋糧：米每畝科正米伍升，每斗帶耗
18. 　　　柒合，共該正耗米貳升伍

（後缺）

【錄文】

（前缺）

1. ▢肆升，每
2. 斗帶耗柒合，共該正耗
3. 荳伍石伍斗玖升陸合伍
4. 勺。
5. 一則地壹頃玖拾捌畝壹釐伍毫。
6. 夏稅：小麥每畝科正麥壹斗⬚肆升，每
7. 斗帶耗柒合，共該正耗
8. 麥叁拾叁石玖斗壹合陸
9. 勺捌抄。
10. 秋糧：黃荳每畝科正荳壹斗捌升，每
11. 斗帶耗柒合，共該正耗荳
12. 叁拾捌石壹斗叁升柒合
13. 捌勺。
14. 一則地肆拾叁畝貳釐叁毫。
15. 夏稅：小麥每畝科正麥壹斗肆升，每
16. 斗帶耗柒合，共該正耗麥
17. 陸石肆斗肆升肆合玖勺。
18. 秋糧：黃荳每畝科正荳壹斗肆升，每斗

（後缺）

二七 明隆慶陸年（1572）直隸揚州府泰州如皋縣縣市西廂第壹里（圖）賦役黃冊

【題解】

此件爲《韻學集成》第四冊卷四第二六葉背，編號爲 HV·YXJC[]4·Y28]，其上下完整，前後均缺，共存文字二十行，與正面古籍文字成經緯狀。此件爲明代某戶的賦役黃冊。另，此件的文字字形、筆跡等與該批紙背文獻中隆慶陸年（1572）攢造的直隸揚州府泰州如皋縣縣市西廂第壹里（圖）賦役黃冊相似，故推斷，此件亦當屬於該里（圖）的黃冊。另，此件與 HV·YXJC[]4·Y29]格式相同、內容相關，疑屬於同一戶的黃冊。

【錄文】

（前缺）

1. 合壹勺。
2. 一本圖一則沒官陸地伍分貳毫，兌佃過割與拾柒都董鄆爲
3. 業。
4. 夏稅：小麥每畝科正麥壹斗捌合，每斗帶耗柒合，共該
5. 壹升叁合。
6. 秋糧：黃豆每畝科正豆壹斗貳升，每斗帶耗柒合，共該陸
7. 陸升肆合伍勺。
8. 一本圖一則沒官陸地壹畝肆釐玖毫，係兌佃過割與拾貳都貳
9. 圖蘇囗爲業。
10. 夏稅：小麥每畝科正麥壹斗捌合，每斗帶耗柒合，共該壹
11. 斗貳升壹合貳勺。
12. 秋糧：黃豆每畝科正豆壹斗貳升，每斗帶耗柒合，共該壹

二八 明隆慶陸年（1572）直隸揚州府泰州如皋縣縣市西廂第壹里（圖）賦役黃冊

【題解】

此件爲《韻學集成》第四冊卷四第二九葉背，編號爲 HV·YXJCJ4·Y29，其上下完整，前後均缺，共存文字二十行，與正面古籍文字成經緯狀。此件爲明代某戶的賦役黃冊。另，此件的文字字形、筆跡等與該批紙背文獻中隆慶陸年（1572）攢造的直隸揚州府泰州如皋縣縣市西廂第壹里（圖）賦役黃冊相似，故推斷，此件亦當屬於該里（圖）的黃冊。另，此件與 HV·YXJCJ4·Y28 格式相同、內容相關，疑屬於同一戶的黃冊。

【錄文】

（前缺）

1. 肆斗柒升叁合陸勺。
2. 秋糧：黃豆每畝科正豆壹斗貳升，每斗帶耗柒合，共該

（後缺）

13. 斗叁升肆合壹勺。
14. 一本圖一則沒官陸地叁分叁釐玖毫，兌佃過割與拾貳都貳圖朱
15. □繆爲業。
16. 夏稅：小麥每畝科正麥壹斗捌合，每斗帶耗柒合，共該叁
17. 升玖合貳勺。
18. 秋糧：黃豆每畝科正豆壹斗貳升，每斗帶耗柒合，共該
19. 肆升叁合伍勺。
20. 一本圖一則沒官陸地肆畝玖釐玖毫，兌佃過割與叁都叁圖石城

哈佛藏《韻學集成》《直音篇》紙背明代文獻釋錄 卷一

3. 伍斗貳升陸合貳勺。
4. 一本圖一則沒官陸地壹分柒毫，兌佃過割與柒都肆圖夏鳳侃爲業。
5. 夏稅：小麥每畝科正麥壹斗捌合，每斗帶耗柒合，共該壹升貳升①肆勺。
6. 秋糧：黃豆每畝科正豆壹斗貳升，每斗帶耗柒合，共該壹升㊂叁合捌勺。
7. 一本圖一則沒官陸地玖分捌毫，兌佃過割與拾肆都壹圖王□爲業。
8. 夏稅：小麥每畝科正麥壹斗捌合，每斗帶耗柒合，共該壹斗肆合玖勺。
9. 秋糧：黃豆每畝科正豆壹斗貳升，每斗帶耗柒合，共該壹斗壹升陸合陸勺。
10. 一本圖一則沒官陸地肆釐貳毫，兌佃過割與北廂章欽爲業。
11. 夏稅：小麥每畝科正麥壹斗捌合，每斗帶耗柒合，共該伍合。
12. 秋糧：黃豆每畝科正豆壹斗貳升，每斗帶耗柒合，共該

（後缺）

---

① 【升】，據文義當係【合】之誤。

二九 明隆慶陸年（1572）直隸揚州府泰興縣順得鄉貳拾壹都第拾伍里（圖）賦役黃冊

【題解】

此件爲《韻學集成》第四冊卷四第三十葉背，編號爲HV·YXJCJJ4·Y30，其上下完整，前後均缺，共存文字二十行，與正面古籍文字成經緯狀。此件爲明代某戶的賦役黃冊。另，此件的文字字形、筆跡等與該批紙背文獻中隆慶陸年（1572）攢造的直隸揚州府泰興縣順得鄉貳拾壹都第拾伍里（圖）賦役黃冊相似，故推斷，此件亦當屬於該里（圖）的黃冊。

【錄文】

（前缺）

1. 婦女大壹口：妻曹氏年玖拾伍歲。已上人口委係老丁，戶下再無人口接補。
2. 事產：
3. 官民田地壹拾畝柒分捌釐，係本里遞年李爵等佃種納粮。
4. 夏稅：小麥正耗叁斗捌升叁合壹勺。
5. 秋粮：米正耗陸斗肆升陸合伍勺。
6. 官田本都一則俞平章原獻曹沙米高田貳分貳釐伍毫。
7. 夏稅：小麥每畝科正麥壹斗捌升肆合，每斗帶耗柒合，共該肆
8. 升肆合叁勺。
9. 正麥肆升壹合肆勺。
10. 耗麥貳合玖勺。
11. 秋粮：米每畝科正米伍斗肆升叁勺肆抄，每斗帶耗柒合，共
12. 該捌升叁合玖勺。
13. 正米柒升陸合玖勺。

三〇 明嘉靖叁拾壹年（1552）直隸揚州府江都縣青草沙第肆圖賦役黃冊

【題解】

此件爲《韻學集成》第四册卷四第三一葉背，編號爲 HV·YXJCJ4·Y31，其上下完整，前後均缺，共存文字十八行，與正面古籍文字成經緯狀。此件爲明代某户的賦役黃冊。另，此件的文字字形、筆跡等與該批紙背文獻中嘉靖叁拾壹年（1552）攢造的直隸揚州府江都縣青草沙第肆圖賦役黃冊相似，故推斷，此件亦當屬於該圖的黃冊。

【錄文】

（前缺）

1. 夏稅：小麥正耗柒石玖斗柒升貳合叁
2. 勺貳抄。
3. 秋糧：黃荳正耗肆石柒斗叁升陸合
4. 捌勺。

（後缺）

14. 耗米伍合肆勺。
15. 民田本都一則高田壹拾畝伍分伍釐。
16. 夏稅：小麥每畝科正麥叁升，每斗帶耗柒合，共該叁斗叁升
17. 捌合捌勺。
18. 正麥叁斗壹升陸合柒勺。
19. 耗麥貳升貳合壹勺。
20. 秋粮：米每畝科正米伍升，每斗帶耗柒合，共該伍斗陸升肆合柒

5. 民田地陸頃伍拾貳畝伍分壹釐玖毫叄絲。
6. 夏稅：小麥正耗貳拾肆石伍斗肆升陸
7. 　　　合貳勺伍抄。
8. 秋糧：
9. 　　米正耗貳拾伍石捌升捌合陸勺
10. 　　　捌抄。
11. 　　黃荳正耗陸石伍斗壹升壹合捌
12. 　　　勺柒抄。
13. 田叄頃伍拾陸畝肆分叄絲。
14. 夏稅：小麥正耗拾柒石玖斗貳升肆
15. 　　　合伍勺捌抄。
16. 秋糧：
17. 　　米正耗拾玖石肆斗玖升壹合玖
18. 　　　勺捌抄。

（後缺）

三一　明嘉靖叄拾壹年（1552）直隸揚州府江都縣青草沙第肆圖賦役黃冊

【題解】

此件爲《韻學集成》第四冊卷四第三二葉背，編號爲 HV·YXJCJ4·Y32'，其上下完整，前後均缺，共存文字十八行，與正面古籍文字成經緯狀。此件爲明代某户的賦役黃冊。另，此件的文字字形、筆跡等與該批紙背文獻中嘉靖叄拾壹年（1552）攢造的直隸揚州府

【錄文】

江都縣青草沙第肆圖賦役黃冊相似，故推斷，此件亦當屬於該圖的黃冊。

（前缺）

1. 黃苴正耗壹拾壹石叁斗叁升叁
2. 合柒勺柒抄。
3. 夏稅：小麥正耗壹拾陸石伍合肆勺貳
4. 官田地壹頃壹畝柒分肆釐貳毫。
5. 抄。
6. 秋糧：
7. 米正耗壹拾肆石玖斗貳升肆合
8. 壹勺。
9. 黃苴正耗肆石捌斗貳升壹合玖
10. 勺。
11. 田柒拾捌畝玖釐貳毫。
12. 夏稅：小麥正耗壹拾壹石玖斗叁升叁
13. 合壹勺。
14. 秋糧：
15. 米正耗壹拾肆石捌斗貳升肆合壹
16. 勺。
17. 黃苴正耗捌升伍合壹勺。
18. 地貳拾叁畝陸分伍釐。

（後缺）

三三 明隆慶陸年（1572）直隸揚州府泰州如皋縣縣市西廂第壹里（圖）賦役黄冊之一

【題解】

此件爲《韻學集成》第四册卷四第三三葉背，編號爲 HV・YXJC]4・Y33"，其上下完整，前後均缺，共存文字二十行，與正面古籍文字成經緯狀。此件爲明代某户的賦役黄册。另，明代賦役黄册往往會登載攢造之前十年内的田畝變化等情況，文中載有土地的『出賣』時間『隆慶貳年』（1568），而此後的隆慶陸年（1572）爲黄册的攢造年份，據此可知，此件當係該年攢造的賦役黄册。此件的文字字形、筆跡等與已知該批黄册中攢造機構爲直隸揚州府泰州如皋縣市西廂第壹里（圖）的賦役黄冊相似，故推斷，此件亦當屬於該里（圖）的黄册。另，此件與 HV・YXJC]4・Y34]格式相同、内容相關、攢造時間一致，故推斷它們應屬於同一户的黄册。

【録文】

（前缺）

1. 夏税：小麥每畝科正麥貳升，每斗帶耗柒合，共該貳
2. 升柒合捌勺。
3. 秋糧：黄豆每畝科正豆伍升，每斗帶耗柒合，共該陸
4. 升玖合叁勺。
5. 一本圖一則陸地伍分壹釐貳毫，於隆慶貳年肆月内出賣與
6. 本圖吳郝爲業。
7. 夏税：小麥每畝科正麥貳升，每斗帶耗柒合，共該壹
8. 升壹合壹勺。
9. 秋糧：黄豆每畝科正豆伍升，每斗帶耗柒合，共該貳升柒
10. 合捌勺。
11. 一本圖一則陸地貳畝陸分捌釐肆毫，於隆慶貳年玖月内出賣

三三 明隆慶陸年（1572）直隸揚州府泰州如皋縣縣市西廂第壹里（圖）賦役黃冊之一

【題解】

此件爲《韻學集成》第四冊卷四第三四葉背，編號爲HV·YXJCJ4·Y34，其上下完整，前後均缺，共存文字二十行，與正面古籍文字成經緯狀。此件爲明代某戶的賦役黃冊。另，明代賦役黃冊往往會登載攢造之前十年內的田畝變化等情況，文中載有土地的『出賣』時間『隆慶元年』（1567），而此後的隆慶陸年（1572）爲黃冊的攢造年份，據此可知，此件當係該年攢造的賦役黃冊。此件的文字字形、筆跡等與已知該批黃冊中攢造機構爲直隸揚州府泰州如皋縣縣市西廂第壹里（圖）的賦役黃冊相似，故推斷，此件亦當屬於該里（圖）的黃冊。另，此件與HV·YXJCJ4·Y33格式相同、內容相關、攢造時間一致，故推斷它們應屬於同一户的黃冊。

【錄文】

（前缺）

12. 與貳拾叁都壹圖錢堂爲業。
13. 夏稅：小麥每畝科正麥貳升，每斗帶耗柒合，共該伍升
14. 柒合肆勺。
15. 秋糧：黃豆每畝科正豆伍升，每斗帶耗柒合，共該壹斗肆
16. 升叁合伍勺。
17. 一本圖一則陸地壹畝壹分，於隆慶貳年拾月內出賣與壹都
18. 貳圖曹間爲業。
19. 夏稅：小麥每畝科正麥貳升，每斗帶耗柒合，共該貳升
20. 叁合伍勺。

（後缺）

1. 秋糧：黃豆每畝科正豆伍升，每斗帶耗柒合，共該壹
2. 斗柒升捌合貳勺。
3. 一本圖一則陸地壹分伍釐陸毫，於隆慶元年柒月內出賣
4. 與北廂章欽爲業。
5. 夏稅：小麥每畝科正麥貳升，每斗帶耗柒合，共該叁
6. 合伍勺。
7. 秋糧：黃豆每畝科正豆伍升，每斗帶耗柒合，共該捌
8. 合肆勺。
9. 一本圖一則陸地壹畝叁釐叁毫，於隆慶元年玖月內出賣
10. 與貳拾都馬湯爲業。
11. 夏稅：小麥每畝科正麥貳升，每斗帶耗柒合，共該
12. 貳升貳合壹勺。
13. 秋糧：黃豆每畝科正豆伍升，每斗帶耗柒合，共該伍
14. 升伍合貳勺。
15. 一本圖一則陸地壹畝壹釐柒毫，於隆慶元年拾月內出賣與
16. 南廂蔣祖爲業。
17. 夏稅：小麥每畝科正麥貳升，每斗帶耗柒合，共該貳
18. 升壹合玖勺。
19. 秋糧：黃豆每畝科正豆伍升，每斗帶耗柒合，共該伍
20. 升肆合伍勺。

（後缺）

三四 明隆慶陸年（1572）直隸揚州府泰州如皋縣縣市西廂第壹里（圖）賦役黃冊

【題解】

此件爲《韻學集成》第四冊卷四第三五葉背，編號爲 HV·YXJC[]4·Y35，其上下完整，前後均缺，共存文字二十行，與正面古籍文字成經緯狀。此件爲明代某戶的賦役黃冊。另，此件的文字字形、筆跡等與該批紙背文獻中隆慶陸年（1572）攢造的直隸揚州府泰州如皋縣縣市西廂第壹里（圖）賦役黃冊相似，故推斷，此件亦當屬於該里（圖）的黃冊。另，此件與 HV·YXJC[]4·Y36 格式相同、內容相關，疑屬於同一戶黃冊。

【錄文】

（前缺）

1. 夏稅：小麥每畝科正麥壹斗捌合，每斗帶耗柒合，
2. 共該陸升叁合捌勺。
3. 秋糧：黃豆每畝科正豆壹斗貳升，每斗帶耗柒合，
4. 共該柒升玖勺。
5. 一本圖一則沒官陸地伍分肆釐貳毫，係佃到拾玖都壹
6. 圖謝黃玦戶下地。
7. 夏稅：小麥每畝科正麥壹斗捌合，每斗帶耗柒合，
8. 共該陸升貳合捌勺。
9. 秋糧：黃豆每畝科正豆壹斗貳升，每斗帶耗柒合，共
10. 該陸升陸合柒勺。
11. 一本圖一則沒官陸地捌釐陸毫，係佃到壹都叁圖錢朋
12. 戶下地。

三五　明隆慶陸年（1572）直隸揚州府泰州如皋縣縣市西廂第壹里（圖）賦役黃冊

【題解】

此件爲《韻學集成》第四冊卷四第三六葉背，編號爲 HV·YXJC]]4·Y36]，其上下完整，前後均缺，共存文字二十行，與正面古籍文字成經緯狀。此件爲明代某户的賦役黃冊。另，此件的文字字形、筆跡等與該批紙背文獻中隆慶陸年（1572）攢造的直隸揚州府泰州如皋縣縣市西廂第壹里（圖）賦役黃冊相似，故推斷，此件亦當屬於該里（圖）的黃冊。另，此件與 HV·YXJC]]4·Y35]格式相同、內容相關，疑屬於同一户的黃冊。

【錄文】

（前缺）

1. 共該叁升貳合肆勺。
2. 秋糧：黄豆每畝科正豆壹斗貳升，每斗帶耗柒

（後缺）

13. 夏稅：小麥每畝科正麥壹斗捌合，每斗帶耗柒合，
14. 共該玖合玖勺。
15. 秋糧：黄豆每畝科正豆壹斗貳升，每斗帶耗柒合，共
16. 該壹升壹合。
17. 一本圖一則沒官陸地伍釐捌毫，係佃到貳拾壹都貳圖湯
18. 金户下地。
19. 夏稅：小麥每畝科正麥壹斗捌合，每斗帶耗柒合，
20. 　　　　合陸勺。

3. 　　　　　　　　　　　　　　　　　　　　　合，共該叁升陸合。
4. 一本圖一則沒官陸地壹分叁釐捌毫，係兌佃到拾柒
5. 　都叁圖陳□户下地。
6. 夏稅：小麥每畝科正麥壹斗捌合，每斗帶耗柒
7. 　合，共該壹升陸合。
8. 秋糧：黃豆每畝科正豆壹斗貳升，每斗帶耗柒
9. 　合，共該壹升柒合捌勺。
10. 一本圖一則沒官陸地壹分肆釐玖毫，係兌佃到陸都陸
11. 　圖單孫户下地。
12. 夏稅：小麥每畝科正麥壹斗捌合，每斗帶耗柒合，
13. 　共該壹升柒合貳勺。
14. 秋糧：黃豆每畝科正豆壹斗貳升，每斗帶耗柒合，
15. 　共該壹升玖合壹勺。
16. 一本圖一則沒官陸地壹畝壹毫，係兌佃到拾肆都貳圖
17. 　徐□户下地。
18. 夏稅：小麥每畝科正麥壹斗捌合，每斗帶耗柒合，
19. 　共該壹斗壹升伍合壹勺。
20. 秋糧：黃豆每畝科正豆壹斗貳升，每斗帶耗柒合，共

（後缺）

三六 明隆慶陸年（1572）直隸揚州府泰州如皋縣縣市西廂第壹圖賦役黃冊（軍鑄匠戶劉覽等）

【題解】

此件爲《韻學集成》第四冊卷四第三七葉背，編號爲HV·YXJCJ4·Y37］，其上殘下完，前後均缺，共存文字十九行，與正面古籍文字成經緯狀。此件爲明代兩戶的賦役黃冊，其中第一至八行係一戶，第九至十九行係直隸揚州府泰州如皋縣縣市西廂第壹圖軍鑄匠戶劉覽之黃冊。另，明代賦役黃冊在攢造之時需對下一輪十年內各戶充任里長、甲首情況等做出預先安排，第17行所載劉覽充甲首的時間爲『萬曆玖年』（1581），而此前的隆慶陸年（1572）爲黃冊的攢造年份，據此可知，此件當係該年攢造的賦役黃冊。今據第二戶黃冊擬現題。

【錄文】

（前缺）

1. 肆石柒斗貳升叁合貳勺。
2. 正豆壹拾叁石柒斗陸升。
3. 耗豆玖斗陸升叁合貳勺。
4. 房屋：民瓦、草房捌間。
5. 　　　瓦房叁間。
6. 　　　草房伍間。
7. 頭匹：水牛貳隻。
8. 　　　驢壹頭。
9. ▢金故，今劉覽係直隸揚州府泰州如皋縣縣市西廂第壹圖軍鑄匠戶。祖充軍匠貳名。有祖劉勝乙先於洪武貳拾
10.

三七 明隆慶陸年（1572）直隸揚州府泰州如皋縣縣市西廂第壹里（圖）賦役黃冊

【題解】

此件爲《韻學集成》第四冊卷四第三八葉背，編號爲 HV·YXJC]4·Y38，其上下完整，前後均缺，共存文字二十行，文中第13至16行登載了本身及婦女的病故時間『隆慶貳年』（1568）、『隆慶肆年』（1570）、『隆慶伍年』（1571），而此後的隆慶陸年（1572）爲黃冊的攢造年份，據此可知，此件當係該年攢造的賦役黃冊。此件的文字字形、筆跡等與已知該批黃冊中攢造機構爲直隸揚州府泰州如皋縣縣市西廂第壹里（圖）的賦役黃冊相似，故推斷，此件亦當屬於該里（圖）的黃冊。

【錄文】

（前缺）

壹年爲缺□入匠事，發平越衛充軍，充在楊老站百戶鞏亨下軍，正德柒年奉例告便，附近直隸揚州衛泰州守禦千戶所收補，將戶丁劉全應當補缺鑄匠。壹名，有祖劉福保於永樂年間起取順天府充軍旅住座，當匠不缺，充萬曆玖年甲首。

舊管：

人丁：計家男、婦壹拾壹口。

（後缺）

11.
12.
13.
14.
15.
16.
17.
18. 舊管：
19.

1. 民田地壹拾貳畝叁分貳釐陸毫。
2. 　　夏稅：小麥正耗壹斗陸升玖合玖勺。
3. 　　秋糧：
4. 　　　　米正耗貳斗叁升肆合陸勺。
5. 　　　　黃豆正耗肆斗貳升肆合陸勺。
6. 田肆畝叁分捌釐肆毫。秋糧：米正耗貳斗叁升肆合陸勺。
7. 地柒畝玖分叁釐柒毫。
8. 　　夏稅：小麥正耗壹陸升玖合玖勺。
9. 　　秋糧：黃豆正耗肆斗貳升肆合陸勺。
10. 房屋：民草房叁間。
11. 開除：
12. 　　人口：正除男、婦叁口。
13. 　　　　男子壹口：
14. 　　　　　　本身，於隆慶貳年病故。
15. 　　　　婦女貳口：
16. 　　　　　　秦氏，於隆慶伍年病故。　　女貞漆，於隆慶肆年病故。
17. 　　事產：
18. 　　　　官民田地轉除田地壹拾壹畝捌分叁釐
19. 　　　　　　夏稅：小麥正耗壹斗伍升玖合貳勺。
20. 　　　　　　秋糧：

（後缺）

三八 明隆慶陸年（1572）直隸揚州府泰州如皋縣縣市西廂第壹里（圖）賦役黃冊

【題解】

此件爲《韻學集成》第四册卷四第三九葉背，編號爲HV·YXJC[]4·Y39"，其上下完整，前後均缺，共存文字二十行，與正面古籍文字成經緯狀。此件爲明代某户的賦役黄册。另，此件的文字字形、筆跡等與該批紙背文獻中隆慶陸年（1572）攢造的直隸揚州府泰州如皋縣縣市西廂第壹里（圖）賦役黄册相似，故推斷，此件亦當屬於該里（圖）的黄册。

【錄文】

（前缺）

1. 壹斗貳升，每斗帶耗柒
2. 合，共該肆合肆勺。
3. 一本圖一則没官陸地貳畝壹分叁釐貳毫，沿①海鄉趙
4. 林玘户下地。
5. 夏税：小麥每畝科正麥壹斗捌合，每斗帶耗柒
6. 合，共該貳斗肆升陸合叁勺。
7. 秋糧：黄豆每畝科正豆壹斗貳升，每斗帶耗柒
8. 合，共該貳斗柒升叁合柒勺。
9. 一本圖一則没官陸地肆畝柒釐肆毫，係兑佃到貳
10. 拾都伍圖吴性户下地。
11. 夏税：小麥每畝科正麥壹斗捌合，每斗帶耗

① 據第九、十行推斷，【沿】字前疑有脱文。

三九 明隆慶陸年（1572）直隸揚州府泰州如皋縣縣市西廂第壹里（圖）賦役黃冊

【題解】

此件爲《韻學集成》第四册卷四第四十葉背，編號爲HV·YXJC[]4·Y40]，其上下完整，前後均缺，共存文字二十行，與正面古籍文字成經緯狀。此件爲明代某户的賦役黃冊。另，此件的文字字形、筆跡等與該批紙背文獻中隆慶陸年（1572）攢造的直隸揚州府泰州如皋縣縣市西廂第壹里（圖）賦役黃冊相似，故推斷，此件亦當屬於該里（圖）的黃冊。

【錄文】

（前缺）

1. 係買到本圖韓恩户下田。

  ……

12. 　　　　　　　柒合，共該肆斗柒合捌勺。
13. 　秋糧：黃豆每畝科正豆壹斗貳升，每斗帶耗
14. 　　　　　　　柒合，共該伍斗貳升叁合壹勺。
15. 民田地壹頃陸拾壹畝貳分柒釐壹毫。
16. 　夏稅：小麥正耗貳石貳斗壹升伍合叁勺。
17. 　秋糧：
18. 　　米正耗叁石捌升玖合伍勺。
19. 　　黃豆正耗伍石伍斗叁升捌合叁勺。
20. 田伍拾柒畝柒分伍釐壹毫。秋糧：米叁石捌升①玖合伍

（後缺）

---

① 〔米〕，據文義該字後當脱〔正耗〕二字。

哈佛藏《韻學集成》《直音篇》紙背明代文獻釋錄 卷一

1. 一本圖一則蕩田陸分壹釐叁毫。秋糧：米每畝科正米伍升，每斗帶耗柒合，共該叁升貳合玖勺，係買到肆都貳圖王相戶下田。
2. 一本圖一則蕩田叁畝壹分伍釐陸毫。秋糧：米每畝科正米伍升，每斗帶耗柒合，共該捌合捌勺，係買到東廂孫[潮]戶下田。
3. 一本圖一則蕩田壹拾肆畝陸分肆釐玖毫。秋糧：米每畝科正米伍升，每斗帶耗柒合，共該柒斗捌升叁合伍勺，係買到南廂蔣平戶下田。
4. 一本圖一則蕩田貳釐柒毫。秋糧：米每畝科正米伍升，每斗帶耗柒合，共該壹合伍勺，係買到拾都壹圖吳石戶下田。
5. 一本圖一則蕩田肆畝玖分陸釐叁毫。秋糧：米每畝科正米伍升，每斗帶耗柒合，共該貳斗陸升壹合壹勺，係買到拾伍都貳圖□印恭戶下田。
6. 一本圖一則蕩田壹畝叁分捌毫。秋糧：米每畝科正米伍升，每斗帶耗柒合，共該柒升，係買到拾陸都壹

（後缺）

四〇 明隆慶陸年（1572）直隸揚州府泰興縣順得鄉貳拾壹都第拾伍里賦役黃冊之一（民籍某住兒等）

【題解】

此件爲《韻學集成》第四冊卷四第四一葉背，編號爲 HV·YX]C]]4·Y41］，其上殘下完，前後均缺，共存文字二十行，與正面古籍文字成經緯狀。此件爲明代兩戶的賦役黃冊，其中第一至九行係一户，第十五至二十行係直隸揚州府泰興縣順得鄉貳拾壹都第拾伍里民籍某住兒之黃冊。另，明代賦役黃冊在攢造之時需對下一輪十年內各户充任里長、甲首情況等做出預先安排，第十行所載住兒充甲首的時間爲『萬曆伍年』（1577），而此前的隆慶陸年（1572）爲黃冊的攢造年份，據此可知，此件當係該年攢造的賦役黃冊。今據第二户黃冊擬現題。另，此件第 16 行之官民田地數等於 HV·YX]C]]4·Y42]官田地及民田地數之和，據此可知，此兩件可以綴合，綴合後此件在前。

【錄文】

（前缺）

1. □無已□□□□□□□□□□□□
2. 合造報。
3. 父保兒於先年故，前冊失除。
4. 實在：
5. 人口：貳口。
6. 　男子不成丁壹口：本身年玖拾玖歲。
7. 　婦女大壹口：妻陳氏年玖拾捌歲。
8. 事產：
9. 　房屋：民草房叁間。
10. □□□住兒係直隸揚州府泰興縣順得鄉貳拾壹都第拾伍里民籍，充萬曆伍年甲首。

11. 舊管：
12. 　人丁：計家男、婦叁口。
13. 　　男子貳口。
14. 　　婦女壹口。
15. 　事產：
16. 　　官民田地叁拾陸畝伍分叁釐。
17. 　　夏稅：小麥正耗貳石肆斗貳升肆合捌勺。
18. 　　秋粮：
19. 　　　米正耗壹石壹斗捌升叁合貳勺。
20. 　　　黃豆正耗壹石伍斗肆升玖合叁勺。

（後缺）

四一　明隆慶陸年（1572）直隸揚州府泰興縣順得鄉貳拾壹都第拾伍里賦役黃冊之二（民籍某住兒等）

【題解】

此件爲《韻學集成》第四冊卷四第四二葉背，編號爲HV·YXJC[]4·Y42]，其上下完整，前後均缺，共存文字十九行，與正面古籍文字成經緯狀。此件爲明代某户的賦役黃冊，因此件之官田地、民田地數之和等於HV·YXJC[]4·Y41]第十六行之官民田地數，據此可知，此兩件實爲同一户的黄冊，可以綴合，綴合後此件在後。今據HV·YXJC[]4·Y41]擬現題。

【錄文】

（前缺）

1. 官田地柒畝陸分。
2. 夏稅：小麥正耗壹石肆斗玖升陸合貳勺。
3. 秋糧：
4. 米正耗陸升壹合叁勺。
5. 黃豆正耗壹石壹斗貳升叁合伍勺。
6. 田壹分。
7. 夏稅：小麥正耗壹升玖合陸勺。
8. 秋糧：米正耗陸升壹合叁勺。
9. 地柒畝伍分。
10. 夏稅：小麥正耗壹石肆斗柒升陸合陸勺。
11. 秋糧：黃豆正耗壹石壹斗貳升叁合伍勺。
12. 民田地貳拾捌畝玖分叁釐。
13. 夏稅：小麥正耗玖斗貳升捌合陸勺。
14. 秋糧：
15. 米正耗壹斗貳升壹合伍勺。
16. 黃豆正耗肆斗貳升伍合捌勺。
17. 田貳拾玖畝玖分柒釐。
18. 夏稅：小麥正耗壹石壹斗陸升壹合壹勺。
19. 秋糧：米正耗壹石壹斗貳升壹合伍勺。

（後缺）

四二 明隆慶陸年（1572）直隸揚州府泰州如皋縣縣市西廂第壹里（圖）賦役黃冊

【題解】

此件爲《韻學集成》第四冊卷四第四三葉背，編號爲 HV·YXJCJ4·Y43］，其上下完整，前後均缺，共存文字十九行，與正面古籍文字成經緯狀。此件爲明代某户的賦役黄册。另，此件的文字字形、筆跡等與該批紙背文獻中隆慶陸年（1572）攢造的直隸揚州府泰州如皋縣縣市西廂第壹里（圖）賦役黄册相似，故推斷，此件亦當屬於該里（圖）的黃册。另，此件與 HV·YXJCJ4·Y44］第一至七行格式相同、內容相關，疑屬於同一户的黃册。另，HV·YXJCJ4·Y44］在載錄蕩田後又載錄陸地情況，而此件所載者均爲蕩田，故據此推知，若能綴合則此件在前。

【錄文】

（前缺）

1. 斗帶耗柒合，共該壹升陸合貳勺，係買
2. 到貳拾叁都壹圖吳高户下田。
3. 一本圖一則蕩田柒釐。秋糧：米每畝科正米伍升，每斗帶耗
4. 柒合，共該叁合柒勺，係買到拾貳都叁圖
5. 許川户下田。
6. 一本圖一則蕩田伍分柒釐叁毫。秋糧：米每畝科正米伍升，每
7. 斗帶耗柒合，共該叁升柒勺，係買到拾伍
8. 都壹圖印倪户下田。
9. 一本圖一則蕩田貳分捌釐貳毫。秋糧：米每畝科正米伍升，每
10. 斗帶耗柒合，共該壹升伍合壹勺，係買
11. 到拾柒都陳貴户下田。

四三 明隆慶陸年（1572）直隸揚州府泰州如皋縣縣市西廂第壹里（圖）賦役黃冊

【題解】

此件爲《韻學集成》第四冊卷四第四四葉背，編號爲 HV·YXJCJJ4·Y44］，其上下完整，前後均缺，共存文字二十行，與正面古籍文字成經緯狀。此件爲明代某户的賦役黃冊。另，此件的文字字形、筆跡等與該批紙背文獻中隆慶陸年（1572）攢造的直隸揚州府泰州如皋縣縣市西廂第壹里（圖）賦役黃冊相似，故推斷，此件亦當屬於該里（圖）的黃冊。另，此件與 HV·YXJCJJ4·Y43］格式相同、內容相關，疑屬於同一户的黃冊。另，此件在登載蕩田後又載錄陸地情況，據此推知，若能綴合，則 HV·YXJCJJ4·Y43］當在此件之前。

【錄文】

（前缺）

1. 一本圖一則蕩田肆畝叁分陸釐伍毫。秋糧：米每畝科正米伍
2. 升，每斗帶耗柒合，共該貳斗叁升叁

12.
13.
14.
15. 一本圖一則蕩田貳畝肆分柒毫。秋糧：米每畝科正米伍升，每
16. 斗帶耗柒合，共該壹斗伍合捌勺，係買
17. 拾肆都貳圖徐文户下田。
18. 一本圖一則蕩田伍分肆釐捌毫。秋糧：米每畝科正米伍升，每
19. 斗帶耗柒合，共該貳升玖合肆勺，係買

（後缺）

一本圖一則蕩田叁分伍毫。秋糧：米每畝科正米伍升，每斗
帶耗柒合，共該壹升陸合叁勺，係買到
陸都陸圖單孫户下田。

3. 合陸勺,係買到沿海鄉趙林玘戶下田。
4. 一本圖一則蕩田捌畝叁分叁釐叁毫。秋糧:米每畝科正米
5. 伍升,每斗帶耗柒合,共該肆斗肆升
6. 伍合捌勺,係買到貳拾都伍圖吳性
7. 戶下田。
8. 地壹頃叁畝伍分貳釐。
9. 夏稅:小麥正耗貳石貳斗壹升伍合叁勺。
10. 秋糧:黃豆正耗伍石伍斗叁升捌合叁勺。
11. 一本圖一則陸地貳畝叁分叁釐,係買到貳拾都伍圖蔡晟
12. 戶下地。
13. 夏稅:小麥每畝科正麥貳升,每斗帶耗柒合,共該
14. 肆升玖合玖勺。
15. 秋糧:黃豆每畝科正豆伍升,每斗帶耗柒合,共該壹
16. 斗貳升肆合柒勺。
17. 一本圖一則陸地壹畝壹分叁釐,係買到拾柒都貳圖何
18. 松戶下地。
19. 夏稅:小麥每畝科正麥貳升,每斗帶耗柒合,共該
20. □□□□□□

(後缺)

四四 明隆慶陸年（1572）直隸揚州府泰興縣順得鄉貳拾壹都第拾伍里（圖）賦役黃冊

【題解】

此件爲《韻學集成》第四冊卷四第四五葉背，編號爲 HV·YXJCJ4·Y45"，其上下完整，前後均缺，中有缺行，共存文字二一行，與正面古籍文字成經緯狀。此件爲明代某户的賦役黃冊。另，此件的文字字形、筆跡等與該批紙背文獻中隆慶陸年（1572）攢造的直隸揚州府泰興縣順得鄉貳拾壹都第拾伍里（圖）賦役黃冊相似，故推斷，此件亦當屬於該里（圖）的黃冊。

【錄文】

（前缺）

1. ……
2. 夏稅：小麥每畝科正麥叁升，每斗帶耗柒合，共該壹斗捌升叁合貳勺。
3. 秋粮：黃豆每畝科正豆伍升，每斗帶耗柒合，共該叁斗伍合伍勺。
4. 桑壹株。夏稅：科絲壹兩。

（中缺1行）

5. 頭匹：民水牛壹隻。
6. 房屋：民草房伍間。
7. □口：壹拾壹口。
8. 男子不成丁柒口。
9. 婦女肆口。
10. □產：
11. 　民田地玖畝壹分壹釐。
12. 　夏稅：小麥正耗貳斗柒升捌合。
　　　秋粮：

四五 明隆慶陸年（1572）直隸揚州府泰興縣順得鄉貳拾壹都第拾伍里（圖）賦役黃冊

【題解】

此件爲《韻學集成》第四册卷四第四六葉背，編號爲HV·YXJCJ4·Y46］，其上下完整，前後均缺，共存文字二二行，與正面古籍文字成經緯狀。此件爲明代某户的賦役黄册。另，此件的文字字形、筆跡等與該批紙背文獻中隆慶陸年（1572）攢造的直隸揚州府泰興縣順得鄉貳拾壹都第拾伍里（圖）賦役黄册相似，故推斷，此件亦當屬於該里（圖）的黄册。

【錄文】

（前缺）

1. 人口：肆口。
2. 男子成丁貳口：

（後缺）

13. 米正耗叁斗貳升肆合貳勺。
14. 黄豆正耗壹斗陸升貳合玖勺。
15. 田陸畝陸釐。
16. 夏稅：小麥正耗壹斗柒升捌合伍勺。
17. 秋糧：米正耗叁斗貳升肆合貳勺。
18. 一則高田伍畝伍分陸釐。
19. 夏稅：小麥每畝科正麥叁升，每斗帶耗柒合，共該壹斗柒升捌合伍勺。
20. 秋糧：米每畝科正米伍升，每斗帶耗柒合，共該貳斗玖升柒合肆勺。
21. 一則水田伍分。秋糧：米每畝科正米伍升

3. 本身年貳拾貳歲。
4. 姪清年貳拾歲。
5. 嬸戴氏年伍拾歲。
6. 妻嚴氏年貳拾歲。
7. 婦女大貳口：
8. 事產：
9. 民田地貳拾肆畝叁分捌釐
10. 夏稅：小麥正耗伍斗捌合貳勺。
11. 秋糧：
12. 米正耗壹石壹斗叁升壹合伍勺。
13. 黃豆正耗壹斗柒升貳合捌勺。
14. 田貳拾壹畝壹分伍釐。
15. 夏稅：小麥正耗肆斗肆升伍勺。
16. 秋糧：米正耗壹石壹斗叁升壹合伍勺。
17. 一本都一則高田壹拾貳畝陸分。
18. 夏稅：小麥每畝科正麥叁升，每斗帶耗柒合，共該肆斗柒合伍勺。
19. 正麥叁斗柒升捌勺。
20. 耗麥貳斗陸合伍勺。
21. 秋糧：米每畝科正米伍升，每斗帶耗柒合，共該陸斗柒升肆
22. 合壹。
    正米陸斗叁升。
    耗米肆升肆合壹勺。
（後缺）

① 此小麥之數與下文正麥、耗麥數不合。

第四册 三八一

四六 明隆慶陸年（1572）直隸揚州府泰州如皋縣縣市西廂第壹里（圖）賦役黃冊

【題解】

此件爲《韻學集成》第四册卷四第四七葉背，編號爲 HV·YXJCJ4·Y47，其上下完整，前後均缺，共存文字十九行，與正面古籍文字成經緯狀。此件爲明代某户的賦役黃册。另，此件的文字字形、筆跡等與該批紙背文獻中隆慶陸年（1572）攢造的直隸揚州府泰州如皋縣縣市西廂第壹里（圖）賦役黃册相似，故推斷，此件亦當屬於該里（圖）的黃册。

【錄文】

（前缺）

1. 夏税：小麥每畝科正麥貳升，每斗帶耗柒合，共
2. 該玖合。
3. 秋粮：黃豆每畝科正豆伍升，每斗帶耗柒合，共該
4. 貳升貳合伍勺。
5. 一本圖一則陸地壹分壹釐柒毫，係買到本圖陳萬
6. 户下地。
7. 夏税：小麥每畝科正麥貳升，每斗帶耗柒合，共
8. 該貳合伍勺。
9. 秋粮：黃豆每畝科正豆伍升，每斗帶耗柒合，共
10. 該陸合叁勺。
11. 一本圖一則陸地貳畝壹分柒釐，係買到陸都肆圖吳春
12. 户下地。
13. 夏税：小麥每畝科正麥貳升，每斗帶耗柒合，

四七 明嘉靖叁拾壹年（1552）直隸揚州府江都縣青草沙第肆圖賦役黃冊（王某）

【題解】

此件爲《韻學集成》第四册卷四第四八葉背，編號爲 HV‧YXJC[]4‧Y48，其上下完整，前後均缺，中有缺行，共存文字十五行，與正面古籍文字成經緯狀。此件爲明代某户的賦役黄册。據文中所載男子姓名知，此黄册的户頭當係王某。另，明代賦役黄册往往會登載攢造之前十年内的人口變化等情況，文中第3行登載了『兄王鉞』的死亡時間『嘉靖貳拾叁年』(1544)，而此後的嘉靖叁拾壹年（1552）爲黄册的攢造年份，據此可知，此件當係該年攢造的賦役黄册，已知該批黄册的攢造機構爲直隸揚州府江都縣青草沙第肆圖，故此件亦當屬於該圖之黄册。

【錄文】

（前缺）

1. 　　　　　柒合，共該正耗苣貳升貳
2. 　　　　　合肆勺。
3. 人口：正除男子成丁壹口：兄王鉞，於嘉靖貳拾叁年故。

14. 　　　　　　　　　　　　　共該肆升陸合肆勺。
15. 秋糧：黄豆每畝科正豆伍升，每斗帶耗柒合，共該
16. 　　　　壹斗壹合陸勺。
17. 一本圖一則陸地伍分捌釐陸毫，係買貳拾壹都貳圖
18. 　　　　許梅户下地。
19. 夏税：小麥每畝科正麥貳升，每斗帶耗柒合，共該

（後缺）

4. 人口：男、婦肆口。

（中缺 1 行）

5. 男子成丁貳口：
6. 本身年叁拾玖歲。
7. 男王淮年貳拾歲。
8. 婦女大貳口：
9. 母周氏年陸拾歲。
10. 嫂陳氏年肆拾歲。
11. 事產：
12. 官民田地貳拾畝貳分玖釐柒毫伍絲。
13. 夏稅：小麥正耗玖斗伍升玖合柒勺。
14. 秋糧：
15. 米正耗陸斗陸升陸合陸勺。

（後缺）

四八　明隆慶陸年（1572）直隸揚州府泰興縣順得鄉貳拾壹都第拾伍里（圖）賦役黃冊

【題解】

此件為《韻學集成》第四冊卷四第四九葉背，編號為 HV・YXJC[]4・Y49，其上下完整，前後均缺，共存文字二十行，與正面古籍文字成經緯狀。此件為明代某戶的賦役黃冊。另，此件的文字字形、筆跡等與該批紙背文獻中隆慶陸年（1572）攢造的直隸揚州府泰興縣順得鄉貳拾壹都第拾伍里（圖）賦役黃冊相似，故推斷，此件亦當屬於該里（圖）的黃冊。

【錄文】

（前缺）

1. 民田地伍畝叁分。
2. 　夏稅：小麥正耗壹斗柒升貳勺。
3. 　秋粮：
4. 　　米正耗壹斗肆升玖合捌勺。
5. 　　黃豆正耗壹斗叁升叁合捌勺。
6. 田本都一則高田貳畝捌分。
7. 　夏稅：小麥每畝科正麥叁升，每斗帶耗捌升玖合玖勺。
8. 　　正麥捌升肆合。
9. 　　耗麥伍合玖勺。
10. 　秋粮：米每畝科正米伍升，每斗帶耗柒合，共該壹斗肆升玖合玖
11. 　　勺。
12. 　　正米壹斗肆升。
13. 　　耗米玖合捌勺。
14. 地本都一則地貳畝伍分。
15. 　夏稅：小麥每畝科正麥叁升，每斗帶耗柒合，共該捌升叁勺。
16. 　　正麥柒升伍合。
17. 　　耗麥伍合叁勺。
18. 　秋粮：黃豆每畝科正豆伍升，每斗帶耗柒合，共該壹斗叁升叁合捌
19. 　　勺。
20. 　　正豆壹斗貳升伍合。

（後缺）

四九 明隆慶陸年（1572）直隸揚州府泰興縣順得鄉貳拾壹都第拾伍里賦役黃冊（民籍某尚等）

【題解】

此件爲《韻學集成》第四冊卷四第五十葉背，編號爲 HV·YXJC]4·Y50]，其上殘下完，前後均缺，共存文字二十行，與正面古籍文字成經緯狀。此件爲明代兩户的賦役黃冊，其中第一至四行係一户，第五至二十行係直隸揚州府泰興縣順得鄉貳拾壹都第拾伍里民籍某尚之黃冊。另，明代賦役黃冊在攢造之時需對下一輪十年內各户充任里長、甲首情況等做出預先安排，第五行所載某尚充甲首的時間爲「萬曆柒年」（1579），而此前的隆慶陸年（1572）爲黃冊的攢造年份，據此可知，此件當係該年攢造的賦役黃冊。今據第二户黃冊擬現題。

【錄文】

（前缺）

1. 勺。
2. 正米伍斗貳升柒合捌勺。
3. 耗米叁升陸合柒勺。
4. 　　　房屋：民草房壹間。
5. 尚係直隸揚州府泰興縣順得鄉貳拾壹都第拾伍里民籍，充萬曆柒年甲首。
6. □管：
7. 　　　人丁：計家男、婦叁口。
8. 　　　　　　男子貳口。
9. 　　　　　　婦女壹口。

五〇 明嘉靖叁拾壹年（1552）直隸揚州府江都縣青草沙第肆圖賦役黃冊

【題解】

此件爲《韻學集成》第四冊卷四第51葉背，編號爲HV·YXJCJ4·Y51'，其上下完整，前後均缺，共存文字十八行，與正面古籍文字成經緯狀。此件爲明代某戶的賦役黃冊。另，此件的文字字形、筆跡等與該批紙背文獻中嘉靖叁拾壹年（1552）攢造的直隸揚州府江都縣青草沙第肆圖賦役黃冊相似，故推斷，此件亦當屬於該圖的黃冊。

【錄文】

（前缺）

10. 事產：
11. 官民田地伍畝肆分捌釐。
12. 夏稅：小麥正耗貳斗伍合陸勺。
13. 秋糧：
14. 米正耗貳斗陸升。
15. 黃豆正耗壹斗叁合捌勺。
16. 官田壹分捌釐。
17. 夏稅：小麥正耗叁升伍合肆勺。
18. 秋糧：米正耗壹斗壹升貳合。
19. 民田地伍畝叁分。
20. 夏稅：小麥正耗壹斗柒升貳合。

（後缺）

哈佛藏《韻學集成》《直音篇》紙背明代文獻釋錄 卷一

1. 升柒合貳勺。
2. 秋糧：
3. 米正耗壹百伍拾叁石叁斗伍升伍合陸勺。
4. 黃荳正耗肆石捌斗柒升貳合叁勺。
5. 夏稅：小麥每畝科正麥壹斗貳升，每斗帶耗柒合，共該正耗麥玖石玖斗貳升陸合陸勺。
6. 一則田柒拾柒畝叁分壹釐。
7. 秋糧：
8. 米每畝科正米貳斗肆合柒勺，每斗帶耗柒合，共該正耗米壹拾陸石玖斗叁升叁合壹勺。
9. 黃荳每畝科正荳伍升捌合玖勺，每斗帶耗柒合，共該正耗荳肆石捌斗柒升貳合叁勺。

（後缺）

五一　明嘉靖叁拾壹年（1552）直隸揚州府江都縣青草沙第肆圖賦役黃冊

【題解】

此件爲《韻學集成》第四冊卷四第五二葉背，編號爲"HV·YXJCJ4·Y52"，其上下完整，前後均缺，共存文字十八行，與正面古籍文字成經緯狀。此件爲明代某户的賦役黃冊。另，此件的文字字形、筆跡等與該批紙背文獻中嘉靖叁拾壹年（1552）攢造的直隸揚州府江都縣青草沙第肆圖賦役黃冊相似，故推斷，此件亦當屬於該圖的黃冊。

【錄文】

（前缺）

1. 勺。
2. 秋糧：米每畝科正米貳斗貳升，每斗
3. 斗帶耗柒合，共該正耗米
4. 伍石肆斗叁升壹合捌勺。
5. 一則田陸拾叁畝捌分貳毫。
6. 夏稅：小麥每畝科正麥壹斗肆升，每
7. 斗帶耗柒合，共該正耗
8. 麥玖石伍斗伍升柒合伍
9. 勺。
10. 秋糧：米每畝科正米壹斗肆升，每斗
11. 斗帶耗柒合，共該正耗米
12. 玖石伍斗伍升柒合伍勺。
13. 一則田叁分。

五二 明嘉靖叁拾壹年（1552）直隸揚州府江都縣青草沙第肆圖賦役黃冊

【題解】

此件爲《韻學集成》第四冊卷四第五三葉背，編號爲HV·YX|CJ4·Y53，其上下完整，前後均缺，共存文字十八行，與正面古籍文字成經緯狀。此件爲明代某戶的賦役黃冊。另，此件的文字字形、筆跡等與該批紙背文獻中嘉靖叁拾壹年（1552）攢造的直隸揚州府江都縣青草沙第肆圖賦役黃冊相似，故推斷，此件亦當屬於該圖的黃冊。

【錄文】

（前缺）

1. 　　　　　　斗柒升捌合叁勺。
2. 　　　　黃荳正耗肆斗叁升伍合壹勺。
3. 官田貳畝貳分捌釐捌毫。
4. 夏稅：小麥正耗貳斗肆升肆合捌勺。
5. 秋糧：米正耗叁斗肆升貳合柒勺。
6. 民田地捌畝壹分叁釐叁毫。

（後缺）

14. 夏稅：小麥每畝科正麥壹斗陸升，每
15. 　　　斗帶耗柒合，共該正耗麥
16. 　　　伍升壹合肆勺。
17. 秋糧：米每畝科正米貳斗貳升，每斗
18. 　　　帶耗柒合，共該

7. 夏稅：小麥正耗肆斗伍升貳合玖勺。
8. 秋糧：
9. 米正耗叁升伍合陸勺。
10. 黃荳正耗肆斗叁升伍合壹勺。
11. 田叁分叁釐叁毫。
12. 夏稅：小麥正耗叁升伍合陸勺。
13. 秋糧：
14. 米正耗叁升伍合壹勺。
15. 黃荳正耗壹升柒合捌勺。
16. 地柒畝捌分。
17. 夏稅：小麥正耗肆斗壹升柒合叁勺。
18. 秋糧：黃荳正耗肆斗壹升叁合叁勺。

（後缺）

五三　明嘉靖叁拾壹年（1552）直隸揚州府江都縣青草沙第肆圖賦役黃冊

【題解】

此件為《韻學集成》第四册卷四第五四葉背，編號為HV·YXJC[]4·Y54]其上下完整，前後均缺，共存文字十六行，與正面古籍文字成經緯狀。此件為明代某户的賦役黃册。另，此件的文字字形、筆跡等與該批紙背文獻中嘉靖叁拾壹年（1552）攢造的直隸揚州府江都縣青草沙第肆圖賦役黃册相似，故推斷，此件亦當屬於該圖的黃册。

哈佛藏《韻學集成》《直音篇》紙背明代文獻釋錄　卷一

【錄文】

（前缺）

1. 夏稅：小麥正耗玖升捌合玖勺。
2. 秋粮：米正耗壹斗叁升陸合肆勺。
3. 一則袁成入官田捌分柒釐伍毫。
4. 夏稅：小麥每畝科正麥壹斗，每斗帶耗柒合，共該正耗麥玖升叁合陸勺。
5. 正麥捌升柒合伍勺。
6. 耗麥陸合壹勺。
7. 秋粮：米每畝科正米壹斗肆升，每斗帶耗柒合，共該正耗米壹斗叁升壹合壹勺①。
8. 正米壹斗貳升貳合伍勺。
9. 耗米捌合柒勺。
10. 一則財賦沒官田壹分。
11. 夏稅：小麥每畝科正麥伍升，每斗帶耗柒合，共該正耗麥伍升柒合，

（後缺）

① 此米之數與下文正米、耗米數不合。

五四 明隆慶陸年（1572）直隸揚州府泰州如皋縣縣市西廂第壹里（圖）賦役黃冊

【題解】

此件爲《韻學集成》第四冊卷四第五五葉背，編號爲HV·YXJC][4·Y55]其上下完整，前後均缺，共存文字十九行，與正面古籍文字成經緯狀。此件爲明代某户的賦役黃冊。另，此件的文字字形、筆跡等與該批紙背文獻中隆慶陸年（1572）攢造的直隸揚州府泰州如皋縣縣市西廂第壹里（圖）賦役黃冊相似，故推斷，此件亦當屬於該里（圖）的黃冊。

【録文】

（前缺）

1. 一本圖一則沒官蕩田壹畝貳釐玖毫。秋糧：米每畝科正
2. 米壹斗貳升，每斗帶耗柒合，共該壹斗
3. 叁升貳合，係佃到陸都壹圖祝雲户下
4. 田。
5. 一本圖一則沒官蕩田壹分捌釐貳毫。秋糧：米每畝
6. 科正米壹斗貳升，每斗帶耗柒合，共該
7. 壹斗伍升壹合捌勺，係佃到壹都肆
8. 圖章 黃户 下田。
9. 一本圖一則沒官蕩田壹畝壹分陸釐壹毫。秋糧：米每畝科
10. 正米壹斗貳升，每斗帶耗柒合，共該
11. 壹斗肆升玖合貳勺，係佃到拾玖都壹
12. 圖謝黃玚户下田。
13. 一本圖一則沒官蕩田壹分捌釐係毫。秋糧：米每畝科正

五五 明隆慶陸年（1572）直隸揚州府泰州如皋縣縣市西廂第壹里（圖）賦役黃冊

【題解】

此件爲《韻學集成》第四册卷四第五六葉背，編號爲 HV·YXJC[]4·Y56]其上下完整，前後均缺，共存文字二十行，與正面古籍文字成經緯狀。此件爲明代某户的賦役黃冊。另，此件的文字字形、筆跡等與該批紙背文獻中隆慶陸年（1572）攢造的直隸揚州府泰州如皋縣縣市西廂第壹里（圖）賦役黃冊相似，故推斷，此件亦當屬於該里（圖）的黃冊。

【錄文】

（前缺）

1. 共該柒升叁合肆勺。
2. 秋糧：黄豆每畝科正豆壹斗貳升，每斗帶耗柒合
3. 　　　共該捌升壹合陸勺。
4. 一本圖一則沒官陸地叁分玖毫，係兑佃到拾柒都貳圖
5. 　　　何松户下地。

14. 　　　米壹斗貳升，每斗帶耗柒合，共該貳
15. 　　　升叁合陸勺，係佃到壹都叁圖錢朋
16. 　　　户下田。
17. 一本圖一則沒官蕩田壹分貳釐叁毫。秋糧：米每畝科正
18. 　　　米壹斗貳升，每斗帶耗柒合，共該壹
19. 　　　升伍合捌勺，係佃到貳拾壹都貳圖湯

（後缺）

6. 夏稅：小麥每畝科正麥壹斗捌合，每斗帶耗柒合，
7. 共該叁升伍合玖勺。
8. 秋糧：黃豆每畝科正豆壹斗貳升，每斗帶耗柒
9. 合，共該叁升玖合陸勺。
10. 一本圖一則沒官陸地叁分陸釐玖毫，係兌佃到貳拾都叁
11. 圖田寵戶下地。
12. 夏稅：小麥每畝科正麥壹斗捌合，每斗帶耗柒合，
13. 共該肆升貳合陸勺。
14. 秋糧：黃豆每畝科正豆壹斗貳升，每斗帶耗柒
15. 合，共該肆升柒合叁勺。
16. 一本圖一則沒官陸地柒分壹釐壹毫，係佃到貳拾
17. 都伍圖石昆戶下地。
18. 夏稅：小麥每畝科正麥壹斗捌合，每斗帶耗柒合，
19. 共該壹斗玖升柒合柒勺。
20. 秋糧：黃豆每畝科正豆壹斗貳升，每斗帶耗柒合，共

（後缺）

五六 明嘉靖叁拾壹年（1552）直隸揚州府江都縣青草沙第肆圖賦役黃冊（附籍民戶、附籍軍戶等）

【題解】

此件為《韻學集成》第四冊卷四第五七葉背，編號為 HV·YX]C]]4·Y57]其上下完整，前後均缺，共存文字十八行，與正面古籍文字成經緯狀。此件為明代的賦役黃冊，其中第二至四行係一戶，第五至十八行係對附籍民戶、附籍軍戶等的統計。另，此件的文字字形、筆跡等與該批紙背文獻中嘉靖叁拾壹年（1552）攢造的直隸揚州府江都縣青草沙第肆圖賦役黃冊相似，故推斷，此件亦當屬於該圖的黃冊。

【錄文】

（前缺）

1. 秋糧：米正耗捌斗伍升壹合貳勺。

2. 地壹拾陸畝叁分伍釐。

3. 夏稅：小麥正耗捌斗柒升肆合捌勺。

4. 秋糧：黃荳正耗捌斗柒升肆合捌勺。

5. 附籍民戶：

6. 人口：男子成丁壹口。

7. 附籍軍戶：

8. 人口：男子成丁壹口。

9. 事產：民田壹畝伍分。

10. 夏稅：小麥正耗捌升叁勺。

11. 秋糧：米正耗捌升叁勺。

五七 明隆慶陸年（1572）直隸揚州府泰興縣順得鄉貳拾壹都第拾伍里賦役黃冊（民籍朱弟兒等）

【題解】

此件爲《韻學集成》第四冊卷四第五八葉背，編號爲HV·YXJCJ4·Y58]其上殘下完，前後均缺，共存文字十九行，與正面古籍文字成經緯狀。此件爲明代兩戶的賦役黃冊，其中第一至十六行爲一戶，第十七至十九行係直隸揚州府泰興縣順得鄉貳拾壹都第拾伍里民籍朱弟兒之黃冊。另，明代賦役黃冊在攢造之時需對下一輪十年內各戶充任里長、甲首情況等做出預先安排，第十七行所載朱弟兒充甲首的時間爲『萬曆陸年』（1578），而此前的隆慶陸年（1572）爲黃冊的攢造年份，據此可知，此件當係該年攢造的賦役黃冊。今據第二戶黃冊擬現題。

【錄文】

（前缺）

1. 耗麥壹升捌合玖勺。

12. 附籍軍戶：

13. 人口：男子成丁壹口。

14. 事產：民田貳畝。

夏稅：小麥正耗壹斗柒合。

15. 秋糧：米正耗壹斗柒合。

16.

17. 附籍民戶：

18. 人口：男、婦貳口。

（後缺）

哈佛藏《韻學集成》《直音篇》紙背明代文獻釋錄 卷一

2. 秋糧：米每畝科正米伍升，每斗帶耗柒合，共該肆斗捌升壹合伍
3. 勺。
4. 正米肆斗伍升。
5. 耗米叁升壹合伍勺。
6. 地本都一則地壹拾叁畝叁分柒釐。
7. 夏稅：小麥每畝科正麥叁升，每斗帶耗柒合，共該肆斗貳升捌
8. 合伍勺。①
9. 正麥肆斗貳升。
10. 耗麥貳斗捌合。
11. 秋糧：黃豆每畝科正豆伍升，每斗帶耗柒合，共該柒斗壹升叁
12. 合柒勺。
13. 正豆陸斗陸升柒合。
14. 耗豆肆升陸合柒勺。
15. 房屋：民草房叁間。
16. 頭匹：黃牛壹隻。
17. ▆朱弟兒係直隸揚州府泰興縣順得鄉貳拾壹都第拾伍里民籍，充萬曆陸年甲首。
18. 舊管：
19. 人丁：計家男、婦叁口。

（後缺）

① 此小麥之數與下文正麥、耗麥數不合。

五八 明隆慶陸年（1572）直隸揚州府泰州如皋縣縣市西廂第壹里（圖）賦役黃冊

【題解】

此件爲《韻學集成》第四冊卷四第六十葉背，編號爲HV·YXJCJ4·Y60］其上下完整，前後均缺，共存文字十九行，與正面古籍文字成經緯狀。此件爲明代某戶的賦役黃冊。另，此件的文字字形、筆跡等與該批紙背文獻中隆慶陸年（1572）攢造的直隸揚州府泰州如皋縣縣市西廂第壹里（圖）賦役黃冊相似，故推斷，此件亦當屬於該里（圖）的黃冊。

【錄文】

（前缺）

1. 　　陸都肆圖鬥庫爲業。
2. 一本圖一則蕩田柒分貳釐。秋糧：米每畝科正米伍升，每斗帶
3. 　　耗柒合，共該叁升捌合伍勺，出賣與
4. 　　拾壹都壹圖李桐爲業。
5. 一本圖一則蕩田貳分捌釐捌毫。秋糧：米每畝科正米伍升，
6. 　　每斗帶耗柒合，共該壹升伍合陸勺，
7. 　　出賣與本圖吳郝爲業。
8. 一本圖一則蕩田壹畝肆分玖釐柒毫。秋糧：米每畝科正
9. 　　米伍升，每斗帶耗柒合，共該捌升壹
10. 　　勺，出賣與貳拾叁都壹圖錢堂爲業。

五九 明隆慶陸年（1572）直隸揚州府泰州如皋縣縣市西廂第壹里（圖）賦役黃冊

【題解】

此件爲《韻學集成》第四册卷四第六一葉背，編號爲HV·YXJCJJ4·Y61"，其上下完整，前後均缺，共存文字二十行，與正面古籍文字成經緯狀。此件爲明代某户的賦役黃冊。另，明代賦役黃冊往往會登載攢造之前十年內的田畝變化等情況，文中載有土地的『出賣』時間『隆慶元年』（1567），而此後的隆慶陸年（1572）爲黃冊的攢造年份，據此可知，此件當係該年攢造的賦役黃冊。此件的文字字形、筆跡等與已知該批黃冊中攢造機構爲直隸揚州府泰州如皋縣縣市西廂第壹里（圖）的賦役黃冊相似，故推斷，此件亦當屬於該里（圖）的黃冊。

【錄文】

（前缺）

11. 一本圖一則蕩田陸分壹釐叁毫。秋糧：米每畝科正米伍
12. 升，每斗帶耗柒合，共該叁升貳合捌
13. 勺，出賣與壹都貳圖曹間爲業。
14. 地叁拾陸畝捌分捌釐陸毫。
15. 夏稅：小麥正耗捌斗壹升柒勺。
16. 秋糧：黃豆正耗貳石貳升陸合玖勺。
17. 一本圖一則陸地伍釐柒毫，於嘉靖肆拾叁年肆月內出賣
18. 與玖都壹圖顧名爲業。
19. 夏稅：小麥每科正麥貳升，每斗帶耗柒合，共該

（後缺）

1. 一本圖一則陸地壹畝貳分肆釐伍毫，於隆慶元年柒月內
2. 　　出賣與拾貳都貳圖朱奚繆爲業。
3. 夏稅：小麥每畝科正麥貳升，每斗帶耗柒合，共該貳
4. 　　升陸合柒勺。
5. 秋糧：黃豆每畝科正豆伍升，每斗帶耗柒合，共該陸
6. 　　陸合陸勺。
7. 一本圖一則陸地拾伍畝壹釐柒毫，於隆慶元年柒月內
8. 　　出賣與叁都叁圖石城爲業。
9. 夏稅：小麥每畝科正麥貳升，每斗帶耗柒合，共該叁斗
10. 　　貳升壹合叁勺。
11. 秋糧：黃豆每畝科正豆伍升，每斗帶耗柒合，共該捌
12. 　　升叁合叁勺。
13. 一本圖一則陸地叁分玖釐叁毫，於隆慶元年柒月內出賣
14. 　　與柒都肆圖夏鳳侃爲業。
15. 夏稅：小麥每畝科正麥貳升，每斗帶耗柒合，共該捌
16. 　　合伍勺。
17. 秋糧：黃豆每畝科正豆伍升，每斗帶耗柒合，共該貳升
18. 　　壹合壹勺。
19. 一本圖一則陸地叁畝叁分貳釐玖毫，於隆慶元年柒月內出
20. 　　賣與拾肆都壹圖王棟爲業。

（後缺）

六〇 明嘉靖叁拾壹年（1552）直隸揚州府江都縣青草沙第肆圖賦役黃冊

【題解】

此件爲《韻學集成》第四冊卷四第六二葉背，編號爲"HV·YXJCJ4·Y62"，其上下完整，前後均缺，共存文字十八行，與正面古籍文字成經緯狀。此件爲明代某戶的賦役黃冊。另，此件的文字字形、筆跡等與該批紙背文獻中嘉靖叁拾壹年（1552）攢造的直隸揚州府江都縣青草沙第肆圖賦役黃冊相似，故推斷，此件亦當屬於該圖的黃冊。

【錄文】

（前缺）

1. 夏稅：小麥正耗陸石肆斗玖升貳合玖勺。
2. 秋糧：米正耗柒石柒斗玖合貳勺。
3. 地叁拾貳畝叁分伍釐。
4. 夏稅：小麥正耗伍石貳斗貳合肆勺。
5. 秋糧：黃豆正耗陸石叁斗陸升肆
6. 勺。
7. 民田地灘壹頃叁拾捌畝柒分柒釐伍毫。
8. 夏稅：小麥正耗陸石陸斗玖升壹合
9. 秋糧：
      陸勺叁抄。
10. 米正耗柒石柒升貳合玖勺捌抄。
11. 黃豆正耗叁斗陸合叁勺。
12. 田壹頃柒畝肆分肆釐。

六一 明嘉靖叁拾壹年（1552）直隸揚州府江都縣青草沙第肆圖賦役黃冊

【題解】

此件爲《韻學集成》第四冊卷四第六三葉背，編號爲HV·YXJCJJ4·Y63'，其上下完整，前後均缺，共存文字十七行，與正面古籍文字成經緯狀。此件爲明代某一戶的賦役黃冊。另，此件的文字字形、筆跡等與該批紙背文獻中嘉靖叁拾壹年（1552）攢造的直隸揚州府江都縣青草沙第肆圖賦役黃冊相似，故推斷，此件亦當屬於該圖的黃冊。

【錄文】

（前缺）

1. 婦女大陸口。
2. 官民田地壹拾叁畝貳分陸釐壹毫貳絲。
3. 夏稅：小麥正耗壹拾捌石貳斗捌升
4. 　　　□合玖勺叁抄。
5. 秋糧：

14. 夏稅：小麥正耗伍石陸斗叁升陸合貳
15. 　　　勺捌抄。
16. 秋糧：米正耗伍石玖斗陸升柒合貳勺
17. 　　　捌抄。
18. 地叁拾壹畝叁分貳釐伍毫。

（後缺）

第四冊　　　　　　　　　　　　　　　四〇三

哈佛藏《韻學集成》《直音篇》紙背明代文獻釋錄　卷一

6. 米正耗壹拾肆石柒斗柒升玖合
7. 捌勺捌抄。
8. 黃荳正耗陸石陸斗柒升陸合
9. 叁勺伍抄。
10. 官田地柒拾肆畝肆分捌釐陸毫貳絲。
11. 夏稅：小麥正耗壹拾壹石陸斗玖升伍
12. 合叁勺。
13. 秋糧：
14. 米正耗柒石柒斗壹升捌合柒
15. 勺。
16. 黃荳正耗陸石叁斗柒升。
17. 田肆拾壹畝壹分叁釐陸毫貳絲。

（後缺）

六二　明嘉靖叁拾壹年（1552）直隸揚州府江都縣青草沙第肆圖賦役黃冊

【題解】

此件爲《韻學集成》第四冊卷四第六四葉背，編號爲 HV·YXJCJ4·Y64，其上下完整，前後均缺，共存文字十八行，與正面古籍文字成經緯狀。此件爲明代某戶的賦役黃冊。另，此件的文字字形、筆跡等與該批紙背文獻中嘉靖叁拾壹年（1552）攢造的直隸揚州府江都縣青草沙第肆圖賦役黃冊相似，故推斷，此件亦當屬於該圖的黃冊。另，此件與 HV·YXJCJ4·Y65 第一至八行格式相同、內容相關，疑屬於同一戶的黃冊，若綴合，則此件在前。

【錄文】

（前缺）

1. 柒升肆合叁勺。
2. 一則田叁畝貳分玖釐。
3. 夏稅：小麥每畝科正麥壹斗陸升，每
4. 斗帶耗柒合，共該正耗
5. 麥伍斗陸升叁合叁勺。
6. 秋糧：米每畝科正米貳斗肆升，每斗
7. 帶耗柒合，共該正耗米
8. 捌斗肆升肆合玖勺。
9. 一則田叁畝。
10. 夏稅：小麥每畝科正麥壹斗肆升，每
11. 斗帶耗柒合，共該正耗
12. 麥肆斗肆升玖合肆勺。
13. 秋糧：米每畝科正米貳斗貳升，每斗
14. 帶耗柒合，共該正耗米
15. 柒斗陸合叁勺。
16. 一則田肆分。
17. 夏稅：小麥每畝科正麥伍升，每斗帶耗
18. 柒合，共該正耗麥貳升壹

（後缺）

六三 明嘉靖叁拾壹年（1552）直隸揚州府某江都縣青草沙第肆圖賦役黃冊

【題解】

此件為《韻學集成》第四冊卷四第六五葉背，編號為 HV·YXJCJ4·Y65］，其上下完整，前後均缺，共存文字十八行，與正面古籍文字成經緯狀。此件為明代某戶的賦役黃冊。此件的文字字形、筆跡等與該批紙背文獻中嘉靖叁拾壹年（1552）攢造的直隸揚州府江都縣青草沙第肆圖賦役黃冊相似，故推斷，此件亦當屬於該圖的黃冊。另，按此件第一至八行與 HV·YXJCJ4·Y64］格式相同、內容相關，疑屬於同一戶的黃冊，若綴合，則此件在後。

【錄文】

（前缺）

1. 勺。
2. 一則田叁分。
3. 夏稅：小麥每畝科正麥壹斗陸升捌
4. 合，每斗帶耗柒合，耗麥伍升陸合玖勺。
5. 秋糧：米每畝科正米壹斗肆升捌合，每斗帶耗柒合，共該正
6. 耗米肆升柒合伍勺。
7.
8. 地灘貳頃玖拾畝伍分伍釐伍毫。
9. 夏稅：小麥正耗肆拾伍石叁升叁勺捌
10. 抄。
11. 秋糧：
12.

六四 明嘉靖叁拾壹年（1552）直隸揚州府江都縣青草沙第肆圖賦役黃冊

【題解】

此件爲《韻學集成》第四冊卷四第六六葉背，編號爲 HV·YXJCJ4·Y66，其上下完整，前後均缺，共存文字十六行，與正面古籍文字成經緯狀。此件爲明代某戶的賦役黃冊。另，此件的文字字形、筆跡等與該批紙背文獻中嘉靖叁拾壹年（1552）攢造的直隸揚州府江都縣青草沙第肆圖賦役黃冊相似，故推斷，此件亦當屬於該圖的黃冊。

【錄文】

（前缺）

1. 正米壹石玖斗肆升肆合捌勺。
2. 耗米壹斗叁升陸合壹勺。

　　地柒畝貳分。

3. 夏稅：小麥正耗壹石柒升捌合陸勺。
4. 秋糧：黃荳正耗壹石貳斗捌升叁合玖勺。

5.

13. 米正耗貳斗柒升捌合叁勺。
14. 黃荳正耗伍拾捌斗柒升肆合。

　　一則地叁拾柒畝叁分陸氂。

15. 夏稅：小麥每畝科正麥壹斗，每斗帶
16. 耗柒合，共該正耗麥叁
17. 石玖斗玖升柒合陸勺。
18.

（後缺）

6.
7. 一則陳富壹沒官地壹畝。
8. 夏稅：小麥每畝科正麥壹斗陸升，每斗帶
9. 耗柒合，共該正耗麥壹斗
10. 柒升壹合貳勺。
11. 正麥壹斗陸升。
12. 耗麥壹升壹合貳勺。
13. 秋糧：黃荳每畝科正荳壹斗捌升，每斗帶
14. 耗柒合，共該正耗荳壹斗玖
15. 升貳合陸勺。
16. 正荳壹斗捌升。
17. 耗荳壹升貳合陸勺。
18. 一則濟寧侯沒官地玖分。

夏稅：小麥每畝科正麥壹斗陸升，每斗帶

（後缺）

六五 明嘉靖叄拾壹年（1552）直隸揚州府江都縣青草沙第肆圖縣賦役黃冊（倪某）

【題解】

此件為《韻學集成》第四冊卷四第六七葉背，編號為 HV‧YXJC[]4‧Y67"，其上下完整，前後均缺，共存文字十七行，與正面古籍文字成經緯狀。此件為明代某戶的賦役黃冊，據文中所載男子姓名知，此黃冊的戶頭當係倪某。另，此件的文字字形、筆跡等與該批紙背文獻中嘉靖叄拾壹年（1552）攢造的直隸揚州府江都縣青草沙第肆圖賦役黃冊相似，故推斷，此件亦當屬於該圖的黃冊。

【錄文】

（前缺）

1. 姪倪長保年叁拾伍歲。
2. 姪倪朋年貳拾壹歲。
3. 姪倪谷年壹拾玖歲。
4. 姪倪咬子年壹拾陸歲。
5. 婦女大壹口：嫂陶氏年陸拾捌歲。
6. 事產：
7. 官民田貳拾貳畝捌分捌釐。
8. 夏稅：小麥正耗貳斗捌升叁合貳勺。
9. 秋粮：米正耗壹石貳斗柒升叁合叁勺。
10. 官田自實不盡沒官田叁分貳釐伍毫。
11. 夏稅：小麥每畝科正麥壹斗陸升，每斗帶耗柒合，共該正耗麥伍升伍合陸勺。
12. 正麥伍升壹合。
13. 耗麥肆合陸勺。
14. 秋粮：米每畝科正米壹斗捌升，每斗帶耗柒合，共該正耗米陸升貳合陸

（後缺）

六六 明隆慶陸年（1572）直隸揚州府泰興縣順得鄉貳拾壹都第拾伍里賦役黃冊（民籍楊鎖関等）

【題解】

此件爲《韻學集成》第四册卷四第六八葉背，編號爲 HV·YXJC[]4·Y68]，其上殘下完，前後均缺，共存文字二三行，與正面古籍文字成經緯狀。此件爲明代兩户的賦役黃册，其中第一至二十行係一户，第二一至二三行係直隸揚州府泰興縣順得鄉貳拾壹都第拾伍里民籍楊鎖関一户的黃册。另，明代賦役黃册在攢造之時需對下一輪十年內各户充任里長、甲首情況等做出預先安排，第二一行所載楊鎖関充甲首的時間爲「萬曆元年」（1573），而此前的隆慶陸年（1572）爲黃册的攢造年份，據此可知，此件當係該年攢造的賦役黃册。今據第二户黃册擬現題。

【録文】

（前缺）

1. 夏税：小麥正耗壹石壹斗壹升柒合壹勺。
2. 秋糧：
3. 　米正耗壹石伍斗捌合柒勺。
4. 　黃豆正耗叁斗伍升叁合壹勺。
5. 田本都一則高田貳拾捌畝貳分。
6. 夏税：小麥每畝科正麥叁升，每斗帶耗柒合，共該玖斗伍合貳勺。
7. 　正麥捌斗肆升陸合。
8. 　耗麥伍升玖合貳勺。
9. 秋糧：米每畝科正米伍升，每斗帶耗柒合，共該壹石伍斗捌合柒勺。
10. 　正米壹石肆斗壹升。

11. 地本都一則地陸畝陸分。

耗米玖升捌合柒勺。

12. 夏稅：小麥每畝科正麥叁升，每斗帶耗柒合，共該貳斗壹升壹合玖勺。
13. 正麥壹斗玖升捌合。
14. 耗麥壹升叁合玖勺。
15. 秋糧：黃豆每畝科正豆伍升，每斗帶耗柒合，共該叁斗伍升叁合壹勺。
16. 正豆叁斗叁升。
17. 耗豆貳升叁合壹勺。
18. 房屋：民草房叁間。
19. 頭匹：民水牛壹隻。
20.
21. 楊寬故，今冊男鎖関係直隸揚州府泰興縣順得鄉貳拾壹都第拾伍里民籍，充萬曆元年甲首。
22. 舊管：
23. 人丁：計家男、婦陸口。

（後缺）

六七　明嘉靖叁拾壹年（1552）直隸揚州府江都縣青草沙第肆圖賦役黃冊

【題解】

此件爲《韻學集成》第四冊卷四第六九葉背，編號爲HV·YXJC[]4·Y69，其上下完整，前後均缺，共存文字十八行，與正面古籍文字成經緯狀。此件爲明代某户的賦役黃冊。另，此件的文字字形、筆跡等與該批紙背文獻中嘉靖叁拾壹年（1552）攢造的直隸揚州府江都縣青草沙第肆圖賦役黃冊相似，故推斷，此件亦當屬於該圖的黃冊。

哈佛藏《韻學集成》《直音篇》紙背明代文獻釋錄 卷一

【錄文】

（前缺）

1. 秋糧：

2. 　　米正耗貳石叄升捌勺。

3. 　　黃豆正耗貳石壹升陸合陸勺。

4. 夏稅：小麥正耗貳石肆斗柒合叄

5. 　　勺。

6. 官田地壹拾玖畝貳分柒釐伍毫。

7. 秋糧：

8. 　　米正耗壹石捌斗肆升叄合陸

9. 　　勺。

10. 　　黃豆正耗壹石陸斗叄升伍合

11. 　　捌勺。

12. 田壹拾畝柒釐伍毫。

13. 夏稅：小麥正耗壹石叄斗貳升陸

14. 　　合陸勺。

15. 秋糧：

16. 　　米正耗壹石捌斗肆升叄合陸勺。

17. 　　黃豆正耗壹石玖升叄合伍勺。

（後缺）

六八 明隆慶陸年（1572）直隸揚州府泰州如皋縣縣市西廂第壹里（圖）賦役黃冊

【題解】

此件爲《韻學集成》第四冊卷四第七十葉背，編號爲「HV·YXJC]4·Y70」，其上下完整，前後均缺，共存文字十九行，與正面古籍文字成經緯狀。此件爲明代某戶的賦役黃冊。另，此件的文字字形、筆跡等與該批紙背文獻中隆慶陸年（1572）攢造的直隸揚州府泰州如皋縣縣市西廂第壹里（圖）賦役黃冊相似，故推斷，此件亦當屬於該里（圖）的黃冊。

【錄文】

（前缺）

1. 一本圖一則陸地叁分壹釐肆毫，係買到壹都叁圖錢朋户
2. 　　下地。
3. 　夏稅：小麥每畝科正麥貳升，每斗帶耗柒合，共該陸
4. 　　合柒勺。
5. 　秋糧：黃豆每畝科正豆伍升，每斗帶耗柒合，共該壹
6. 　　升陸合捌勺。
7. 一本圖一則陸地貳分壹釐貳毫，係買到貳拾壹都貳圖
8. 　　湯合户下地。
9. 　夏稅：小麥每畝科正麥貳升，每斗帶耗柒合，共該肆
10. 　　合陸勺。
11. 　秋糧：黃豆每畝科正豆伍升，每斗帶耗柒合，共該壹
12. 　　升壹合叁勺。
13. 一本圖一則陸地柒畝捌分貳釐叁毫，係買到沿海鄉趙

14. 林玘户下地。
15. 夏稅：小麥每畝科正麥貳升，每斗帶耗柒合，共該壹
斗伍升柒合柒勺。
16. 秋糧：黃豆每畝科正豆伍升，每斗帶耗柒合，共該叁斗
玖升肆合伍勺。
17.
18. 一本圖一則陸地壹拾肆畝玖分叁釐叁毫，係買到貳拾都
19.

（後缺）

六九 明隆慶陸年（1572）直隸揚州府泰州如皋縣縣市西廂第壹里（圖）賦役黃冊（紀某）

【題解】

此件爲《韻學集成》第四冊卷四第七一葉背，編號爲HV·YXJCIJ4·Y71，其上下完整，前後均缺，共存文字二一行，與正面古籍文字成經緯狀。此件爲明代某户的賦役黃冊，據文中所載男子姓名知，此黃冊的户頭當係紀某。另，此件的文字字形、筆跡等與該批紙背文獻中隆慶陸年（1572）攢造的直隸揚州府泰州如皋縣縣市西廂第壹里（圖）賦役黃冊相似，故推斷，此件亦當屬於該里（圖）的黃冊。

【錄文】

（前缺）

1. 姪
2. 姪紀占年叁拾玖歲。
3. 姪紀□年肆拾歲。
4. 姪紀禁年肆拾貳歲。
5. 姪紀述年叁拾玖歲。
6. 姪紀昆年肆拾貳歲。
7. 姪紀迁年叁拾玖歲。
8. 姪紀瑞年叁拾伍歲。

5. 孫紀玉豐年叁拾陸歲。
6. 姪紀輯年叁拾肆歲。
7. 姪紀違年叁拾貳歲。
8. 姪紀館年叁拾貳歲。
9. 孫紀合兒年叁拾貳歲。
10. 姪紀橋年叁拾貳歲。
11. 姪紀念年叁拾玖歲。
12. 姪紀欽年貳拾捌歲。
13. 孫紀行年貳拾柒歲。
14. 孫紀綺年貳拾陸歲。
15. 孫紀□年貳拾歲。
16. 孫紀□年拾柒歲。
17. 孫紀□年拾陸歲。
18. 孫紀沛年壹拾伍歲。
19.
20. 弟婦閻氏年陸拾叁歲。
21.

婦女叁拾叁口：

弟婦□□□

（後缺）

姪紀檜年叁拾肆歲。
姪紀聖年叁拾貳歲。
姪紀梅年叁拾玖歲。
姪紀植年叁拾肆歲。
姪紀濟年叁拾歲。
弟紀澤年貳拾歲。
姪紀鉞年貳拾捌歲。
孫紀約年貳拾柒歲。
孫紀楚年貳拾歲。
孫紀瑚年拾捌歲。
孫紀京年拾柒歲。
孫紀□年拾陸歲。

弟婦俞氏年陸拾叁歲。

七〇 明隆慶陸年（1572）直隸揚州府泰興縣順得鄉貳拾壹都第拾伍里賦役黃冊（民籍羅漢等）

【題解】

此件爲《韻學集成》第四册卷四第七二葉背，編號爲 HV·YX]C]4·Y72]，其上殘下完，前後均缺，中有缺行，共存文字 18 行，與正面古籍文字成經緯狀。此件爲明代兩戶的賦役黃冊。其中第一至十四行載男子姓名知，該黃冊的戶頭當係羅某，第十五至十八行係直隸揚州府泰興縣順得鄉貳拾壹都第拾伍里民籍羅漢充甲首一戶的黃冊。另，明代賦役黃冊在攢造之時需對下一輪十年內各戶充任里長、甲首情况等做出預先安排，第十五、十六行所載羅漢充甲首的時間爲『萬曆玖年』（1581），而此前的隆慶陸年（1572）爲黃冊的攢造年份，據此可知，此件當係該年攢造的賦役黃冊擬現題。今據第二戶黃冊第一行之婦女人口數之和，故據此推測，此件第十七行所載男子與 HV·YX]C]4·Y73] 第一行所載男、婦人口數，等於此件之第十八行所載男子數與 HV·YX]C]4·Y73] 第一行所載男子數不同，存疑。

【錄文】

（前缺）

1. 男子貳口：

2. 　　兄羅漢故。　　　　　　　　兄清故。

3. 婦女大壹口：于氏故。

（中缺 1 行）

4. 人口：男子不成丁壹口。本身年玖拾陸歲，委係老丁，戶下再無已次人丁接補。

5. 事產：

6. 　　民田本都一則高田壹畝貳分玖釐，係遞年丁相佃種納糧。

7. 　　夏稅：小麥每畝科正麥叁升，每斗帶耗柒合，共該肆升壹合肆勺。

8. 正麥叁升捌合柒勺。
9. 耗麥叁升捌合柒勺。
10. 秋糧：米每畝科正米伍升，每斗帶耗柒合，共該陸升玖合。
11. 正米陸升肆合伍勺。
12. 耗米肆合伍勺。
13. 房屋：民草房叁間。
14. 頭匹：民黃牛壹隻。
15. □兒故，今冊男羅漢係直隸揚州府泰興縣順得鄉貳拾壹都第拾伍里民籍，充萬曆玖年甲首。
16. （中缺1行）
17. 人丁：計家男、婦叁口。
18. 男子貳口。

（後缺）

七一 明隆慶陸年（1572）直隸揚州府泰興縣順得鄉貳拾壹都第拾伍里（圖）賦役黃冊

【題解】

此件爲《韻學集成》第四冊卷四第七三葉背，編號爲HV·YXJC]]4·Y73]，其上下完整，前後均缺，共存文字十九行，與正面古籍文字成經緯狀。此件爲明代某戶的賦役黃冊。另，此件的文字字形、筆跡等與該批紙背文獻中隆慶陸年（1572）攢造的直隸揚州府泰興縣順得鄉貳拾壹都第拾伍里（圖）賦役黃冊相似，故推斷，此件亦當屬於該里（圖）的黃冊。另，此件第一行之婦女人口數與HV·YXJC]]4·Y72]縣順得鄉貳拾壹都第拾伍里（圖）賦役黃冊

【錄文】

（前缺）

1. 婦女壹口。
2. 事產：
3. 　官民田地叄畝陸分。
4. 　　夏稅：小麥正耗陸升伍合柒勺。
5. 　　秋粮：
6. 　　　米正耗貳斗柒升貳合玖勺。
7. 　　　黃豆正耗陸升玖合陸勺。
8. 　官田貳畝叄分。
9. 　　夏稅：小麥正耗貳升肆合。
10. 　　秋粮：米正耗貳斗柒升貳合玖勺。
11. 　民地壹畝叄分。
12. 　　夏稅：小麥正耗肆升壹合柒勺。
13. 　　秋粮：黃豆正耗陸升玖合陸勺。
14. 　民草房壹間。
15. 　民黃牛壹隻。
16. 開除：人口：正除男、婦貳口，俱於先年逝故，前冊失於聲說開除，今冊造報。
17. 　男子壹口：父㸐子故。
18. 　婦女壹口：母張氏故。

第十八行所載男子人口數之和，等於HV·YXJCIJ4·Y72]第十七行所載男、婦人口數，故據此推測，此兩件或爲同一戶的黃冊，但此件所載已故父名與HV·YXJCIJ4·Y72]不同，存疑。

七二　明隆慶陸年（1572）直隸揚州府泰興縣順得鄉貳拾壹都第拾伍里（圖）賦役黃冊（某移）

【題解】

此件爲《韻學集成》第四冊卷四第七四葉背，編號爲HV·YXJC]4·Y74]，其上下俱殘，前後均缺，共存文字二三行，與正面古籍文字成經緯狀。此件爲明直隸揚州府泰興縣順得鄉貳拾壹都第拾伍里某移之賦役黃冊，因該批黃冊中凡涉及『直隸揚州府泰興縣順得鄉貳拾壹都』者，多爲『第拾伍里（圖）』之黃冊，故推斷此件亦屬於該『里（圖）』的黃冊。另，已知該批黃冊的攢造時間爲隆慶陸年（1572），故此件當屬於該年攢造的黃冊。

【錄文】

（前缺）

1. ▢▢移係直隸揚州府泰興縣順得鄉貳拾壹都第拾
2. 舊管：
3. 人丁：計家男、婦肆口。
4. 　　男子貳口。
5. 　　婦女貳口。
6. 事產：
7. 　　官民田地壹拾貳畝陸分。
8. 　　夏稅：小麥正耗陸斗肆升伍合壹勺。

19. 實在…

（後缺）

9. 秋糧:
10. 　　米正耗陸斗貳升陸合。
11. 　　黃豆正耗貳斗玖升肆合叁勺。
12. 官田壹畝肆分。
13. 夏稅: 小麥正耗貳斗柒升伍合陸勺。
14. 秋糧: 米正耗叁斗貳升壹合。
15. 民田地壹拾壹畝貳分。
16. 夏稅: 小麥正耗叁斗伍升玖合伍勺。
17. 秋糧:
18. 　　米正耗叁斗伍合。
19. 　　黃豆正耗貳斗玖升肆合叁勺。
20. 田伍畝柒分。
21. 夏稅: 小麥正耗壹斗□升柒合。
22. 秋糧: 米正耗叁斗伍合。
23. 地伍畝伍分。

（後缺）

七三　明隆慶陸年（1572）直隸揚州府泰興縣順得鄉貳拾壹都第拾伍里（圖）賦役黃冊

【題解】

此件爲《韻學集成》第四冊卷四第七五葉背，編號爲 HV·YXJC[]4·Y75]，其上下完整，前後均缺，共存文字十九行，與正面古籍

【錄文】

（前缺）

1. 一本都一則富淮莊續科水田伍分。
2. 秋糧：米每畝科正米伍升，每斗帶耗柒合，共該貳升陸合柒勺。
3. 正米貳升伍合。
4. 耗米壹合柒勺。
5. 地本都一則富淮莊續科地壹畝肆分。
6. 夏稅：小麥每畝科正麥叄升，每斗帶耗柒合，共該肆升肆合玖勺。
7. 正麥肆升貳合。
8. 耗麥貳合玖勺。
9. 秋糧：黃豆每畝科正豆伍升，每斗帶耗柒合，共該柒升肆合玖勺。
10. 正豆柒升。
11. 耗豆肆合玖勺。
12. 民田地壹拾捌畝陸分捌釐。
13. 夏稅：小麥正耗伍斗玖升玖合陸勺。
14. 秋糧：米正耗壹斗玖升伍合叄勺。
15. 黃豆正耗捌斗肆合壹勺。
16. 一本都一則□陸□伍釐。
17. 夏稅：小麥每畝科正麥叄升，每斗帶耗柒合，共該壹斗壹升柒合貳

此件為明代某戶的賦役黃冊。另，此件的文字字形、筆跡等與該批紙背文獻中隆慶陸年（1572）攢造的直隸揚州府泰興縣順得鄉貳拾壹都第拾伍里（圖）賦役黃冊相似，故推斷，此件亦當屬於該里（圖）的黃冊。

18. 文字成經緯狀。

七四 明隆慶陸年（1572）直隸揚州府泰興縣順得鄉貳拾壹都第拾伍里（圖）賦役黃冊

【題解】

此件爲《韻學集成》第四册卷四第七六葉背，編號爲HV·YXJCJ4·Y76"，其上下完整，前後均缺，共存文字二三行，與正面古籍文字成經緯狀。此件爲明代某户的賦役黃册。另，此件的文字字形、筆跡等與該批紙背文獻中隆慶陸年（1572）攢造的直隸揚州府泰興縣順得鄉貳拾壹都第拾伍里（圖）賦役黃册相似，故推斷，此件亦當屬於該里（圖）的黃册。

【錄文】

（前缺）

1.　　　　　　　　秋粮：
2.　　　　　　　　夏税：小麥正耗貳斗□升玖合玖勺。
3.　　　　　　　　秋粮：
4.　　　　　　　　　　　米正耗玖斗陸升伍合伍勺。
5.　　　　　　　　　　　黃豆正耗叁升肆合玖勺。
6.　　　　　　　　夏税：小麥正耗壹斗捌升伍合。
7.　　　　　　　　秋粮：米正耗玖斗陸升伍合伍勺。
8.　　　　田陸畝玖分叁釐。
9.　　　　一本都一則俞平章原獻曹沙米高田肆分捌釐。
10.　　　夏税：小麥每畝科正麥壹斗捌升肆合，每斗帶耗柒合，共該玖升肆合伍

（後缺）

19.　　　　　　　　　　　　　　　　　　　　　　　　　勺。

勺。

七五 明隆慶陸年（1572）直隸揚州府泰興縣順得鄉貳拾壹都第拾伍里（圖）賦役黃冊（毛某）

【題解】

此件為《韻學集成》第四冊卷四第七七葉背，編號為 HV·YXJCJJ4·Y77］，其上下完整，前後均缺，共存文字 22 行，與正面古籍文

11. 正麥捌升捌合叁勺。
12. 耗麥陸合貳勺。
13. 秋糧：米每畝科正米叁斗肆升叁勺肆抄，每斗帶耗柒合，共該壹
14. 斗柒升肆合捌勺。
15. 正米壹斗陸升叁合肆勺。
16. 耗米壹升壹合肆勺。
17. 一則富淮庄原科高田貳畝捌分貳釐。
18. 夏稅：小麥每畝科正麥叁升，每斗帶耗柒合，共該玖升伍合①。
19. 正麥捌升肆合陸勺。
20. 耗麥伍合玖勺。
21. 秋糧：米每畝科正米伍升，每斗帶耗柒合，共該叁斗陸升貳合壹勺。
22. 正米叁斗叁升捌合肆勺。
23. 耗米貳升陸合叁勺。

（後缺）

① 「合」，據下文推知，該字應為「勺」之誤。

哈佛藏《韻學集成》《直音篇》紙背明代文獻釋錄 卷一

字成經緯狀。此件爲明代某戶的賦役黃冊，據文中所載男子姓名知，此黃冊的戶頭或爲毛姓，今暫以其擬題。另，此件的文字字形、筆跡等與該批紙背文獻中隆慶陸年（1572）攢造的直隸揚州府泰興縣順得鄉貳拾壹都第拾伍里（圖）賦役黃冊相似，故推斷，此件亦當屬於該里（圖）的黃冊。

【錄文】

（前缺）

1. 夏稅：小麥正耗壹斗捌升伍合。
2. 秋粮：米正耗玖斗陸升伍合伍勺。
3. 地壹畝肆分。
4. 夏稅：小麥正耗肆升肆合玖勺。
5. 秋粮：黃豆正耗柒升肆合玖勺。
6. 民田地壹拾捌畝陸分捌釐。
7. 夏稅：小麥正耗伍斗玖升玖合陸勺。
8. 秋粮：
9. 米正耗壹斗玖升玖合叁勺。
10. 黃豆正耗捌斗肆合壹勺。
11. 田叁畝陸分伍釐。
12. 夏稅：小麥正耗壹斗壹升柒合叁勺。
13. 秋粮：米正耗壹斗玖升伍合叁勺。
14. 地壹拾伍畝叁釐。
15. 夏稅：小麥正耗肆斗捌升貳合肆勺。
16. 秋粮：黃豆正耗捌斗肆合壹勺。
17. 民草房肆間。

四二四

18. 民水牛壹隻。
19. 實在……
20. 人口：捌口。
21. 男子不成丁陸口：
22. 本身年壹百貳拾陸歲。

（後缺）

弟毛子年壹百貳拾伍歲。

七六 明隆慶陸年（1572）直隸揚州府泰興縣順得鄉貳拾壹都第拾伍里賦役黃冊（軍籍某叁等）

【題解】

此件爲《韻學集成》第四冊卷四第七八葉背，編號爲[HV·YXJCJ4·Y78]，其上殘下完，前後均缺，共存文字二十行，與正面古籍文字成經緯狀。此件爲明代兩戶的賦役黃冊，其中第一至十九行係一戶，第二十行係直隸揚州府泰興縣順得鄉貳拾壹都第拾伍里軍籍某叁之黃冊。另，明代賦役黃冊在攢造之時需對下一輪十年內各戶充任里長、甲首情況等做出預先安排，第二十行所載某叁充甲首的時間爲『萬曆伍年』（1577），而此前的隆慶陸年（1572）爲黃冊的攢造年份，據此可知，此件當係該年攢造的賦役黃冊。今據第二戶黃冊擬現題。

【錄文】

（前缺）

1. 田本都一則高田壹畝伍分。
2. 夏稅：小麥每畝科正麥叁升，每斗帶耗柒合，共該肆升捌合貳勺。
3.

4. 正麥肆升伍合。
5. 耗麥叄合貳勺。
6. 秋糧：米每畝科正米伍升，每斗帶耗柒合，共該捌升叄勺。
7. 正米柒升伍合。
8. 耗米伍合叄勺。
9. 地本都一則地伍分。
10. 夏稅：小麥每畝科正麥叄升，每斗帶耗柒合，共該壹升陸合壹勺。
11. 正麥壹升伍合。
12. 耗麥壹合壹勺。
13. 秋糧：黃豆每畝科正豆伍升，每斗帶耗柒合，共該貳升陸合捌勺。
14. 正豆貳升伍合。
15. 耗豆壹合捌勺。
16. 桑壹株。夏稅：科絲壹兩。
17. 房屋：民草房貳間。
18. ▯叄係直隸揚州府泰興縣順得鄉貳拾壹都第拾伍里軍籍，充萬曆伍年甲首。

（後缺）

七七 明隆慶陸年（1572）直隸揚州府泰興縣順得鄉貳拾壹都第拾伍里（圖）賦役黃冊

【題解】

此件爲《韻學集成》第四册卷四第七九葉背，編號爲"HV·YXJC []4·Y79"，其上下完整，前後均缺，共存文字十九行，與正面古籍文字成經緯狀。此件爲明代某户的賦役黃册。另，此件的文字字形、筆跡等與該批紙背文獻中隆慶陸年（1572）攢造的直隸揚州府泰興縣順得鄉貳拾壹都第拾伍里（圖）賦役黃册相似，故推斷，此件亦當屬於該里（圖）的黄册。

【錄文】

（前缺）

1. 婦女貳口。

2. 事產：

3. 　　民田地貳畝。

4. 　　夏稅：

5. 　　　　小麥正耗陸升肆合貳勺。　　桑壹株。

6. 　　　　絲壹兩。

7. 　　秋糧：

8. 　　　　米正耗捌升叁勺。

9. 　　　　黃豆正耗貳升陸合捌勺。

10. 　　田壹畝伍分。

11. 　　　　夏稅：小麥正耗肆升捌合貳勺。

12. 　　　　秋糧：米正耗捌升叁勺。

13. 　　地伍分。

14. 夏稅：小麥正耗壹升陸合壹勺。
15. 秋糧：黃豆正耗貳升陸合捌勺。
16. 桑壹株。夏稅：絲壹兩。
17. 民草房壹間。
18. 開除：人口：正除男、婦陸口，俱於先年間迯移去訖，在外身亡，前冊失於聲說除豁。
19. 男子伍口。

（後缺）

七八 明隆慶陸年（1572）直隸揚州府泰興縣順得鄉貳拾壹都第拾伍里（圖）賦役黃冊

【題解】

此件爲《韻學集成》第四冊卷四第八十葉背，編號爲HV·YXJCJ4·Y80］，其上下完整，前後均缺，共存文字二十行，與正面古籍文字成經緯狀。此件爲明代某戶的賦役黃冊。另，此件的文字字形、筆跡等與該批紙背文獻中隆慶陸年（1572）攢造的直隸揚州府泰興縣順得鄉貳拾壹都第拾伍里（圖）賦役黃冊相似，故推斷，此件亦當屬於該里（圖）的黃冊。

【錄文】

（前缺）

1. 開除：人口：正除陸口，俱於先年故，前冊失於開除。
2. 男子肆口：
3. 兄㦤保故。
4. 野子故。狗兒故。孫兒故。
5. 婦女大貳口：

6. 　　　　　曹氏故。　　　　　葉氏故。
7. 實在：
8. 人口：貳口。
9. 　男子壹口：本身年捌拾陸歲。
10. 　婦女大壹口：嫂王氏年壹百伍歲。
11. 事產：
12. 　官民田地壹拾柒畝柒分叁釐。
13. 　　夏稅：小麥正耗柒斗玖升玖合捌勺。
14. 　　秋粮：
15. 　　　米正耗壹石壹斗叁升貳合。
16. 　　　黃豆正耗貳斗伍升壹合伍勺。
17. 　官田本都一則俞平章原獻曹沙米高田壹畝肆分。
18. 　　夏稅：小麥每畝科正麥壹斗捌升肆合，每斗帶耗柒合，共該貳斗柒升伍合陸勺。
19. 　　　正麥貳斗伍升柒合陸勺。
20. 　　　　　　　　（後缺）

七九 明隆慶陸年（1572）直隸揚州府泰興縣順得鄉貳拾壹都第拾伍里賦役黃冊（民籍某佛保等）

【題解】

此件爲《韻學集成》第四册卷四第八一葉正，編號爲[HV·YXJC]4·Y81]，其上殘下完，前後均缺，共存文字二十行，與正面古籍文字成經緯狀。此件爲明代兩户的賦役黃冊，其中第一至十三行係一户，第十四至二十行係直隸揚州府泰興縣順得鄉貳拾壹都第拾伍里民籍某佛保之黄册。另，明代賦役黄册在攢造之時需對下一輪十年内各户充任里長、甲首的時間等做出預先安排，第十四行所載某佛保充甲首的時間爲『萬曆肆年』（1576），而此前的隆慶陸年（1572）爲黄册的攢造年份，據此可知，此件當係該年攢造的賦役第二户黄册擬現題。

【録文】

（前缺）

1. 正米伍□
2. 耗米肆升柒勺。
3. 地本都一則地肆畝柒分。
4. 夏税：小麥每畝科正麥叁升，每斗帶耗柒合，共該壹斗伍升玖勺。
5. 正麥壹斗肆升壹合。
6. 耗麥玖合玖勺。
7. 秋粮：黄豆每畝科正豆伍升，每斗帶耗柒合，共該貳斗伍升壹合伍勺。
8.
9.
10. 正豆壹斗叁升伍合。

11. 房屋：民草房叁合①。
12.
13. 頭四：民黃牛壹隻。
14. 佛保係直隸揚州府泰興縣順得鄉貳拾壹都第拾伍里民籍，充萬曆肆年甲首
　　　　　　　　　　　　　　　　　　　　　　　耗豆壹升陸合伍勺。
15. □管：
16. 人丁：計家男、婦肆口。
17. 　　　男子貳口。
18. 　　　婦女貳口。
19. 事產：
20. 　　　民田地叁畝伍分陸釐。

（後缺）

① 「合」，疑爲「間」之誤。

八〇 明隆慶陸年（1572）直隸揚州府泰興縣順得鄉貳拾壹都第拾伍里賦役黃冊（民籍某教化等）

【題解】

此件爲《韻學集成》第四冊卷四第八二葉背，編號爲HV·YX]C[]4·Y82」，其上殘下完，前後均缺，共存文字二三行，與正面古籍文字成經緯狀。此件爲明代兩戶的賦役黃冊，其中第一至五行係一戶，第六至二三行係直隸揚州府泰興縣順得鄉貳拾壹都第拾伍里民籍某教化之黃冊。另，明代賦役黃冊在攢造之時需對下一輪十年內各戶充任里長、甲首情況等做出預先安排，第六行所載教化充甲首的時間爲「萬曆陸年」（1578），而此前的隆慶陸年（1572）爲黃冊的攢造年份，據此可知，此件當係該年攢造的賦役黃冊。今據第二戶黃冊擬現題。

哈佛藏《韻學集成》《直音篇》紙背明代文獻釋錄 卷一

【錄文】

（前缺）

1. 耗麥壹升陸合陸勺。
2. 秋糧：黃豆每畝科正豆伍升，每斗帶耗柒合，共該肆斗貳升叁合柒勺。
3. 正豆叁斗玖升陸合。
4. 耗豆貳升柒合玖①勺。
5. 房屋：民草房叁間。
6. ☐朱凌孫故，今弟教化係直隸揚州府泰興縣順得鄉貳拾壹都第拾伍里民籍，充萬曆陸年甲首。
7. 舊管：
8. 人丁：計家男、婦肆口。
9. 男子貳口。
10. 婦女貳口。
11. 事產：
12. 民田地貳畝伍分。
13. 夏稅：小麥正耗捌升叁勺。
14. 秋糧：黃豆正耗壹斗叁升叁合柒勺。
15. 民草房貳間。
16. 開除：人口：正除叁口。
17. 男子壹口：父凌孫於先年病故。
18. 婦女貳口：
19. 祖母金氏病故。　　母田氏故。

① 【玖】，據文義當係【柒】之誤。

八一　明隆慶陸年（1572）直隸揚州府泰興縣順得鄉貳拾壹都第拾伍里（圖）賦役黃冊（軍戶劉某）

【題解】

此件爲《韻學集成》第四册卷四第八三葉背，編號爲HV·YXJC[]4·Y83]，其上下完整，前後均缺，共存文字二三行，與正面古籍文字成經緯狀。此件爲明代某户的賦役黄册，據第一至七行知，此黄册的户頭當係軍户劉某。另，此件的文字字形、筆跡等與該批紙背文獻中隆慶陸年（1572）攢造的直隸揚州府泰興縣順得鄉貳拾壹都第拾伍里（圖）賦役黄册相似，故推斷，此件亦當屬於該里（圖）的黄册。

【錄文】

（前缺）

校尉，宣德元年玖月□千户所充軍，老疾，將男劉福海代役，故。勾户下劉受民代役，故。節勾兄劉金貳補役，故。將原丁劉海故。

1.
2.
3.
4.

民

（後缺）

20. 實在：
21. 人口：男子不成丁叁口：本身年柒拾伍歲。[①]
22. 事產：
23.

① 據文義，此處漏登其他「不成丁」貳口的信息。

5. 代役，故。成化貳拾年冊勾戶丁劉金捌
6. 補役，見在本衛百戶劉原總旗缺小旗
7. 朱卿下充軍。
8. 舊管：
9. 人丁：計家男、婦捌口。
10. 男子陸口。
11. 婦女貳口。
12. 事產：
13. 官民田地貳拾柒畝壹釐。
14. 夏稅：小麥正耗捌斗貳升玖合伍勺。
15. 秋糧：
16. 米正耗壹石壹斗陸升捌勺。
17. 黃豆正耗捌斗柒升玖合。
18. 官田地捌畝叁分叁釐。
19. 夏稅：小麥正耗貳斗貳升玖合玖勺。
20. 秋糧：
21. 米正耗玖斗陸升伍合勺。
22. 黃豆正耗柒升肆合玖勺。
23. 田陸畝玖分叁釐。

（後缺）

八二 明隆慶陸年（1572）直隸揚州府泰州如皋縣縣市西廂第壹里（圖）賦役黃冊

【題解】

此件爲《韻學集成》第四冊卷四第八四葉背，編號爲"HV·YXJC[]4·Y84"，其上下完整，前後均缺，共存文字十九行，與正面古籍文字成經緯狀。此件爲明代某戶的賦役黃冊。另，明代賦役黃冊往往會登載攢造之前十年內的田畝變化等情況，文中載有土地的『兌佃』時間『嘉靖肆拾叁年』（1564），而此後的隆慶陸年（1572）爲黃冊的攢造年份，據此可知，此件當係該年攢造的賦役黃冊。此件的文字字形、筆跡等與已知該批黃冊中攢造機構爲直隸揚州府泰州如皋縣市西廂第壹里（圖）的賦役黃冊相似，故推斷，此件亦當屬於該里（圖）的黃冊。

【錄文】

（前缺）

1. 黃豆正耗肆斗叁升叁合伍勺。
2. 官田地肆畝壹分玖釐捌毫。
夏稅：小麥正耗壹斗伍升肆合肆勺。
3. 秋糧：
4. 米正耗叁斗陸升柒合肆勺。
5. 黃豆正耗壹斗柒升壹合伍勺。
6. 田本圖一則沒官蕩田貳畝捌分陸釐貳毫。秋糧：米每畝科正
7. 米壹斗貳升，每斗帶耗柒合，共該叁
8. 斗陸升柒合肆勺，於嘉靖肆拾叁年
9. 玖月內兌佃過割與本圖吳都承種。
10. 地本圖一則沒官陸地壹畝叁分叁釐陸毫。
11.

八三 明隆慶陸年（1572）直隸揚州府泰州如皋縣縣市西廂第壹里（圖）賦役黃冊

【題解】

此件爲《韻學集成》第四冊卷四第八五葉背，編號爲 HV·YX]C]]4·Y85"，其上下完整，前後均缺，共存文字二十行，與正面古籍文字成經緯狀。此件爲明代某戶的賦役黃冊。另，此件的文字字形、筆跡等與該批紙背文獻中隆慶陸年（1572）攢造的直隸揚州府泰州如皋縣縣市西廂第壹里（圖）賦役黃冊相似，故推斷，此件亦當屬於該里（圖）的黃冊。

【錄文】

（前缺）

1.
2.
3. 一本圖一則陸地壹畝叁分伍釐壹毫，係買到貳拾都叁圖田寵

每畝科正豆伍升，每斗帶耗柒合，共該陸升肆勺。

12. 夏稅：小麥每畝科正麥壹斗捌合，每斗帶耗柒
13. 　　　　合，共該壹斗肆合肆勺。
14. 秋糧：黃豆每畝科正豆壹斗貳升，每斗帶耗柒
15. 　　　　合，共該壹斗柒升壹合伍勺。

16. 民田地柒畝陸分叁釐貳毫。
17. 夏稅：小麥正耗壹斗肆合捌勺。
18. 秋糧：
19. 　　米正耗壹斗肆升陸合貳勺。

（後缺）

4. 户下地。
5. 夏稅：小麥每畝科正麥貳升，每斗帶耗柒合，共該貳升
6. 捌合捌勺。
7. 秋糧：黃豆每畝科正豆伍升，每斗帶耗柒合，共該柒
8. 升壹合捌勺。
9. 一本圖一則陸地陸畝貳螯壹毫，係買到貳拾都伍
10. 圖石昆戶下地。
11. 夏稅：小麥每畝科正麥貳升，每斗帶耗柒合，共該壹
12. 斗叁升肆合。
13. 秋糧：黃豆每畝科正豆伍升，每斗帶耗柒合，共該叁
14. 斗叁升伍合。
15. 一本圖一則陸地壹拾壹畝柒分伍螯肆毫，係買到本圖韓
16. 恩戶下地。
17. 夏稅：小麥每畝科正麥貳升，每斗帶耗柒合，共該
18. 貳斗伍升壹合伍勺。
19. 秋糧：黃豆每畝科正豆伍升，每斗帶耗柒合，共該陸斗貳
20. 升捌合柒勺。

（後缺）

八四 明隆慶陸年（1572）直隸揚州府泰興縣順得鄉貳拾壹都第拾伍里（圖）賦役黃冊

【題解】

此件為《韻學集成》第四冊卷四第八六葉背，編號為 HV·YXJC][4·Y86]，其上下完整，前後均缺，共存文字二十行，與正面古籍文字成經緯狀。此件為明代某戶的賦役黃冊。另，此件的文字字形、筆跡等與該批紙背文獻中隆慶陸年（1572）攢造的直隸揚州府泰興縣順得鄉貳拾壹都第拾伍里（圖）賦役黃冊相似，故推斷，此件亦當屬於該里（圖）的黃冊。

【錄文】

（前缺）

1. 黃豆正耗叁斗柒升貳合玖勺。
2. 田貳畝貳分叁釐。
3. 夏稅：小麥正耗柒升壹合陸勺。
4. 秋粮：米正耗壹斗壹升玖合叁勺。
5. 地陸畝玖分柒釐。
6. 夏稅：小麥正耗貳斗壹升叁合柒勺。
7. 秋粮：黃豆正耗叁斗柒升貳合玖勺。
8. 民草房叁間。
9. 民水牛壹隻。
10. □除：人口：貳口，俱於先年故，前冊失除。
11. 男子壹口：父伍保故。
12. 婦女壹口：母宗氏故。
13. 實在：

八五 明隆慶陸年（1572）直隸揚州府泰興縣順得鄉貳拾壹都第拾伍里賦役黃冊（民籍宗富等）

【題解】

此件爲《韻學集成》第四冊卷四第八七葉背，編號爲"HV·YXJCJ4·Y87"，其上殘下完，前後均缺，共存文字二二行，與正面古籍文字成經緯狀。此件爲明代兩戶的賦役黃冊，其中第1行係一戶，第二至二二行係直隸揚州府泰興縣順得鄉貳拾壹都第拾伍里民籍宗富之黃冊。另，明代賦役黃冊在攢造之時需對下一輪十年內各戶充任里長、甲首情況等做出預先安排，第二行所載宗富充甲首的時間爲『萬曆玖年』（1581），而此前的隆慶陸年（1572）爲黃冊的攢造年份，據此可知，此件當係該年攢造的賦役黃冊。今據第二戶黃冊擬現題。

【錄文】

（前缺）

1. ▢戶，
2. 頭四：民黃牛壹隻。

　宗富係直隸揚州府泰興縣順得鄉貳拾壹都第拾伍里民籍，充萬曆玖年甲首。

14. 人口：男子不成丁壹口：本身年壹百叁歲。
15. 事產：
16. 官民田地玖畝肆分柒釐。
17. 夏稅：小麥正耗叁斗肆升捌合伍勺。
18. 秋糧：
19. 米正耗貳斗捌升肆合柒勺。
20. 黃豆正耗叁斗柒升貳合玖勺。

（後缺）

3. 舊管:
4. 　人丁: 計家男、婦伍口。
5. 　　　　男子叁口。
6. 　　　　婦女貳口。
7. 　事產:
8. 　　民田地捌畝。
9. 　　　夏稅: 小麥正耗貳斗□升陸合捌勺。
10. 　　　秋糧:
11. 　　　　　米正耗貳斗壹升肆合。
12. 　　　　　黃豆正耗貳斗壹升肆合。
13. 　　田肆畝。
14. 　　　夏稅: 小麥正耗壹斗貳升捌合肆勺。
15. 　　　秋糧: 米正耗貳斗壹升肆合。
16. 　　地肆畝。
17. 　　　夏稅: 小麥正耗壹斗捌合肆勺。
18. 　　　秋糧: 黃豆正耗貳斗壹升肆合。
19. 　民草房貳間。
20. 　民黃牛壹隻。
21. 實在:
22. 　人口: 伍口。

（後缺）

八六 明隆慶陸年（1572）直隸揚州府泰州如皋縣縣市西廂第壹里（圖）賦役黃冊

【題解】

此件爲《韻學集成》第四冊卷四第八八葉背，編號爲HV·YXJCJ4·Y88，其上下完整，前後均缺，共存文字二十行，與正面古籍文字成經緯狀。此件爲明代某戶的賦役黃冊。另，此件的文字字形、筆跡等與該批紙背文獻中隆慶陸年（1572）攢造的直隸揚州府泰州如皋縣縣市西廂第壹里（圖）賦役黃冊相似，故推斷，此件亦當屬於該里（圖）的黃冊。另，此件與HV·YXJCJ4·Y89格式相同、內容相關，疑屬於同一戶的黃冊。

【錄文】

（前缺）

1. 恩户下地。
2. 夏税：小麥每畝科正麥壹斗捌合，每斗帶耗柒
3. 合，共該叁斗柒升肆勺。
4. 秋糧：黃豆每畝科正豆壹斗貳升，每斗帶耗柒
5. 合，共該肆斗壹升壹合陸勺。
6. 一本圖一則沒官陸地叁分，係兌佃到肆都貳圖王相戶
7. 下地。
8. 夏税：小麥每畝科正麥壹斗捌合，每斗帶耗柒
9. 合，共該叁升伍合壹勺。
10. 秋糧：黃豆每畝科正豆壹斗貳升，每斗帶耗柒
11. 合，共該叁升捌合陸勺。
12. 一本圖一則沒官陸地壹畝伍分肆釐叁毫，係兌佃到

八七 明隆慶陸年（1572）直隸揚州府泰州如皋縣縣市西廂第壹里（圖）賦役黃冊

【題解】

此件爲《韻學集成》第四冊卷四第八九葉背，編號爲HV·YXJC][4·Y89］，其上下完整，前後均缺，共存文字二十行，與正面古籍文字成經緯狀。此件爲明代某戶的賦役黃冊。另，此件的文字字形、筆跡等與該批紙背文獻中隆慶陸年（1572）攢造的直隸揚州府泰州如皋縣縣市西廂第壹里（圖）賦役黃冊相似，故推斷，此件亦當屬於該里（圖）的黃冊。另，此件與HV·YXJC][4·Y88］格式相同、內容相關，疑屬於同一戶的黃冊。

【錄文】

（前缺）

1. 一本圖一則沒官陸地陸分肆釐壹毫，係兌佃到陸
2. 都壹圖丁曹戶下地。

⋯⋯

13. 東廂孫潮戶下地。
14. 夏稅：小麥每畝科正麥壹斗捌合，每斗帶耗柒
15. 合，共該壹斗柒升玖合肆勺。
16. 秋糧：黃豆每畝科正豆壹斗貳升，每斗帶耗柒合，
17. 共該壹斗玖升捌合貳勺。
18. 廂口平戶下地。
19. 一本圖一則沒官陸地柒畝壹分陸釐貳毫，係兌佃到南
20. 夏稅：小麥每畝科正麥壹斗捌合，每斗帶耗柒合，

（後缺）

3. 夏稅：小麥每畝科正麥壹斗捌合，每斗帶耗柒合，
4. 共該柒升叁合捌勺。
5. 秋糧：黃豆每畝科正豆壹斗貳升，每斗帶耗柒
6. 合，共該捌升貳合。
7. 一本圖一則沒官陸地壹分肆釐柒毫，係兌佃吳高戶下地。
8. 夏稅：小麥每畝科正麥壹斗捌合，每斗帶耗柒合，
9. 共該壹升陸合玖勺。
10. 秋糧：黃豆每畝科正豆壹斗貳升，每斗帶耗柒合，
11. 共該壹升捌合捌勺。
12. 一本圖一則沒官陸地叁釐肆毫，係兌佃到拾貳都
13. 叁圖許川戶下地。
14. 夏稅：小麥每畝科正麥壹斗捌合，每斗帶耗柒
15. 合，共該肆合。
16. 秋糧：黃豆每畝科正豆壹斗貳升，每斗帶耗柒
17. 合，共該肆合肆勺。
18. 一本圖一則沒官陸地貳分捌釐，係兌佃到拾伍都壹圖
19. □□戶下地。
20. （後缺）

八八 明隆慶陸年（1572）直隷揚州府泰州如皋縣縣市西廂第壹里（圖）賦役黃冊

【題解】

此件爲《韻學集成》第四册卷四第九十葉背，編號爲HV·YX]C]4·Y90］，其上下完整，前後均缺，共存文字20行，與正面古籍文字成經緯狀。此件爲明代某户的賦役黃冊。另，此件的文字字形、筆跡等與該批紙背文獻中隆慶陸年（1572）攢造的直隷揚州府泰州如皋縣縣市西廂第壹里（圖）賦役黃冊相似，故推斷，此件亦當屬於該里（圖）的黃冊。

【錄文】

（前缺）

1. 該壹升捌合壹勺。
2. 一本圖一則没官陸地柒分叁釐，兌佃過割與貳拾都叁圖
3. 錢堂爲業。
4. 夏稅：小麥每畝科正麥壹斗捌合，每斗帶耗柒合，
5. 共該捌升肆合柒勺。
6. 秋糧：黃豆每畝科正豆壹斗貳升，每斗帶耗
7. 柒合，共該玖升肆合。
8. 一本圖一則没官陸地叁分，兌佃過割與壹都貳圖曹
9. 間爲業。
10. 夏稅：小麥每畝科正麥壹斗捌合，每斗帶耗柒
11. 合，共該叁升肆合柒勺。
12. 秋糧：黃豆每畝科正豆壹斗貳升，每斗帶耗柒合，
13. 共該叁升捌合伍勺。

八九 明隆慶陸年（1572）直隸揚州府泰州如皋縣縣市西廂第壹里（圖）賦役黃冊

【題解】

此件爲《韻學集成》第四冊卷四第九一葉背，編號爲HV·YXJCJ4·Y91，其上下完整，前後均缺，共存文字二十行，與正面古籍文字成經緯狀。此件爲明代某户的賦役黃冊。另，此件的文字字形、筆跡等與該批紙背文獻中隆慶陸年（1572）攢造的直隸揚州府泰州如皋縣縣市西廂第壹里（圖）賦役黃冊相似，故推斷，此件亦當屬於該里（圖）的黃冊。

【錄文】

（前缺）

1. 肆勺，出賣與叁都叁圖石城爲業。
2. 一本圖一則蕩田貳分壹釐玖毫。秋糧：米每畝科正米伍升，
3. 每斗帶耗柒合，共該壹升壹合捌
4. 勺，出賣與柒都肆圖夏鳳侃爲業。

　　

14. 民田地伍拾玖畝叁釐。
15. 夏稅：小麥正耗捌斗壹升捌勺。
16. 秋糧：
17. 米正耗壹石壹斗叁升壹合貳勺。
18. 黃豆正耗貳石貳升陸合玖勺。
19. 田貳拾壹畝壹分肆釐肆毫。秋糧：米正耗壹斗叁升壹合貳
20. 勺。

（後缺）

5. 一本圖一則蕩田壹畝捌分伍釐捌毫。秋糧：米每畝科正米伍升，每斗帶耗柒合肆勺，出賣與拾肆都壹圖王棟爲業。

6. 一本圖一則蕩田捌釐捌毫。秋糧：米每畝科正米伍升，每斗帶耗柒合，共該肆合陸勺，出賣與北廂章欽爲業。

7. 一本圖一則蕩田伍分捌釐。秋糧：米每畝科正米伍升，每斗帶耗柒合，共該叁升壹合，出賣與貳拾都馬湯爲業。

8. 一本圖一則蕩田伍分陸釐柒毫。秋糧：米每畝科正米伍升，每斗帶耗柒合，共該叁升伍勺，出賣與南廂蔣祖爲業。

9. 一本圖一則蕩田貳畝叁分伍釐伍毫。秋糧：米每畝科正米伍升，每斗帶耗柒合，共該壹斗貳升伍合伍勺，出賣與拾陸都壹圖王權爲業。

（後缺）

九〇 明隆慶陸年（1572）直隸揚州府泰興縣順得鄉貳拾壹都第拾伍里賦役黃冊之一（民籍某[榮]保等）

【題解】

此件爲《韻學集成》第四冊卷四第九二葉背，編號爲HV·YXJC[]4·Y92]，其上下完整，前後均缺，共存文字二十行，與正面古籍文字成經緯狀。此件爲明代某戶的賦役黃冊，按此件之民田地數等於此件之田數與HV·YXJC[]4·Y93]第一行地數之和，可知此兩件可以綴合，綴合後此件在前。今據HV·YXJC[]4·Y93]擬現題。

【錄文】

（前缺）

1. 夏稅：小麥每畝科正麥壹斗捌升肆合，每斗帶耗柒合，共該壹斗陸升柒合叁勺。
2. 正麥壹斗伍升陸合肆勺。
3. 耗麥壹斗玖勺。
4. 秋糧：米每畝科正米叁斗肆升叁勺肆抄，每斗帶耗柒合，共該叁斗玖
5. 合陸勺。
6. 正米貳斗捌升玖合肆勺。
7. 耗米貳升貳勺。
8. 民田地伍畝貳分。
9. 夏稅：小麥正耗壹斗叁升陸合玖勺。
10. 秋糧：
11. 米正耗貳斗叁升捌合壹勺。
12. 黃豆正耗肆升壹勺。

13. 田本都一則民高田肆畝肆分伍釐。
14. 夏稅：小麥每畝科正麥叁升，每斗帶耗柒合，共該壹斗肆升貳合捌
15. 勺。
16. 正麥壹斗叁升合伍勺。
17. 耗麥玖合叁勺。
18. 秋糧：米每畝科正米伍升，每斗帶耗柒合，共該貳斗叁升捌合壹勺。
19. 正米貳斗貳升貳合伍勺。
20. 耗米壹升伍合陸勺。

（後缺）

九一 明隆慶陸年（1572）直隸揚州府泰興縣順得鄉貳拾壹都第拾伍里賦役黃冊之二（民籍某[榮]保等）

【題解】

此件為《韻學集成》第四冊卷四第九三葉背，編號為 HV·YXJCJJ4·Y93，其上殘下完，前後均缺，共存文字十九行，與正面古籍文字成經緯狀。此件為明代兩戶的賦役黃冊，其中第發至八行係一戶，按此件第一行之地數與 HV·YXJCJJ4·Y92 第十三行之田數之和，等於 HV·YXJCJJ4·Y92 第8行之民田地數，故 HV·YXJCJJ4·Y92 與此件之第一至八行所載者係同一戶黃冊，此兩件可綴合為一，綴合後此件在後。另，第九至十九行係直隸揚州府泰興縣順得鄉貳拾壹都第拾伍里民籍某[榮]保之黃冊。另，明代賦役黃冊在攢造之時需對下一輪十年內各戶充任里長、甲首情況等做出預先安排，第9行所載[榮]保充甲首的時間為『萬曆叁年』（1575），而此前的隆慶陸年（1572）為黃冊的攢造年份，據此可知，此件當係該年攢造的賦役黃冊。今據第二戶黃冊擬現題。

【錄文】

（前缺）

1. 地本都一則地柒分伍釐。
2. 夏稅：小麥每畝科正麥叁升，每斗帶耗柒合，共該貳升肆合壹勺。
3. 　　正麥貳升貳合伍勺。
4. 　　耗麥壹合陸勺。
5. 秋粮：黃豆每畝科正豆伍升，每斗帶耗柒合，共該肆升壹勺。
6. 　　正豆叁升柒合伍勺。
7. 　　耗豆貳合陸勺。
8. 房屋：民草房壹間。
9. 榮保係直隸揚州府泰興縣順得鄉貳拾壹都第拾伍里民籍，充萬曆叁年甲首。
10. □管：
11. 人丁：計家男、婦柒口。
12. 　　男丁肆口。
13. 　　婦女叁口。
14. 事產：
15. 　　官民田地叁拾玖畝伍分陸釐。
16. 　　夏稅：小麥正耗壹石肆斗伍升伍合。
17. 　　秋粮：
18. 　　　米正耗貳石壹斗壹升柒合肆勺。
19. 　　　黃豆正耗肆斗壹升捌合肆勺。

（後缺）

九二 明隆慶陸年（1572）直隸揚州府泰州如皋縣縣市西廂第壹里（圖）賦役黃冊

【題解】

此件爲《韻學集成》第四冊卷四第九四葉背，編號爲 HV·YXJC[]4·Y94，其上下完整，前後均缺，共存文字二十行，與正面古籍如皋縣縣市西廂第壹里（圖）賦役黃冊相似，故推斷，此件亦當屬於該里（圖）的黃冊。文字成經緯狀。此件爲明代某戶的賦役黃冊。另，此件的文字字形、筆跡等與該批紙背文獻中隆慶陸年（1572）攢造的直隸揚州府泰州

【錄文】

（前缺）

1. 官民田地轉收田地貳頃肆拾玖畝玖分壹釐叁毫。
2. 夏稅：小麥正耗伍石[肆]斗柒升柒合玖勺。
3. 秋糧：
4. 米正耗壹拾石捌斗肆升陸合。
5. 黃豆正耗玖石壹斗陸升叁合肆勺。
6. 官田地捌拾捌畝陸分肆釐貳毫。
7. 夏稅：小麥正耗叁石貳斗陸升貳合陸勺。
8. 秋糧：
9. 米正耗柒石柒斗伍升陸合伍勺。
10. 黃豆正耗叁石陸斗貳升伍合壹勺。
11. 田陸拾畝肆分玖毫。
12. 一本圖一則沒官蕩田壹畝[叁]分陸釐貳毫。秋糧：米每畝科
13. 正米壹斗貳升，每斗帶耗柒合，共該壹

九三 明隆慶陸年（1572）直隸揚州府泰州如皋縣縣市西廂第壹里（圖）賦役黃冊（紀某）

【題解】

此件爲《韻學集成》第四冊卷四第九五葉背，編號爲HV·YXJCJ4·Y95，其上下完整，前後均缺，共存文字二十行，與正面古籍文字成經緯狀。此件爲明代某戶的賦役黃冊。據文中所載男子姓名知，此黃冊的戶頭當係紀某。另，此件的文字字形、筆跡等與該批紙背文獻中隆慶陸年（1572）攢造的直隸揚州府泰州如皋縣縣市西廂第壹里（圖）賦役黃冊相似，故推斷，此件亦當屬於該里（圖）的黃冊。

【錄文】

（前缺）

1. 新收：
2. 人口：正收男、婦貳拾玖口。
3. 　　　男子壹拾捌口：

14. 　　　壹斗柒升肆合玖勺，係佃到貳升都叁圖
15. 　　　蔡晟戶下田。
16. 一本圖一則沒官蕩田陸分伍釐玖毫。秋糧：米每畝科正米
17. 　　　壹斗貳升，每斗帶耗柒合，共該捌升
18. 　　　叁合玖勺，係佃到拾柒都貳圖何松
19. 　　　等戶下田。
20. 一本圖一則沒官蕩田柒分捌釐玖毫。秋糧：米每畝科正米

（後缺）

4. 紀植，係本戶原先漏報。
5. 紀傅，係本戶原先漏報。
6. 紀濟，係本戶原先漏報。
7. 紀仁，係本戶原先漏報。
8. 紀澤，係本戶原先漏報。
9. 紀欽，係本戶原先漏報。
10. 紀鉞，係本戶原先漏報。
11. 紀鎧，係本戶原先漏報。
12. 紀約，係本戶原先漏報。
13. 紀待，係本戶原先漏報。
14. 紀和，係本戶原先漏報。
15. 紀忠，係本戶原先漏報。
16. 紀瓓，係本戶原先漏報。
17. 紀倪，係本戶原先漏報。
18. 紀丞，係本戶原先漏報。
19. 紀棟，係本戶原先漏報。
20. 紀伉，係本戶原先漏報。

（後缺）

九四 明隆慶陸年（1572）直隸揚州府泰州如皋縣縣市西廂第壹里（圖）賦役黄册

【題解】

此件爲《韻學集成》第四册卷四第九六葉背，編號爲"HV·YXJCJ4·Y96"，其上下完整，前後均缺，共存文字二十行，與正面古籍文字成經緯狀。此件爲明代某户的賦役黄册。另，此件的文字字形、筆跡等與該批紙背文獻中隆慶陸年（1572）攢造的直隸揚州府泰州如皋縣縣市西廂第壹里（圖）賦役黄册相似，故推斷，此件亦當屬於該里（圖）的黄册。

【録文】

（前缺）

1. 耗麥伍斗捌升捌合叁勺。
2. 秋糧：黄豆每畝科正豆壹斗貳升，每斗帶耗柒合，共
3. 該玖石玖斗玖升壹合肆勺。
4. 正豆玖石叁斗叁升柒合捌勺。
5. 耗豆陸斗伍升叁合柒勺。①
6. 夏税：小麥正耗伍石捌斗捌升玖合肆勺。
7. 秋糧：
8. 米正耗捌石伍斗伍升伍合玖勺。
9. 黄豆正耗壹拾肆石柒斗貳升叁合貳勺。
10. 民田地頃叁拾肆畝叁分柒釐玖毫。
11. 田本圖一則蕩田壹頃伍拾玖畝壹分柒釐伍毫。秋糧：米每畝科正米伍升，每斗帶耗柒合，共該捌石伍斗壹升伍

① 此黄豆之數與下文正豆、耗豆數不合。

13. 　　　　　　合玖勺。
14. 　　　正米柒石玖斗伍升捌合捌勺。
15. 　　　耗米伍斗伍升柒合壹勺。
16. 地本圖一則陸地貳頃柒拾伍畝貳分肆釐。
　　夏稅：小麥每畝科正麥貳升，每斗帶耗柒合，共該伍石
17. 　　　捌斗捌升玖合肆勺。
18. 　　　正麥伍石伍斗肆合。
19. 　　　耗麥叁斗捌升伍合肆勺。
20.

（後缺）

九五　明隆慶陸年（1572）直隸揚州府泰州如皋縣縣市西廂第壹里（圖）賦役黃冊

【題解】

此件爲《韻學集成》第四冊卷四第九七葉背，編號爲HV·YX]C[]4·Y97，其上下完整，前後均缺，共存文字二十行，與正面古籍文字成經緯狀。此件爲明代某戶的賦役黃冊。另，此件的文字字形、筆跡等與該批紙背文獻中隆慶陸年（1572）攢造的直隸揚州府泰州如皋縣縣市西廂第壹里（圖）賦役黃冊相似，故推斷，此件亦當屬於該里（圖）的黃冊。

【錄文】

（前缺）

1. 　弟婦程氏年肆拾歲。
2. 　弟婦劉氏年肆拾歲。
3. 　弟婦朱氏年叁拾捌歲。

　弟婦陸氏年肆拾歲。
　弟婦謝氏年肆拾歲。
　妹花女年叁拾捌歲。

4. 弟婦洪氏年叁拾玖歲。
5. 弟婦昌氏年叁拾伍歲。
6. 姪婦蔡氏年叁拾伍歲。
7. 姪婦許氏年叁拾肆歲。
8. 姪婦吉氏年叁拾肆歲。
9. 姪婦張氏年叁拾貳歲。
10. 姪婦鄧氏年叁拾歲。
11. 姪婦金氏年叁拾歲。
12. 姪婦彭氏年貳拾玖歲。
13. 姪婦謝氏年貳拾玖歲。
14. 姪婦石氏年貳拾玖歲。
15. 孫婦陳氏年貳拾歲。
16. 孫婦許氏年貳拾歲。
17. 孫婦張氏年貳拾歲。
18. 孫婦劉氏年貳拾歲。
19. 孫婦蔡氏年拾陸歲。
20. 孫婦賈氏年拾陸歲。
21. 孫婦陳氏年拾陸歲。
22. 孫婦繆氏年拾柒歲。
23. 孫婦于氏年拾捌歲。

事產：

官民田地陸頃肆拾捌畝捌分壹釐。

夏稅：小麥正耗壹拾肆石捌斗捌升壹合柒勺。

秋糧：

　米正耗☐玖斗玖合肆勺。

　黃豆正耗貳拾肆石柒斗壹升肆合陸勺。

（後缺）

九六 明嘉靖叁拾壹年（1552）直隸揚州府江都縣青草沙第肆圖賦役黃冊

【題解】

此件爲《韻學集成》第四册卷四第九八葉背，編號爲HV·YXJCJ4·Y98，其上下完整，前後均缺，共存文字十八行，與正面古籍文字成經緯狀。此件爲明代某户的賦役黃册。另，此件的文字字形、筆跡等與該批紙背文獻中嘉靖叁拾壹年（1552）攢造的直隸揚州府江都縣青草沙第肆圖賦役黃册相似，故推斷，此件亦當屬於該圖的黃册。

【錄文】

（前缺）

1. 正米陸斗貳升捌合肆勺。
2. 耗米肆升肆合。
3. 黃豆每畝科正豆伍升捌合玖勺，
4. 每斗帶耗柒合，共該壹
5. 斗玖升叁合伍勺。
6. 正豆壹斗捌升捌勺。
7. 耗豆壹升貳合柒勺。
8. 一則懷遠侯沒官田玖分肆釐伍毫。
9. 夏稅：小麥每畝科正麥壹斗陸升，每
10. 斗帶耗柒合，共該壹斗
11. 陸升壹合捌勺。
12. 正麥壹斗伍升壹合貳勺。
13. 耗麥壹升陸勺。

14. 秋糧：米每畝科正米壹斗捌升，每斗帶耗柒合，共該壹斗捌升貳合。
15. 正米壹斗柒升壹勺。
16. 耗米壹升壹合玖勺。
17.
18.

（後缺）

本冊共一〇三葉，全部爲公文紙本文獻。

第五冊

一、明嘉靖叁拾壹年（1552）直隸揚州府江都縣青草沙第肆圖賦役黄冊

【題解】

此件爲《韻學集成》第五冊卷五第一葉背，編號爲 HV·YXJCJ5·Y1，其上下完整，前後均缺，共存文字十五行，與正面古籍文字成經緯狀。此件爲明代某户的賦役黄冊。另，此件的文字字形、筆跡等與該批紙背文獻中嘉靖叁拾壹年（1552）攢造的直隸揚州府江都縣青草沙第肆圖賦役黄冊相似，故推斷，此件亦當屬於該圖的黄冊。

【録文】

（前缺）

1. 斗柒升伍合捌勺。
2. 正麥玖斗壹升貳合。
3. 耗麥陸升叁合捌勺。
4. 秋粮：米每畝科正米壹斗捌升捌合，每
5. 斗帶耗柒合，共該正耗米
6. 壹石壹斗肆升陸合陸勺。
7. 正米壹石柒升壹合陸勺。

二 明嘉靖叁拾壹年（1552）直隸揚州府江都縣青草沙第肆圖賦役黃冊

【題解】

此件爲《韻學集成》第五冊卷五第二葉背，編號爲"HV·YX]C[J5·Y2"，其上下完整，前後均缺，共存文字十三行，與正面古籍文字成經緯狀。此件爲明代某戶的賦役黃冊。另，此件的文字字形、筆跡等與該批紙背文獻中嘉靖叁拾壹年（1552）攢造的直隸揚州府江都縣青草沙第肆圖賦役黃冊相似，故推斷，此件亦當屬於該圖的黃冊。

【錄文】

（前缺）

1. 夏稅：小麥每畝科正麥壹斗陸升，每斗
2. 一則本圖南雄侯沒官田捌分壹釐肆毫。
3. 耗米叁升肆合叁勺。

8. 耗米柒升伍合。
9. 地南雄侯沒官地壹畝伍分。
10. 夏稅：小麥每畝科正麥壹斗陸升，每斗
11. 帶耗柒合，共該正耗麥
12. 貳斗伍升陸合捌勺。
13. 正麥壹斗肆升。
14. 耗麥壹升陸合捌勺。
15. 秋糧：黃荳每畝科正荳壹斗捌升，每

（後缺）

三 明隆慶陸年（1572）直隸揚州府泰興縣順得鄉貳拾壹都第拾伍里賦役黃冊（民籍某等）

【題解】

此件爲《韻學集成》第五冊卷五第三葉背，編號爲 HY·YXJCJ5·Y3），其中第一至九行係一户，第十至二二行係直隸揚州府泰興縣順得鄉貳拾壹都第拾伍面古籍文字成經緯狀。此件爲明代兩户的賦役黃冊，其上殘下完，前後均缺，中有缺行，共存文字二二行，與正里民籍某的黃冊。另，明代賦役黃冊在攢造之時需對下一輪十年內各户充任里長、甲首情況等做出預先安排，第十行所載某充甲首的時間爲『萬曆玖年（1581）』，而此前的隆慶陸年（1572）爲黃冊的攢造年份，據此可知，此件當係該年攢造的賦役黃冊。今據第二户黃冊擬現題。

【錄文】

（前缺）

4. 　　　　　　　　　　帶耗柒合，共該正耗麥
5. 　　　　　　　　　　壹斗叁升玖合肆勺
6. 　　　　　　　　正麥壹斗叁升貳勺。
7. 　　　　　　　耗麥玖合貳勺。
8. 　　　　秋粮：米每畝科正米壹斗捌升，每斗
9. 　　　　　　　　帶耗柒合，共該正耗米壹
10. 　　　　　　　　斗伍升肆合伍勺。
11. 　　　　　　　正米壹斗肆升陸合伍勺。
12. 　　　　　　耗米捌合貳勺。
13. 　一則本圖學田伍畝柒分。

（後缺）

1. 夏稅：小麥每畝科正麥叁升，每斗帶耗柒合，共該壹斗壹升陸合貳勺。
2. 正麥壹斗捌合陸勺。
3. 耗麥柒合陸勺。
4.
5. 秋糧：黃豆每畝科正豆伍升，每斗帶耗柒合，共該壹斗玖升叁合陸勺。
6. 正豆壹斗捌升壹合。
7. 耗豆壹升貳合陸勺。
8.
9. 房屋：民草房叁間。
10. 係直隸揚州府泰興縣順得鄉貳拾壹都第拾伍里民籍，充萬曆玖年甲首。

（中缺1行）

11. 人丁：計家男、婦伍口。
12. 男子叁口。
13. 婦女貳口。
14. 事產：
15. 官民田地貳拾壹畝伍釐。
16. 夏稅：小麥正耗柒斗貳升伍合貳勺。
17. 秋糧：
18. 米正耗壹石貳斗陸升叁合叁勺。
19. 黃豆正耗叁升伍勺。
20. 官田叁分。
21. 夏稅：小麥正耗伍升玖合壹勺。

四 明隆慶陸年（1572）直隸揚州府泰興縣順得鄉貳拾壹都第拾伍里（圖）賦役黃冊

【題解】

此件爲《韻學集成》第五冊卷五第四葉背，編號爲HV·YX[C[5·Y4]，其上下完整，前後均缺，共存文字二三行，與正面古籍文字攢造的直隸揚州府泰興縣順得鄉貳拾壹都第拾伍里（圖）賦役黃冊相似，故推斷，此件亦當屬於該里（圖）的黃冊。另，此件爲明代某戶的賦役黃冊。另，此件的文字字形、筆跡等與該批紙背文獻中隆慶陸年（1572）攢造的直隸揚州府泰興縣順成經緯狀。

【錄文】

（前缺）

1. 該貳斗玖升肆合。
2. 正米貳斗柒升肆合柒勺。
3. 耗米壹升玖合叁勺。
4. 民田地壹拾壹畝壹分陸釐。
5. 夏稅：小麥正耗叁斗叁升肆合貳勺。
6. 秋粮：
7. 米正耗肆斗肆合柒勺。
8. 黃豆正耗壹斗玖升叁合陸勺。
9. 田柒畝伍分肆釐。
10. 夏稅：小麥正耗貳斗壹升捌合。

22. 秋粮：米正耗☐☐

（後缺）

五　明嘉靖叁拾壹年（1552）直隸揚州府江都縣青草沙第肆圖賦役黃冊

【題解】

此件爲《韻學集成》第五冊卷五第五葉背，編號爲HV·YXJCJ5·Y5]，其上下完整，前後均缺，共存文字十六行，與正面古籍文字成經緯狀。此件爲明代某戶的賦役黃冊。另，此件的文字字形、筆跡等與該批紙背文獻中嘉靖叁拾壹年（1552）攢造的直隸揚州府江都縣青草沙第肆圖賦役黃冊相似，故推斷，此件亦當屬於該圖的黃冊。

11. 秋粮：米正耗肆斗合柒勺。
12. 一本都一則高田陸畝柒分玖釐。
13. 夏稅：小麥每畝科正麥叁升，每斗帶耗柒升捌合。
14. 正麥貳斗貳合柒勺。
15. 耗麥壹升肆合叁勺。
16. 秋粮：米每畝科正米伍升，每斗帶耗柒合，共該叁斗陸升肆合陸勺。
17. 正米叁斗肆升。
18. 耗米貳升肆合陸勺。
19. 一本都一則水田柒分伍釐。
20. 秋粮：米每畝科正米伍升，每斗帶耗柒合，共該肆升壹勺。
21. 正米叁升柒合伍勺。
22. 耗米貳合陸勺。
23. 地本都一則地叁畝陸分貳釐。

（後缺）

【錄文】

事產：

（前缺）

1. 官民田地玖拾畝肆分壹毫。前冊蒙駁，多田玖畝貳分，地陸畝，多小麥捌
2. 斗壹升叁合壹勺，米肆
3. 斗玖升貳合壹勺，黃荳
4. 叁斗貳升玖勺。經造人役
5. 失於仔細查考，朦朧造冊回
6. 答外，今冊更役屢年底
7. 葉，原係嘉靖元年詔卜之
8. 數難以妄改，遺患於後，理
9. 合申明，從實攢造。

夏稅：
10. 小麥正耗壹拾石陸斗叁升伍合肆
11. 勺。

秋粮：
12. 米正耗柒石叁斗捌升伍勺。
13. 黃荳正耗肆石伍斗貳升叁合貳
14. 勺。

（後缺）

六 明隆慶陸年（1572）直隸揚州府泰興縣順得鄉貳拾壹都第拾伍里賦役黃冊之一（民籍某等）

【題解】

此件爲《韻學集成》第五冊卷五第六葉背，編號爲 HV·YXJC[J5·Y6]，其上下完整，前後均缺，共存文字二三行，與正面古籍文字成經緯狀。此件爲明代某戶的賦役黃冊，按此件第 14 行之田數等於此件第十七行之高田數與 HV·YXJC[J5·Y7] 第一行水田數之和，據此可知，此兩件可以綴合，綴合後此件在前。今據 HV·YXJC[J5·Y7] 擬現題。

【錄文】

（前缺）

1. 米正耗壹石叁升肆勺。
2. 黃豆正耗壹斗肆升玖合貳勺。
3. 官田本都一則富淮莊原科水田柒畝伍分。
4. 秋粮：米每畝科正米壹斗貳升，每斗帶耗柒合，共該玖斗陸升叁合。
5. 　　　　正米玖斗。
6. 　　　　耗米陸升叁合。
7. 民田地肆畝伍釐。
8. 　　夏稅：　　　　桑壹株。
9. 　　　　小麥正耗玖升柒合玖勺。
10. 　　　　絲壹兩。
11. 　　秋粮：
12. 　　　　米正耗陸升柒合肆勺。

13. 黃豆正耗壹斗伍升玖合貳勺。
14. 田壹畝貳分陸釐。
15. 夏稅：小麥正耗壹捌合貳勺。
16. 秋糧：米正耗陸升柒合肆勺。
17. 一本都一則高田貳分陸釐。
18. 夏稅：小麥每畝科正麥叁升，每斗帶耗柒合，共該捌合貳勺。
19. 正麥柒合柒勺。
20. 耗麥伍勺。
21. 秋糧：米每畝科正米伍升，每斗帶耗柒合，共該壹升叁合玖勺。
22. 正米壹升叁合。
23. 耗米玖勺。

（後缺）

七 明隆慶陸年（1572）直隸揚州府泰興縣順得鄉貳拾壹都第拾伍里賦役黃冊之二（民籍某等）

【題解】

此件爲《韻學集成》第五冊卷五第七葉背，編號爲HV·YXJCJ5·Y7，其上殘下完，前後均缺，共存文字二三行，與正面古籍文字成經緯狀。此件爲明代兩户的賦役黃冊，其中第一至十四行係一户，按此件與HV·YXJCJ5·Y6]第14行之田畝數，等於HV·YXJCJ5·Y6]與此件第一至十四行屬於同一户的黃冊，兩件可以綴合，綴合後此件在後。另，第十五至二三行係直隸揚州府泰興縣順得鄉貳拾壹都第拾伍里民籍某之黃冊。另，明代賦役黃冊在攢造之時需對第十七行之高田畝數與此件第一行水田數之和，據此可知，

【錄文】

下一輪十年內各戶充任里長、甲首情況等做出預先安排，第十五行所載某充甲首的時間爲『萬曆肆年』(1576)，而此前的隆慶陸年(1572)爲黃冊的攢造年份，據此可知，此件當係該年攢造的賦役黃冊。今據第二戶黃冊擬現題。

1. （前缺）
2. 一本都一則水田壹畝。
3. 　秋粮：米每畝科正米伍升，每斗帶耗柒合，共該伍升叁合伍勺。
4. 　　正耗米伍升。
5. 　　耗米叁合伍勺。
6. 地本都一則地貳畝柒分玖釐。
7. 　夏稅：小麥每畝科正麥叁升，每斗帶耗柒合，共該捌升叁合伍勺。
8. 　　正麥捌升叁合柒勺。
9. 　　耗麥伍合玖勺。
10. 　秋粮：黃豆每畝科正豆伍升，每斗帶耗柒合，共該壹斗肆升玖合貳勺。
11. 　　正豆壹斗叁升玖合伍勺。
12. 　　耗豆玖合柒勺。
13. 桑壹株。夏稅：科絲壹兩。
14. 房屋：民草房伍間。
15. 頭匹：民黃牛壹隻。
16. ▢管｜係直隸揚州府泰興縣順得鄉貳拾壹都第拾伍里民籍，充萬曆肆年甲首。
17. ▢管：
18. 　人丁：計家男、婦壹拾口。
19. 　　男子柒口。

八 明隆慶陸年（1572）直隸揚州府泰興縣順得鄉貳拾壹都第拾伍里（圖）賦役黃冊

【題解】

此件爲《韻學集成》第五冊卷五第八葉背，編號爲 HV·YXJC[J5·Y8]，其上下完整，前後均缺，共存文字二二行，與正面古籍文字成經緯狀。此件爲明代某戶的賦役黃冊。另，此件的文字字形、筆跡等與該批紙背文獻中隆慶陸年（1572）攢造的直隸揚州府泰興縣順得鄉貳拾壹都第拾伍里（圖）賦役黃冊相似，故推斷，此件亦當屬於該里（圖）的黃冊。

【錄文】

（前缺）

1. 　　　　　夏稅：小麥每畝科正麥壹斗捌升肆合，每斗帶耗柒合，共
2. 　　　　　　　該柒斗捌升柒合伍勺。
3. 　　　　　　　正麥柒斗叁升陸合。
4. 　　　　　　　耗麥伍升壹合伍勺。
5. 　　　　　秋粮：黃豆每畝科正豆壹斗肆升，每斗帶耗柒合，共該伍斗玖
6. 　　　　　　　升玖合貳勺。

（後缺）

19. 　　　婦女叁口。
20. 事產：
21. 　　　民地壹畝壹分玖釐。
22. 　　　夏稅：小麥正耗叁升捌合壹勺。
23. 　　　秋粮：黃豆正耗陸升叁合□勺。

7. 正豆伍斗陸升。
8. 耗豆叁升玖合貳勺。
9. 民田地柒畝玖分伍釐。
10. 夏稅：小麥正耗貳斗伍升伍合貳勺。
11. 秋糧：
12. 米正耗叁斗肆升肆合。
13. 黃豆正耗捌升壹合叁勺。
14. 田本都一則高田陸畝肆分叁釐。
15. 夏稅：小麥每畝科正麥叁升，每斗帶耗柒合，共該貳斗陸合肆勺。
16. 正麥壹斗玖升貳合玖勺。
17. 耗麥壹升叁合伍勺。
18. 秋糧：米每畝科正米伍升，每斗帶耗柒合，共該叁斗肆升肆合。
19. 正米叁斗貳升壹合伍勺。
20. 耗米貳升貳合伍勺。

（後缺）

九 明隆慶陸年（1572）直隸揚州府泰興縣順得鄉貳拾壹都第拾伍里（圖）賦役黃冊

【題解】

此件爲《韻學集成》第五冊卷五第九葉背，編號爲HV·YX]C[J5·Y9]，其上下完整，前後均缺，共存文字二二行，與正面古籍文字成經緯狀。此件爲明代某戶的賦役黃冊。另，此件的文字字形、筆跡等與該批紙背文獻中隆慶陸年（1572）攢造的直隸揚州府泰興縣順得鄉貳拾壹都第拾伍里（圖）賦役黃冊相似，故推斷，此件亦當屬於該里（圖）的黃冊。

【錄文】

（前缺）

1. 母嚴氏年壹百肆拾壹歲。　　妻葛氏年壹百陸歲。
2. 事產：
3. 官民田地壹拾柒畝玖釐。
4. 夏稅：小麥正耗貳石伍升肆合柒勺。
5. 秋粮：
6. 米正耗壹石柒斗壹升叁合柒勺。
7. 黃豆正耗陸斗捌升伍勺。
8. 官田地玖畝壹分肆釐。
9. 夏稅：小麥正耗壹石柒斗玖升玖合伍勺。
10. 秋粮：
11. 米正耗壹石叁斗陸升玖合捌勺。
12. 黃豆正耗伍斗玖升玖合貳勺。

一〇 明隆慶陸年（1572）直隸揚州府泰興縣順得鄉貳拾壹都第拾伍里賦役黃冊（民籍某貧子等）

【題解】

此件爲《韻學集成》第五册卷五第十葉背，編號爲HV·YXJC[]5·Y10]，其上殘下完，前後均缺，中有缺行，共存文字二十行，與正面古籍文字成經緯狀。此件爲明代兩户的賦役黃冊，其中第一至九行係一户，第十至二十行係直隸揚州府泰興縣順得鄉貳拾壹都第拾伍里民籍某貧子之黃冊。另，明代賦役黃冊在攢造之時需對下一輪十年內各户充任里長、甲首情況等做出預先安排，第十、十一行所載伍里民籍某貧子充甲首的時間爲『萬曆元年』（1573），而此前的隆慶陸年（1572）爲黃冊的攢造年份，據此可知，此件當係該年攢造的賦役黃冊。今據第二户黃冊擬現題。

13. 田伍畝壹分肆釐。
14. 夏稅：小麥正耗壹石壹升貳合。
15. 秋糧：米正耗壹石叁斗陸升玖合捌勺。
16. 一本都一則俞平章原獻蔣沙米高田壹分肆釐。
17. 夏稅：小麥每畝科正麥壹斗捌升肆合，每斗帶耗柒合，共該
18. 正麥貳升伍合捌勺。
19. 耗麥壹合陸勺。
20. 升柒合捌勺。
21. 秋糧：米每畝科正米伍斗柒升貳合肆勺，每斗帶耗柒合，共
22. 該捌升伍合捌勺。

（後缺）

哈佛藏《韻學集成》《直音篇》紙背明代文獻釋錄 卷一

【錄文】

（前缺）

1. 正麥貳斗伍升陸合捌勺。
2. 耗麥壹升捌合。
3.
4. 秋糧：黃豆每畝科正豆伍升，每斗帶耗柒合，共該肆斗伍升捌
5. 合。
6. 正豆肆斗貳升捌合。
7. 耗豆叁升。
8. 桑壹株。夏稅：科絲壹兩。
9. 頭匹：民水牛壹隻。
8. 房屋：民草房伍間。
9.
10. 兒故，今冊貧子係直隸揚州府泰興縣順得鄉貳拾壹都第拾伍里民籍，充萬曆元
11. 年甲首。

（中空1行）

12. 人丁：計家男、婦肆口。
13. 　　男子貳口。
14. 　　婦女貳口。
15. 事產：

（中缺1行）

16. 　　民田地壹拾畝貳分陸釐。
17. 　　夏稅：
18. 　　秋糧：小麥正耗叁斗貳升玖合肆勺。

一一 明隆慶陸年（1572）直隸揚州府泰興縣順得鄉貳拾壹都第拾伍里（圖）賦役黃冊

【題解】

此件爲《韻學集成》第五冊卷五第十一葉背，編號爲HV·YXJC[]5·Y11"，其上下完整，前後均缺，共存文字二三行，與正面古籍文字成經緯狀。此件爲明代某户的賦役黃冊。另，此件的文字字形、筆跡等與該批紙背文獻中隆慶陸年（1572）攢造的直隸揚州府泰興縣順得鄉貳拾壹都第拾伍里（圖）賦役黃冊相似，故推斷，此件亦當屬於該里（圖）的黃冊。

【錄文】

（前缺）

1. 　　秋糧：
2. 　　　　米正耗
3. 　　　　黃豆正耗叁斗伍合貳勺。
4. 田叁拾伍畝捌分捌釐。
5. 　　夏税：小麥正耗壹石叁升貳合陸勺。
6. 　　秋糧：米正耗壹石玖斗壹升玖合陸勺。
7. 一本都一則民高田叁拾貳畝壹分柒釐。
8. 　　夏税：小麥每畝科正麥叁升，每斗帶耗柒合，共該壹石叁升貳合陸勺。
9. 　　　　　　　　　　　　　　　　　　　　　　　　　　

19. 　　　　米正耗壹斗陸升伍勺。
20. 　　　　黃豆正耗壹斗捌升捌合肆勺。

（後缺）

哈佛藏《韻學集成》《直音篇》紙背明代文獻釋錄 卷一

10. 正麥玖斗陸升伍合壹勺。
11. 耗麥陸升柒合伍勺。
12. 秋糧：米每畝科正米伍升，每斗帶耗柒合，共該壹石柒斗貳
13. 　　升壹合壹勺。
14. 正米壹石陸斗捌合伍勺。
15. 耗米壹斗壹升貳合陸勺。

一本都一則民水田叁畝柒分壹釐。

16. 秋糧：米每畝科正米伍升，每斗帶耗柒合，共該壹斗玖升
17. 　　捌合捌勺。
18. 正米壹斗捌升伍合伍勺。
19. 耗米壹升叁合①。

一本都一則民地捌畝伍分陸釐。

20. 夏稅：小麥每畝科正麥叁升，每斗帶耗柒合，共該貳斗柒升
21. 　　肆合捌勺。
22.
23.

（後缺）

一二 明隆慶陸年（1572）直隸揚州府泰興縣順得鄉貳拾壹都第拾伍里賦役黃冊（民籍某等）

【題解】

此件為《韻學集成》第五冊卷五第十二葉背，編號為 HV·YXJCJ5·Y12]，其上殘下完，前後均缺，中有缺行，共存文字二一行，

① 【合】，據文義其後缺【叁勺】二字。

四七四

【錄文】

與正面古籍文字成經緯狀。此件爲明代兩戶的賦役黃冊，其中第一至十一行係一戶，第十二至二一行係直隸揚州府泰興縣順得鄉貳拾壹都第拾伍里民籍某之黃冊。另，已知該批黃冊的攢造時間爲隆慶陸年（1572），故此件當屬於該年攢造的黃冊。今據第二戶黃冊擬現題。

1. （前缺）
2. 地本都一則地壹畝伍分貳釐。
3. 夏稅：小麥每畝科正麥叁升，每斗帶耗柒合，共該肆升捌
4. 正麥肆升伍合陸勺。
5. 耗麥叁合貳勺。
6. 秋粮：黃豆每畝科正豆伍升，每斗帶耗柒合，共該捌升壹合叁
7. 勺。
8. 正豆柒升陸合。
9. 耗豆伍合叁勺。
10. 房屋：民草房叁間。
11. 頭匹：民水牛壹隻。
12. 直隸揚州府泰興縣順得鄉貳拾壹都第拾伍里民籍。
  （中缺1行）
13. 人丁：計家男、婦貳口。
14. 男子壹口。
15. 婦女壹口。
16. 事產：
17. 官民田地壹拾畝叁分貳釐。　　桑壹株。

一三 明隆慶陸年（1572）直隸揚州府泰興縣順得鄉貳拾壹都第拾伍里（圖）賦役黃冊

【題解】

此件爲《韻學集成》第五冊卷五第十三葉背，編號爲 HV·YXJC[J5·Y13]，其上下完整，前後均缺，中有缺行，共存文字二一行，與正面古籍文字成經緯狀。此件爲明代某户的賦役黃册。另，此件的文字字形、筆跡等與該批紙背文獻中隆慶陸年（1572）攢造的直隸揚州府泰興縣順得鄉貳拾壹都第拾伍里（圖）賦役黃冊相似，故推斷，此件亦當屬於該里（圖）的黃冊。

【錄文】

（前缺）

1. 秋粮：黃豆正耗叁斗柒升肆合伍勺。
2. 民田地柒畝陸分貳釐　　桑壹株。
3. 夏稅：
4. 小麥正耗貳斗肆升肆合陸勺。
5. 絲壹兩。
6. 秋粮：
7. 米正耗壹斗肆升捌合柒勺。

18.

19.

20.

21.

夏稅：

小麥正耗柒斗柒升陸合貳勺。

秋粮：

絲壹兩。

（後缺）

8. 黃豆正耗貳斗伍升捌合柒勺。
9. 田貳畝柒分捌釐。
10. 夏稅：小麥正耗捌升玖合貳勺。
11. 秋粮：米正耗壹斗肆升捌合柒勺。
12. 地肆畝捌分肆釐。
13. 夏稅：小麥正耗壹斗伍升伍合肆勺。
14. 秋粮：黃豆正耗貳斗伍升捌合柒勺。

（中缺1行）

15. 桑壹株。夏稅：絲壹兩。
16. 民草房伍間。
17. 民黃牛壹隻。
18. 人口：貳口。
19. 男子不成丁壹口：本身年壹百貳拾捌歲。
20. 婦女大壹口：嫂楊氏年壹百貳拾陸歲。
21. 事產：

（後缺）

一四 明隆慶陸年（1572）直隸揚州府泰興縣順得鄉貳拾壹都第拾伍里（圖）賦役黃冊

【題解】

此件為《韻學集成》第五冊卷五第十四葉背，編號為HV·YXJC□5·Y14'，其上下完整，前後均缺，共存文字二十行，與正面古籍

第五冊　四七七

哈佛藏《韻學集成》《直音篇》紙背明代文獻釋錄 卷一

文字成經緯狀。此件為明代某戶的賦役黃冊。另，此件的文字字形、筆跡等與該批紙背文獻中隆慶陸年（1572）攢造的直隸揚州府泰興縣順得鄉貳拾壹都第拾伍里（圖）賦役黃冊相似，故推斷，此件亦當屬於該里（圖）的黃冊。

【錄文】

1. 　　（前缺）
2. 事產：
3. 　　民地捌畝。
4. 　　　　夏稅：小麥正耗貳斗伍升陸合捌勺。
5. 　　　　秋糧：黃豆正耗肆斗貳升捌合。
6. 　　民黃牛壹隻。
7. 實在⋮⋮
　　　　（中空1行）
8. 人口：貳口。
9. 　　男子不成丁壹口：本身年捌拾歲。
10. 　　婦女大壹口：母劉氏年壹百歲。
11. 事產⋮⋮
12. 　　民地本都一則地捌畝。
13. 　　　　夏稅：小麥每畝科正麥叄升，每斗帶耗柒合，共該貳斗伍升陸
　　　　　　合捌勺。
　　　　　　正麥貳斗肆升。
　　　　　　耗麥壹斗陸合捌勺。
14.
15.
16.
17. 　　　　秋糧：黃豆每畝科正豆伍升，每斗帶耗柒合，共該肆斗貳

一五 明隆慶陸年（1572）直隸揚州府泰興縣順得鄉貳拾壹都第拾伍里（圖）賦役黃冊

【題解】

此件爲《韻學集成》第五册卷五第十五葉背，編號爲 HV·YXJC[J5·Y15]，其上下完整，前後均缺，共存文字二二行，與正面古籍文字成經緯狀。此件爲明代某户的賦役黃冊。另，此件的文字字形、筆跡等與該批紙背文獻中隆慶陸年（1572）攢造的直隸揚州府泰興縣順得鄉貳拾壹都第拾伍里（圖）賦役黃冊相似，故推斷，此件亦當屬於該里（圖）的黃冊。

【錄文】

（前缺）

1. 秋粮：米每畝科正米壹斗貳升，每斗帶耗柒合，共該伍升叁合玖勺。
2. 正米伍升肆勺。
3. 耗米叁合伍勺。
4. 民田地壹拾貳畝伍分玖釐。
5. 夏税：小麥正耗肆斗肆合貳勺。
6. 秋粮：
7.

18. 升捌合。
19. 正豆肆斗。
20. 耗豆貳升捌合。

（後缺）

8. 米正耗伍斗捌升陸合勺。
9. 黃豆正耗玖[斗]柒合叁勺。
10. 田本都一則高田拾畝柒分柒釐。
11. 夏稅：小麥每畝科正麥叁升，每斗帶耗柒合，共該叁斗肆升陸合肆
12. 勺。
13. 正麥叁斗貳升叁合壹勺。
14. 耗麥貳升叁合叁勺。
15. 秋粮：米每畝科正米伍升，每斗帶耗柒合，共該伍斗柒升陸合貳
16. 勺。
17. 正米伍斗叁升捌合叁勺。
18. 耗米叁升柒合玖勺。
19. 地本都一則地壹畝捌分貳釐。
20. 夏稅：小麥每畝科正麥叁升，每斗帶耗柒合，共該伍升壹合伍
21. 勺。
22. 正麥伍升肆合陸勺。

（後缺）

一六 明嘉靖叁拾壹年（1552）直隸揚州府江都縣青草沙第肆圖賦役黃冊之一（張某）

【題解】

此件爲《韻學集成》第五冊卷五第十六葉背，編號爲 HV·YXJC[5·Y16]，其上殘下完，前後均缺，中有缺行，共存文字九行，與

正面古籍文字成經緯狀。此件爲明代某戶的賦役黃冊，據文中所載男子姓名知，此黃冊的戶頭當係張某。另，此件的文字字形、筆跡等與該批紙背文獻中嘉靖叁拾壹年（1552）攢造的直隸揚州府江都縣青草沙第肆圖賦役黃冊相似，故推斷，此件亦當屬於該圖的黃冊。另，此件第六行所載男、婦人口數等於此件第七行所載男子人口數與 HV・YXJCJ5・Y17]第一行所載婦女人口數之和，據此可知，此兩件可以綴合，綴合後此件在前。

【錄文】

（前缺）

1. 事產：
2. 　　民田壹畝。
　　　　夏稅：小麥正耗伍升叁合伍勺。
　　　　秋糧：米正耗伍升叁合伍勺。

（中缺1行）

4. □□：正收男子成丁壹口：男張鳳，係前冊失報。

（中空1行）

4. 人口：男、婦陸口。
6. 　　男子成丁肆口：
7. 　　　　本身年陸拾壹歲。
8. 　　　　弟張堂年伍拾捌歲。

（後缺）

一七 明嘉靖叁拾壹年（1552）直隸揚州府江都縣青草沙第肆圖賦役黃冊之二（張某）

【題解】

此件爲《韻學集成》第五冊卷五第十七葉背，編號爲 HV·YXJCJ5·Y17，其上下完整，前後均缺，共存文字十一行，與正面古籍文字成經緯狀。此件爲明代某戶的賦役黃冊，按此件第一行之婦女人口數與 HV·YXJCJ5·Y16第六行之男、婦人口總數，據此可知，此兩件可以綴合，綴合後此件在後。今據 HV·YXJCJ5·Y16第七行之男子人口數之和，等於 HV·YXJCJ5·Y16擬現題。

【錄文】

（前缺）

1. 婦女大貳口：
2. 妻柳氏年伍拾貳歲。
3. 弟婦吳氏年伍拾肆歲。
4. 事產：
5. 民田壹畝。
6. 夏稅：小麥每畝科正麥伍升，每斗帶
7. 耗柒合，共該正耗麥伍
8. 升叁合伍勺。
9. 正麥伍升。
10. 耗麥叁合伍勺。
11. 秋糧：米每畝科正米伍升，每斗帶耗

（後缺）

一八 明隆慶陸年（1572）直隸揚州府泰興縣順得鄉貳拾壹都第拾伍里賦役黃冊之一（民籍某、軍籍周某等）

【題解】

此件爲《韻學集成》第五冊卷五第十八葉背，編號爲 HV·YXJC[J5·Y18]，其上殘下完，前後均缺，共存文字二二行，與正面古籍文字成經緯狀。此件爲明代三戶的賦役黃冊，其中第一行係一戶，第二至十行係直隸揚州府泰興縣順得鄉貳拾壹都第拾伍里軍籍某之黃冊，該戶黃冊除户頭姓名殘缺外，其它基本完整，第一一至二二行係直隸揚州府泰興縣順得鄉貳拾壹都第拾伍里軍籍周某之黃冊。另，此件第三戶之『舊管』人口數與 HV·YXJC[J5·Y19]『實在』人口數民田地數與 HV·YXJC[J5·Y19]『實在』民田地數相同。同時，此件第三戶之『舊管』人口數亦合，據之推斷，此件第一一至二二行與 HV·YXJC[J5·Y19]同屬於一戶的黃冊，此兩件可以綴合，綴合後此件在前。已知該批黃冊的攢造時間爲隆慶陸年（1572），故此件當屬於該年攢造的黃冊。今據二、三戶黃冊擬現題。另，此件第三戶之『舊管』人口數與 HV·YXJC[J5·Y19]之『實在』人口數

【錄文】

（前缺）

1. □管……
   □係直隸揚州府泰興縣順得鄉貳拾壹都第拾伍里民籍。
2. 人丁：計家男子壹口。
3. 事產：
4. 　　　民草房貳間。
5. 　　　頭匹：民黃牛壹隻。
6. □在……
7. 人口：男子不成丁壹口：本身年壹百叁拾伍歲。
8. 事產：

10. 民草房貳間。
11. 係直隸揚州府泰興縣順得鄉貳拾壹都第拾伍里軍籍。有祖周叁子，先於洪武捌年爲同名軍役事，發遼東廣寧中屯衛充軍，故。永樂拾伍年冊勾戶丁周毛團補役去訖，原籍戶下止遺周經兒在鄉，病故，同改保老，故。
17. □管：
18. 人丁：計家男、婦貳口。
19. 男子壹口。
20. 婦女壹口。
21. 事產：
22. 民田地貳拾陸畝肆釐。

（後缺）

一九 明隆慶陸年（1572）直隸揚州府泰興縣順得鄉貳拾壹都第拾伍里賦役黃冊之二（民籍某、軍籍周某等）

【題解】

此件爲《韻學集成》第五冊卷五第十九葉背，編號爲 HV‧YXJC[J5‧Y19]，其上下完整，前後均缺，共存文字二二行，與正面古籍文字成經緯狀。此件爲明代某戶的賦役黃冊，按此件之「□在」即「實在」之民田地數與 HV‧YXJC[J5‧Y18]「□管」即「舊管」之民

田地數相同，且兩件之戶口數亦同，據之推斷，此兩件可以綴合，綴合後此件在後。今據 HV·YXJC|]5·Y18]擬現題。

【錄文】

（前缺）

1. □在…
2. 人口：貳口。
3. 男子不成丁壹口：本身年壹百貳拾叁歲。
4. 婦女大壹口：孀王氏年壹百伍拾歲。
5. 事產：
6. 民田地貳畝陸分肆釐。
7. 夏稅：小麥正耗捌升肆合柒勺。
8. 秋粮：
9. 米正耗壹斗壹升肆合伍勺。
10. 黃豆正耗貳升陸合柒勺。
11. 田本都一則高田貳畝壹分肆釐。
12. 夏稅：小麥每畝科正麥叁升，每斗帶耗柒合，共該陸升捌合柒勺。
13. 正麥陸升肆合貳勺。
14. 耗麥肆合伍勺。
15. 秋粮：米每畝科正米伍升，每斗帶耗柒合，共該壹斗壹升肆合伍勺。
16. 正米壹斗柒合。
17. 耗米柒合伍勺。

二〇 明嘉靖叁拾壹年（1552）直隸揚州府江都縣青草沙第肆圖賦役黃冊

【題解】

此件爲《韻學集成》第五冊卷五第二十葉背，編號爲"HV·YX]C]5·Y20"，其上下完整，前後均缺，共存文字十八行，與正面古籍文字成經緯狀。此件爲明代某户的賦役黃冊。另，此件的文字形、筆跡等與該批紙背文獻中嘉靖叁拾壹年（1552）攢造的直隸揚州府江都縣青草沙第肆圖賦役黃冊相似，故推斷，此件亦當屬於該圖的黃冊。

【錄文】

（前缺）

1. 地玖畝貳分。
2. 夏稅：小麥正耗壹石捌升柒勺。
3. 秋糧：黃豆正耗壹石肆斗升貳合
4. 叁勺。
5. 一袁成入官地柒畝柒分，係兌佃到官塲叁圖
6. 户龔玉户下地。
7. 夏稅：小麥每畝科正麥壹斗，每斗
8. 帶耗柒合，共該捌斗貳

（後缺）

20. 地本都一則地伍分。
21. 夏稅：小麥每畝科正麥叁升，每斗帶耗柒合，共該壹升陸
22. 合。

二一　明嘉靖叁拾壹年（1552）直隸揚州府江都縣青草沙第肆圖賦役黃冊

【題解】

此件爲《韻學集成》第五冊卷五第二一葉背，編號爲 HV·YXJCJ5·Y21，其上下完整，前後均缺，共存文字十八行，與正面古籍文字成經緯狀。此件爲明代某戶的賦役黃冊。另，已知第四行所載的「重租田」主要出現在該批紙背文獻中嘉靖叁拾壹年（1552）攢造的直隸揚州府江都縣青草沙第肆圖賦役黃冊中，故據之推斷，此件亦當屬於該圖的黃冊。

【錄文】

1. 　　　　　　　　　（前缺）

　　秋糧：

（後缺）

9. 　　　　　　　升叁合玖勺。

10. 秋糧：黃豆每畝科正豆壹斗肆升，

11. 　　　　　每斗帶耗柒合，共該壹

12. 　　　　　石壹斗伍升叁合肆勺。

13. 一懷遠侯沒官地壹畝伍分，係兌佃到官場

14. 　　　　　貳圖人戶郭野子戶下地。

15. 夏稅：小麥每畝科正麥壹斗陸升，

16. 　　　　　每斗帶耗柒合，共該貳

17. 　　　　　斗伍升陸合捌勺。

18. 秋糧：黃豆每畝科正豆 壹斗捌

哈佛藏《韻學集成》《直音篇》紙背明代文獻釋錄　卷一

2. 米正耗壹斗捌升柒合貳勺。
3. 黃豆正耗肆斗柒升捌勺。
4. 田重租田壹畝柒分伍釐，係買到本圖人戶任錦戶下
5. 田。
6. 夏稅：小麥每畝科正麥伍升，每斗帶
7. 耗柒合，共該玖升叄合
8. 陸勺。
9. 秋糧：米每畝科正米壹斗，每斗帶耗
10. 柒合，共該壹斗捌升柒
11. 合貳勺。
12. 地捌畝捌分。
13. 夏稅：小麥正耗肆斗柒升捌勺。
14. 秋糧：黃豆正耗肆斗柒升捌勺。
15. 一地壹畝伍分，係買到崇德壹圖人戶趙鑑戶
16. 下地。
17. 夏稅：小麥每畝科正麥伍升，每斗帶
18. 耗柒合，共該捌升叄勺。

（後缺）

四八八

二二 明隆慶陸年（1572）直隸揚州府泰興縣順得鄉貳拾壹都第拾伍里（圖）賦役黃冊

【題解】

此件爲《韻學集成》第五册卷五第二二葉背，編號爲 HV·YXJCJ5·Y22，其上下完整，前後均缺，共存文字二二行，與正面古籍文字成經緯狀。此件爲明代某户的賦役黄册。另，此件的文字字形、筆跡等與該批紙背文獻中隆慶陸年（1572）攢造的直隸揚州府泰興縣順得鄉貳拾壹都第拾伍里（圖）賦役黄册相似，故推斷，此件亦當屬於該里（圖）的黄册。

【錄文】

（前缺）

1. 夏税：小麥每畝科正麥壹斗捌升肆合，每斗帶耗柒合，共該
2. 貳斗肆升貳合貳勺。
3. 正麥貳斗貳升陸合叁勺。
4. 耗麥壹升伍合玖勺。
5. 秋粮：米每畝科正米叁斗伍升叁勺肆抄，每斗帶耗柒
6. 合，共該肆斗肆升柒合玖勺。
7. 正米肆斗壹升捌合陸勺。
8. 耗米貳升玖合叁勺。
9. 地壹畝伍分。
10. 夏税：小麥正耗壹斗柒升伍勺。
11. 秋粮：黄豆正耗壹斗貳升捌合肆勺。
12. 一本都一則没官下僧保地伍分。
13. 夏税：小麥每畝科正麥壹斗捌升肆合，每斗帶耗柒合，

一二三　明隆慶陸年（1572）直隸揚州府泰興縣順得鄉貳拾壹都第拾伍里（圖）賦役黄冊

【題解】

此件爲《韻學集成》第五册卷五第二三葉背，編號爲HV·YXJCJ5·Y23，其上下完整，前後均缺，共存文字二二行，與正面古籍文字成經緯狀。此件爲明代某户的賦役黄冊。另，此件的文字字形、筆跡等與該批紙背文獻中隆慶陸年（1572）攢造的直隸揚州府泰興縣順得鄉貳拾壹都第拾伍里（圖）賦役黄冊相似，故推斷，此件亦當屬於該里（圖）的黄冊。

【録文】

（前缺）

1. 　　　姪馬兒年拾柒歲。

14.
15.
16. 　　　　　　　耗麥陸合肆勺。
17. 　　　　　　　正麥玖升貳合。
18. 　　　　　　　　共該玖升捌升①肆勺。
19. 　　秋糧：黄豆每畝科正豆壹斗肆升，每斗帶耗柒合，共該柒升肆合玖
20. 　　　　　　　勺。
21. 　　　　　　　正豆柒升。
22. 　　　　　　　耗豆肆合玖勺。
　　　一本都一則富淮莊續科地壹畝。
　　　夏稅：小麥

（後缺）

① 〔升〕，據文義當係〔合〕之誤。

2. 不成丁貳口：
3. 壹漢年陸歲。
4. 合郎年伍歲。
5. 婦女大柒口：
6. 姪婦袁氏年肆拾歲。
7. 姪婦萬氏年肆拾歲。
8. 姪婦辛氏年肆拾歲。
9. 姪婦□氏年叁拾陸歲。
10. 姪婦徐氏年貳拾貳歲。
11. 姪婦吳氏年拾捌歲。
12. 姪婦馬氏年拾柒歲。
13. 事產：
14. 夏稅：
15. 小麥正耗壹石陸斗捌升壹勺。
16. 絲壹兩。
17. 桑壹株。
18. 秋粮：
19. 米正耗貳石叁斗陸升柒合伍勺。
20. 黃豆正耗伍斗捌升陸合肆勺。
21. 官田地貳畝柒分叁釐。
22. 夏稅：小麥正耗捌斗柒升貳合柒勺。
23. 秋粮：
24. 米正耗肆斗肆升柒合玖勺。
25. 黃豆正耗壹斗貳升捌合肆勺。
26. 官民田地肆拾柒畝壹分柒釐。
27. 田本都一則俞平章原獻曹沙米高田壹畝貳分叁釐

（後缺）

二四 明隆慶陸年（1572）直隸揚州府泰興縣順得鄉貳拾壹都第拾伍里賦役黃冊（民籍某保等）

【題解】

此件爲《韻學集成》第五冊卷五第二四葉背，編號爲HV·YXJC[]5·Y24]，其上殘下完，前後均缺，共存文字二十行，與正面古籍文字成經緯狀。此件爲明代兩户的賦役黃冊，其中第一至八行係一户，第九至二十行係揚州府泰興縣順得鄉貳拾壹都第拾伍里民籍某保之黃冊。另，明代賦役黃冊在攢造之時需對下一輪十年內各户充任里長、甲首情況等做出預先安排，第九行所載某保充甲首的時間爲「萬曆肆年」（1576），而此前的隆慶陸年（1572）爲黃冊的攢造年份，據此可知，此件當係該年攢造的賦役黃冊。今據第二户黃冊擬現題。

【錄文】

（前缺）

1. 　　　　正麥柒升伍合。
2. 　　　　耗麥伍合貳勺。
3. 秋糧：黃豆每畝科正豆伍升，每斗帶耗柒合，共該壹斗叁升叁合柒
4. 　　　勺。
5. 　　　　正豆壹斗貳升伍合。
6. 　　　　耗豆捌合柒勺。
7. 　　房屋：民草房貳間。
8. 　　頭匹：民黃牛壹隻。
9. 保係直隸揚州府泰興縣順得鄉貳拾壹都第拾伍里民籍，充萬曆肆年甲首。
10. □管：
11. 　　人丁：計家男、婦貳口。

二五 明隆慶陸年（1572）直隸揚州府泰興縣順得鄉貳拾壹都第拾伍里（圖）賦役黃冊

【題解】

此件爲《韻學集成》第五册卷五第二五葉背，編號爲HV·YXJCJ5·Y25，其上下完整，前後均缺，共存文字二十行，與正面古籍文字成經緯狀。此件爲明代某户的賦役黄册。另，此件的文字字形、筆跡等與該批紙背文獻中隆慶陸年（1572）攢造的直隸揚州府泰興縣順得鄉貳拾壹都第拾伍里（圖）賦役黃冊相似，故推斷，此件亦當屬於該里（圖）的黃册。

【錄文】

（前缺）

1. 米正耗肆斗柒升。
2. 黄豆正耗叁升柒合伍勺。

... ...

12. 男子壹口。
13. 婦女壹口。
14. 事產：
15. 官民田地壹拾貳畝柒分貳釐。
  夏税：小麥正耗叁斗玖升柒合玖勺。
  秋粮：
16. 米正耗陸斗伍升柒合叁勺。
17. 黄豆正耗叁斗貳升壹合壹勺。
18.
19.
20. 官田地叁畝玖分貳釐。

（後缺）

3. 田叁畝貳分貳釐。
4. 夏稅：小麥正耗玖升貳合玖勺。
5. 秋糧：米正耗肆斗柒升。
6. 一本都一則俞平章原獻曹沙米高田貳分肆釐。
7. 夏稅：小麥每畝科正麥壹斗捌升肆合，每斗帶耗柒合，共該肆
8. 升柒合叁勺。
9. 正麥肆升肆合貳勺。
10. 耗麥叁合壹勺。
11. 秋糧：米每畝科正米叁斗肆升叁勺肆抄，每斗帶耗柒合，共該
12. 捌升柒合肆勺。
13. 正米捌升壹合柒勺。
14. 耗米伍合柒勺。
15. 一本都一則富淮庄原科高田壹畝肆分貳釐。
16. 夏稅：小麥每畝科正麥叁升，每斗帶耗柒合，共該肆升伍合陸
17. 勺。
18. 正麥肆升貳合陸勺。
19. 耗麥叁合。
20. 秋糧：米每畝科正米壹斗貳升，每斗帶耗柒合，共該壹斗捌升

（後缺）

二六 明嘉靖叁拾壹年（1552）直隸揚州府江都縣青草沙第肆圖賦役黃冊

【題解】

此件爲《韻學集成》第五冊卷五第二六葉背，編號爲HV·YXJCJ5·Y26]，其上下完整，前後均缺，共存文字十八行，與正面古籍文字成經緯狀。此件爲明代某戶的賦役黃冊。另，此件的文字字形、筆跡等與該批紙背文獻中嘉靖叁拾壹年（1552）攢造的直隸揚州府江都縣青草沙第肆圖賦役黃冊相似，故推斷，此件亦當屬於該圖的黃冊。

【錄文】

（前缺）

1. 帶耗柒合，共該貳斗壹
2. 升壹合玖勺。
3. 一袁成入官田壹畝捌分，係兌佃到官塲叁圖
4. 人戶袁端戶下田。
5. 夏稅：小麥每畝科正麥壹斗，每斗
6. 帶耗柒合，共該壹斗
7. 玖升貳合陸勺。
8. 秋糧：米每畝科正米壹斗肆升，每
9. 斗帶耗柒合，共該貳斗
10. 陸升玖合陸勺。
11. 一袁成入官田伍分貳釐，係兌佃到官塲叁圖
12. 人戶袁彪戶下田。
13. 夏稅：小麥每畝科正麥壹斗，每斗

二七 明嘉靖叁拾壹年（1552）直隸揚州府江都縣青草沙第肆圖賦役黃冊

【題解】

此件爲《韻學集成》第五册卷五第二七葉背，編號爲 HV·YXJC[J5·Y27]，其上下完整，前後均缺，共存文字十九行，與正面古籍文字成經緯狀。此件爲明代某户的賦役黄册。另，此件的文字字形、筆跡等與該批紙背文獻中嘉靖叁拾壹年（1552）攢造的直隸揚州府江都縣青草沙第肆圖賦役黄册相似，故推斷，此件亦當屬於該圖的黄册。

【錄文】

（前缺）

1. 每斗帶耗柒合，共該
2. 壹斗貳升捌合肆勺。

秋糧：

3. 米每畝科正米貳斗肆合柒
4. 勺，每斗帶耗柒合，共
5. 該貳斗壹升玖合。

秋糧：米每畝科正米壹斗肆升，每

6. 斗帶耗柒合，共該柒升
7. 柒合玖勺。

（後缺）

14. 帶耗柒合，共該伍升伍
15. 合陸勺。
16. 秋糧：米每畝科正米壹斗肆升，每
17. 斗帶耗柒合，共該柒升
18. 柒合玖勺。

7. 黃豆每畝科正麥① 伍升捌合玖
勺，每斗帶耗柒合，共
該陸升叄合貳勺。
8. 一懷遠侯沒官田壹畝，係兌佃到官場叄
圖人戶袁端戶下田。
9. 夏稅：小麥每畝科正麥壹斗陸升，
每斗帶耗柒合，共該
壹斗柒升壹合貳勺。
10. 秋糧：米每畝科正米壹斗捌升，每
斗帶耗柒合，共該壹
斗玖升貳合陸勺。
11. 一懷遠侯沒官田壹畝壹分，係兌佃到官場
叄圖人戶袁彪戶下田。

（後缺）

二八 明嘉靖叄拾壹年（1552）直隸揚州府江都縣青草沙第肆圖賦役黃冊（軍戶某）

【題解】

此件爲《韻學集成》第五冊卷五第二八葉背，編號爲HV·YXJC[5·Y28]，其上下完整，前後均缺，中有缺行，共存文字十六行，

① 「麥」，據文義當係「豆」之誤。

與正面古籍文字成經緯狀。此件爲明代某戶的賦役黃冊,據第一至三行知,此黃冊的戶頭當係某軍戶。另,對下一輪十年內各戶充任里長、甲首情況等做出預先安排,第一至三行所載某充甲首的時間爲『嘉靖叁拾伍年』(1556),而此前的嘉靖叁拾壹年(1552)爲黃冊的攢造年份,據此可知,此件當係該年攢造的賦役黃冊。另,已知該批黃冊的攢造機構爲直隸揚州府江都縣青草沙第肆圖,故此件亦當屬於該圖之黃冊。

【錄文】

（前缺）

1. 　　　武左衛前所副千戶充任
2. 　　　管事,充嘉靖叁拾伍年
3. 　　　甲首。

（中缺1行）

4. 人丁：計家男、婦壹拾壹口。
5. 　　男子柒口。
6. 　　婦女肆口。
7. 事產：
8. 　官民田地伍拾柒畝陸分肆釐柒毫。
9. 　　夏稅：小麥正耗伍石柒斗陸升玖合玖勺。
10. 　　秋粮：
11. 　　　米正耗陸石柒斗玖升肆合。
12. 　　　黃荳正耗壹石柒斗柒升捌合。
13. 　官田地叁拾玖畝柒分壹釐柒毫。
14. 　　夏稅：小麥正耗伍石柒升貳合捌勺。
15. 　　秋粮：

二九 明嘉靖叁拾壹年（1552）直隸揚州府江都縣青草沙第肆圖賦役黃冊

【題解】

此件爲《韻學集成》第五册卷五五第二九葉背，編號爲"HV·YXJCJ5·Y29"，其上下完整，前後均缺，共存文字十五行，與正面古籍文字成經緯狀。此件爲明代某户的賦役黄册。另，此件的文字字形、筆迹等與該批紙背文獻中嘉靖叁拾壹年（1552）攢造的直隸揚州府江都縣青草沙第肆圖賦役黄册相似，故推斷，此件亦當屬於該圖的黄册。

【錄文】

（前缺）

1. 　　　柒合，共該正耗米叁斗壹
2. 　　升伍合柒勺。
3. 　　正米貳斗玖升伍合。
4. 　　耗米貳升柒勺。
5. 一則水田叁畝貳分叁釐貳毫。
6. 秋糧：米每畝科正米伍升，每斗帶
7. 　　耗柒合，共該正耗米壹
8. 　　斗柒升叁合。
9. 　　正米壹斗陸升壹合陸勺。
10. 　　耗米壹升壹合肆勺。

16. 　　米正耗伍石柒斗伍升肆合伍勺。

（後缺）

第五册　　　　　　　　　　　　　　　　　　　　　　　　　　　　四九九

三〇 明隆慶陸年（1572）直隸揚州府泰興縣順得鄉貳拾壹都第拾伍里（圖）賦役黃冊

【題解】

此件爲《韻學集成》第五冊卷五第三十葉背，編號爲 HV·YXJCJ5·Y30，其上下完整，前後均缺，共存文字二三行，與正面古籍文字成經緯狀。此件爲明代某戶的賦役黃冊。另，此件的文字字形、筆跡等與該批紙背文獻中隆慶陸年（1572）攢造的直隸揚州府泰興縣順得鄉貳拾壹都第拾伍里（圖）賦役黃冊相似，故推斷，此件亦當屬於該里（圖）的黃冊。

【錄文】

（前缺）

1. 男子肆口。
2. 婦女貳口。
3. 事產：
4. 官民田地壹拾敵捌分肆釐。
5. 夏稅：小麥正耗肆斗壹升壹合玖勺。
6. 秋糧：

11. 地壹拾畝貳毫伍絲。

夏稅：小麥每畝科正麥伍升，每斗帶

耗柒合，共該正耗麥伍

斗叁升伍合壹勺。

12. 正麥伍斗。

13.

14.

15.

（後缺）

7. 米正耗伍斗陸勺。
8. 黃豆正耗貳斗伍升柒合肆勺。
9. 官田捌分陸釐。
10. 夏稅：小麥正耗捌升陸合陸勺。
11. 秋糧：米正耗貳斗壹升肆合壹勺。
12. 民田地玖畝玖分捌釐。
13. 夏稅：小麥正耗叁斗貳升伍合叁勺。
14. 秋糧：
15. 米正耗貳斗捌升伍合伍勺。
16. 黃豆正耗貳斗伍升柒合肆勺。
17. 田伍畝肆分柒釐。
18. 夏稅：小麥正耗壹斗捌升伍勺。
19. 秋糧：米正耗貳斗捌升陸合伍勺。
20. 地肆畝伍分壹釐。
21. 夏稅：小麥正耗壹斗肆升肆合捌勺。
22. 秋糧：黃豆正耗貳斗貳升叁合肆勺。
23. 民草房貳間。

（後缺）

三一 明隆慶陸年（1572）直隸揚州府泰興縣順得鄉貳拾壹都第拾伍里（圖）賦役黃冊

【題解】

此件爲《韻學集成》第五冊卷五第三一葉背，編號爲"HV·YXJC[J5·Y31]"，其上下完整，前後均缺，共存文字二三行，與正面古籍文字成經緯狀。此件爲明代某户的賦役黃册。另，此件的文字字形、筆跡等與該批紙背文獻中隆慶陸年（1572）攢造的直隸揚州府泰興縣順得鄉貳拾壹都第拾伍里（圖）賦役黃册相似，故推斷，此件亦當屬於該里（圖）的黃册。

【録文】

（前缺）

1. 官民田地壹拾畝捌分肆釐。
2. 夏税：小麥正耗肆斗壹升。
3. 秋粮：
4. 米正耗伍斗陸勺。
5. 黄豆正耗貳斗伍升柒合肆勺。
6. 官田捌分陸釐。
7. 夏税：小麥正耗捌升陸合玖勺。
8. 秋粮：米正耗貳斗壹升肆合壹勺。
9. 一本都一則俞平章原獻曹沙米高田肆分肆釐。
10. 夏税：小麥每畝科正麥壹斗捌升肆合，共該捌升陸合陸勺。
11. 正麥捌升玖勺。
12. 耗麥伍合柒勺。
13. 秋粮：米每畝科正米叁斗肆升叁勺肆抄，每斗帶耗柒合，共該壹斗

14. 正米壹斗肆升玖合柒勺。
15. 耗米壹升伍勺。
16. 陸升貳合。
17. 一本都一則富淮庄原科水田肆分貳釐。
  秋糧：米每畝科正米壹斗貳升，每斗帶耗柒合，共該伍升叁合玖勺。
18. 正米伍升肆勺。
19. 耗米叁合伍勺。
20.
21. 民田地玖畝玖分捌釐。
  夏稅：小麥正耗叁斗貳升伍合叁勺。
  秋糧：
22.
23.

（後缺）

三二　明隆慶陸年（1572）直隸揚州府泰興縣順得鄉貳拾壹都第拾伍里賦役黃冊（民籍某生保等）

【題解】

此件爲《韻學集成》第五冊卷五第三二葉背，編號爲HV·YXJC[]5·Y32]，其上殘下完，前後均缺，共存文字二二行，與正面古籍文字成經緯狀。此件爲明代兩戶的賦役黃冊，其中第一至十五行係一戶，第十六至二二行係直隸揚州府泰興縣順得鄉貳拾壹都第拾伍里民籍某生保之黃冊。另，明代賦役黃冊在攢造之時需對下一輪十年內各戶充任里長、甲首情況等做出預先安排，第十六行所載生保充甲首的時間爲『萬曆玖年』（1581），而此前的隆慶陸年（1572）爲黃冊的攢造年份，據此可知，此件當係該年攢造的賦役黃冊。今據第二戶黃冊擬現題。

【錄文】

（前缺）

1. 夏稅：小麥每畝科正麥叁升，每斗帶耗柒合，共該肆斗伍升捌勺。
2. 正麥肆斗貳升陸合。
3. 耗麥貳升玖合捌勺。
4. 秋糧：米每畝科正米伍升，每斗帶耗柒合，共該柒斗伍升玖合柒勺。
5. 正米柒斗壹升。
6. 耗米肆升玖合柒勺。
7. 地本都一則地陸畝肆分。
8. 夏稅：小麥每畝科正麥叁升，每斗帶耗柒合，共該貳斗伍合肆勺。
9. 正麥壹斗玖升貳合。
10. 耗麥壹升叁合肆勺。
11. 秋糧：黃豆每畝科正豆伍升，每斗帶耗柒合，共該叁斗肆升貳合肆勺。
12. 正豆叁斗貳升。
13. 耗豆貳升貳合肆勺。
14. 房屋：民草房叁間。
15. 頭匹：民黃牛壹隻。
16. ▢生保直隸揚州府泰興縣順得鄉貳拾壹都第拾伍里民籍，充萬曆玖年甲首。
17. 舊管：
18. 人丁：計家男、婦叁口。
19. 男子貳口。
20. 婦女壹口。

三三 明隆慶陸年（1572）直隸揚州府泰興縣順得鄉貳拾壹都第拾伍里（圖）賦役黃冊

【題解】

此件爲《韻學集成》第五冊卷五第三三葉背，編號爲HV・YXJC[5・Y33]，其上下完整，前後均缺，共存文字二三行，與正面古籍文字成經緯狀。此件爲明代某戶的賦役黃冊。另，明代賦役黃冊往往會登載攢造之前十年內的人口變化等情況，文中第二行登載了『姪祥』等的出生時間『隆慶元年』（1567）、『隆慶叁年』（1569），而此後的隆慶陸年（1572）爲黃冊的攢造年份，據此可知，此件當係該年攢造的賦役黃冊。此件的文字字形、筆跡等與已知該批黃冊中攢造機構爲直隸揚州府泰興縣順得鄉貳拾壹都第拾伍里（圖）的賦役黃冊相似，故推斷，此件亦當屬於該里（圖）的黃冊。

【錄文】

（前缺）

1. 男子貳口：
2. 　　姪祥，係隆慶元年生。　姪賢兒，於隆慶叁年生。
3. 　　婦女壹口：吳氏，係前冊失報。
4. 實在：
5. 　人口：壹拾口。
6. 　男子陸口：
7. 　　成丁叁口：

21. 事產：
22. 　官民田地陸畝捌分叁釐。

（後缺）

8. 本身年肆拾玖歲。
9. 姪壹漢年貳拾陸歲。
10. 不成丁叁口：
11. 孫賢兒年拾貳歲。
12. 姪賢兒年肆歲。
13. 婦女大肆口：
14. 妻王氏年肆拾歲。
15. 弟婦張氏年叁拾陸歲。
16. 事產：
17. 官民田地壹頃柒畝壹分貳釐。
18. 夏稅：小麥正耗貳石捌斗柒升陸合柒勺。
19. 秋糧：
20. 米正耗陸石貳斗柒合貳勺。
21. 黃豆正耗陸斗柒升叁合。
22. 官田地壹拾壹畝柒分陸釐。
23. 夏稅：小麥正耗貳斗叁升叁合。

弟□年肆拾歲。

姪祥年陸歲。

姪婦吳氏年肆拾歲。

姪婦吳氏年貳拾歲。

（後缺）

三四 明隆慶陸年（1572）直隸揚州府泰州如皋縣縣市西廂第壹里賦役黃冊（民戶許虎兒等）

【題解】

此件爲《韻學集成》第五冊卷五第三四葉背，編號爲 HV·YXJCJ5·Y34"，其上殘下完，前後均缺，共存文字十九行，字成經緯狀。此件爲明代兩戶的賦役黃冊，其中第一至十八行係一户，第十九行係直隸揚州府泰州如皋縣縣市西廂第壹里民戶許虎兒之黃冊。另，明代賦役黃冊在攢造之時需對下一輪十年內各戶充任里長、甲首情況等做出預先安排，第十九行所載許虎兒充甲首的時間爲『萬曆叁年』（1575），而此前的隆慶陸年（1572）爲黃冊的攢造年份，據此可知，此件當係該年攢造的賦役黃冊。今據第二户黃冊擬現題。

【錄文】

（前缺）

1. 田本都一則蕩田壹拾叄畝叄分叄釐伍毫。秋糧：米每畝科
2. 正米伍升，每斗帶耗柒合，共該玖斗
3. 貳升柒合肆勺。
4. 正米捌斗陸升陸合捌勺。
5. 耗米陸升陸勺。
6. 一本圖一則陸地叄拾壹畝陸釐壹毫。
7. 夏稅：小麥每畝科正麥貳升，每斗帶耗柒合，共
8. 該陸斗陸升肆合柒勺。
9. 正麥陸斗貳升壹合貳勺。
10. 耗麥肆升叄合伍勺。
11. 秋糧：黃豆每畝科正豆伍升，每斗帶耗柒合，共

三五 明隆慶陸年（1572）直隸揚州府泰州如皋縣縣市西廂第壹里（圖）賦役黃冊（韓某）

【題解】

此件爲《韻學集成》第五冊卷五第三五葉背，編號爲HV·YXJC[J5·Y35]，其上下完整，前後均缺，共存文字二十行，與正面古籍文字成經緯狀。此件爲明代某户的賦役黃冊，據第1行所載男子姓名知，此黃冊的户頭當係韓某。另，此件的文字字形、筆跡等與該批紙背文獻中隆慶陸年攢造的直隸揚州府泰州如皋縣縣市西廂第壹里（圖）賦役黃冊相似，故推斷，此件亦當屬於該里（圖）的黃冊。

【錄文】

（前缺）

1. 姪韓才年壹拾玖歲。

12. 　　　　該壹石陸斗陸升柒合伍勺。

13. 　　　　正豆壹石伍斗伍升叁合壹勺。

14. 　　　　耗豆壹斗捌合柒勺。

15. 房屋：民瓦、草房肆間。

16. 　　瓦房貳間。

17. 　　草房貳間。

18. 頭匹：水牛貳隻。

19. ▢今男許虎兒係直隸揚州府泰州如皋縣縣市西廂第壹里民户，充萬曆叁年甲

（後缺）

① 此黃豆之數與下文正豆、耗豆數不合。

2. 不成丁壹口：
3. 孫□漢年陸歲。
4. 婦女大肆口：
5. 妻秦氏年伍拾玖歲。　弟婦紀氏年肆拾捌歲。
6. 姪婦許氏年叁拾歲。　孫婦郭氏年壹拾伍歲。
7. 事產：
8. 官民田地柒拾伍畝壹釐捌毫。
9. 夏稅：小麥正耗壹石陸斗肆升合壹勺。
10. 秋糧：米正耗叁石貳升①伍升柒合陸勺。
11.
12. 黃豆正耗貳石柒斗肆升玖合玖勺。
13. 官田地貳拾陸畝陸分貳釐叁毫。
14. 夏稅：小麥正耗玖斗柒升玖合肆勺。
15. 秋糧：
16. 米正耗貳石叁斗叁升貳勺。
17. 黃豆正耗壹石捌升捌勺貳勺。
18. 田本圖一則沒官蕩田壹拾捌畝壹分肆釐捌毫。畝科正米壹斗貳升。秋糧：米每
19.
20. 共該貳石叁斗叁升貳勺。

（後缺）

① 〔升〕，據文義當係〔斗〕之誤。

三六 明隆慶陸年（1572）直隸揚州府泰興縣順得鄉貳拾壹都第拾伍里賦役黃冊（軍籍楊保等）

【題解】

此件爲《韻學集成》第五冊卷五第三六葉背，編號爲 HV·YXJCJ5·Y36，其上殘下完，前後均缺，共存文字十九行，與正面古籍文字成經緯狀。此件爲明代兩戶的賦役黃冊，其中第一至八行爲一戶，第九至十九行係直隸揚州府泰興縣順得鄉貳拾壹都第拾伍里軍籍某保之黃冊。另，據九至十六行可知，第二戶的戶頭當姓楊，文中有『楊眞保』一人，但其已故，因之，黃冊的戶頭似不係此人。另，已知該批黃冊的攢造時間爲隆慶陸年（1572），故此件當屬於該年攢造的黃冊。今據第二戶黃冊擬現題。

【錄文】

（前缺）

1. 正麥壹升伍合。
2. 耗麥壹合。
3. 秋糧：黃豆每畝科正豆伍升，每斗帶耗柒合，共該貳升陸合柒勺。
4. 正豆貳升伍合。
5. 耗豆壹合柒勺。
6.
7. 房屋：民草房貳間。
8. 頭匹：民黃牛壹隻。
9. 保係直隸揚州府泰興縣順得鄉貳拾壹都第拾伍里軍籍。有祖楊福肆，先於永樂拾叁年充口岸巡檢司弓兵，爲盤結事，發隆慶右衛充
10.
11.

12. 軍,故。勾楊真保補役,故。正統捌
13. 年冊勾楊[関]千補役,殘疾。成化
14. 叁年冊勾户丁楊原子同妻栢
15. 氏解衛,比時隻身全家去訖,見
16. 在本衛右所百户吳永下充軍。

(後缺)

17. □管:
18. 人丁:計家男、婦伍口。
19. 　　男子叁口。

三七　明隆慶陸年（1572）直隸揚州府泰興縣順得鄉貳拾壹都第拾伍里（圖）賦役黃冊

【題解】

此件爲《韻學集成》第五冊卷五第三七葉背,編號爲HV·YXJCJ5·Y37,其上下完整,前後均缺,共存文字二三行,與正面古籍文字成經緯狀。此件爲明代某户的賦役黄册。另,此件的文字字形、筆跡等與該批紙背文獻中隆慶陸年（1572）攢造的直隸揚州府泰興縣順得鄉貳拾壹都第拾伍里（圖）賦役黄册相似,故推斷,此件亦當屬於該里（圖）的黄册。

【錄文】

（前缺）

1. 　秋粮:米正耗壹石[叁]斗陸升玖合捌勺。
2. 地肆畝。
3. 　夏税:小麥正耗柒斗捌升肆合伍勺。

4. 秋粮：黃豆正耗伍斗玖升玖合貳勺。
5. 民田地柒畝玖分伍釐。
6. 夏稅：小麥正耗貳斗伍升伍合貳勺。
7. 秋粮：
8. 米正耗叁斗肆合肆勺。
9. 黃豆正耗捌升壹合伍勺。
10. 田陸畝肆分叁釐。
11. 夏稅：小麥正耗貳斗陸合肆勺。
12. 秋粮：米正耗叁斗肆合肆勺。
13. 地壹畝伍分貳釐。
14. 夏稅：小麥正耗肆升捌合捌勺。
15. 秋粮：黃豆正耗□升壹合叁勺。
16. 民草房叁間。
17. 民水牛壹隻。
18. 實在：
19. 人口：伍口。
20. 男子不成丁叁口：
21. 本身年壹百叁拾歲。
22. 姪雙兒年玖拾玖歲。 姪原子年壹百歲。
23. 婦女大貳口：

（後缺）

三八 明隆慶陸年（1572）直隸揚州府泰興縣順得鄉貳拾壹都第拾伍里（圖）賦役黃冊

【題解】

此件爲《韻學集成》第五冊卷五第三八葉背，編號爲HV·YXJCJ5·Y38，其上下完整，前後均缺，共存文字二二行，與正面古籍文字成經緯狀。此件爲明代某户的賦役黃冊。另，此件的文字字形、筆跡等與該批紙背文獻中隆慶陸年（1572）攢造的直隸揚州府泰興縣順得鄉貳拾壹都第拾伍里（圖）賦役黃冊相似，故推斷，此件亦當屬於該里（圖）的黃冊。

【錄文】

（前缺）

1. 婦女壹口。
2. 事產：
3. 民田壹畝伍分。
4. 夏稅：小麥正耗肆升捌合壹勺。
5. 秋糧：米正耗捌升叁勺。
6. 民草房貳間。
7. 開除：人口：正除男、婦貳口，俱於先年逝故，前冊失於開除，今冊除豁造報。
8. 男子壹口：父發子已故。
9. 婦女壹口：母孫氏已故。
10. 實在：
11. 人口：男子不成丁壹口。本身，委係老丁，户下再無已次人丁節補，遺下民田遞年
12. 丁相佃種，代辦稅糧不缺，理合造報。
13. 事產：

14. 民田本都一則高田壹畝伍分。
15. 夏税：小麥每畝科正麥叁升，每斗帶耗柒合，共該肆升捌合壹
勺。
16. 正麥肆升伍合。
17. 耗麥叁合壹勺。
18. 秋糧：米每畝科正米伍升，每斗帶耗柒合，共該捌升叁勺。
19. 正米柒升伍合。
20. 耗米伍合叁勺。
21.
22. 房屋：民草房貳間。

（後缺）

三九 明隆慶陸年（1572）直隸揚州府泰興縣順得鄉貳拾壹都第拾伍里賦役黃冊（民籍某玖等）

【題解】

此件爲《韻學集成》第五冊卷五第三九葉背，編號爲HV·YXJCJ5·Y39］，其上殘下完，前後均缺，共存文字二二行，與正面古籍文字成經緯狀。此件爲明代兩户的賦役黃冊，其中第一至十一行係一户，第十二至二二係直隸揚州府泰興縣順得鄉貳拾壹都第拾伍里民籍某玖之黃冊。另，明代賦役黃冊在攢造之時需對下一輪十年內各户充任里長、甲首情況等做出預先安排，第十二行所載某玖充甲首的時間爲『萬曆肆年』（1576），而此前的隆慶陸年（1572）爲黃冊的攢造年份，據此可知，此件當係該年攢造的賦役黃冊。今據第二户黃冊擬現題。

【錄文】

（前缺）

1. 地本都一則地叁畝陸分。
2. 夏稅：小麥每畝科正麥叁升，每斗帶耗柒合，共該壹斗壹升
3. 伍合陸勺。
4. 正麥壹斗捌合。
5. 耗麥柒合陸勺。
6. 秋糧：黃豆每畝科正豆伍升，每斗帶耗柒合，共該壹斗玖升貳
7. 合陸勺。
8. 正豆壹斗捌升。
9. 耗豆壹升貳合陸勺。
10. 耗米壹升玖合捌勺。
11. ┌─┐
12. │玖│係直隸揚州府泰興縣順得鄉貳拾壹都第拾伍里民籍，充萬曆肆年甲首。
    └─┘
13. □管：
14. 人丁：計家男、婦伍口。
15. 男子叁口。
16. 婦女貳口。
17. 事產：
18. 房屋：民草房伍間。
19. 頭匹：民黃牛壹隻。
20. □在：房屋：民草房貳間。
21. 人口：伍口。
22. 男子成丁叁口。

四〇 明嘉靖叁拾壹年（1552）直隸揚州府江都縣青草沙第肆圖賦役黃冊

【題解】

此件爲《韻學集成》第五册卷五第四十葉背，編號爲 HY·YXJCJ5·Y40，其上下完整，前後均缺，共存文字十五行，與正面古籍文字成經緯狀。此件爲明代某户的賦役黄册。另，此件的文字字形、筆跡等與該批紙背文獻中嘉靖叁拾壹年（1552）攢造的直隸揚州府江都縣青草沙第肆圖賦役黄册相似，故推斷，此件亦當屬於該圖的黄册。

【録文】

（後缺）

（前缺）

1. 夏稅：小麥正耗壹斗肆合肆勺。
2. 秋粮：米正耗壹斗貳升捌合伍勺。
3. 夏稅：小麥每畝科正麥伍升，每斗帶耗柒合，
4. 　　　共該正耗麥貳升肆合壹勺。
5. 　　　正麥貳升貳合伍勺。
6. 　　　耗麥壹合陸勺。
7. 一則重租田肆分伍釐。
8. 秋粮：米每畝科正米壹升，每斗帶耗
9. 　　　柒合，共該正耗米肆升捌
10. 　　　合貳勺。
11. 　　　正米肆升伍合。

四一 明嘉靖叁拾壹年（1552）直隸揚州府江都縣青草沙第肆圖賦役黃冊

【題解】

此件爲《韻學集成》第五册卷五第四一葉背，編號爲"HV·YXJC[]5·Y41"，其上下完整，前後均缺，共存文字十五行，與正面古籍文字成經緯狀。此件爲明代某户的賦役黄册。另，此件的文字字形、筆跡等與該批紙背文獻中嘉靖叁拾壹年（1552）攢造的直隸揚州府江都縣青草沙第肆圖賦役黄册相似，故推斷，此件亦當屬於該圖的黄册。

【錄文】

（前缺）

1. 婦女貳口：
2. 　　嫂卜氏年肆拾柒歲。
3. 　　妻關氏年肆拾叁歲。
4. 事產：
5. 　　官民田貳畝捌分玖釐伍毫。
6. 　　夏稅：小麥正耗貳升伍合伍勺。
7. 　　秋糧：米正耗貳斗柒升壹勺。

（後缺）

12. 　　　　耗米叁合貳勺。
13. 一則高田壹畝伍分。
14. 　　夏稅：小麥每畝科正麥伍升，每斗帶耗柒合，
15. 　　　　共該正耗麥捌升叁勺。

8.　官田袁成入官田玖分肆釐伍毫。
9.　夏稅：小麥每畝科正麥壹斗，每斗帶耗
10.　　　柒合，共該正耗麥壹斗壹
11.　　合壹勺。
12.　正麥玖升肆合伍勺。
13.　耗麥陸合陸勺。
14.　秋糧：米每畝科正米壹斗肆升，每斗帶
15.　　耗柒合，共該正耗米壹

（後缺）

四二　明隆慶陸年（1572）直隸揚州府泰州如皋縣縣市西廂第壹里（圖）賦役黃冊

【題解】

此件爲《韻學集成》第五冊卷五第四二葉背，編號爲"HV·YXJC[J5·Y42"，其上下完整，前後均缺，共存文字二十行，與正面古籍文字成經緯狀。此件爲明代某户的賦役黃冊。另，此件的文字字形、筆跡等與該批紙背文獻中隆慶陸年（1572）攢造的直隸揚州府泰州如皋縣縣市西廂第壹里（圖）賦役黃冊相似，故推斷，此件亦當屬於該里（圖）的黃冊。

【錄文】

（前缺）

1.　　　　　　　　　　田。
2.　　一本圖一則沒官陸地叁釐捌毫，係兌佃到壹都叁圖王名
3.　户下地。

4. 夏稅：小麥每畝科正麥壹斗捌合，共每斗帶耗柒合，該肆合肆勺。
5. 秋糧：黃豆每畝科正豆壹斗貳升，每斗帶耗柒合，共該肆合玖勺。
6.
7. 民田地貳分貳釐。
8. 夏稅：小麥正耗貳合玖勺。
9. 秋糧：
10. 米正耗肆合叄勺。
11. 黃豆正耗柒合叄勺。
12. 一本圖一則蕩田柒釐玖毫每畝。秋糧：米每畝科正米伍升，每斗帶耗柒合，每斗帶耗壹升貳勺，係買到壹都叄圖王名戶下田。
13.
14.
15.
16. 一本圖一則陸地壹分壹釐壹毫，係買到壹都叄圖王名戶下地。
17. 夏稅：小麥每畝科正麥貳升，每斗帶耗柒合，共該柒合貳勺。
18.
19. 秋糧：黃豆每畝科正豆伍升，每斗帶耗柒合，共
20.

（後缺）

四三 明隆慶陸年（1572）直隸揚州府泰州如皋縣縣市西廂第壹里（圖）賦役黃冊

【題解】

此件爲《韻學集成》第五册卷五第四三葉背，編號爲 HY·YXJC[5·Y43]，其上下完整，前後均缺，共存文字十九行，與正面古籍文字成經緯狀。此件爲明代某户的賦役黄册。另，此件的文字字形、筆跡等與該批紙背文獻中隆慶陸年（1572）攢造的直隸揚州府泰州如皋縣縣市西廂第壹里（圖）賦役黄册相似，故推斷，此件亦當屬於該里（圖）的黄册。

【録文】

（前缺）

1. 夏稅：小麥正耗伍升壹合壹勺。
2. 秋粮：
3. 米正耗壹斗貳升貳合柒勺。
4. 黄豆正耗伍升陸合捌勺。
5. 田本圖一則沒官蕩田玖分伍釐伍毫。秋粮：米每畝科正
6. 米壹斗貳升，每斗帶耗柒合，共該
7. 壹斗貳升貳合柒勺。
8. 正米壹斗壹升肆合陸勺。
9. 耗米捌合壹勺。
10. 地本圖一則沒官陸地肆分肆釐叁毫。
11. 夏稅：小麥每畝科正麥壹斗捌合，每斗帶耗柒合，共該伍升壹合壹勺。
12. 正麥肆升柒合捌勺。

14.
15.
16.
17.
18. 耗麥叁合叁勺。
19.

秋粮：黄豆每畝科正豆壹斗貳升，每斗帶耗柒合，
共該伍升陸合捌勺。
正豆伍升叁合貳勺。
耗豆叁合陸勺。

民田地貳畝伍分肆釐貳毫。

（後缺）

四四　明嘉靖叁拾壹年（1552）直隸揚州府江都縣青草沙第肆圖賦役黃冊（軍戶某）

【題解】

此件爲《韻學集成》第五冊卷五第四四葉背，編號爲'HV·YXJCJ5·Y44'，其上下完整，前後均缺，中有缺行，共存文字十行，與正面古籍文字成經緯狀。此件爲明代某戶的賦役黃冊，據第一至四行可知，此黃冊的戶頭當係一軍戶。另，明代賦役黃冊在攢造之時需對下一輪十年內各戶充任里長、甲首情況等做出預先安排，第四行所載某充甲首的時間爲『嘉靖叁拾叁年』（1554），而此前的嘉靖叁拾壹年（1552）爲黃冊的攢造年份，據此可知，此件當係該年攢造的賦役黃冊。另，已知該批黃冊的攢造機構爲直隸揚州府江都縣青草沙第肆圖，故此件亦當屬於該圖之黃冊。

【錄文】

（前缺）

1. 已囬苔外，今冊更役，里書通
2. 查底葉，實係揚州衛右
3. 所百戶馬仁下軍，理合申明，

四五 明嘉靖叁拾壹年（1552）直隸揚州府江都縣青草沙第肆圖賦役黃冊（耿某）

【題解】

此件爲《韻學集成》第五冊卷五第四五葉背，編號爲HV·YXJC[J5·Y45]，其上下完整，前後均缺，中有缺行，共存文字十五行，與正面古籍文字成經緯狀。此件爲明代某戶的賦役黃冊，據第10行所載男子姓名知，此黃冊的戶頭當係耿某。另，此件的文字字形、筆跡等與該批紙背文獻中嘉靖叁拾壹年（1552）攢造的直隸揚州府江都縣青草沙第肆圖賦役黃冊相似，故推斷，此件亦當屬於該圖的黃冊。

【錄文】

（前缺）

1. □丁：計家男、婦叁口。
2. 男子貳口。

（中缺一行）

4. 充嘉靖叁拾叁年甲首。

5. 人丁：計家男子壹口。

6. 事產：

7. 民草房壹間。

（中缺一行）

8. 人口：男子成丁壹口。本身年陸拾伍歲。

9. 事產：

10. 房屋：民草房壹間。

（後缺）

四六 明隆慶陸年（1572）直隸揚州府泰興縣順得鄉貳拾壹都第拾伍里（圖）賦役黃冊

【題解】

此件爲《韻學集成》第五册卷五第四六葉背，編號爲 HV·YXJC[]5·Y46，其上下完整，前後均缺，共存文字二十行，與正面古籍文字成經緯狀。此件爲明代某户的賦役黃册。另，此件的文字字形、筆跡等與該批紙背文獻中隆慶陸年（1572）攢造的直隸揚州府泰興

3. 婦女壹口。
4. □產：
5. 民田壹畝。
6. 夏稅：小麥正耗伍升叁合伍勺。
7. 秋糧：米正耗伍升叁合伍勺。

（中缺一行）

8. 人口：男、婦叁口。
9. 男子貳口。
10. 成丁壹口：男耿诏貳年伍拾歲。
11. 不成丁壹口：本身年柒拾壹歲。
12. 婦女大壹口：男婦周氏年伍拾歲。
13. 夏稅：小麥正耗每畝科正麥伍升，每斗帶
14. 耗柒合，共該正耗麥伍
15. 升叁合伍勺。

（後缺）

【錄文】

（前缺）

1. 秋糧：
2. 　　米正耗貳石貳斗壹升叄合。
3. 　　黃豆正耗柒升肆合玖勺。
4. 夏稅：小麥正耗壹石壹斗叄升捌合。
5. 秋糧：米正耗壹石陸斗伍升伍合。
6. 官田伍畝柒分捌釐。
7. 一本都一則俞平章原獻蔣沙米高田肆分捌釐。
8. 夏稅：小麥每畝科正麥壹斗捌升肆合，每斗帶耗柒合，共該玖升肆合伍勺。
9. 　　正麥捌升捌合叄勺。
10. 　　耗麥陸合貳勺。
11. 秋糧：米每畝科正米伍斗柒升貳合肆勺陸抄，每斗帶耗柒合，共該貳斗玖升肆合。
12. 　　正米貳斗柒升肆合捌勺。
13. 　　耗米壹升玖合貳勺。
14. 一本都一則沒官蔣阿劉高田伍畝叄分。
15. 夏稅：小麥每畝科正麥壹斗捌升肆合，每斗帶耗柒合，共該壹石肆升叄合伍勺。
16. 　　正麥玖斗柒升肆合貳勺。

縣順得鄉貳拾壹都第拾伍里（圖）賦役黃冊相似，故推斷，此件亦當屬於該里（圖）的黃冊。

四七 明隆慶陸年（1572）直隸揚州府泰興縣順得鄉貳拾壹都第拾伍里賦役黃冊（民籍某等）

【題解】

此件爲《韻學集成》第五冊卷五第四七葉背，編號爲 HV·YXJCJ5·Y47，其上殘下完，前後均缺，共存文字十九行，與正面古籍文字成經緯狀。此件爲明代兩戶的賦役黃冊，其中第一行係一戶，第二至十九行係直隸揚州府泰興縣順得鄉貳拾壹都第拾伍里民籍某之黃冊。另，已知該批黃冊的攢造時間爲隆慶陸年（1572），故此件當屬於該年攢造的黃冊。今據第二戶黃冊擬現題。

【錄文】

（前缺）

1. 　　　　　　　　　　　　頭匹：民水牛壹隻。
2. ▢▢係直隸揚州府泰興縣順得鄉貳拾壹都第拾伍里民籍。
3. ▢管：
4. 　　人丁：計家男、婦叁口。
5. 　　　　男子貳口。
6. 　　　　婦女壹口。
7. 　　事產：
8. 　　　　官民田地壹拾柒畝陸分壹釐。
9. 　　　　夏稅：小麥正耗壹石伍斗壹升柒合柒勺。

耗麥陸升捌合叁勺。

（後缺）

四八 明隆慶陸年（1572）直隸揚州府泰興縣順得鄉貳拾壹都第拾伍里賦役黃冊（民籍某兒等）

【題解】

此件爲《韻學集成》第五冊卷五第四八葉背，編號爲[HV・YXJCJ5・Y48]，其上殘下完，前後均缺，共存文字二二行，與正面古籍文字成經緯狀。此件爲明代兩戶的賦役黃冊，其中第一至二行係一戶，第三至二二行係直隸揚州府泰興縣順得鄉貳拾壹都第拾伍里民籍某兒之黃冊。另，已知該批黃冊的攢造時間爲隆慶陸年（1572），故此件當屬於該年攢造的黃冊。今據第二戶黃冊擬現題。

【錄文】

（前缺）

10. 秋糧：
11. 　　米正耗貳石貳斗壹升叁合。
12. 　　黃豆正耗柒升肆合玖勺。
13. 官田伍畝柒分捌釐。
14. 夏稅：小麥正耗壹石壹斗叁升捌合。
15. 秋糧：米正耗壹石陸斗伍升伍合。
16. 民田地壹拾壹畝捌分叁釐。
17. 夏稅：小麥正耗叁斗柒升玖合柒勺。
18. 秋糧：
19. 　　米正耗伍斗伍升捌合。

（後缺）

1. 房屋：民草房伍間。
2. 頭匹：民黃牛壹隻。
3. 兒 係直隸揚州府泰興縣順得鄉貳拾壹都第拾伍里民籍。
4. □管
5. 人丁：計家男、婦肆口。
6. 　　男子叁口。
7. 　　婦女壹口。
8. 事產：
9. 　　官民田地貳拾伍畝肆分捌釐。
10. 　　　夏稅：
11. 　　　　小麥正耗貳石壹斗柒升肆合陸勺。
12. 　　　　絲壹兩。　　桑壹株。
13. 　　　秋糧：
14. 　　　　米正耗壹石捌斗柒升柒合伍勺。
15. 　　　　黃豆正耗壹石壹斗捌升玖合捌勺。
16. 　　官田地捌畝捌分肆釐。
17. 　　　夏稅：
18. 　　　　小麥正耗壹石柒斗肆升伍勺。
19. 　　　秋糧：
20. 　　　　米正耗壹石捌斗柒升玖合伍勺。
21. 　　　　黃豆正耗壹石貳斗玖升玖合陸勺。
22. 　　田陸畝捌分肆釐。
23. 　　　夏稅：小麥正耗壹石叁斗肆升陸合柒勺。

四九 明隆慶陸年（1572）直隸揚州府泰興縣順得鄉貳拾壹都第拾伍里（圖）賦役黃冊

【題解】

此件爲《韻學集成》第五冊卷五第四九葉背，編號爲"HV·YXJC[]5·Y49"，其上下完整，前後均缺，共存文字二二行，與正面古籍文字成經緯狀。此件爲明代某戶的賦役黄冊。另，此件的文字字形、筆跡等與該批紙背文獻中隆慶陸年（1572）攢造的直隸揚州府泰興縣順得鄉貳拾壹都第拾伍里（圖）賦役黃冊相似，故推斷，此件亦當屬於該里（圖）的黄冊。

【錄文】

（前缺）

1. 男子不成丁叁口：
2. 本身年壹百肆拾歲。　　　男文年玖拾伍歲。
3. 男野[狗]年捌拾陸歲。
4. 婦女大壹口：妻張氏年壹百肆拾歲。
5. 事產：
6. 官民田地貳拾伍畝肆分捌釐。　　桑壹株。
7. 夏稅：
8. 小麥正耗貳石貳斗柒升肆合陸勺。
9. 絲壹兩。
10. 秋粮：
11. 米正耗壹石捌斗柒升柒合伍勺。

（後缺）

五〇 明隆慶陸年（1572）直隸揚州府泰興縣順得鄉貳拾壹都第拾伍里（圖）賦役黃冊

【題解】

此件爲《韻學集成》第五冊卷五第五十葉背，編號爲HV·YXJCJ5·Y50]，其上下完整，前後均缺，中有缺行，共存文字十八行，與正面古籍文字成經緯狀。此件爲明代某户的賦役黃冊。另，此件的文字字形、筆跡等與該批紙背文獻中隆慶陸年（1572）攢造的直隸揚州府泰興縣順得鄉貳拾壹都第拾伍里（圖）賦役黃冊相似，故推斷，此件亦當屬於該里（圖）的黃冊。

【錄文】

（前缺）

12. 黃豆正耗壹石壹斗捌升玖合捌勺。
13. 官田地捌畝捌分肆釐。
14. 夏稅：小麥正耗壹石柒斗肆升伍勺。
15. 秋糧：
16. 米正耗壹石捌斗柒升柒合伍勺。
17. 黃豆正耗貳斗玖升玖合陸勺。
18. 田陸畝捌分肆釐。
19. 夏稅：小麥正耗壹石叁斗肆升陸合柒勺。
20. 秋糧：
21. 米正耗壹石捌斗柒升柒合伍勺。
22. 一本都一則俞平章原獻蔣沙米高田叁分肆釐。

（後缺）

夏稅：小麥每畝科正麥壹斗捌升肆合，每斗帶耗柒合，共該陸

1. 夏稅：小麥正耗貳升貳合肆勺柒抄。
2. 秋糧：黃豆正耗叁升柒合肆勺。

（中缺一行）

3. 事產：
4. 民田地肆畝玖分。
5. 夏稅：小麥正耗壹斗伍升柒合。
6. 秋糧：
7. 米正耗貳斗貳升肆合柒勺。
8. 黃豆正耗叁升柒合肆勺。
9. 一本都一則高田肆畝貳分。
10. 夏稅：小麥每畝科正麥叁升，每斗帶耗柒合，共該壹斗叁升肆合捌勺貳抄。
11. 正麥壹斗貳升陸合。
12. 耗麥捌合捌勺貳抄。
13. 秋糧：米每畝科正米伍升，每斗帶耗柒合，共該叁斗叁升玖合柒勺。
14. 正米貳斗壹升。
15. 耗米壹升肆合柒勺。
16. 地本都一則地柒分。
17. 夏稅：小麥每畝科正麥叁升，每斗帶耗柒合，共該貳升貳合肆勺柒

（後缺）

五一 明隆慶陸年（1572）直隸揚州府泰興縣順得鄉貳拾壹都第拾伍里（圖）賦役黃冊

【題解】

此件爲《韻學集成》第五冊卷五第五一葉背，編號爲HV·YXJCJ5·Y51"，其上下完整，前後均缺，共存文字十九行，與正面古籍文字成經緯狀。此件爲明代某戶的賦役黃冊。另，此件的文字字形、筆跡等與該批紙背文獻中隆慶陸年（1572）攢造的直隸揚州府泰興縣順得鄉貳拾壹都第拾伍里（圖）賦役黃冊相似，故推斷，此件亦當屬於該里（圖）的黃冊。

【錄文】

（前缺）

1. 　　　姪婦盧氏年玖拾歲。
2. 事產：
3. 　　官民田柒畝。
4. 　　　　夏稅：小麥正耗叁斗叁升壹合捌勺。
5. 　　　　秋粮：米正耗伍斗柒升陸合陸勺。
6. 　　官田本都一則俞平章原獻曹沙米高田陸分伍釐。
7. 　　　　夏稅：小麥每畝科正麥壹斗捌升肆合，每斗帶耗柒合，共該壹斗貳
8. 　　　　　　升捌合①。
9. 　　　　　　正麥壹斗壹升玖合貳勺。
10. 　　　　　　耗麥捌合肆勺。
11. 　　　　秋粮：米每畝科正米叁斗叁升勺肆抄，每斗帶耗柒合，共該貳
12. 　　　　　　斗叁升陸合捌勺。

① 此小麥之數與下文正麥、耗麥數不合。

五二 明隆慶陸年（1572）直隸揚州府泰興縣順得鄉貳拾壹都第拾伍里（圖）賦役黃冊

【題解】

此件爲《韻學集成》第五册卷五第五二葉背，編號爲 HV·YXJC[J5·Y52]，其上下完整，前後均缺，共存文字十九行，與正面古籍文字成經緯狀。此件爲明代某户的賦役黄册。另，此件的文字字形、筆跡等與該批紙背文獻中隆慶陸年（1572）攢造的直隸揚州府泰興縣順得鄉貳拾壹都第拾伍里（圖）賦役黄册相似，故推斷，此件亦當屬於該里（圖）的黄册。

【錄文】

（前缺）

1. 男子叁口。
2. 婦女壹口。
3. 事產：
4. 官民田地貳畝叁分貳釐。

13. 民田本都一則高田陸畝叁分伍釐。
14. 夏稅：小麥每畝科正麥叁升，每斗帶耗柒合，
15. 正麥壹斗玖升伍勺。
16. 耗麥壹升叁合叁勺。
17. 秋粮：米每畝科正米伍升，每斗帶耗柒合，共該叁斗叁升玖合柒勺。
18. 正米貳斗貳升壹合貳勺。
19. 耗米壹升伍合陸勺。

（後缺）

5. 夏稅：小麥正耗捌斗捌升玖合玖勺。
6. 秋糧：
7. 　米正耗捌斗壹升。
8. 　黃豆正耗叁斗叁升柒勺。
9. 官田地叁畝。
10. 夏稅：小麥正耗伍斗玖升柒勺。
11. 秋糧：
12. 　米正耗肆斗陸升貳合貳勺。
13. 　黃豆正耗壹斗柒升玖合捌勺。
14. 田壹畝捌分。
15. 夏稅：小麥正耗叁斗伍升陸合肆勺。
16. 　米正耗肆斗陸升貳合貳勺。
17. 地壹畝貳分。
18. 夏稅：小麥正耗貳斗叁升陸合叁勺。
19. 秋糧：黃豆正耗壹斗柒升玖合捌勺。

（後缺）

五三　明隆慶陸年（1572）直隸揚州府泰興縣順得鄉貳拾壹都第拾伍里（圖）賦役黃冊

【題解】

此件爲《韻學集成》第五冊卷五第五三葉背，編號爲HV·YXJC[]5·Y53]，其上下完整，前後均缺，共存文字十九行，與正面古籍

哈佛藏《韻學集成》《直音篇》紙背明代文獻釋錄　卷一

文字成經緯狀。此件爲明代某戶的賦役黃冊。另，此件的文字字形、筆跡等與該批紙背文獻中隆慶陸年（1572）攢造的直隸揚州府泰興縣順得鄉貳拾壹都第拾伍里（圖）賦役黃冊相似，故推斷，此件亦當屬於該里（圖）的黃冊。

【錄文】

（前缺）

1. 　　　婦女大壹口：母楊氏年壹百壹拾捌歲。
2. 事產：
3. 　　官民田地壹拾貳畝叁分貳釐。
4. 　　　夏稅：小麥正耗捌斗捌升玖合玖勺。
5. 　　　秋糧：
6. 　　　　米正耗肆斗陸升貳合壹勺。
7. 　　　　黃豆正耗叁斗叁升柒勺。
8. 　　官田地叁畝。
9. 　　　夏稅：小麥正耗伍斗玖升柒勺。
10. 　　　秋糧：
11. 　　　　米正耗壹斗柒升玖合捌勺。
12. 　　　　黃豆正耗壹斗柒升玖合捌勺。
13. 　　田本都一則沒官蔡[安肆]高田壹畝捌分。
14. 　　　夏稅：小麥每畝科正麥壹斗捌升肆合，每斗帶耗柒合，共該叁斗伍升肆
15. 　　　　合肆勺。①
16. 　　　　正麥叁斗叁升壹合壹勺。
17. 　　　　耗麥貳升貳合貳勺。

① 此小麥之數與下文正麥、耗麥數不合。

五三四

五四 明隆慶陸年（1572）直隸揚州府泰興縣順得鄉貳拾壹都第拾伍里賦役黃冊（民籍某等）

【題解】

此件爲《韻學集成》第五冊卷五第五四葉背，編號爲"HV·YXJCI5·Y54"，其上殘下完，前後均缺，中有缺行，共存文字十六行，與正面古籍文字成經緯狀。此件爲明代兩戶的賦役黃冊，其中第一至十行係一戶，第十一至十六行係直隸揚州府泰興縣順得鄉貳拾壹都第拾伍里民籍某之黃冊。另，已知該批黃冊的攢造時間爲隆慶陸年（1572），故此件當屬於該年攢造的黃冊。今據第二戶黃冊擬現題。

【錄文】

（前缺）

1. 人丁：計家男、婦貳口。
2. 男子壹口。
3. 婦女壹口。
4. 事產：

（中缺1行）

5. 民草房叁間。
6. 人口：貳口。
7. 男子不成丁壹口：本身年壹百肆拾伍歲。

（後缺）

18.
19. 秋糧：米每畝科正米貳斗肆升，每斗帶耗柒合，共該肆斗陸升貳

合貳勺。

8. 婦女大壹口：妻謝氏年壹百貳拾柒歲。
9. 事產：
10. 房屋：民草房叁間。
11. 直隸揚州府泰興縣順得鄉貳拾壹都第拾伍里民籍。

（中缺1行）

12. □丁：計家男、婦叁口。
13. 男子貳口。
14. 婦女壹口。
15. □產：
16. 民草房貳間。

（後缺）

五五 明隆慶陸年（1572）直隸揚州府泰興縣順得鄉貳拾壹都第拾伍里（圖）賦役黃冊

【題解】

此件爲《韻學集成》第五冊卷五第五五葉背，編號爲HV·YXJCJ5·Y55，其上下完整，前後均缺，共存文字二二行，與正面古籍文字成經緯狀。此件爲明代某戶的賦役黃冊。另，此件的文字字形、筆跡等與該批紙背文獻中隆慶陸年（1572）攢造的直隸揚州府泰興縣順得鄉貳拾壹都第拾伍里（圖）賦役黃冊相似，故推斷，此件亦當屬於該里（圖）的黃冊。

【錄文】

（前缺）

1. 正麥陸升貳合陸勺。

2. 耗麥合肆勺。

3. 秋糧：米每畝科正米伍斗柒升貳合肆勺陸抄，每斗帶耗柒合，共該貳
斗捌合叁勺。

4. 正米壹斗玖升肆合陸勺。

5. 耗米壹升叁合柒勺。

6. 一本都一則沒官蔣阿劉高田陸畝伍分。

7. 夏稅：小麥每畝科正麥斗捌升肆合，每斗帶耗柒合，共該壹石貳斗柒升玖合玖勺①。

8. 正麥壹石壹斗玖升陸合。

9. 耗麥捌升叁合柒勺。

10. 秋糧：米每畝科正米貳斗肆升，每斗帶耗柒合，共該壹石陸斗陸升玖合貳勺。

11. 正米壹石伍斗陸升。

12. 耗米壹斗玖合貳勺。

13. 地本都一則沒官蔣阿劉地貳畝。

14. 夏稅：小麥每畝科正麥壹斗捌升肆合，每斗帶耗柒合，共該叁斗玖升叁合捌勺。

15. 正麥叁斗陸升捌合。

16. 耗麥貳升伍合捌勺。

17. 秋糧：黃豆每畝科正豆壹斗肆升，每斗帶耗柒合，共該貳斗玖升玖合陸勺。

① 此小麥之數與下文正麥、耗麥數不合。

五六 明嘉靖叁拾壹年（1552）直隸揚州府江都縣青草沙第肆圖賦役黃冊（朱某）

【題解】

此件爲《韻學集成》第五冊卷五第五六葉背，編號爲HV·YXJCJ5·Y56，其上下完整，前後均缺，共存文字十八行，與正面古籍文字成經緯狀。此件爲明代某戶的賦役黃冊，據文中所載男子姓名知，此黃冊的戶頭當係朱某。另，明代賦役黃冊往往會登載攢造之前十年內的田畝變化等情況，文中載有土地的『兑佃』時間『嘉靖貳拾柒年』（1548），而此後的嘉靖叁拾壹年（1552）爲黃冊的攢造年份，據此可知，此件當係該年攢造的賦役黃冊。另，已知該批黃冊的攢造機構爲直隸揚州府江都縣青草沙第肆圖，故此件亦當屬於該圖之黃冊。

【錄文】

（前缺）

1. 兄朱福，於嘉靖貳拾叁年故。
2. 姪朱輔，於嘉靖貳拾伍年故。
3. 姪朱瓊，於嘉靖貳拾肆年故。
4. 姪朱潮，於嘉靖貳拾柒年故。
5. 事產：轉除官民田地壹拾敀柒分。
6. 夏稅：小麥正耗壹石壹斗柒升壹合
7. 貳勺。
8. 秋糧：
9. 米正耗壹石肆升柒合壹勺。

（後缺）

五七 明嘉靖叁拾壹年（1552）直隸揚州府江都縣青草沙第肆圖賦役黃冊

【題解】

此件爲《韻學集成》第五冊卷五第五七葉背，編號爲HV·YXJCJ5·Y57，其上下完整，前後均缺，中有缺行，共存文字十七行，與正面古籍文字成經緯狀。另，此件的文字字形、筆跡等與該批紙背文獻中嘉靖叁拾壹年（1552）攢造的直隸揚州府江都縣青草沙第肆圖賦役黃冊相似，故推斷，此件亦當屬於該圖賦役黃冊。

【錄文】

（前缺）

1. 米正耗貳斗壹升捌合玖勺。
2. 黃豆正耗壹斗貳升肆合壹勺。

10. 黃豆正耗壹斗貳升肆合壹勺。

11. 官田懷遠侯沒官田肆畝叁分，於嘉靖貳拾柒年兌佃過割

12. 與本圖人户朱榮承種。

13. 夏稅：小麥每畝科正麥壹斗陸升，每

14. 斗帶耗陸升貳合，共該柒斗

15. 叁升陸合貳勺。

16. 秋糧：米每畝科正米壹斗捌升，每斗

17. 帶耗柒合，共該捌斗貳

18. 升捌合貳勺。

（後缺）

3. 田肆畝玖釐。
4. 夏稅：小麥每畝科正麥伍升，每斗帶
5. 耗柒合，共該貳斗壹升
6. 捌合玖勺。
7. 秋糧：米每畝科正米伍升，每斗帶耗
8. 柒合，共該貳斗壹升捌
9. 合玖勺。
10. 地貳畝叁分壹釐。
11. 夏稅：小麥每畝科正麥伍升，每斗
12. 帶耗柒合，共該壹斗貳
13. 升肆合壹勺。
14. 秋糧：黃豆每畝科正豆伍升，每斗帶
15. 耗柒合，共該壹斗貳升
16. 肆合壹勺。
   （中缺一行）
17. 人口：男、婦壹拾肆口。
   （後缺）

五八 明嘉靖叁拾壹年（1552）直隸揚州府江都縣青草沙第肆圖賦役黃冊之二（倪某）

【題解】

此件爲《韻學集成》第五册卷五第五八葉背，編號爲 HV·YXJCJ5·Y58，其上下完整，前後均缺，共存文字十八行，與正面古籍文字成經緯狀。此件爲明代某户的賦役黄册。此件中所載男子姓名知，據文中所載男子姓名知，此黄册的户頭當係倪某。另，HV·YXJCJ5·Y59〕「正收」人口中，據此可知，此兩件應屬於同一户的黄册。另，HV·YXJCJ5·Y59〕所載「姪倪釗」屬於「正收」人口，顯然此件中的「姪倪釗」不屬於「舊管」人口，而應爲「實在」人口，據明代賦役黄册中四柱之登載順序推斷，此兩件文書綴合後，此件當在後。今據 HV·YXJCJ5·Y59〕擬現題。

【錄文】

（前缺）

1. 姪倪相年貳拾陸歲。
2. 姪倪金年貳拾伍歲。
3. 姪倪釗年壹拾柒歲。
4. 婦女大叁口：
5. 嫂王氏年柒拾歲。
6. 嫂周氏年陸拾伍歲。
7. 嫂月氏年伍拾捌歲。
8. 事產：
9. 官民田捌畝叁分肆釐。
10. 夏稅：小麥正耗陸斗肆升肆合叁勺。
11. 秋糧：米正耗捌斗捌升壹合叁勺。

五九　明嘉靖叁拾壹年（1552）直隸揚州府江都縣青草沙第肆圖賦役黃冊之一（倪某）

【題解】

此件爲《韻學集成》第五册卷五第五九葉背，編號爲 HV·YXJCJ5·Y59，其上殘下完，前後均缺，共存文字十六行，與正面古籍文字成經緯狀。此件爲某户的賦役黃册，據文中所載男子姓名，可知此黃册的户頭當係倪某。另，明代賦役黃册往往會登載攢造之前十年内的人口變化等情况，文中載有「兄倪万」等的亡故時間「嘉靖貳拾叁年」（1544）至「嘉靖貳拾玖年」（1550），而此後的嘉靖叁拾壹年（1552）爲黃册的攢造年份，據此可知，此件當係該年攢造的賦役黃册。另，文中因「姪倪釗」一名又見於 HV·YXJCJ5·Y58，據之可知，此兩件應屬於同一户的黃册，因此件中「姪倪釗」屬於「正收」人口，而 HV·YXJCJ5·Y58 中的「姪倪釗」屬於「實在」人口，據明代賦役黃册中四柱之登載順序推斷，綴合後此件當在前。

【録文】

（前缺）

1. 夏稅：小麥正耗陸斗肆升陸合叁勺。

官田袁成入官田叁畝柒分肆釐。

夏稅：小麥每畝科正麥壹斗，每斗帶耗

柒合，共該正耗麥肆斗貳

勺。

12.
13.
14.
15.
16. 正麥叁斗柒升肆合。
17. 耗麥貳升陸合貳勺。
18.

（後缺）

2. 　　　秋粮：米正耗捌斗捌升壹合叁勺。
3. 官田叁畝柒分肆釐。
4. 　　　夏稅：小麥正耗肆斗貳勺。
5. 　　　秋粮：米正耗伍斗陸升叁勺。
6. 民田肆畝陸分。
7. 　　　夏稅：小麥正耗貳斗肆升陸合壹勺。
8. 　　　秋粮：米正耗叁斗貳升壹合。
9. 民草房貳間。
10. 正收男子成丁壹口：姪倪釗，係前冊失報。
11. □□：正除男子成丁伍口：
12. 　　　兄倪歹，於嘉靖貳拾叁年故。
13. 　　　兄倪冉，於嘉靖貳拾叁年故。
14. 　　　兄倪淮，於嘉靖貳拾伍年故。
15. 　　　姪倪昇，於嘉靖貳拾柒年故。
16. 　　　姪倪敖，於嘉靖貳拾玖年故。

（後缺）

六〇　明隆慶陸年（1572）直隸揚州府泰興縣順得鄉貳拾壹都第拾伍里（圖）賦役黃冊

【題解】

此件爲《韻學集成》第五冊卷五第六十葉背，編號爲HV·YXJCJ5·Y60，其上下完整，前後均缺，共存文字19行，與正面古籍文

哈佛藏《韻學集成》《直音篇》紙背明代文獻釋錄 卷一

字成經緯狀。此件為明代某戶的賦役黃冊。另，此件的文字字形、筆跡等與該批紙背文獻中隆慶陸年（1572）攢造的直隸揚州府泰興縣順得鄉貳拾壹都第拾伍里（圖）賦役黃冊相似，故推斷，此件亦當屬於該里（圖）的黃冊。

【錄文】

（前缺）

1. 　　　　正米肆斗叁升貳合。
2. 　　　　耗米叁升貳勺。
3. 一本都一則沒官蘇澄地壹畝貳分。
4. 夏稅：小麥每畝科正麥壹斗捌升肆合，每斗帶耗柒合，共該貳斗叁
5. 　　　　升陸合叁勺。
6. 　　　　正麥貳斗貳升捌勺。
7. 　　　　耗麥壹升伍合伍勺。
8. 秋粮：黃豆每畝科正豆壹斗肆升，每斗帶耗柒合，共該壹斗柒升玖
9. 　　　　合捌勺。
10. 　　　　正豆壹斗陸升壹合。
11. 　　　　耗豆壹升壹合捌勺。
12. 民田地玖畝叁分貳釐。
13. 夏稅：小麥正耗貳斗玖升玖合貳勺。
14. 秋粮：
15. 　　　　米正耗叁斗肆升柒合勺。
16. 　　　　黃豆正耗壹斗伍升玖勺。
17. 田本都一則高田陸畝伍釐。
18. 夏稅：小麥每畝科正麥叁升，每斗帶耗柒合，共該貳斗捌合柒勺。

六一 明隆慶陸年（1572）直隸揚州府泰興縣順得鄉貳拾壹都第拾伍里（圖）賦役黃冊

【題解】

此件爲《韻學集成》第五冊卷五第六一葉背，編號爲 HV·YXJC[j5·Y61]，其上下完整，前後均缺，共存文字二十行，與正面古籍文字成經緯狀。此件爲明代某戶的賦役黃冊。另，此件的文字字形、筆跡等與該批紙背文獻中隆慶陸年（1572）攢造的直隸揚州府泰興縣順得鄉貳拾壹都第拾伍里（圖）賦役黃冊相似，故推斷，此件亦當屬於該里（圖）的黃冊。

【錄文】

（前缺）

1. 婦女叁口。
2. 事產：
3. 官民田柒畝。
4. 夏稅：小麥正耗叁斗叁升壹合捌勺。
5. 秋粮：米正耗伍斗柒升陸合。
6. 官田陸分伍釐
7. 夏稅：小麥正耗壹斗貳升捌勺。
8. 秋粮：米正耗貳斗叁升陸合捌勺。
9. 民田陸畝叁分伍釐

19. 正麥壹斗玖升伍合。

（後缺）

（前缺）

10. 夏稅：小麥正耗貳斗叁合捌勺。
11. 秋粮：米正耗叁斗叁升玖合柒勺。
12. 民草房叁間。
13. 民黃牛壹隻。
14. □在：
15. 人口：柒口。
16. 男子不成丁肆口：
17. 本身年壹百貳拾柒歲。 姪佛保年玖拾玖歲。
18. 姪銘年玖拾伍歲。 姪鑑年柒拾玖歲。
19. 婦女大叁口：
20. 妻丁氏年壹百壹拾捌歲。 姪婦徐氏年壹百叁歲。

（後缺）

六二 明嘉靖叁拾壹年（1552）直隸揚州府江都縣青草沙第肆圖賦役黃冊

【題解】

此件爲《韻學集成》第五冊卷五第六二葉背，編號爲 HV・YXJC[J5・Y62]，其上下完整，前後均缺，共存文字十八行，與正面古籍文字成經緯狀。此件爲明代某户的賦役黃冊。另，此件的文字字形、筆跡等與該批紙背文獻中嘉靖叁拾壹年（1552）攢造的直隸揚州府江都縣青草沙第肆圖賦役黃冊相似，故推斷，此件亦當屬於該圖的黃冊。

【錄文】

1. 米正耗伍石柒斗伍升肆合伍勺。
2. 黃荳正耗伍斗壹升陸合捌勺。
3. 地柒畝叁分捌釐柒毫。
4. 夏稅：小麥正耗玖斗捌升貳合貳勺。
5. 秋糧：黃荳正耗壹石貳斗叁升肆合肆勺。
6. 民田地壹拾柒畝玖分叁釐。
7. 夏稅：小麥正耗陸斗玖升柒合壹勺。
8. 秋糧：
9. 米正耗壹石叁升玖合伍勺。
10. 黃荳正耗貳升陸合捌勺。
11. 田壹拾柒畝肆分叁釐。
12. 夏稅：小麥正耗陸斗柒升叁勺。
13. 秋糧：米正耗壹石叁升玖合伍勺。
14. 地伍分。
15. 夏稅：小麥正耗貳升陸合捌勺。
16. 秋糧：黃荳正耗貳升陸合捌勺。
17. 民草房叁間。
18. 民黃牛壹隻。

（後缺）

六三 明嘉靖叁拾壹年（1552）直隸揚州府江都縣青草沙第肆圖賦役黃冊（邵某）

【題解】

此件爲《韻學集成》第五冊卷五第六三葉背，編號爲HV·YXJCJ5·Y63，其上下完整，前後均缺，共存文字十七行，與正面古籍文字成經緯狀。此件爲明代某戶的賦役黃冊，據文中所載男子姓名知，此黃冊的戶頭當係邵某。另，此件的文字字形、筆跡等與該批紙背文獻中嘉靖叁拾壹年（1552）攢造的直隸揚州府江都縣青草沙第肆圖賦役黃冊相似，故推斷，此件亦當屬於該圖的黃冊。

【錄文】

（前缺）

1. 夏稅：小麥每畝科正麥伍升，每斗帶耗
2. 柒合，共該正耗麥伍升叁
3. 合伍勺。
4. 秋粮：米每畝科正米伍升，每斗帶耗柒
5. 合，共該正耗米伍升叁合伍
6. 勺。
7. □在⋯
8. 人口：男、婦壹拾壹口。
9. 男子成丁柒口：
10. 本身年肆拾捌歲。
11. 弟邵珊年貳拾捌歲。
12. 弟邵堂年貳拾捌歲。
13. 弟邵全年貳拾柒歲。

14. 弟邵㸃年貳拾陸歲。
15. 弟邵保年貳拾陸歲。
16. 弟邵金年壹拾柒歲。
17. 婦女大肆口：

（後缺）

六四 明隆慶陸年（1572）直隸揚州府泰興縣順得鄉貳拾壹都第拾伍里（圖）賦役黃冊

【題解】

此件爲《韻學集成》第五册卷五第六四葉背，編號爲 HV·YXJCJ5·Y64，其上下完整，前後均缺，共存文字二二行，與正面古籍文字成經緯狀。此件爲明代某户的賦役黃冊。另，此件的文字字形、筆跡等與該批紙背文獻中隆慶陸年（1572）攢造的直隸揚州府泰興縣順得鄉貳拾壹都第拾伍里（圖）賦役黃冊相似，故推斷，此件亦當屬於該里（圖）的黃冊。

【錄文】

（前缺）

1. 秋糧：
2. 　　米正耗壹升捌合貳勺。
3. 　　黃豆正耗陸斗壹升肆合貳勺。
4. 田本都一則俞平章原獻曹沙米高田伍釐。
5. 夏稅：小麥每畝科正麥壹斗捌升肆合，每斗帶耗柒合，共該玖
6. 　　合捌勺。
7. 　　正麥玖合貳勺。

8. 耗麥陸勺。
9. 秋糧：米每畝科正米叁斗肆升叁勺肆抄，每斗帶耗柒合，共
10. 該壹升捌合貳勺。
11. 正米壹升柒合。
12. 耗米壹合貳勺。
13. 地本都一則沒官葉名地肆畝壹分。
14. 夏稅：小麥每畝科正麥壹斗捌升肆合，每斗帶耗柒合，共該捌
15. 斗柒合貳勺。
16. 正麥柒斗伍升肆合貳勺。
17. 耗麥伍升肆合肆勺。
18. 秋糧：黃豆每畝科正豆壹斗肆升，每斗帶耗柒合，共該陸斗壹
19. 升肆合貳勺。
20. 正豆伍斗柒升肆合。
21. 耗豆肆升貳勺。
22. 房屋：民草房叁間。

（後缺）

六五 明隆慶陸年（1572）直隸揚州府泰興縣順得鄉貳拾壹都第拾伍里賦役黃冊（民籍□奴等）

【題解】

此件爲《韻學集成》第五冊卷五第六五葉背，編號爲 HV·YXJCJ5·Y65，其上殘下完，前後均缺，共存文字二一行，與正面古籍文字成經緯狀。此件爲明代兩户的賦役黃冊，其中第一至六行係一户，第一至二一行係直隸揚州府泰興縣順得鄉貳拾壹都第拾伍里民籍□奴之黃冊。另，已知該批黃冊的攢造時間爲隆慶陸年（1572），故此件當屬於該年攢造的黃冊。今據第二户黃冊擬現題。

【錄文】

（前缺）

1. 人口：叁口。
2. 男子不成丁貳口：
3. 　　本身年壹百貳拾歲。
4. 婦女大壹口：妻王氏年壹百玖歲。
5. 事產：
6. 房屋：民草房貳間。
7. □奴係直隸揚州府泰興縣順得鄉貳拾壹都第拾伍里民籍。
8. □管：
9. 人丁：計家男、婦叁口。
10. 　　男子貳口。
11. 　　婦女壹口。
12. 事產：

13. 官田地肆畝壹分伍釐。
　　夏稅：小麥正耗捌斗壹升柒合。
　　秋糧：
14. 　　米正耗壹升捌合貳勺。
15. 　　黃豆正耗陸斗壹升肆合貳勺。
16. 田伍釐。
17. 地肆畝壹分。
18. 　　夏稅：小麥正耗玖合捌勺。
19. 　　秋糧：米正耗壹升捌合貳勺。
20.
21.

（後缺）

六六　明隆慶陸年（1572）直隸揚州府泰興縣順得鄉貳拾壹都第拾伍圖賦役黃冊之一（民籍某相）

【題解】

此件為《韻學集成》第五冊卷五第六六葉背，編號為HV·YXJCJ5·Y66，其上殘下完，前後均缺，共存文字二一行，與正面古籍文字成經緯狀。據第一行所載，此件當係明直隸揚州府泰興縣順得鄉貳拾壹都第拾伍圖民籍某相之賦役黃冊。另，明代賦役黃冊在攢造之時需對下一輪十年內各戶充任里長、甲首情況等做出預先安排，第一、二行所載某相充里長的時間為『萬曆貳年』（1574），而此前的隆慶陸年（1572）為黃冊的攢造年份，據此可知，此件當係該年攢造的賦役黃冊。另，此件之官民田地數等於此件之官田地數與HV·YXJCJ5·Y67 民田地數之和，據此可知，此兩件可以綴合，綴合後此件在前。

【錄文】

（前缺）

1. □隆故，今冊姪相係直隸揚州府泰興縣順得鄉貳拾壹都第拾伍圖民籍，充萬曆貳
2. 年里長。
3. 舊管：
4. 人丁：計家男、婦壹拾叁口。
5. 　　男子捌口。
6. 　　婦女伍口。
7. 事產：
8. 　　官民田地肆拾柒畝壹分柒釐。
9. 　　夏稅：
10. 　　　小麥正耗壹石陸斗捌升壹勺。
11. 　　　　桑壹株。
12. 　　　絲壹兩。
13. 　　秋粮：
14. 　　　米正耗貳石叁斗陸升柒合伍勺。
15. 　　　黃豆正耗伍斗捌升陸合肆勺。
16. 　　官田地貳畝柒分叁釐。
17. 　　　夏稅：小麥正耗叁斗柒升貳合柒勺。
18. 　　　秋粮：
19. 　　　　米正耗肆斗肆升柒合玖勺。
20. 　　　　黃豆正耗壹斗貳升捌合肆勺。
　　田壹畝貳分叁釐。

21.

夏稅：小麥正耗貳斗肆升貳合貳勺。

（後缺）

六七 明隆慶陸年（1572）直隸揚州府泰興縣順得鄉貳拾壹都第拾伍圖賦役黃冊之二（民籍某相）

【題解】

此件爲《韻學集成》第五冊卷五第六七葉背，編號爲 HV·YXJC[J5·Y67]，其上殘下完，前後均缺，共存文字二二行，與正面古籍文字成經緯狀。此件爲明代某户的賦役黃冊，此件之民田地數與 HV·YXJC[J5·Y66]官田地數之和，等於 HV·YXJC[J5·Y66]官民田地數，據此可知，此兩件可以綴合，綴合後此件在後。今據 HV·YXJC[J5·Y66]擬現題。

【錄文】

（前缺）

1.　　　秋糧：米正耗肆斗肆升柒合玖勺。

2. 地壹畝伍分。

3.　　　夏稅：小麥正耗壹斗貳升伍勺。

4.　　　秋糧：黃豆正耗壹斗貳升捌合肆勺。

5. 民田地肆拾肆畝肆分肆釐。

6.　　　夏稅：

7.　　　　　小麥正耗壹石叁斗柒合肆勺。

8.　　　　　絲壹兩。桑壹株。

9.　　　秋糧：

10. 米正耗壹石玖斗壹升玖合陸勺。
11. 黃豆正耗肆斗肆升捌合。
12. 田叁拾伍畝捌分捌釐。
13. 夏稅：小麥正耗壹石叁升貳合陸勺。
14. 秋糧：米正耗壹石玖斗壹升玖合陸勺。
15. 地捌畝伍分陸釐。
16. 夏稅：小麥正耗貳斗肆升柒合捌勺。
17. 秋糧：黃豆正耗肆斗伍升捌合。
18. 桑壹株。夏稅：絲壹兩。
19. 民草房伍間。
20. 民水牛壹隻。
21. 人口：正除男子壹口：叔隆，於嘉靖肆拾肆年故。
22. □收：人口：正收男、婦肆口。

（後缺）

六八　明嘉靖叁拾壹年（1552）直隸揚州府江都縣青草沙第肆圖賦役黃冊

【題解】

此件爲《韻學集成》第五冊卷五第六八葉背，編號爲"HV·YXJC[J5·Y68]"，其上下完整，前後均缺，共存文字十五行，與正面古籍文字成經緯狀。此件爲明代某户的賦役黃冊。另，此件的文字字形、筆跡等與該批紙背文獻中嘉靖叁拾壹年（1552）攢造的直隸揚州府江都縣青草沙第肆圖賦役黃冊相似，故推斷，此件亦當屬於該圖的黃冊。

【錄文】

（前缺）

1. 秋糧：米每畝科正米壹斗，每斗帶耗柒
2. 　　合，共該正耗米壹斗肆升
3. 　　玖合捌勺。
4. 正米壹斗肆升。
5. 耗米玖合捌勺。
6. 一則豐樂鄉高田叁畝貳分。
7. 夏稅：小麥每畝科正麥伍升，每斗帶耗
8. 　　柒合，共該正耗麥壹斗柒
9. 　　升壹合貳勺。
10. 正麥壹斗陸升。
11. 耗麥壹升壹合貳勺。
12. 秋糧：米每畝科正米伍升，每斗帶耗柒
13. 　　合，共該正耗米壹斗柒升
14. 　　壹合貳勺。
15. 正米壹斗陸升。

（後缺）

六九 明嘉靖叁拾壹年（1552）直隸揚州府江都縣青草沙第肆圖賦役黃冊

【題解】

此件爲《韻學集成》第五冊卷五第六九葉背，編號爲"HV·YXJCJ5·Y69"，其上殘下完，前後均缺，中有缺行，共存文字十五行，與正面古籍文字成經緯狀。此件爲明代某戶的賦役黃冊。另，此件的文字字形、筆跡等與該批紙背文獻中嘉靖叁拾壹年（1552）攢造的直隸揚州府江都縣青草沙第肆圖賦役黃冊相似，故推斷，此件亦當屬於該圖的黃冊。

【錄文】

（前缺）

1. 人丁：計家男、婦陸口。
2. 　　　男子肆口。
3. 　　　婦女貳口。
4. 事產：
5. 　　　官民田貳畝捌分玖釐伍毫。
6. 　　　　　夏稅：小麥正耗貳斗伍合勺。
7. 　　　　　秋粮：米正耗貳斗柒升壹勺。
8. 　　　官田玖分肆釐伍毫。
9. 　　　　　夏稅：小麥正耗壹斗壹合壹勺。
10. 　　　　　秋粮：米正耗壹斗肆升壹合陸勺。
11. 　　　民田壹畝玖分伍釐。
12. 　　　　　夏稅：小麥正耗壹斗肆合肆勺。
13. 　　　　　秋粮：米正耗壹斗貳升捌合伍勺。

七〇 明隆慶陸年（1572）直隸揚州府泰興縣順得鄉貳拾壹都第拾伍里（圖）賦役黃冊（軍戶周黑狗）

【題解】

此件爲《韻學集成》第五冊卷五第七十葉背，編號爲HV·YXJC[J5·Y70]，其上下完整，前後均缺，共存文字二二行，前後均缺，共存文字二二行，此黃冊的户頭當係一軍户。另，據第一行所載人名推測，此黃冊的户頭或係周黑狗，今暫以其擬題。另，此件的文字字形、筆跡等與該批紙背文獻中隆慶陸年（1572）攢造的直隸揚州府泰興縣順得鄉貳拾壹都第拾伍里（圖）賦役黃冊相似，故推斷，此件亦當屬於該里（圖）的黃冊。

【錄文】

（前缺）

1. 周黑狗補役，見在本衞百户劉海
2. 總旗[缺]小旗鄭貴下[充軍不缺]。
3. □管：
4. 人丁：計家男、婦肆口。
5. 　　男子叁口。
6. 　　婦女壹口。

14. 　　民草房貳間。

（中缺1行）

15. 　　人口：正收男子成丁叁口。

（後缺）

7. 事產：
8. 官民田地壹拾壹畝壹分柒釐。　桑壹株。
9. 夏稅：
10. 　　小麥正耗肆斗叁合壹勺。
11. 　　絲壹兩。
12. 秋糧：
13. 　　米正耗肆斗肆升伍合貳勺。
14. 　　黃豆正耗叁斗叁合叁勺。
15. 官田貳分柒釐。
16. 夏稅：小麥正耗伍升叁合貳勺。
17. 秋糧：米正耗壹斗陸升伍合肆勺。
18. 民田地壹拾畝玖分。
19. 夏稅：　桑壹株。
20. 　　小麥正耗叁斗肆升玖合玖勺。
21. 　　絲壹兩。
22. 秋糧：

（後缺）

七一 明隆慶陸年（1572）直隸揚州府泰興縣順得鄉貳拾壹都第拾伍里（圖）賦役黃冊

【題解】

此件爲《韻學集成》第五冊卷五第七一葉背，編號爲 HV·YXJC[j5·Y71]，其上下完整，前後均缺，共存文字二二行，與正面古籍文字成經緯狀。此件爲明代某戶的賦役黃冊。另，此件的文字字形、筆跡等與該批紙背文獻中隆慶陸年（1572）攢造的直隸揚州府泰興縣順得鄉貳拾壹都第拾伍里（圖）賦役黃冊相似，故推斷，此件亦當屬於該里（圖）的黃冊。

【錄文】

（前缺）

1. 人口：肆口。前冊失於聲說。今冊行據該圖里老史羅漢等到官結稱，本戶先年間迯移
2. 去訖，無查，未知存亡，難以開除。今
3. 查實在項下人口年已玖拾，已上年
4. □從實依前填寫。
5. 男子不成丁叁口：
6. 本身年玖拾叁歲。 弟黑狗年捌拾伍歲。
7. 雙兒年柒拾肆歲。
8. 婦女大壹口：妻殷氏年玖拾陸歲。
9. 事產：
10. 官民田地壹拾壹畝叁分柒釐。桑壹株。係本里逓年丁相等佃種辦納稅粮。
11. 夏稅：
12. 小麥正耗肆斗叁合壹勺。
13. 絲壹兩。

七二 明隆慶陸年（1572）直隸揚州府泰興縣順得鄉貳拾壹都第拾伍里（圖）賦役黃冊

【題解】

此件爲《韻學集成》第五冊卷五第七二葉背，編號爲HV·YXJCJ5·Y72j，其上下完整，前後均缺，共存文字二二行，與正面古籍文字成經緯狀。此件爲明代某户的賦役黄冊。另，此件的文字字形、筆跡等與該批紙背文獻中隆慶陸年（1572）攢造的直隸揚州府泰興縣順得鄉貳拾壹都第拾伍里（圖）賦役黄冊相似，故推斷，此件亦當屬於該里（圖）的黄冊。

【錄文】

（前缺）

1. 人丁：計家男、婦肆口。
2. 男子叁口。

14. 秋糧：
15. 　米正耗肆斗肆升伍合貳勺。
16. 　黄豆正耗叁斗叁合叁勺。
17. 官田本都一則俞平章原獻蔣沙米高田貳分柒釐。
18. 夏税：小麥每畝科正麥壹斗捌升肆合，每斗帶耗柒合，共
19. 　　　該伍升叁合貳勺。
20. 　　　正麥肆升玖合柒勺。
21. 　　　耗麥叁合伍勺。
22. 秋糧：米每畝科正米伍斗柒升貳合肆勺陸抄，每斗帶耗

（後缺）

哈佛藏《韻學集成》《直音篇》紙背明代文獻釋錄 卷一

3. 　　婦女壹口。
4. 事產：
5. 　　民地壹拾壹畝壹分。
6. 　　　夏稅：小麥正耗叁斗伍升陸合叁勺。
7. 　　　秋糧：黃豆正耗伍斗玖升叁合玖勺。
8. 　　民草房壹間。
9. 開除：人口：正除男、婦叁口，俱係先年間逝故，前冊失於聲①開除，今冊造報。
10. 　　男子貳口：
11. 　　　父保兒，　　　　　　　兄関兒俱故。
12. 　　婦女大壹口：陳氏故。
13. □在：
14. 人口：男子不成丁壹口。本身年柒拾伍歲，委係老丁，户下再無人口收除接補，理合造報。
15. 事產：
16. 　　民地本都一則地壹拾壹畝壹分，係本里遞年景新佃種，代辦稅糧。
17. 　　　夏稅：小麥每畝科正麥叁升，每斗帶耗柒合，共該叁斗伍升陸合叁勺。
18. 　　　　　　　　　　　　　　　　　　正麥叁斗叁升叁合。
19. 　　　　　　　　　　　　　　　　　　耗麥貳升叁合叁勺。
20. 　　　秋糧：黃豆每畝科正豆伍升，每斗帶耗柒合，共該伍斗玖升叁
21. 　　　　　　合玖勺。
22. （後缺）

① 此處疑脫【說】字。

七三 明隆慶陸年（1572）直隸揚州府泰興縣順得鄉貳拾壹都第拾伍里（圖）賦役黃冊

【題解】

此件爲《韻學集成》第五冊卷五第七三葉背，編號爲HV·YXJC[J5·Y73]，其上下完整，前後均缺，共存文字二二行，與正面古籍文字成經緯狀。此件爲明代某戶的賦役黃冊。另，此件的文字字形、筆跡等與該批紙背文獻中隆慶陸年（1572）攢造的直隸揚州府泰興縣順得鄉貳拾壹都第拾伍里（圖）賦役黃冊相似，故推斷，此件亦當屬於該里（圖）的黃冊。

【錄文】

（前缺）

1. 柒合，共該壹斗陸升伍合肆勺。
2. 正米壹斗伍升肆合陸勺。
3. 耗米壹升捌勺。
4. 民田地壹拾畝玖分。
5. 夏稅：
6. 小麥正耗叁斗肆升玖合玖勺。
7. 絲壹兩。
8. 桑壹株。
9. 秋糧：
10. 米正耗貳斗柒升玖合捌勺。
11. 黃豆正耗叁斗叁合叁勺。
12. 田本都一則高田伍畝貳分叁釐。
13. 夏稅：小麥每畝科正麥叁升，每斗帶耗柒合，共該壹斗陸升柒合玖勺。

七四 明隆慶陸年（1572）直隸揚州府泰興縣順得鄉貳拾壹都第拾伍里（圖）賦役黃冊

【題解】

此件爲《韻學集成》第五冊卷五第七四葉背，編號爲 HV·YXJC[J5·Y74]，其上下完整，前後均缺，共存文字二二行，與正面古籍文字成經緯狀。此件爲明代某户的賦役黃冊。另，此件的文字字形、筆跡等與該批紙背文獻中隆慶陸年（1572）攢造的直隸揚州府泰興縣順得鄉貳拾壹都第拾伍里（圖）賦役黃冊相似，故推斷，此件亦當屬於該里（圖）的黃冊。

【錄文】

1. （前缺）

14. 正麥壹斗伍升陸合玖勺。
15. 耗麥壹升壹合。
16. 秋粮：米每畝科正米伍升，每斗帶耗柒合，共該貳斗柒升玖
17. 合捌勺①。
18. 正米貳斗陸升壹合伍勺。
19. 耗米壹升捌合貳勺。
20. 地本都一則地伍畝陸分柒釐。
21. 夏稅：小麥每畝科正麥叁升，每斗帶耗柒合，共該壹斗捌升貳
22. 合。貳合叁勺。

（後缺）

① 此米之數與下文正米、耗米數不合。

2. 正米壹斗柒升肆勺。
3. 耗米壹升叁合壹勺。
4. 一本都一則富淮莊原科水田壹畝伍分陸釐。
5. 秋糧：米每畝科正米壹斗貳升，每斗帶耗柒合，共該貳升貳勺。①
6. 正米壹斗捌升柒合貳勺。
7. 耗米壹升叁合壹勺。
8. 地本都一則富淮莊續科地柒分。
9. 夏稅：小麥每畝科正麥叁升，每斗帶耗柒合，共該貳升壹合伍勺。
10. 正麥貳升壹合。
11. 耗麥壹合伍勺。
12. 秋糧：黃豆每畝科正豆伍升，每斗帶耗柒合，共該叁升柒合伍勺。
13. 正豆叁升伍合。
14. 耗豆貳合伍勺。
15. 民田地捌畝捌分。
16. 夏稅：小麥正耗貳斗捌升貳合伍勺。
17. 秋糧：
18. 米正耗壹斗捌升柒合叁勺。
19. 黃豆正耗貳斗捌升叁合陸勺。
20. 田本都一則高田叁畝伍分。
21. 夏稅：小麥每畝科正麥叁升，每斗帶耗柒合，共該壹斗壹升貳
22. 合肆勺。

① 此米之數與下文正米、耗米數不合。

五六五

七五 明隆慶陸年（1572）直隸揚州府泰興縣順得鄉貳拾壹都第拾伍里（圖）賦役黃冊

【題解】

此件爲《韻學集成》第五册卷五第七五葉背，編號爲 HV·YXJC[j5·Y75]，其上下完整，前後均缺，共存文字二二行，與正面古籍文字成經緯狀。此件爲明代某户的賦役黃册。另，此件的文字字形、筆跡等與該批紙背文獻中隆慶陸年（1572）攢造的直隸揚州府泰興縣順得鄉貳拾壹都第拾伍里（圖）賦役黃册相似，故推斷，此件亦當屬於該里（圖）的黄册。

【錄文】

（前缺）

1. 夏稅：小麥正耗壹斗壹升伍合肆勺。
2. 秋糧：
3. 米正耗肆斗柒升。
4. 黃豆正耗叁升柒合伍勺。
5. 田叁畝貳分貳釐。
6. 夏稅：小麥正耗玖升貳合玖勺。
7. 秋糧：米正耗肆斗柒升。
8. 地柒分。
9. 夏稅：小麥正耗貳升貳合伍勺。
10. 秋糧：黃豆正耗叁升柒合伍勺。
11. 民田地捌畝捌分。

（後缺）

七六 明隆慶陸年（1572）直隸揚州府泰興縣順得鄉貳拾壹都第拾伍里（圖）賦役黃冊

【題解】

此件爲《韻學集成》第五冊卷五第七六葉背，編號爲"HV·YXJCJ5·Y76"，其上下完整，前後均缺，共存文字十九行，與正面古籍文字成經緯狀。此件爲明代某户的賦役黃冊。另，此件的文字字形、筆跡等與該批紙背文獻中隆慶陸年（1572）攢造的直隸揚州府泰興縣順得鄉貳拾壹都第拾伍里（圖）賦役黃冊相似，故推斷，此件亦當屬於該里（圖）的黃冊。

【錄文】

（前缺）

12. 夏稅：小麥正耗貳斗捌升貳合伍勺。
13. 秋粮：
14. 米正耗壹斗捌升柒合叁勺。
15. 黃豆正耗貳斗捌升叁合陸勺。
16. 田叁畝伍分。
17. 夏稅：小麥正耗壹斗壹升貳合肆勺。
18. 秋粮：米正耗壹斗捌升柒合叁勺。
19. 地伍畝叁分。
20. 夏稅：小麥小麥正耗壹斗柒升壹勺。
21. 秋粮：黃豆正耗貳斗捌升叁合陸勺。
22. 民草房貳間。

（後缺）

哈佛藏《韻學集成》《直音篇》紙背明代文獻釋錄　卷一

1. 小麥正耗玖斗玖升肆合壹勺。
2. 絲壹兩。
3. 秋粮：
4. 米正耗壹石貳斗伍升叁合陸勺。
5. 黃豆正耗肆斗柒升伍合陸勺。
6. 官田貳畝壹釐。
7. 夏稅：小麥正耗叁斗玖升伍合柒勺。
8. 秋粮：米正耗柒斗叁升貳合。
9. 民田地壹拾捌畝陸分肆釐。
10. 夏稅：小麥正耗伍斗玖升捌合肆勺。　桑壹株。
11. 絲壹兩。
12. 秋粮：
13. 米正耗貳升玖升壹合陸勺。
14. 黃豆正耗肆斗柒升伍合陸勺。
15. 田玖畝柒分伍釐。
16. 夏稅：小麥正耗叁斗壹升叁合。
17. 秋粮：米正耗伍斗貳升壹合陸勺。
18. 地捌畝捌分玖釐。

（後缺）

七七 明隆慶陸年（1572）直隸揚州府泰興縣順得鄉貳拾壹都第拾伍里（圖）賦役黃冊

【題解】

此件爲《韻學集成》第五冊卷五第七七葉背，編號爲"HV·YXJCJ5·Y77"，其上下完整，前後均缺，共存文字十九行，與正面古籍文字成經緯狀。此件爲明代某戶的賦役黃冊。另，此件的文字字形、筆跡等與該批紙背文獻中隆慶陸年（1572）攢造的直隸揚州府泰興縣順得鄉貳拾壹都第拾伍里（圖）賦役黃冊相似，故推斷，此件亦當屬於該里（圖）的黃冊。

【錄文】

（前缺）

1. 秋糧：米每畝科正米貳斗肆升，每斗帶耗柒合，共該壹石叁陸
2. 升壹合。
3. 正米壹石貳斗柒升貳合。
4. 耗米捌升玖勺①。
5. 民田地壹拾壹畝捌分叁釐。
6. 夏稅：小麥正耗叁斗柒升玖合柒勺。
7. 秋糧：
8. 米正耗伍斗伍升捌合。
9. 黃豆正耗柒升肆合玖勺。
10. 田本都一則高田壹拾畝肆分叁釐。
11. 夏稅：小麥每畝科正麥叁升，每斗帶耗柒合，共該叁斗叁升肆
12. 合捌勺。

① 【勺】，據文義當係【合】之誤。

七八　明嘉靖叁拾壹年（1552）直隸揚州府江都縣青草沙第肆圖賦役黃冊

【題解】

此件爲《韻學集成》第五冊卷五第七八葉背，編號爲HV·YXJC[]5·Y78，其上下完整，前後均缺，共存文字十三行，與正面古籍文字成經緯狀。此件爲明代某戶的賦役黃冊。另，此件的文字字形、筆跡等與該批紙背文獻中嘉靖叁拾壹年（1552）攢造的直隸揚州府江都縣青草沙第肆圖賦役黃冊相似，故推斷，此件亦當屬於該圖的黃冊。

【錄文】

（前缺）

1. 夏稅：小麥正耗肆合。
2. 秋糧：米正耗叁斗玖升柒合。
3. 一則重租田柒鰲伍毫。
4. 夏稅：小麥每畝科正麥伍升，每斗帶

13. 正麥叁斗壹升貳合。
14. 耗麥貳升壹合玖勺。
15. 秋糧：米每畝科正米伍升，每斗帶耗柒合，共該伍斗伍升捌合。
16. 正米伍斗貳升壹合伍勺。
17. 耗米叁升陸合伍勺。
18. 地本都一則地壹畝肆分。
19. 地本都一則地壹畝肆分。

（後缺）

七九 明嘉靖叁拾壹年（1552）直隸揚州府江都縣青草沙第肆圖賦役黃冊

【題解】

此件爲《韻學集成》第五冊卷五第七九葉背，編號爲HV·YXJCJ5·Y79"，其上下完整，前後均缺，共存文字十三行，與正面古籍文字成經緯狀。此件爲明代某户的賦役黃冊。另，此件的文字字形、筆跡等與該批紙背文獻中嘉靖叁拾壹年（1552）攢造的直隸揚州府江都縣青草沙第肆圖賦役黃冊相似，故推斷，此件亦當屬於該圖的黃冊。

【錄文】

（前缺）

1. 民田柒畝叁分捌釐柒毫。
2. 夏稅：小麥正耗貳升捌勺。
3.
4.
5. 　　耗柒合，共該正耗麥肆
6. 　　合。
7. 　　正麥叁合柒勺。
8. 　　耗麥叁勺。
9. 秋粮：米每畝科正米壹斗，每斗帶
10. 　　耗柒合伍勺。
11. 　　正米柒合伍勺。
12. 　　耗米伍勺。
13. 一則水田柒畝壹分伍釐伍毫。

（後缺）

八〇 明嘉靖叁拾壹年（1552）直隸揚州府江都縣青草沙第肆圖賦役黃冊（倪某）

【題解】

此件爲《韻學集成》第五冊卷五第八十葉背，編號爲"HV·YXJC[]5·Y80"，其上殘下完，前後均缺，共存文字十六行，據第16行所載男子姓名知，此黃冊的戶頭當係倪某。另，此件的文字字形、筆跡等與該批紙背文獻中嘉靖叁拾壹年（1552）攢造的直隸揚州府江都縣青草沙第肆圖賦役黃冊相似，故推斷，此件亦當屬於該圖的黃冊。

此件爲明代某戶的賦役黃冊，此件成經緯狀。

【錄文】

（前缺）

3. 秋粮：米正耗肆斗壹升肆合貳勺。
4.
5. 官田袁成入官田壹分伍釐柒毫。
6. 夏稅：小麥每畝科正麥壹斗，每斗帶
7. 耗柒合，共該正耗麥壹升
8. 陸合捌勺。
9. 正麥壹升伍合柒勺。
10. 耗麥壹合壹勺。
11. 秋粮：米每畝科正米壹斗肆升，每斗
12. 帶耗柒合，共該正耗米貳
13. 升叁合伍勺。

正米貳升貳合。

（後缺）

1. 人丁：計家男、婦伍口。
2. 男子肆口。
3. 婦女壹口。
4. 事產：
5. 官民田柒畝叁分捌釐柒毫。
6. 夏稅：小麥正耗壹升陸合捌勺。
7. 秋糧：米正耗肆斗壹升肆合貳勺。
8. 官田壹分伍釐柒毫。
9. 夏稅：小麥正耗壹升陸合捌勺。
10. 秋糧：米正耗叁升合伍勺。
11. 民田柒畝貳分叁釐。
12. 夏稅：小麥正耗肆合。
13. 秋糧：米正耗叁斗玖升柒勺。
14. 民草房壹間。
15. 正收男子成丁貳口：弟倪銀，係前冊失報。
16. ☐

（後缺）

八一 明嘉靖叁拾壹年（1552）直隸揚州府江都縣青草沙第肆圖賦役黃冊

【題解】

此件爲《韻學集成》第五冊卷五第八一葉背，編號爲HV·YXJC[5·Y81]，其上下完整，前後均缺，共存文字十七行，與正面古籍文字成經緯狀。此件爲明代某戶的賦役黃冊。另，此件的文字字形、筆跡等與該批紙背文獻中嘉靖叁拾壹年（1552）攢造的直隸揚州府江都縣青草沙第肆圖賦役黃冊相似，故推斷，此件亦當屬於該圖的黃冊。

【錄文】

（前缺）

1. 耗米伍勺。
2. 一則高田肆畝壹分捌釐。
3. 夏稅：小麥每畝科正麥伍升，每斗帶耗柒
4. 升叁合陸勺。
5. 正麥貳斗玖合。
6. 耗麥壹升肆合陸勺。
7. 秋粮：米每畝科正米伍升，每斗帶耗柒
8. 合，共該正耗米貳斗貳升叁
9. 合陸勺。
10. 正米貳斗玖合。
11. 耗米壹升肆合陸勺。
12. 一則水田壹拾捌畝叁分。

八二 明隆慶陸年（1572）直隸揚州府泰興縣順得鄉貳拾壹都第拾伍里（圖）賦役黃冊

【題解】

此件爲《韻學集成》第五册卷五第八三葉背，編號爲HV·YXJC[5·Y82]，其上下完整，前後均缺，共存文字二二行，與正面古籍文字成經緯狀。此件爲明代某户的賦役黃册。另，此件的文字字形、筆跡等與該批紙背文獻中隆慶陸年（1572）攢造的直隸揚州府泰興縣順得鄉貳拾壹都第拾伍里（圖）賦役黃册相似，故推斷，此件亦當屬於該里（圖）的黄册。

【録文】

（前缺）

1. 秋粮：
2. 米正耗壹斗肆升捌合柒勺。
3. 黃豆①貳斗伍升捌合玖勺。
4. 田本都一則高田貳畝柒分捌釐。
5. 夏税：小麥每畝科正麥叁升，每斗帶耗柒合，共該捌升玖合貳
6. 勺。

秋粮：米每畝科正米伍升，每斗帶耗柒
合，共該正耗米玖斗柒升玖
合壹勺。
正米玖斗壹升伍合。

（後缺）

14.
15.
16.
17.

① [豆]，據文義該字後缺載[正耗]二字。

7. 正麥捌升叁合肆勺。
8. 耗麥伍合捌勺。
9. 秋糧：米每畝科正米伍升,每斗帶耗耗柒合,共該壹斗肆升捌合柒勺。
10. 正米壹斗叁升玖合。
11. 耗米玖合柒勺。
12. 夏稅：小麥每畝科正麥叁升,每斗帶耗柒合,共該壹斗伍升伍合肆勺。
13. 地本都一則地肆畝捌分肆釐。
14. 正麥壹斗肆升伍合貳勺。
15. 耗麥壹斗貳勺。
16. 秋糧：黃豆每畝科正豆伍升,每斗帶耗柒合,共該貳斗伍升捌合玖勺。
17. 正豆貳斗肆升貳合。
18. 耗豆壹升陸合玖勺。
19.
20. 桑壹株。夏稅：科絲壹兩。
21.
22. （後缺）

八三 明隆慶陸年（1572）直隸揚州府泰興縣順得鄉貳拾壹都第拾伍里（圖）賦役黃冊

【題解】

此件為《韻學集成》第五冊卷五第八三葉背，編號為 HV·YXJC[j5·Y83]，其上下完整，前後均缺，共存文字十九行，與正面古籍文字成經緯狀。此件為明代某戶的賦役黃冊。另，此件的文字字形、筆跡等與該批紙背文獻中隆慶陸年（1572）攢造的直隸揚州府泰興縣順得鄉貳拾壹都第拾伍里（圖）賦役黃冊相似，故推斷，此件亦當屬於該里（圖）的黃冊。

【錄文】

（前缺）

1. 官民田地壹拾畝叁分貳釐。　　桑壹株。
2. 夏稅：
3. 　　小麥正耗柒斗柒升陸合貳勺。
4. 　　絲壹兩。
5. 秋糧：
6. 　　米正耗貳斗柒升壹合貳勺。
7. 　　黃豆正耗陸斗叁升叁合肆勺。
8. 官田地貳畝柒分。
9. 夏稅：小麥正耗伍斗叁升壹合陸勺。
10. 秋糧：
11. 　　米正耗壹斗貳升貳合伍勺。
12. 　　黃豆正耗叁斗柒升肆合伍勺。
13. 田本都一則俞平章原獻蔣沙米高田貳分。

八四 明隆慶陸年（1572）直隸揚州府泰興縣順得鄉貳拾壹都第拾伍里（圖）賦役黃冊

【題解】

此件爲《韻學集成》第五册卷五第八四葉背，編號爲 HV·YXJCJ5·Y84，其上下完整，前後均缺，共存文字二二行，與正面古籍文字成經緯狀。此件爲明代某户的賦役黃册。另，此件的文字字形、筆跡等與該批紙背文獻中隆慶陸年（1572）攢造的直隸揚州府泰興縣順得鄉貳拾壹都第拾伍里（圖）賦役黃册相似，故推斷，此件亦當屬於該里（圖）的黃册。

【録文】

（前缺）

1. 俱係本里遞年王祥等佃種辦納
2. 稅糧不缺，理合造報。

事產：

3. 官民田地陸畝陸分柒釐。
4. 夏稅：小麥正耗叁斗柒升柒勺。
5.

14. 夏稅：小麥每畝科正麥壹斗捌升肆合，每斗帶耗柒合，共該叁升玖
15. 合肆勺。
16. 正麥叁升陸合捌勺。
17. 耗麥貳合陸勺。
18. 秋糧：米每畝科正米伍斗柒升貳合肆勺陸抄，每斗帶耗柒合，
19. 共該壹斗貳升貳合伍勺。

（後缺）

6. 秋粮：
7. 米正耗柒斗叁合叁勺。
8. 黄豆正耗壹斗柒升叁合贰勺。
9. 官田本都一则俞平章原献蒋沙米高田玖分叁釐。
10. 夏税：小麦每畝科正麦壹斗捌升肆合，每斗带耗柒合，共该贰
11. 斗叁合玖勺。
12. 正麦壹斗玖升壹勺。
13. 耗麦壹升玖勺。
14. 秋粮：米每畝科正米伍斗柒升肆合贰勺肆抄，每斗带耗柒
15. 合，共该伍斗陆升玖合陆勺。
16. 正米伍斗叁升贰合叁勺。
17. 耗米叁升柒合叁勺。
18. 民田地伍畝柒分肆釐。
19. 夏税：小麦正耗壹斗陆升伍合肆勺。
20. 秋粮：
21. 米正耗壹斗叁升叁合柒勺。
22. 黄豆正耗壹斗柒升叁合贰勺。

（後缺）

八五 明隆慶陸年（1572）直隸揚州府泰興縣順得鄉貳拾壹都第拾伍里賦役黃冊（民籍□漢等）

【題解】

此件爲《韻學集成》第五冊卷五第八五葉背，編號爲 HV·YXJCJ5·Y85，其上殘下完，前後均缺，共存文字二三行，與正面古籍文字成經緯狀。此件爲明代兩戶的賦役黃冊，其中第一至七行係一戶，第八至二三行係直隸揚州府泰興縣順得鄉貳拾壹都第拾伍里民籍□漢一戶的黃冊。另，明代賦役黃冊在攢造之時需對下一輪十年內各戶充任里長、甲首情況等做出預先安排，第八行所載□漢充甲首的時間爲『萬曆玖年』（1581），而此前的隆慶陸年（1572）爲黃冊的攢造年份，據此可知，此件當係該年攢造的賦役黃冊。今據第二戶黃冊擬現題。

【錄文】

（前缺）

　　　　　耗麥玖合捌勺。

秋糧：黃豆每畝科正豆伍升，每斗帶耗柒合，共該壹斗柒升叁合貳勺。

　　　　正豆壹斗陸升貳合。

　　　　耗豆壹升叁勺。

1.
2.
3.
4.
5.
6. 房屋：民草房叁間。
7. 頭匹：民黃牛壹隻。
8. □漢係直隸揚州府泰興縣順得鄉貳拾壹都第拾伍里民籍，充萬曆玖年甲首。
9. □管：
10. 人丁：計家男、婦叁口。

八六 明隆慶陸年（1572）直隸揚州府泰興縣順得鄉貳拾壹都第拾伍里賦役黃冊（民籍某于等）

【題解】

此件爲《韻學集成》第五冊卷五第八六葉背，編號爲 HV·YX]C]J5·Y86，其上殘下完，前後均缺，共存文字23行，與正面古籍文字成經緯狀。此件爲明代兩户的賦役黄册，其中第一至十一行係一户，第十二至二三行係直隸揚州府泰興縣順得鄉貳拾壹都第拾伍里民

11. 男子壹口。
12. 婦女貳口。
13.
14. 事產：
15. 官民田地陸畝伍分壹釐。
16. 夏稅：小麥正耗貳斗陸升叁合叁勺。
17. 秋糧：米正耗叁斗肆升叁合叁勺。
18. 黃豆正耗壹斗柒合陸勺。
19. 官田叁分叁釐。
20. 夏稅：小麥正耗陸升肆合玖勺。
21. 秋糧：米正耗壹斗貳升貳勺。
22. 民田地陸畝壹分捌釐。
23. 夏稅：小麥正耗壹斗玖升捌合肆勺。

（後缺）

籍某于一户的黃册。另，明代賦役黃册在攢造之時需對下一輪十年內各户充任里長、甲首等做出預先安排，第十二行所載某于充甲首的時間爲『萬曆捌年』（1580），而此前的隆慶陸年（1572）爲黃册的攢造年份，據此可知，此件當係該年攢造的賦役黃册。今據第二户黃册擬現題。

【錄文】

1. 于一户
2. 　　　　　（前缺）
3. 　　秋糧：米每畝科正米□□每斗帶耗柒合，共該陸升貳合陸勺。
4. 　　　　　正米伍升捌合伍勺。
5. 　　　　　耗米肆合壹勺。
6. 　　地本都一則地貳畝壹釐。
7. 　　夏税：小麥每畝科正麥叁升，每斗帶耗柒合，共該陸升肆合伍勺。
8. 　　　　　正麥陸升叁勺。
9. 　　　　　耗麥肆合貳勺。
10. 　　秋糧：黄豆每畝科正豆伍升，每斗帶耗柒合，共該壹斗柒合伍勺。
11. 　　　　　正豆壹斗伍勺。
12. 　　　　　耗豆柒合。
13. 　房屋：民草房壹間。
14. □管：
15. 　于係直隸揚州府泰興縣順得鄉貳拾壹都第拾伍里民籍，充萬曆捌年甲首。
16. 　人丁：計家男、婦伍口。
17. 　　男子叁口。
18. 　　婦女貳口。
19. 　事產：

18. 官民田地壹拾壹畝陸分貳釐。
19. 夏稅：小麥正耗貳升捌合柒勺。
20. 秋糧：
21. 米正耗陸斗玖升捌合柒勺。
22. 黃豆正耗壹斗玖升叁合陸勺。
23. 官田肆分捌釐。

（後缺）

八七 明隆慶陸年（1572）直隸揚州府泰興縣順得鄉貳拾壹都第拾伍里（圖）賦役黃冊

【題解】

此件爲《韻學集成》第五冊卷五第八七葉背，編號爲HV·YXJCJ5·Y87，其上下完整，前後均缺，共存文字二二行，與正面古籍文字成經緯狀。此件爲明代某户的賦役黃冊。另，此件的文字字形、筆跡等與該批紙背文獻中隆慶陸年（1572）攢造的直隸揚州府泰興縣順得鄉貳拾壹都第拾伍里（圖）賦役黃冊相似，故推斷，此件亦當屬於該里（圖）的黃冊。

【錄文】

（前缺）

1. 夏稅：小麥正耗玖升肆合伍勺。
2. 秋糧：米正耗貳斗玖升肆合。
3. 民田地壹拾壹畝壹分叁釐。
4. 夏稅：小麥正耗叁斗叁升肆合貳勺。
5. 秋糧：

6. 田柒畝伍分肆釐。
7. 夏稅：小麥正耗貳斗貳升捌合。　　米正耗肆斗肆合柒勺。
8. 秋粮：米正耗肆斗合柒勺。
9. 地叁畝陸分貳釐。
10. 夏稅：小麥正耗壹斗壹升陸合。
11. 秋粮：黃豆正耗壹斗玖升叁合陸勺。
12. 民草房叁間。
13. □□①：
14. 人口：伍口。
15. 男子不成丁叁口：
16. 本身年捌拾叁歲。　　弟纏于年柒拾陸歲。
17. 弟宣年柒拾肆歲。
18. 婦女大貳口：
19. 妻李氏年玖拾叁歲。　　弟婦陸氏年柒拾貳歲。
20. 事產：

（後缺）

① 「□□」，據文義此兩字當作「實在」。

八八 明隆慶陸年（1572）直隸揚州府泰興縣順得鄉貳拾壹都第拾伍里（圖）賦役黃冊

【題解】

此件爲《韻學集成》第五冊卷五第八八葉背，編號爲 HV·YXJC[J5·Y88]，其上殘下完，前後均缺，中有缺行，共存文字二一行，與正面古籍文字成經緯狀。此件爲明代某户的賦役黄册。另，此件的文字字形、筆跡等與該批紙背文獻中隆慶陸年（1572）攢造的直隸揚州府泰興縣順得鄉貳拾壹都第拾伍里（圖）賦役黄册相似，故推斷，此件亦當屬於該里（圖）的黄册。

【錄文】

（前缺）

1. 　　　　婦女貳口。
2. 事產：
3. 　　官民田肆畝柒分肆釐。
4. 　　　　夏稅：小麥正耗壹斗玖升壹合捌勺。
5. 　　　　秋糧：米正耗叁斗捌升柒合捌勺。
6. 　　官田貳分肆釐。
7. 　　　　夏稅：小麥正耗肆升叁合叁勺。
8. 　　　　秋糧：米正耗壹斗肆升柒合。
9. 　　民田肆畝伍分。
10. 　　　　夏稅：小麥正耗壹斗肆升肆合伍勺。
11. 　　　　秋糧：米正耗貳斗肆升捌勺。
12. 　　民草房叁間。
13. 　　民水牛壹隻。

14. 人口：正除男、婦肆口，俱於先年逃移去訖，年深月久，已係逃亡，前冊失於聲①開除，今冊造
15. 報。
16. 男子叁口：
17. 福保故。
18. 真保故。
19. 叔林故。
20. 婦女大壹口：朱氏故。

（中缺 1 行）

21. 人口：男子不成丁壹口。本身年壹百歲，委係老丁，今查□户再無已次人丁節補，遺下官民田
盡由坍沒入江，稅粮排年丁相等代

（後缺）

八九 明隆慶陸年（1572）直隸揚州府泰興縣順得鄉貳拾壹都第拾伍里賦役黃冊（軍籍周關兒等）

【題解】

此件爲《韻學集成》第五冊卷五第八九葉背，編號爲 HY·YXJC[J5·Y89]，其上殘下完，前後均缺，共存文字二二行，與正面古籍文字成經緯狀。此件爲明代兩户的賦役黃冊，其中第一至十四行係一户，第十五至二二行係直隸揚州府泰興縣順得鄉貳拾壹都第拾伍里軍籍周關兒一户的黃冊。另，明代賦役黃冊在攢造之時需對下一輪十年內各户充任里長、甲首情況等做出預先安排，第十五行所載周關兒充甲首的時間爲『萬曆玖年』（1581），而此前的隆慶陸年（1572）爲黃冊的攢造年份，據此可知，此件當係該年攢造的賦役黃冊擬現題。今據第二户黃冊擬現題。

① 此處疑脫『說』字。

【錄文】

（前缺）

1. 　　　　　該壹斗肆升柒合。
2. 田本都一則高田肆畝伍分。
3. 夏稅：小麥每畝科正麥叄升，每斗帶耗柒合肆勺。
4. 　　　　正米壹斗叄升柒合肆勺。
5. 　　　　耗米玖合陸勺。
6. 　　　　合伍勺。
7. 　　　　正麥壹斗叄升伍合。
8. 　　　　耗麥玖合伍勺。
9. 秋糧：米每畝科正米伍升，每斗帶耗柒合，共該貳斗肆升捌勺。
10. 　　　　正米貳斗貳升伍合。
11. 　　　　耗米壹升伍合捌勺。
12. 房屋：民草房叄間。
13. 頭匹：民水牛壹隻。
14. 周關兒係直隸揚州府泰興縣順得鄉貳拾壹都第拾伍里軍籍，充萬曆玖年甲首。有祖周其叄於洪武貳拾伍年有同籍外公楊旺貳為同名軍役事，頂補軍人，楊旺間發夷陵守禦千戶充軍，故。永樂拾肆年勾周移住、周觀音保補役，又故。弘治元年

21. 冊勾戶丁周昇補役，亦故。弘治伍
22. 年勾戶丁周永慶補役，故。將在營

（後缺）

九〇 明隆慶陸年（1572）直隸揚州府泰興縣順得鄉貳拾壹都第拾伍里（圖）賦役黃冊之一

【題解】

此件爲《韻學集成》第五冊卷五第九十葉背，編號爲 HV·YXJC[J5·Y90]，其上下完整，前後均缺，共存文字二三行，與正面古籍文字成經緯狀。此件爲明代某戶的賦役黃冊。另，此件的文字字形、筆跡等與該批紙背文獻中隆慶陸年（1572）攢造的直隸揚州府泰興縣順得鄉貳拾壹都第拾伍里（圖）賦役黃冊相似，故推斷，此件亦當屬於該里（圖）的黃冊。另，此件第十八行之官民田地數等於此件第二三行之官田數與 HV·YXJC[J5·Y91]第 9 行民田地數之和，據此可知，此兩件可以綴合，綴合後此件在前。

【錄文】

（前缺）

1. 米正耗叁斗玖升壹合陸勺。
2. 黃豆正耗貳斗肆升伍合陸勺。
3. 田柒畝叁分貳釐。
　　　夏稅：小麥正耗貳斗叁升伍合。
4. 　　　秋糧：米正耗叁斗玖升壹合陸勺。
5. 地肆畝伍分玖釐。
6. 　　　夏稅：小麥正耗壹斗肆升柒合肆勺。

8. 秋粮：黄豆正耗贰斗肆升伍合陆勺。
9. 民草房贰间。
10. 民黄牛壹隻。
11. 实在：
12. 人口：肆口。
13. 男子成丁贰口：
14. 本身年伍拾岁。
15. 妇女大贰口：
16. 嫂丁氏年柒拾肆岁。
17. 事产：
18. 官民田地壹拾贰畝贰分叁釐。
19. 夏税：小麦正耗肆斗肆升伍合肆勺。
20. 秋粮：
21. 米正耗伍斗捌升柒合陆勺。
22. 黄豆正耗贰斗□升伍合陆勺。
23. 官田本都一则俞平章原献蒋沙米高田叁分贰釐。

姪贰汉年□拾柒岁。

姪妇张氏年肆拾岁。

（後缺）

九一 明隆慶陸年（1572）直隸揚州府泰興縣順得鄉貳拾壹都第拾伍里（圖）賦役黃冊之二

【題解】

此件為《韻學集成》第五冊卷五第九一葉背，編號為 HV·YXJCJ5·Y91"，其上下完整，前後均缺，共存文字二二行，與正面古籍文字成經緯狀。此件為明代某戶的賦役黃冊。另，此件第九行之民田地數與 HV·YXJCJ5·Y90]第二三行官田數之和，等於 HV·YXJCJ5·Y90]第十八行官民田地之總數，據此可知，此兩件可以綴合，綴合後此件在後。今據 HV·YXJCJ5·Y90]擬現題。

【錄文】

（前缺）

1.
2. 夏稅：小麥每畝科正麥□斗捌升肆合，每斗帶耗柒合，共該
3. 陸升叁合。
4. 正麥伍升捌合玖勺。
5. 耗麥肆合壹勺。
6. 秋粮：米每畝科正米伍斗柒升貳合肆勺陸抄，每斗帶耗
7. 柒合，共該壹斗玖升陸合
8. 正米壹斗捌升叁合貳勺。
9. 耗米壹升貳合捌勺。
10. 民田地壹拾壹畝玖分壹釐。
11. 夏稅：小麥正耗叁斗柒升貳合肆勺。
12. 秋粮：米正耗叁斗玖升壹合陸勺。

13.
14.
15. 田本都一則高田柒畝叁分貳釐。
16. 夏稅：小麥每畝科正麥叁升，每斗帶耗柒合，共該貳斗叁升伍合。
17. 正麥貳斗壹升玖合陸勺。
18. 耗麥壹升伍合肆勺。
19. 秋粮：米每畝科正米伍升，每斗帶耗柒合，共該叁斗玖升壹合陸勺。
20. 正米叁斗陸升合。
21. 耗米貳升伍合陸勺。
22.
（後缺）

黃豆正耗貳斗陸升伍合陸勺。

九二　明嘉靖叁拾壹年（1552）直隸揚州府江都縣青草沙第肆圖賦役黃冊之一（劉某）

【題解】

此件爲《韻學集成》第五冊卷五第九二葉背，編號爲 HV・YXJC[J5・Y92]，其上殘下完，前後均缺，中有缺行，共存文字十二行，與正面古籍文字成經緯狀。此件爲明代某戶的賦役黃冊，據文中所載男子姓名知，此黃冊的戶頭當係劉某。另，明代賦役黃冊往往會登載攢造之前十年內的人口變化等情況，文中第八行登載了『祖劉宣』的亡故時間『嘉靖貳拾陸年』（1547），而嘉靖叁拾壹年（1552）爲黃冊的攢造年份，據此可知，此件當係該年攢造的賦役黃冊。另，已知該批黃冊的攢造機構爲直隸揚州府江都縣青草沙第肆圖，故此件亦當屬於該圖之黃冊。另，此件第二行之民田數與 HV・YXJC[J5・Y93]第一行之民田數完全一致，據此推測，此兩件很可能屬於同一

户的黄册，根据文书先後顺序，暂定此件在前。

【錄文】

（前缺）

1. 事產：
2. 民田貳拾陸畝捌分伍釐玖毫。
3. 夏稅：小麥正耗壹石叁斗叁升。
4. 秋糧：米正耗壹石肆斗叁升柒合。
5. ☐：正收男子成丁貳口：
6. 弟劉通關，係前冊失報。
7. 男劉繼祖，係前冊失報。
8. 正除男子成丁壹口：祖劉宣於嘉靖貳拾陸年故。

（中缺1行）

9. 男、婦伍口。
10. 男子成丁肆口：
11. 本身年叁拾伍歲。
12. 叔陸昇年陸拾陸歲。

（後缺）

九三 明嘉靖叁拾壹年（1552）直隸揚州府江都縣青草沙第肆圖賦役黃冊之二（劉某）

【題解】

此件爲《韻學集成》第五冊卷五第九三葉背，編號爲HV·YXJCJ5·Y93]，其上下完整，前後均缺，共存文字十四行，與正面古籍文字成經緯狀。此件爲明代某戶的賦役黃冊，按此件第一行之民田數與HV·YXJCJ5·Y92]第二行之民田數完全一致，據此推測，此兩件很可能屬於同一戶的黃冊，根據文書先後順序，暫定此件在後。今據HV·YXJCJ5·Y92]擬現題。

【錄文】

（前缺）

1. 民田貳拾陸畝捌分伍釐玖毫。
2. 夏稅：小麥正耗壹石叁斗叁升。
3. 秋糧：米正耗壹石肆斗叁升柒合。
4. 一則高田貳拾肆畝捌分伍釐玖毫。
5. 夏稅：小麥每畝科正麥伍升。
6. 耗柒合，共該正耗麥壹石叁斗叁升。
7. 正麥壹石貳斗肆升叁合。
8. 耗麥捌升柒合。
9. 秋糧：米每畝科正米伍升，每斗帶耗柒合，共該正耗米壹石叁斗叁升。
10.
11.
12. 正米壹石貳斗肆升叁合。
13.

14.

耗米捌升柒合。

(後缺)

九四 明嘉靖叁拾壹年（1552）直隸揚州府江都縣青草沙第肆圖賦役黃冊（霍某）

【題解】

此件爲《韻學集成》第五冊卷五第九四葉背，編號爲 HV·YXJCJ5·Y94］，其上下完整，前後均缺，中有缺行，共存文字十三行，與正面古籍文字成經緯狀。此件爲明代某户的賦役黃冊，據文中所載男子姓名知，此黃冊的户頭當係霍某。另，此件的文字字形、筆跡等與該批紙背文獻中嘉靖叁拾壹年（1552）攢造的直隸揚州府江都縣青草沙第肆圖賦役黃冊相似，故推斷，此件亦當屬於該圖的黃冊。

【錄文】

(前缺)

1. 民黃牛壹隻。

(中缺1行)

2. 人口：男子成丁貳口：

3. 　　本身年陸拾陸歲。

4. 　　姪霍富年陸拾歲。

5. 事產：

6. 　　官田地壹拾壹畝伍分壹釐肆毫。

7. 　　夏稅：小麥正耗壹石柒斗肆升陸合伍勺。

8. 　　秋粮：

9. 　　　　米正耗壹石捌斗貳升伍合陸勺。

九五 明嘉靖叁拾壹年（1552）直隸揚州府江都縣青草沙第肆圖賦役黃冊（軍戶某）

【題解】

此件爲《韻學集成》第五册卷五第九五葉背，編號爲HV·YXJC[5·Y95]，其上下完整，前後均缺，中有缺行，共存文字十六行，與正面古籍文字成經緯狀。此件爲明代某户的賦役黄册，據第一至五行知，此黄册的户頭當係一軍户。另，明代賦役黄册在攢造之時需對下一輪十年内各户充任里長、甲首情况等做出預先安排，第四、五行所載某户充甲首的時間爲『嘉靖叁拾叁年』（1554），而此前的嘉靖叁拾壹年（1552）爲黃冊的攢造年份，據此可知，此件當係該年攢造的賦役黄冊。另，已知該批黄冊的攢造機構爲直隸揚州府江都縣青草沙第肆圖，故此件亦當屬於該圖之黄册。

【錄文】

（前缺）

1. □右衛當軍不缺，嘉靖拾
2. 壹年□家駁回，查得本衛正
3. 無清勾無從添造外，今册合
4. 再申明，充嘉靖叁拾叁年
5. 分甲首。

（後缺）

...

秋粮：

夏稅：小麥正耗壹石肆斗捌升玖合柒勺。

田壹拾畝壹釐肆毫。

10. 黄荳正耗貳斗捌升玖合。
11.
12.
13.

田壹拾畝壹釐肆毫。

6. 人丁：計家男子貳口。
7. 事產：

（中缺1行）

8. 官田地壹拾壹畝伍分壹釐肆毫。
9. 夏稅：小麥正耗壹石柒斗肆升陸合伍勺。
10. 秋糧：
11. 米正耗壹石捌斗貳升伍合陸勺。
12. 黃豆正耗貳斗捌升玖合。
13. 田壹拾畝壹釐肆毫。
14. 夏稅：小麥正耗壹石肆斗捌升玖合柒勺。
15. 秋糧：米正耗壹石捌斗貳升伍合陸勺。
16. 地壹畝伍分。

（後缺）

九六 明隆慶陸年（1572）直隸揚州府泰興縣順得鄉貳拾壹都第拾伍里（圖）賦役黃冊

【題解】

此件爲《韻學集成》第五冊卷五第九六葉背，編號爲「HV·YXJCJ5·Y96」，其上下完整，前後均缺，共存文字二十行，與正面古籍文字成經緯狀。此件爲明代某户的賦役黃冊。另，此件的文字字形、筆跡等與該批紙背文獻中隆慶陸年（1572）攢造的直隸揚州府泰興縣順得鄉貳拾壹都第拾伍里（圖）賦役黃冊相似，故推斷，此件亦當屬於該里（圖）的黃冊。

【錄文】

（前缺）

1. 官民田地陸畝伍釐。
2. 夏稅：小麥正耗叁斗□□肆合叁勺。
3. 秋粮：
4. 米正耗伍斗伍升柒合陸勺。
5. 黃豆正耗肆升壹勺。
6. 官田本都一則俞平章原獻曹沙米高田捌分伍釐。
7. 夏稅：小麥每畝科正麥壹斗捌升肆合，每斗帶耗柒合，共該壹斗陸升柒合肆勺。
8. 正麥壹斗伍升陸合肆勺。
9. 耗麥壹升壹合。
10. 秋粮：米每畝科正米叁斗肆升叁勺柒抄，每斗帶耗柒合，共該叁斗玖合陸勺。
11. 正米貳斗柒升玖合叁勺。
12. 耗米叁升壹勺。
13. 民田地伍畝貳分。
14. 夏稅：小麥正耗壹斗陸升柒合。
15. 秋粮：
16. 米正耗貳斗叁升捌合壹勺。
17. 黃豆正耗肆升壹勺。
18. 田本都一則高田肆畝肆分伍釐。

九七 明隆慶陸年（1572）直隸揚州府泰興縣順得鄉貳拾壹都第拾伍里（圖）賦役黃冊

【題解】

此件爲《韻學集成》第五冊卷五第九七葉背，編號爲 HV·YXJC[J5·Y97]，其上下完整，前後均缺，共存文字十九行，與正面古籍文字成經緯狀。此件爲明代某戶的賦役黃冊。另，此件的文字字形、筆跡等與該批紙背文獻中隆慶陸年（1572）攢造的直隸揚州府泰興縣順得鄉貳拾壹都第拾伍里（圖）賦役黃冊相似，故推斷，此件亦當屬於該里（圖）的黃冊。

【錄文】

（前缺）

1. 夏稅：小麥正耗貳斗捌升伍合肆勺。
2. 秋糧：黃豆正耗肆斗柒升伍合陸勺。
3. 桑壹株。夏稅：絲壹兩。
4. 民草房叁間。
5. 民黃牛壹隻。
6. □□①：
7. 人口：叁口。
8. 男子不成丁貳口：
9. 本身年壹百叁拾肆歲。
10. 婦女大壹口：妻趙氏年壹百叁拾肆歲。

男 济 子年玖拾伍歲。

（後缺）

① 【□□】，據文義此兩字當作【實在】。

九八 明隆慶陸年（1572）直隸揚州府泰興縣順得鄉貳拾壹都第拾伍里賦役黃冊（民籍某等）

【題解】

此件爲《韻學集成》第五冊卷五第九八葉背，編號爲HV·YXJCJ5·Y98，其上殘下完，前後均缺，共存文字二三行，與正面古籍文字成經緯狀。此件爲明代兩戶的賦役黃冊，其中第一至二十行係一戶，第二一至二三行係直隸揚州府泰興縣順得鄉貳拾壹都第拾伍里民籍某之黃冊。另，已知該批黃冊的攢造時間爲隆慶陸年（1572），故此件當屬於該年攢造的黃冊。今據第二戶黃冊擬現題。

【錄文】

1. （前缺）

　　　　　　　　□合陸勺。

（後缺）

11. 事產：
12. 官民田地貳拾畝陸分伍釐。　　　桑壹株。
13. 夏税：
14. 小麥正耗玖斗玖升肆合壹勺。
15. 絲壹兩。
16. 秋粮：
17. 米正耗壹石貳斗伍升叁合陸勺。
18. 黃豆正耗肆斗柒升伍合陸勺。
19. 官田本都一則俞平章原獻曹沙米高田貳畝壹釐。

2. 田本都一則高田玖畝柒分伍釐。
3. 夏稅：小麥每畝科正麥叁升，每斗帶耗柒合，共該叁斗壹升貳合。
4. 正麥貳斗玖升貳合伍勺。
5. 耗麥貳升伍勺。
6. 秋粮：米每畝科正米伍升，每斗帶耗柒合，共該伍斗貳升壹合陸勺。
7. 正米肆斗捌升柒合伍勺。
8. 耗米叁升肆合貳勺。
9. 地本都一則地捌畝捌分玖釐。
10. 夏稅：小麥每畝科正麥叁升，每斗帶耗柒合，共該貳斗捌升伍合肆勺。
11. 正麥貳斗陸升陸合柒勺。
12. 耗麥壹升捌合柒勺。
13. 秋粮：黃豆每畝科正豆伍升，每斗帶耗柒合，共該肆斗柒升伍合陸勺。
14. 正豆肆斗肆升肆合伍勺。
15. 耗豆叁升壹合壹勺。
16. 桑壹株。夏稅：科絲壹兩。
17. 房屋：民草房叁間。
18. 頭匹：民水黃牛壹隻。
19. 係直隸揚州府泰興縣順得鄉貳拾壹都第拾伍里民籍。
20. □管：
21. 人丁：計家男、婦肆口。

九九 明隆慶陸年（1572）直隸揚州府泰興縣順得鄉貳拾壹都第拾伍里（圖）賦役黃冊

【題解】

此件爲《韻學集成》第五冊卷五第九九葉背，編號爲HV·YXJC[j5·Y99]，其上下完整，前後均缺，共存文字二十行，與正面古籍文字成經緯狀。此件爲明代某戶的賦役黃冊。另，此件的文字字形、筆跡等與該批紙背文獻中隆慶陸年（1572）攢造的直隸揚州府泰興縣順得鄉貳拾壹都第拾伍里（圖）賦役黃冊相似，故推斷，此件亦當屬於該里（圖）的黃冊。

【錄文】

（前缺）

1. 民田地陸畝伍分。
2. 夏稅：小麥正耗貳斗捌合陸勺。
3. 秋糧：
4. 米正耗壹斗柒升壹合勺。
5. 黃豆正耗壹斗柒升陸合陸勺。
6. 田本都一則高田叁畝貳分。
7. 夏稅：小麥每畝科正麥叁升，每斗帶耗柒合，共該壹斗貳合柒勺。
8. 正麥玖升陸合。
9. 耗麥陸合柒勺。
10. 秋糧：米每畝科正米伍升，每斗帶耗柒合，共該壹斗柒升壹合貳勺。
11. 正米壹斗陸升。

（後缺）

一〇〇 明隆慶陸年（1572）直隸揚州府泰興縣順得鄉貳拾壹都第拾伍里賦役黃冊（民籍某瑤）

【題解】

此件爲《韻學集成》第五冊卷五第一〇〇葉背，編號爲HV·YXJCJ5·Y100］，其上殘下完，前後均缺，共存文字二十行，與正面古籍文字成經緯狀。據第一行知，此件當係明直隸揚州府泰興縣順得鄉貳拾壹都第拾伍里民籍某瑤之賦役黃冊。另，明代賦役黃冊在攢造之時需對下一輪十年內各戶充任里長、甲首情況等做出預先安排，第一行所載某瑤充甲首的時間爲『萬曆拾年』（1582），而此前的隆慶陸年（1572）爲黃冊的攢造年份，據此可知，此件當係該年攢造的賦役黃冊。

【錄文】

（前缺）

12. 耗米壹升壹合貳勺。
13. 地本都一則地叁畝叁分。
14. 夏稅：小麥每畝科正麥叁升，每斗帶耗柒合，共該壹斗伍合玖勺。
15. 正麥玖升玖合。
16. 耗麥陸合玖勺。
17. 秋粮：黃豆每畝科正豆伍升，每斗帶耗柒合，共該壹斗柒升陸合陸勺。
18. 正豆壹斗陸升伍合。
19. 耗豆壹升壹合陸勺。
20. 房屋：民草房貳間。

（後缺）

1. ▢▢故，今冊男瑤係直隸揚州府泰興縣順得鄉貳拾壹都第拾伍里民籍，充萬曆拾年甲首。
2. □管：
3. 人丁：計家男、婦伍口。
4. 　　男子叁口。
5. 　　婦女貳口。
6. 事產：
7. 　　官民田地陸畝伍釐。
8. 　　夏稅：小麥正耗叁斗叁升肆合叁勺。
9. 　　秋粮：
10. 　　　米正耗伍斗肆升柒合陸勺。
11. 　　　黃豆正耗肆升壹勺。
12. 　　官田捌分伍釐。
13. 　　夏稅：小麥正耗壹斗陸升捌合肆勺。
14. 　　秋粮：米正耗叁斗玖合陸勺。
15. 　　民田地伍畝陸分①。
16. 　　夏稅：小麥正耗壹斗陸升柒合。
17. 　　秋粮：
18. 　　　米正耗貳斗叁升捌合壹勺。
19. 　　　黃豆正耗肆升壹勺。
20. 田肆畝肆分伍釐。

（後缺）

① 【陸】，據第七行官民田地總數，此數與十二行之【捌】應有一誤。

第五冊　　六〇三

一〇一 明隆慶陸年（1572）直隸揚州府泰興縣順得鄉貳拾壹都第拾伍里賦役黃冊（民籍劉狗兒等）

【題解】

此件爲《韻學集成》第五冊卷五第一〇一葉背，編號爲 HV·YXJCJ5·Y101，其上殘下完，前後均缺，共存文字二三行，與正面古籍文字成經緯狀。此件爲明代兩戶的賦役黃冊，其中第一至十六行係一戶，第十七至二三行係直隸揚州府泰興縣順得鄉貳拾壹都第拾伍里民籍劉狗兒的黃冊。另，明代賦役黃冊在攢造之時需對下一輪十年內各戶充任里長、甲首情況等做出預先安排，第十七行所載劉狗兒充甲首的時間爲『萬曆拾年』（1582），而此前的隆慶陸年（1572）爲黃冊的攢造年份，據此可知，此件當係該年攢造的賦役黃冊。今據第二戶黃冊擬現題。

【錄文】

（前缺）

1. 田本都一則高田肆畝。
2. 夏稅：小麥每畝科正麥叄升，每斗帶耗柒合，共該壹斗貳升捌合肆勺。
3. 　　　正麥壹斗貳升。
4. 　　　耗麥捌合肆勺。
5. 秋糧：米每畝科正米伍升，每斗帶耗柒合，共該貳斗壹升肆合。
6. 　　　正米貳斗。
7. 　　　耗米壹升肆合。
8. 地本都一則地肆畝。
9. 夏稅：小麥每畝科正麥叄升，每斗帶耗柒合，共該壹斗貳升捌合肆勺。
10. 　　　正麥壹斗貳升。

11. 秋粮：黄豆每畞科正豆伍升，每斗帶耗柒合，共該貳斗壹升肆合。
12. 正豆貳斗。
13. 耗豆壹升肆合。
14. 耗麥捌合肆勺。
15. 房屋：民草房貳間。
16. 頭匹：民黃牛壹隻。
17. 劉狗兒係直隸揚州府泰興縣順得鄉貳拾壹都第拾伍里民籍，充萬曆拾年甲首。
18. 舊管：
19. 人丁：計家男、婦叁口。
20. 男子貳口。
21. 婦女壹口。
22. 事產：
23. 官民田地壹拾叁畞柒分伍釐。

（後缺）

一〇二 明隆慶陸年（1572）直隸揚州府泰興縣順得鄉貳拾壹都第拾伍里賦役黃冊（民籍某玘等）

【題解】

此件爲《韻學集成》第五冊卷五第一〇二葉背，編號爲 HV·YXJCJ5·Y102］，其上殘下完，前後均缺，共存文字二三行，與正面古籍文字成經緯狀。此件爲明代兩戶的賦役黃冊，其中第一至十八行係一戶，第十九至二三行係直隸揚州府泰興縣順得鄉貳拾壹都第拾伍

哈佛藏《韻學集成》《直音篇》紙背明代文獻釋錄 卷一

里民籍某玘之黃冊。另，明代賦役黃冊在攢造之時需對下一輪十年內各戶充任里長、甲首情況等做出預先安排，此件當係該年攢造的賦役黃冊。今據第二十行所載某玘充甲首的時間爲『萬曆貳年』（1574），而此前的隆慶陸年（1572）爲黃冊的攢造年份，據此可知，此件當係該年攢造的賦役黃冊。今據第二戶黃冊擬現題。

【錄文】

（前缺）

1. 米正耗貳斗捌升陸合伍勺。
2. 黃豆正耗貳斗伍升柒合肆勺。
3. 田本都一則高田伍畝肆分柒釐。
4. 夏稅：小麥每畝科正麥叁升，每斗帶耗柒合，共該壹斗捌升
5. 　　　正麥壹斗柒升叁合。
6. 　　　耗麥壹升貳勺。
7. 秋糧：米每畝科正米伍升，每斗帶耗柒合，共該貳斗捌升陸合伍勺。
8. 　　　正米貳斗陸升玖合。
9. 　　　耗米壹升柒合伍勺。
10. 地本都一則地肆畝伍分壹釐。
11. 夏稅：小麥每畝科正麥叁升陸合伍勺，每斗帶耗柒合，共該壹斗肆升肆合捌
12. 　　　勺。
13. 　　　正麥壹斗叁升陸合伍勺。
14. 　　　耗麥捌合叁勺。
15. 秋糧：黃豆每畝科正豆伍升，每斗帶耗柒合，共該貳斗伍升柒合叁勺。
16. 　　　正豆貳斗叁升玖合壹勺。
17. 　　　耗豆壹升捌合叁勺。

六〇六

18. 房屋：民草房貳間。
19. ＿＿＿故，今冊男妱係直隸揚州府泰興縣順得鄉貳拾壹都第拾伍里民籍，充萬曆貳年甲首。
20. □管：
21. 人丁：計家男、婦叄口。
22. 男子貳口。
23. 婦女壹口。

（後缺）

一〇三　明隆慶陸年（1572）直隸揚州府泰興縣順得鄉貳拾壹都第拾伍里（圖）賦役黃冊

【題解】

此件爲《韻學集成》第五冊卷五第一〇三葉背，編號爲 HV·YXJCJ5·Y103」，其上下完整，前後均缺，共存文字二三行，與正面古籍文字成經緯狀。此件爲明代某戶的賦役黃冊。另，此件的文字字形、筆跡等與該批紙背文獻中隆慶陸年（1572）攢造的直隸揚州府泰興縣順得鄉貳拾壹都第拾伍里（圖）賦役黃冊相似，故推斷，此件亦當屬於該里（圖）的黃冊。

【錄文】

（前缺）

1. 官民田地壹頃柒畝壹分貳釐。
   夏稅：小麥正耗貳石捌斗柒升陸合柒勺。
   秋糧：
2. 米正耗陸石貳斗柒合貳勺。
3.
4.
5. 黃豆正耗陸斗柒升叄合。

6. 官田地壹拾壹畝柒分陸釐。
7. 　　夏稅：小麥正耗貳斗叄升叄合。
8. 　　秋粮：
9. 　　　米正耗壹石捌斗貳升壹合玖勺。
10. 　　　黃豆正耗柒合伍勺。
11. 田壹拾壹畝陸分陸釐。
12. 　　夏稅：小麥正耗壹石貳斗貳升玖合捌勺。
13. 　　秋粮：米正耗壹石捌斗貳升壹合玖勺。
14. 地壹分。
15. 　　夏稅：小麥正耗叄合貳勺。
16. 　　秋粮：黃豆正耗柒合伍勺。
17. 民田地玖拾伍畝叄分陸釐。
18. 　　夏稅：小麥正耗貳石陸斗肆升叄合柒勺。
19. 　　秋粮：
20. 　　　米正耗肆石叄斗捌升伍合叄勺。
21. 　　　黃豆正耗陸斗陸升伍合勺。
22. 田捌拾貳畝玖分貳釐。
23. 　　夏稅：小麥正耗

（後缺）